慎堂藏拓註釋與題跋 初編

季崇建 編著

ETERNAL EPIGRAPHY

Annotations and Colophons of the Shentang Rubbing Collection (Vol. 1)

JI CHONGJIAN

總序

GENERAL PREFACE

得知季崇建先生將其多年積累收藏各類珍罕之物結集出版，並命我寫篇短文當作序言，作為朋友該寫，而論己水準實為難當。

上個世紀七十年代，崇建先生曾赴上海紅星農場勞動，憑藉書法詩文優勢，被選入農場工會工作。回城後，他自薦報名參加上海博物館招人選拔考試，機遇總是寵著有準備的頭腦，他以優異成績被上博選中。在上海博物館，他跟隨當時的馬承源館長二十餘年，由於長年積累和善悟，他與金石結緣，並逐漸成為業界翹楚。當年上海文博系統組建敬華拍賣，崇建先生一馬當先，將此當時稱為“三產”的工作做得風生水起。後來他創辦上海崇源拍賣，開創民營藝術品拍賣之先。最近幾年，他逐漸從藝術品商界淡出，專門進行藝術品學術研究，著書立說，并在上海視覺藝術學院文物保護與修復學院擔任院長，并在華東師範大學等高等學府擔任碩士生導師，教書育人，不亦樂乎。早在 1986 年，崇建先生出版了第一本專著。三十多年來他一直筆耕不輟，至今他著述達五十本之多，可謂著作等身。

崇建先生是上海人，可謂是一位有上海文化代表性的人物。這一點從此次出版的他的藏品中可窺見一斑。其佛造像和青銅器方面的藏品非常豐富，在某種程度上填補了博物館的空白；在瓷器等方面的收藏自成體系。崇建先生眼力過人，傳統文化修養底蘊厚重，書畫鑒賞能力深厚，是一位難得的文化藝術人才。他還享有不凡的文物和藏家人脈資源。鑒於此，國博聘請他為特邀研究員，以使其為國家文物事業的發展發揮更好的作用。

崇建先生聚多年心血，結集出版這部煌煌巨著，既是對其研究與收藏成果的呈現，也似在講述我們這一代文化人的經歷、理想、追求和探尋。寥寥數語，以此表達我對崇建先生的敬意與出版該套收藏系列叢書的祝賀。

呂章申

謝序：季公之跋·書理俱勝

PREFACE FROM XIE CHUNYAN : Mr. Ji's postscripts are excellent in both calligraphy and knowledge

中國的文體十分豐富，題跋即是其中的妙制。少時胡亂讀過一點，短而妙，精而雅，時或閃於腦際。

疫情之中，人皆戴個口罩，頗如鄉間的笨驢，足不能出戶，口不能暢氣，好不悶人也。忽一日，收到一大包快遞，拆開一看，原來是季公崇建的新作題跋集，急讀之，好不快意也。

季公是一位難得的學者型鑑藏家，有眼力，也有機緣，是集即明證也。他先前收藏的北齊石佛、銅像、宋元瓷枕諸物已令人豔羡不止，今又以此大宗視我，翻閱一過，真令我翩然思起老杜霜皮溜雨的名句，直可教人霍然而使驚風一癒也。

佔有不等於掌握，季公之富收藏其要義乃在於他之獨一的識辨，不獨釋文準確，考辨精當，他的書寫在精嚴中見自由，於坦然中顯法度，這在當下誠亦難能而可貴也。

人生如寄，疫情中尤其令人生是感，季公卻不頹唐，不退縮，依然緊握手中筆，作此善業，令我生敬也。

何時一杯酒，重與細論文。期待季公是編早日成書，再在建業文房喫大塊紅燒肉而浮一大白若何？

謝春彥

癸卯六月於滬上

自序
PREFACE

余耳順之年嘗纂《建業文房珍藏》系列之卷首卷二，昏昏乎已逾七載矣。作為珍藏系列叢書之延續，今將經年所藏傳拓之本揀出逐一鑒之攷之題之跋之，並分類集輯成冊，以饗同道。

初以《金石長壽》出。

是編分《吉金瑰寶》《法相莊嚴》上下二篇。上篇《吉金瑰寶》共集商周至漢宋青銅器並鐵器銘文及若干器形紋飾拓片計八十七件：初見劉體智善齋舊藏商器名品饗壺器形與銘文之拓，後有傳世國之重器大克鼎、大盂鼎銘文之拓，又初入建業文房後割愛於國家博物館之西周獄氏青銅八器銘文之拓，又新獲一批陝西寶雞地區三大窖藏西周青銅器銘文之拓：如扶風莊白村窖藏發現之恭王世史牆盤銘，如扶風齊村窖藏發現之厲王世㝬簋銘，如眉縣楊家村窖藏發現之宣王世逨盤、逨鼎銘，如岐山董家村窖藏發現所謂“裘衛四器”之廿七年衛簋、九年衛鼎、三年衛盉三器之銘，以及儹匜、公臣簋四器、此鼎二器等數十件同出器銘之拓片一併歸於慎堂而輯入之；繼而又有商至戰國兵器銘拓及漢銅鼓器形紋飾拓與宋鐵器具銘拓，皆難得一見之品也；又入編古銅鏡拓片四十四件，上起齊家文化以迄隋唐，內容豐富，形式多樣，皆精品稀品乃至孤品；又戰國至清際珍稀古幣及銅泉拓片若干，雖數量不多，但件件有來頭，個個是精品。

下篇《法相莊嚴》共五十件（套）作品。前有中國金銅佛像發願文銘拓十一件，多為上博藏品；而最見分量者則是北朝至唐之單體造像銘拓片、造像碑拓片，以及石窟寺造像、刻銘、經文拓片共計三十九件，其中不乏清際民國間舊拓之品以及奇特珍異之品，乃至海內域外孤品：若山東諸城所出北齊菩薩石像形體服飾紋樣之拓，若海外回流隋至初唐雙身佛石塔龕紋樣與力士形態之拓等，皆屬前無古人恐後再無來者之品也；若北魏至北齊龍門、鞏縣、響堂山石窟之龕窟刻銘、龕楣裝飾、龕內釋尊與脇侍高僧形象及刻經洞壁經文之拓等，皆難得也。

比之其他同類金石留影之圖冊典籍，本編傳拓之注釋、題記、跋文重在攷證與議論，抑或文博學界之史料與掌故、趣聞與雜談，其信息量不可謂不大也。只是余能力有所不逮，見識有所膚淺，耳目有所未周，罣漏訛誤，實在難免。然這百卅餘件原拓之滿題滿跋亦算“功夫了得”，少者百餘言，多者數千字，皆作蠅頭小楷，正書行書並施，朱批墨題兼及，且全部注釋題記跋文均以腹稿即興而就，所謂“筆到文成”。然時有草草急就，雖屬一氣呵成，卻行文間難免差謬，未足以愜人意矣！待到拙作殺青之時，承蒙諸家不棄葑菲，痛快斧正之。

癸卯年四月小滿後一日於海上慎獨齋燈下

《愼堂藏拓》初編敘

"Rubbings Collected by Shentang"(Vol.1) PREFACE

（一）

從實招來，傳拓之技非我所長，然覓拓藏拓以至於孜之題之跋之倒是近年來極用心做的一件事。

上世紀八十年代入上博，馬公承源識我而司職於金石組（後稱青銅器研究部），猶如一頭栽進了象牙塔中，横衝直撞，或青銅古璽，或刻石碑版，或銅鏡古幣，一晃便是二十春秋有餘矣。然彼時不如今世，傳統識讀記錄及研判古器上文字銘刻之跡大多採用傳拓之技，似乎凡入金石這一行者多能墨影烏拓一番。初學以玻璃板習之，而後方可與古為徒，遊刃於上下數千年之骨董堆裏。

上博向來傳拓高手如雲，且代不乏人，若萬公育成，若韋公志明，又如海元兄等，我只算是票友而已。初涉古璽古泉之拓，亦及刻石碑版，終究只是皮毛，進步甚小。但嗜好舊拓，尋覓古本，倒是我的一貫興味。記得彼時午隙，常去福州路古籍書店，尋尋覓覓，雖空耗時間，卻亦不時如願獲觀一些心儀之物，日積月累，藏拓漸多，留至今日，也算是一堆不小的“財富”。

觀史，傳拓之技始於漢，東漢《熹平石經》即以傳拓方式散發全國，用來統一文字標準。然真正傳拓盛期的到來則與入宋後金石學的興起有關。近人朱劍心《金石學》言：“至宋劉原父、歐陽公起，搜集考證，著為專書，而學以立”，這裏所說的“搜集考證”“著為專書”則大多有賴於傳拓之技。

這種傳統的用墨色印複製作方法將金石上器物鐫刻雕鑿的文字與圖像完整精準地再現出來，並能保存至今的特殊技藝，在彼時既是幫助金石之學興盛的一種不可或缺的手法，也是純手工地在某個古美術載體上再度創作的一種獨特的文化體現。再加上金石學家在其旁側注釋題跋，有讚美有頌揚，有考訂有論述，且佈局典雅，設計精心，傳至今日，已然成為一種“時尚”與“奢侈”之品。

現存最早有紀年之拓本當推清光緒二十六年（公元一九〇〇年）道士王圓籙於甘肅敦煌莫高窟第一十六窟發現藏經洞里三件唐拓本之一的唐太宗行書《溫泉銘》，尾銘永徽四年（公元六五三年）八月三十一日圉府果毅……”墨書一行被視為唐初之物，其殘存五十行；另兩件為歐陽詢《化度寺碑》和柳公權《金剛經》，也是殘本。《溫泉銘》《金剛經》及《化度寺碑》之前兩頁被伯希和帶往法國，今藏巴黎國立圖書館內。而更早的史書記載是見於《隋書·經籍志一》所言“其相承傳拓之本，猶在秘府”。目前國內可知相對較多的是宋拓善本，上海博物館曾以重金自美國安思遠處購藏的《淳化閣帖》四函，被譽為該帖最善本。故歷代收藏家極珍視舊拓，隻紙殘片皆視為至寶，惜民間流傳甚稀，如雪泥鴻爪，而存世名拓大多收藏於各大博物館內。

清乾嘉年間，金石之學再度勃發，傳拓之技亦隨之形成風氣，精於此道者人材濟濟，且手法高明，形式亦趨於多樣，以馬起鳳、釋達受為代表，還開創了金石器物全形拓，極大地豐富了金石文物的藝術表現力。然而這種所謂寫真博古的傳拓方法畢竟是經過拼合和描摹再加工的，無法一次成形，故亦可視為繪圖文本一族，實非我之所好也。

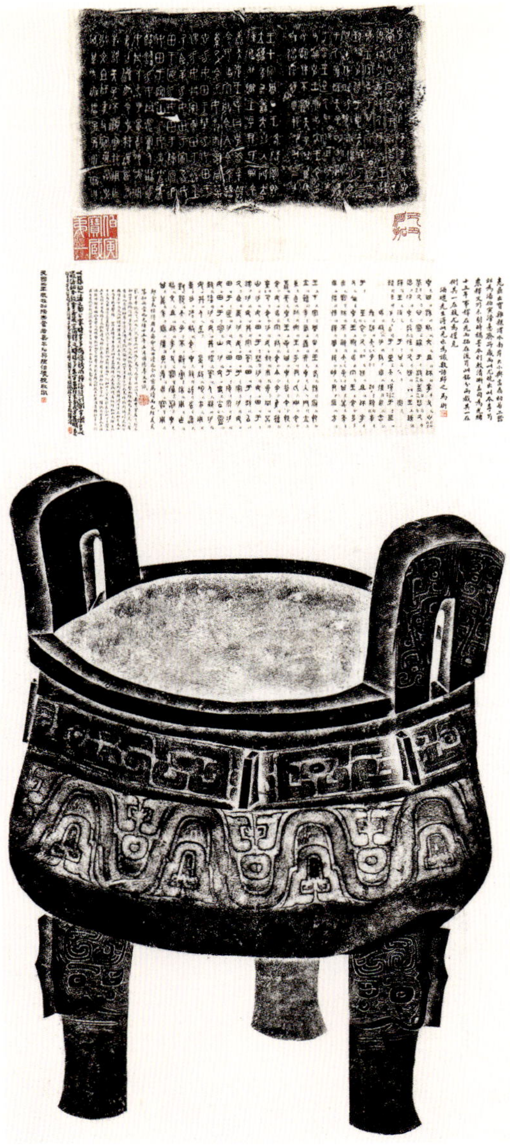

插圖①
清光緒十五年·大克鼎全形及銘文拓片

（二）

記得二〇〇一年秋，筆者過往北京琉璃廠中國書店，牆掛一幀大名鼎鼎潘祖蔭舊藏之大克鼎拓本立軸（插圖①），並見清末諸多金石家題跋，名頭不小，甚喜，即購之。此本光緒十五年（公元一八八九年）製成，器作全形拓，並附挖裱大克鼎銘文拓片於上端，間有李文田、黃士陵、馬衡、陳治諸家題記並考釋，更見李文田大篆釋文全篇。李氏跋曰："鄭盦太保（潘祖蔭號並銜）得周克鼎，命文田讀之，今以意屬讀而已，經義荒落，知無常也"；又黃士陵跋曰："此鼎初入潘文勤（潘祖蔭謚號）公家時，字多為綠鏽所掩，後經剜剔，字漸多，此最後拓本"；又馬衡跋曰："克鼎出寶雞縣渭水南岸，大小與盂鼎相若，二器並為潘伯寅（潘祖蔭號）滂熹齋所藏，而此尤晚出。此本李芍農（李文田號）釋文，乃未剔時稿墨本，則較清晰，盂同為光緒十五年事，釋在先，而拓本後耳"。側見收藏鈐印：白文"伯寅寶藏第一"、朱文"己丑所拓"二方。

啊呀呀！此拓傳遞資訊量甚大也。重點是：其全形、銘文雙拓乃姑蘇潘祖蔭舊藏，金石家李文田是考證釋讀並篆書大克鼎銘文之第一人也，此其一；其二，此拓在剔鏽之先，為海內未剔之孤本。傳潘氏得此鼎後，求拓者甚廣，均以翻本報之，似此器原拓更見全形者應為麟鳳矣；其三，見此拓片，可知李文田之釋文明確年款為光緒十五年五月，馬衡亦持此年份，又銘文拓片側鈐"己丑所拓"一印，即公元一八八九年。遍查各書，尋盡著錄，均以大克鼎公元一八九〇年出土為統一口吻。時至今日，最具權威性之《中國青銅器全集》第五集，亦肯定大克鼎一八九〇年（即光緒十六年）出土於陝西扶風法門鎮，實是一大謬誤也。故可知此鼎出土年份至少不晚於一八八九年或者更早。從陝西至京城，從出土到被收藏，若在光緒之時經一年半載斷不能為。嗚呼哀哉！此拓一現便鐵證如山。況且查《潘文勤公年譜》，知其逝世於一八九〇年十一月，即使此鼎當年初出土，輾轉至潘手又經諸家考訂校讀，豈一年間能為之？綜上二證，所謂大克鼎出土於光緒十六年（公元一八九〇年）絕不可信，應據此拓而改為光緒十五年或更早。

百年後至今日，筆者能過手如此要品善本亦算樂事一樁。持之嘗戲言，此乃大克鼎之出生憑證也。有請馬公承源觀之，其力薦上博入藏，惜馬公彼時已不在位不為政，話不足數，故此拓從此不再與我老東家有緣，嘆嘆！

是拓得而興奮之餘，余頓覺"伴娘重於新娘"此喻在理。大克鼎之墨影珍跡固然重要，倘若無旁注題記彼時情景，還原歷史真相，亦祇是舊拓一幀，無足為奇。今日見得李文考釋，又王文、馬文佐之，而使得克鼎重器出土之時前推一年或更早，豈不令人鼓舞。故玩賞者，不僅玩其傳拓之技，更應賞其題跋之蹟，這種名家加持之舉，行話稱之為"幫手"。若骨董其他門類亦然，一件書畫當入宮被乾隆帝御覽而題記鈐印，又入內府進《石渠寶笈》，這"幫手"便把作品幫到了天上！

又如二〇〇九年，筆者在主理上海崇源藝術品拍賣時首推"海上舊夢"專題拍賣會，曾徵得供職於上海博物館之古籍泰斗沈宗威先生所藏一批其平生與名仕賢達交往之尺牘翰墨及贈予之書畫碑版、拓本小品，雖貌不驚人，卻有許多可玩味處。其中有一幀商鞅方升並秦公

敦二器全形拓與秦公敦銘合裝之拓本（插圖②），墨色清晰，拓工精良，二器俱為秦時統一度量衡時之法定量器。拓本先後經趙時棡、戚叔玉審定，更見王國維“大幫手”長跋，尤為珍貴。王氏擅甲骨金文及考古學研究，著述宏富，桃李遍及天下，乃中國近代著名學者，其墨跡流傳甚少，然贋者卻如雪片四散矣。此題跋為蠅頭小楷，工整儒雅，極具金石氣息。此品一出，倍受關注，主因是王字難得一見，且字數又多，雖二器拓本重要，但亦不難尋得，而有王題加持則不復見矣，實令眾藏家垂涎。故拍賣當日，座無虛席，起口六千，竟以八十六萬落槌，全場轟動，一時傳爲佳話，此又一“幫手捧紅主角”之例也。

（三）

現如今，這類舊拓善本並見名人題識者已是市肆與拍場之香餑餑，尋得不易。余斗瞻將自藏之拓重裝重題，以為自娛矣。其起因是千禧年初，筆者常往返於沪港並歐美徵集拍品，閒暇時懷著對商周青銅器的特別鍾愛，亦是隨馬公承源在上博二十餘載養成的對流失海外青銅器的特別敏感，始終留意那些心儀的商周禮器。二〇〇四年在香港荷里活道覓得一批重要的西周青銅器群（插圖③），計八件：𤞷鼎一件（見圖013拓片），𤞷簋三件（見圖014、015拓片）（其中為一對，另一件原亦為一對，一簋早我而被海外古董藏家先得），𤞷盤一件（見圖016拓片），𤞷盉一件（見圖017拓片），南姞甗一件（見圖018拓片），鳳紋壺一件（見圖012拓片）。這批𤞷氏青銅器同出一坑，品相基本完好，器型大方典雅，紋飾簡潔秀美，質地精良，且皆有銘文，最多近百言，其中一簋高僅十九釐米，口徑十九點五釐米，蓋銘長達八十九字，器銘八十八字。其蓋銘曰：“唯十又一月既朢（望）丁亥，王各（格）於康大（太）室。𤞷曰：朕（朕）光（？）尹周師右，告𤞷於王。王或（又）賜（锡）𤞷仲（佩）、戋（缁）市（韨）㮚（朱）亢（衡）。曰：‘用事’。𤞷𩒨（拜）䭫（稽）首，對䚄（扬）王休。用乍（作）朕（朕）文考甲公寶𤔲（尊）𣪘（簋），其（其）日夙（夙）夕用氒（厥）𦝡（茜）香（香）䰜（享）（祀）於氒（厥）百神，孙孙子子其（其）邁（萬）年永寶用兹王休，其日引勿𠂢（替）。”蓋器同銘，器漏鑄一“香”字。

銘文大意是：“十一月既望丁亥這天，周王來到康宮太室。𤞷說：𤞷的顯赫的長官周師陪同來見王，并把準備冊命的事報告給王。王於是又賜給大帶，連有朱紅色橫帶的黑色蔽膝。王說：‘去履行職責吧！’行叩拜禮，稱頌周王的美好恩德。因此製作了祭祀德行高尚的先父甲公的寶簋，每日早晚用茜香來享祀上天的列位神靈，子子孫孫千年萬代都要記住周王的美德，祭祀神靈日日延續，不要放棄。”此式銅簋出土時為一對，因先後流出，一器已歸臺灣著名收藏家處。另一對𤞷簋也作長銘，記載了每天早晚用馨香享祀神靈、世代寶用的內容。這為我們提供了周人以馨香和茜香享祀百神、祈求福祉的真實資料，同時還記錄了周人祭事的簡略過程，非常珍貴（參見吳鎮烽《𤞷器銘文考釋》，《考古與文物》二〇〇六年六期）。

據文獻記載，周人在日常祭祀禮儀中，最常用的祭祀有三種：一是燔柴，就是積柴而燒，并放置牲體或玉帛，讓升騰的煙氣使神靈感知；二是祼鬯，就是酌酒澆灌於地，讓鬯酒的香氣通達天地之間，以招迎祖先神靈；三是焚香，就是用艾蒿與黍稷燃燒，讓香氣彌漫於

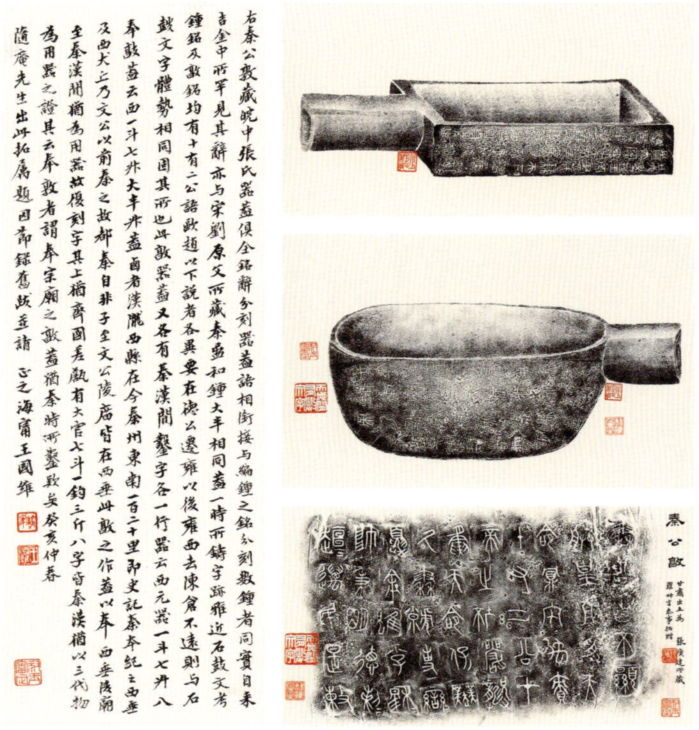

插圖②
民國·商鞅方升並秦公敦拓片

插圖③
西周·𤞷氏青銅器群
中國國家博物館藏

插圖④
𤔲簋與器銘拓片

空間，使人神之間得到溝通。這種周人尚嗅的方式正是此次所獲青銅簋銘中所記述的。“囟（其）日殂（夙）夕用氒（厥）䭧（馨）香（香）辜（享）示（祀）於氒（厥）百神”（插圖④），就是説每天早晚用香氣達聞的祭品享祀上天衆多的神靈。它不僅描述了周人祭儀的生動場面，而且為我們提供了研究周人以馨香降神祈福的珍貴資料。這或許就是後世每日早晚敬神焚燒炷香的濫觴吧。

這批重要的西周青銅器群最終經呂章申館長游説捐贈於中國國家博物館。然器物交接時，該館保管人員未將此組𤔲器之初拓一併驗收而交還予我，祇能理解為給我留個念想吧。若干年後，筆者揀得重裝並釋之題之跋之，且將獲觀心得一併吐露其上，又以老酸枝置框掛起補壁之用，友人見之點贊無數，我亦自得其樂，於是便用心將慎堂所藏金石拓本一一重新整理，並題跋批注，最終成就此《金石長壽——慎堂藏拓注釋與題跋・初編》，並計劃逐步將數百幀涉及青銅器、銅鏡、古幣、金銅佛像、石刻造像、石窟寺題記、畫像石、畫像磚以及玉器、竹刻、古硯、墓誌銘刻銘圖像拓片等方方面面分門別類地注解題記，繼而編纂完成《慎堂藏拓》系列叢書，以與同好共饗之。

（四）

插圖⑤
商代晚期・饕壺
通高 24.8 釐米
私家藏

是編主題之所以稱作“金石長壽”，是因本編內所涉內容為商周至漢代青銅器、齊家文化戰國至隋唐銅鏡、戰國秦至清際古幣、北朝至隋鎏金銅佛像，以及北朝至唐佛造像碑之銘文與圖樣，皆屬金石之類，故名。其中不乏初拓、未剔之本，抑或存世孤品。若青銅器類之首《饕壺拓片》，原物初歸海上大收藏家善齋劉體智，著錄其所纂之《善齋吉金錄》內，二〇〇二年上海崇源首拍由藏家張氏競得（插圖⑤）。此器為商代晚期所鑄，形制呈橢圓，口微侈，頸略收，兩側作貫耳，鼓腹下垂，圓足。頸下與圈足皆裝飾獸面紋，腹部蕉葉形之獸面紋均以雲雷紋為地。內口沿有銘“孯”或釋作“饕”。整個造型典雅，紋飾清晰，線條挺拔，銅色甚碧，經三千餘年依然具古韻幽邃之感。傳世同銘異器者均典藏於海內外重要博物館內，能在民間傳承流轉至今實屬難得。藏家允我拓之器身紋飾並銘文（見圖001拓片），並裝之題之，可謂天下仅此也。

插圖⑥
西周時期・大克鼎
通高 93.1 釐米
上海博物館藏

上海博物館向來被視為是世界上收藏商周青銅器的頂級大館，其中一個重要的原因就是大盂鼎、大克鼎的加持（插圖⑥）。盡管大盂鼎被借調至中國國家博物館（原稱中國歷史博物館），但在上博人的心裡仍然與大克鼎是不可分割的一對國之瑰寶，若能將二鼎拓片合而得之實在是萬幸。余初獲大克鼎銘拓有賴馬公承源，彼時建上博新館，重造青銅館，館內銘文拓片釋文皆由我正楷書寫，久而久之，酷愛金文書法，臨大克鼎銘百遍，馬公見之甚喜，以大克鼎、大盂鼎拓本贈我（見圖044—045）。藏至今日，遂取出重新裝池之，並爲盂鼎題曰：“此鼎形制碩大，與大克鼎齊名。器厚立耳折沿斂口，腹部橫向寬大，壁斜外張下垂近足外，底處曲率較小，下承三蹄足。器以雲雷紋為地，頸部飾帶狀獸面紋，俗稱‘饕餮紋’，足上部亦浮雕獸面紋，立體感強烈，下部飾兩周凸弦紋，乃西周前期典型樣式。尤銘文之字形較大，體勢嚴謹，遒瑰壯美，用筆粗細肥瘦相間，起止之鋭圓因勢而異，是乃商周

金文書法之代表作也，尤居成康時期首位。"

又作跋文《得鼎藏鼎獻鼎》："大盂鼎出土於清道光之年，在今陝西寶雞眉縣常興鎮楊家村一組。初由岐山首富宋金鑒購入，後歸左宗棠幕僚袁保恆。袁知左愛寶物，故獻鼎於左，又左念潘祖蔭大恩，再獻鼎於潘，潘作古後由其後人保管。日軍侵華，蘇州淪陷，潘氏後人將鼎深埋土中再不見天日。一九四九年解放，潘之孫媳潘達于代表家人致信華東文化部，並同大克鼎一道獻出，一九五二年入藏上海博物館，一九五九年中國歷史博物館開館，上博割愛再獻歷博永久保存也。"

克鼎亦作長跋《西周重器大克鼎》，論克鼎出土時期之攷訂事，前已述之，此不贅言。

（五）

最令筆者興奮的是新獲一批寶雞三大窖藏之西周青銅器銘文拓片。

去歲春，上海匡時春拍徵得三件寶雞所出之青銅重器拓片。其一，西周中期前段恭王世牆盤銘拓本（見圖021拓片）。牆盤，亦稱史牆盤，因器主牆在周時做史官，故名。一九七六年十二月陝西扶風縣法門公社莊白村一號西周銅器窖藏發現，這是周原考古隊發掘的第一個大規模青銅器窖藏，共出土青銅器103件，其中最珍貴者即此牆盤也（插圖⑦）。銘文計二百八十四字，前段內容追述列王事蹟，歷數周文、武、成、康、昭、穆各王，並敘當時天子之文武功德；後段敘述牆之祖先功德，從高宗祖甲微、烈祖、乙祖、亞祖、祖辛、文考、乙公直至史牆，頌揚祖先功德，祈求先祖庇佑，是典型追孝式體裁，行文之多，乃新中國成立以來所見為商周銅器銘文最長之一，彌足珍貴。其二，西周晚期厲王世之㝬簋銘拓本（見圖024拓片）。此簋一九七八年五月陝西扶風縣齊村窖藏發現（插圖⑧），其通高五十九點一，口徑四十二點三釐米，乃目前存世最大商周銅簋。據銘文可知，乃西周㝬即厲王所作，是為重器也。其侈口，束頸，淺腹，圈足，有大龍耳一對，高聳壯觀，立體感極強。下有夔龍垂耳，圈足下連鑄方座，頸和圈足飾連續雲紋，腹與方座飾直棱紋，方座面上之四角又飾獸面紋樣。如此大器且紋飾精美，實在令人驚歎！器之內底鑄刻銘文達一百二十四字，推為周厲王十二年時作，是其為祭祀先王而自作之祝辭。內容大意為："我晝夜經營先王事業以配皇天，我任用義士獻民祖先宗室，作此黼彝寶簋，安惠先宗列祖以祀皇天大命，保佑周室王位和我自身，賜降多福長壽與智慧。"這對研究西周時期之禮教與祭祀制度等具有極高史料價值，且字體優雅遒美，乃西周金文書法之代表作。此拓流出甚少，頗為珍貴。其三，西周晚期宣王世之逑盤銘拓本（見圖027拓片），此拓原器二〇〇三年一月於陝西眉縣馬家鎮楊家村西周銅器窖藏發現，即寶雞三大窖藏青銅器之一，同出二十七件青銅器，其中最出名者是逑盤（插圖⑨）。其鑄銘多達三百七十三字。此盤既出，使原本商周銅器銘文最多者史牆盤退為次席。而能將二盤銘文拓片一日間盡收囊中，豈不是中了六合大彩？甚幸！甚幸！逑盤銘文重要有二：首先，其字數最長，字形規整遒美，筆劃精細優雅，西周晚期金文之佼佼者；其次，就內容而言更為重要，歷數西周諸王，道出彼時之基本輪廓，又證實了《史記·周本紀》記載，尤其所述當時重要史事，如文武克殷、成康肇固開

插圖⑦
西周中期·牆盤
通高 16.2 釐米
陝西寶雞博物館藏

插圖⑧
西周晚期·㝬簋
通高 59 釐米
陝西寶雞博物館藏

插圖⑨
西周晚期·逑盤
通高 20.4 釐米
陝西寶雞博物館藏

插圖⑩
西周中期·逨鼎
通高 58 釐米
陝西寶雞博物館藏

插圖⑪
西周中期·裘衛簋
通高 31.5 釐米
陝西省岐山縣博物館藏

插圖⑫
西周中期·五祀衛鼎
通高 36.5 釐米
陝西省博物館藏

插圖⑬
西周中期·𠑇匜
通高 20.3 釐米
陝西省岐山縣博物館藏

插圖⑭
西周時期·此鼎
通高 42.1 釐米
陝西省岐山縣博物館藏

拓疆土等，皆與史料相吻合，實是國之瑰寶也。

不日，又緣獲逨鼎銘拓（見圖028拓片），如此幸運，徹夜不眠也。此鼎通高五十八，口徑四十三點五，腹深二十五點四釐米，重達四十四公斤（插圖⑩）。其窄平沿，腹較淺，口沿上一對立耳，下腹向外傾垂，三條獸蹄形足，口下飾變形獸蹄紋，腹有環帶紋，足上部飾浮雕獸面。內壁鑄銘三百二十一字，記周宣王四十三年六月中旬，因器主逨論功行賞事。文中年月與干支月相俱全，是研究西周曆法之重要資料。同出逨鼎共十件，形制、紋飾、銘文皆一致。此類國之重器，定無可能再有拓片流出矣。

（六）

岐山董家村窖藏是上世紀七十年代又一個重要西周青銅器群的集中發現，共出三十七件，其中三十件鑄有銘文，而且文字精美，內容重要，被列為寶雞三大窖藏青銅器之一。然銘文拓片甚少流出，上世紀九十年代，余有幸得之近乎全套，今一併輯入是編。

如廿七年衛簋器蓋銘拓本（見圖019拓片），各七十三字，重文二，記述衛在周穆王廿七年得到一份掌握管理動物皮毛生意之職的受職盛況，這亦是裘衛之名的由來。同出裘衛所鑄禮器共四，合稱“裘衛四器”（插圖⑪）。余藏其三，餘二為九年衛鼎（見圖022拓片）及三年衛盉，然四器中以五祀衛鼎“分量”最重要，價值最高，未獲，夢寐也。今釋讀九年衛鼎與三年衛盉銘（見圖020拓片），皆言關於彼時土地交易事，故對研究西周土地交易制度具有重要價值。查五祀衛鼎（插圖⑫），內壁鑄銘二〇七字，四器之最也，亦論述一樁土地交易事，今藏陝西省博，其他三器則為寶雞青銅博物館保管。

又董家村所出之𠑇匜（插圖⑬），器蓋共鑄銘文一百五十七字，這種器蓋兩銘連讀形式似不多見（見圖023拓片）。內容大意是，一牧牛者與上司（即器主𠑇）為爭五個奴隸發生糾紛，牧牛者將其告至官府，判官令牧牛者退還奴隸並治以墨刑，若發誓不再起訴可減刑鞭打五百，罰銅三百鍰，最終牧牛者服判。器主𠑇遂將所得之銅鑄以是匜並記其事。此乃我國目前所見最早最完整之民告官案例紀實，讀來十分有趣，形制亦極發噱，呵呵！

又得董家村同出公臣簋四件一套之銘文拓本（見圖026拓片），集其而裝成一卷，釋之攷之題之跋之，閑來一樂也。

查得公臣簋資料於陝西吳鎮烽所撰之《商周青銅器銘文暨圖像集成》卷十一，稱其為甲乙丙丁四器，載：公臣簋甲通高二零點六，口徑十九點八，腹深十一點二釐米，重四點三公斤，有蓋；又公臣簋乙通高二十一，口徑十九點七，腹深十一釐米，重四點二五公斤，有蓋；又公臣簋丙高十五點七（吳書言一一五點七，誤也），口徑十九點八，腹深十一釐米，重三點二公斤，缺蓋；又公臣簋丁通高十六，口徑十九點八，腹深十一點三釐米，重三點五公斤，缺蓋。故知四器尺寸重量相差未多，重點是四器同銘六行計四三字，內容是“虢伯命公臣朕百工賜汝馬乘鐘五金用公臣拜首敢天尹丕顯休用作簋公臣其萬年用寶茲休”。大意為：虢仲委命公臣任百工之官，掌管營造之事，並賞賜公臣馬四匹、鐘五件與銅，公臣拜謝，深感大君之恩賜，故鑄此簋以為紀念。《周禮·考工記》載“國有下職百工與居一

插圖⑮
西周時期・此簋
通高 25.7 釐米
陝西省岐山縣博物館藏

焉”，此“百工”是指製造器物之各種專業工匠技藝指導者及行政管理者，故虢仲冊封並賜物以賞之，好讓其行管事之權。攷董家村窖藏衆器乃彼時裘衛家族之器用，此一族發跡於穆王時期，鼎盛於宣王時期，在百三十年間兩次受到周王子冊命，其中裘衛膳夫族佰此是該家族歷史上最有影響之人物。裘衛作為第一代，雖由皮貨商冊封為掌管皮革之司，並未受封地，但經努力終成周代貴族；而公臣簋作器者公臣是裘衛家族第二代，依然受寵於皇室，得虢伯（皇家之重臣）之恩賜與冊封，足見其代不乏人也。

又得同窖出土之此鼎此簋銘拓本。出土資料表明，此鼎同出土三件（插圖⑭），余覓得其甲乙二拓（見圖029拓片）；此簋同出八件（插圖⑮），余得甲乙丁戊庚辛六簋之器蓋銘拓共八幀（見圖030拓片），遂一釋讀並書以蠅頭，並將此簋八拓集而成卷，與公臣簋八幀銘拓之卷成為姐妹，恐存世唯此樣式也（插圖⑯）。

插圖⑯
此簋八拓卷與公臣簋四拓卷
建業文房藏

案：此批董家村西周一號窖藏發現的青銅群器以廿七年衛簋、三年衛盉、五祀衛鼎、公臣簋、儼匜與此鼎、此簋最為主要，余除五祀衛鼎銘拓片外皆備也，實屬難得，當寶之。攷其紀年，眾器皆非同一王世之品，從周穆王跨宣王末至幽王初，且學者據銘文推斷成器之時亦略有差異。如此簋曰“十又七年二月既生霸乙卯”，馬承源主編《商周青銅器銘文選》言其為厲王世器，而吳鎮烽《商周青銅器銘文暨圖像集成》並其他學者定為宣王時器。余亦沿用宣王之說，理由是銘文見有“史翏冊令（命）”句，翏者，人名，擔任史之職。翏通籀，史翏或即史籀，乃周宣王之太史籀也。又據曆法推厲王在位未如《史記》所載三十七年之久，故此簋言“十又七年”應指宣王十七年，可信也。

插圖⑰
齊家文化・幾何紋銅鏡
直徑 14.2 釐米
私家藏

他如善夫旅伯鼎銘（見圖031拓片）、成伯孫父鬲銘（見圖032拓片）、仲涿父鼎銘（見圖039拓片）、廟孱鼎銘（見圖040拓片）、旅仲簋銘（見圖042拓片）等拓本，慎堂皆有收藏，已一併輯入本編之內。

（七）

插圖⑱
齊家文化・三角紋鏡
直徑 14.6 釐米
中國國家博物館藏

本編所收古銅鏡拓片計四十四件，上起齊家文化以迄隋唐，內容豐富，形式多樣，其中不乏精品稀品乃至孤品。如齊家文化幾何紋鏡（見圖060拓片）（插圖⑰），直徑十四點二釐米，其鏡背中心作弓形小鈕，無鈕座。鈕外圈平素無紋飾，外圈滿飾如山形之圖樣，無甚規律，但連貫有序，似連綿之山脈，又如重疊之光芒，更若層層波紋，雖一般習慣稱其為幾何之紋，是因其等邊等腰而得名，然先民之圖文設計絕非憑空而來，當取源於大自然抑或日常所見，與生活息息相關，且多有崇尚之意，故以山紋鏡謂之豈不更妥。目前可知同期銅鏡除此外另見兩面：一是1976年青海尕馬臺出土之七角紋銅鏡；一是傳甘肅出土今藏中國國家博物館之三角紋鏡（插圖⑱），民間所藏甚稀，唯此為最精。

插圖⑲
戰國・四葉四花紋銅鏡
直徑 36.8 釐米
私家藏

古銅鏡發展至戰國，不僅已成規範，且備體系，紋樣亦愈加豐富，頗具裝飾性。滬上張氏上世紀在香港荷里活道古董鋪覓得一面直徑達三十六釐米之戰國四葉四花紋銅鏡（插圖⑲），圖案簡潔規範，對稱均衡，題材源於自然，經藝術加工變得抽象而優雅，有極強的裝飾效果。同類紋樣在彼時較多出現，但形制如此之大則僅此也，可謂古鏡之王。考古資料表

插圖⑳
戰國・鑲嵌透雕複合式龍紋鏡
縱橫皆 13.3 釐米
私家藏

插圖㉑
戰國・透雕複合式龍紋方鏡
縱 19.5 釐米，橫 19.2 釐米
私家藏

插圖㉒
戰國時期・三山紋鏡
直徑 10.8 釐米
私家藏

明，此類銅鏡傳於長江流域之楚文化地區，其鏡背無見底紋，光平低凹，試想其當年或用以漆藝裝飾，這種可能性應該是有存在的。

近三四十年來，在坊間與私家收藏中出現了不少頗具特色的戰國時期套鏡。這種被稱為鏤空透雕複合式銅鏡，是一種鏡面鏡背分鑄，然後扣合為一的特殊鏡式。鏡背大多為透雕的鳳鳥與龍獸紋樣，以龍紋居多。在本編輯入的《戰國十景圖卷》中，彼時的套鏡居四，卷內拓片四所示的是一面十分特別的鑲嵌透雕複合式龍紋方鏡（插圖⑳），其主體為盤卷身軀互為勾連的八龍圖案，線條轉折流暢，龍首刻劃具體，豎耳瞪目，尤龍之一對前肢表現得十分自然有趣，龍爪還搭欄而出，如此細微的動態處理足以體現彼時製作者富有情趣的巧思與唯美的精工。又比如卷內拓片五之透雕複合式龍紋方鏡（插圖㉑），其尺寸遠遠大於前者，達二十釐米見方，乃目前可知戰國方鏡中之最大者也。主題紋樣亦是龍紋，然比之前者更具視覺衝擊力。內層八龍合軀，外層八龍單軀又相背呼應對稱，龍首一致低垂，張口呈怒吼狀，使整個鏡背圖案平添一份莊嚴之感與獰厲之美。至於這些複合鏡究竟產於何地已不可知曉，如果僅就其表面銅鏽分析，可能出自中原一帶。一九八八年，河南洛陽西工區出土有同類透雕複合式方鏡，日本著名銅鏡藏家千石唯司亦藏有若干面透雕複合鏡，皆不如本卷所示之鏡來得碩大與精美。

插圖㉓
戰國・四山紋鏡
縱橫皆 11.6 釐米
私家藏

插圖㉔
戰國・五山紋鏡
直徑 17 釐米
私家藏

成熟期的戰國銅鏡品類較多，如《戰國十景》卷內所示之戰國三山紋鏡（插圖㉒）、四山紋鏡（插圖㉓）以及五山紋鏡（插圖㉔）都是彼時頗為流行的鏡式。這種戰國時期特有的鏡背紋飾，通常以所飾山字的數量多少命名，常見的是三山、四山、五山、六山，其中四山紋鏡居多，三山、五山、六山偏少，而以三山者最稀少。值得一提的是那些山字，都是凹弧的寬線帶，其間不飾圖樣，而且所有的山字都是斜勾排列。應該說一種紋樣的產生，不會是憑空出現的，有學者認為此紋樣由東周青銅器上勾連雷紋移植而來，若將勾連雷紋截去一小段，除去雷紋便是斜形之山字紋了。這樣的推測盡管不無道理，但山字形紋代表什麼、其寓意又為何如，值得深思。

可以說戰國鏡為中國鑄鏡業發展奠定了重要基礎，並由此開啟了中國銅鏡藝術的璀璨歷程。

插圖㉕
西漢・潔清白文字鏡
直徑 19 釐米
私家藏

（八）

兩漢鏡的存世量較大，但能覓得若干精湛者亦不是一件容易事。友人知我集拓成癖，尋得好鏡拓片賜我，並如《戰國十景》卷樣式，遴選精品十幀，又成《兩漢十鑒圖卷》。

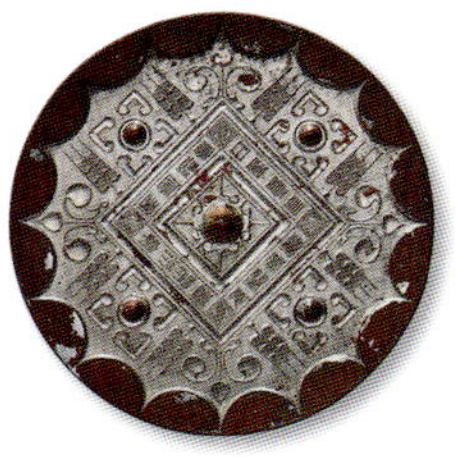

插圖㉖
西漢・日有憙草葉紋鏡
直徑 23 釐米
私家藏

案：歷史上漢滅秦卻承秦制，故漢初的銅鏡亦沿戰國銅鏡模式。如廣州南越王墓中隨葬之六山紋鏡與戰國同類鏡無甚差異。當然這也可能是戰國鑄品之沿用。由於秦漢之際，戰事頻仍，銅料的缺乏大大地影響了鑄鏡業發展。故彼時之鏡讓人無法興奮起來。至武帝時，世道變好，鑄鏡業亦隨之興盛起來。首先是文字鏡的出現，使古鏡具有了更多的文化內涵。如卷內拓片一所示之潔清白文字鏡（插圖㉕），是西漢銅鏡的前期典型樣式。其紋飾簡單明朗，鏡體較為厚實，一周的文字帶顯現出它特有的形式。而後出現帶有文字的鏡式變得更加

插圖㉗
東漢・神獸博局紋鏡
直徑 19.3 釐米
私家藏

插圖㉘
東漢・四靈鏡
直徑 20 釐米
私家藏

插圖㉙
東漢・君宜高官重列式神人神獸鏡
直徑 13 釐米
私家藏

精緻細膩，頗具文藝性。如一面日有熹草葉紋鏡（插圖㉖），是西漢時期的精品，鏡面尺寸較大，為二十三釐米，優雅精美的草葉紋與規整端莊的文字書體乃是絕配。雖看似極具有裝飾性，卻充盈了更多的文化內容，承載著更多人們對美好生活的企盼。

漢鏡的鑄藝最巔峰期當在東漢，但不可忽視兩漢之間新莽時期的作品。如收入卷內的秦中作竟神獸博局紋鏡即典型也（插圖㉗）。首先，從文字佈局上看，它既有篆書的十二地支銘文，又有隸書的四十二字為一圈的吉語文字帶，再配上四方神靈以及蟾蜍天鹿羽人諸多形象，而且皆如白描式勾勒，顯得格外清麗典雅，這種製作的精準細緻度非新莽鏡莫屬。

東漢鏡的最精部分是動物鏡和人物故事鏡，成果斐然，乃他朝所不及。如卷內之四靈鏡（插圖㉘）主體圖案是青龍白虎天馬神鹿，各個靈動優雅，神采飛揚，這種圖樣在同時期畫像、石畫像磚上時有發現，卻比後者更具有藝術性。又東漢君宜高官重列式神人神獸鏡（插圖㉙），高浮雕，共五重，每重居中或一或二對稱端坐，形如太上老君像旁配青龍白虎朱雀玄武，以及東王公西王母像，整個畫面飽滿豐富，極具神話色彩。且人物與動物的刻劃頗具卡通特色，生動有趣，那些略顯誇張的形態令人見之而心悅也。又卷內之吳向里柏氏作伍子胥畫像對鏡，更是難得之品（插圖㉚、㉛）。其主題圖像描繪的是吳越戰爭這段歷史典故，不僅人體車騎皆刻劃得栩栩如生，而且人物的表情亦傳達得深刻逼真，如此高超的鑄鏡技藝加上極有文藝性的歷史情景再現，使東漢人物故事鏡製作成就達到了巔峰狀態，實在令人一唱三歎！

插圖㉚　插圖㉛
東漢・吳向里柏氏作伍子胥畫像對鏡
左直徑 20 釐米，右直徑 20.3 釐米
私家藏

插圖㉜
《戰國十景》《兩漢十鑒》《隋唐十影》圖卷
建業文房藏

（九）

繼《戰國十景》卷與《兩漢十鑒》卷後，余再以隋唐名鏡之拓集成《隋唐十影圖卷》，便是洋洋三大卷也（插圖㉜）。

隋代的鑄鏡業如該朝的統治，雖然日子不長，但較之兩漢及南北朝有長足的發展，主要體現在其製作的精細、設計的精準以及圖形文字的精美等方方面面，而且獨具特色，令人讚歎，真可謂"美哉靈鏡，妙極神工"。卷內前四枚皆為存世隋鏡中之上上品。首先是鏡銘均是標準規範之楷書，內容都是些極具文學色彩的四言美文頌鏡吉語，足見彼時人們視銅鏡為祥物貢具，再配以神靈之獸與十二生肖，既企盼神的護佑又寄予人生美好的願望。如拓片三所示之淮南起照六靈十二生肖鏡即為典範之品（插圖㉝）。鏡作圓形，徑二十五釐米，圓鈕，鈕座外緣雙獸作咬尾狀伏繞一周。其鏡背內區格欄內各見一獸，姿態皆異，活靈活現；而外區圖文二重：內重為銘文帶，言"淮南起照，仁壽傳名，琢玉斯表，鎔金勒成，時雍炎晉，節茂成明，爰摸鑒澈，用擬流清，光無虧滿，葉不枯榮"；外重分割為十二生肖圖，寫實生動，逼真有趣。其鑄工精湛，設計優秀，乃隋鏡中極品。又隋龍盤五瑞神獸鏡，徑二十五釐米，應是隋鏡碩大者（插圖㉞）。圓鈕，鈕座外層以蓮瓣紋圍飾一周，鏡背分內外區設計：內層以花籃圖案分割四靈圖像，其中之靈獸形態各異，生動而富有天趣；其外是一圈銘文帶，文曰："龍盤五瑞，鸞舞覆情，傳閒仁壽，始驗銷丘，仙山竝照，智永齊名，花朝豔采，月夜流明。"共三十二言。最外層分檔飾以十二珍禽異獸遊魚種種，若上天入海，

插圖㉝
隋・淮南起照六靈十二生肖鏡
直徑 25 釐米
私家藏

插圖㉞
隋・龍盤五瑞神獸鏡
直徑 25 釐米
私家藏

仙氣十足。同類中優於其者恐未多也。

從現有資訊可知，唐鏡的存世量非常大，可謂是我國古代鑄鏡業的又一高峰期，且形式多樣，工藝多變，圖文多式，內容多彩。其主因是，不僅銅鏡使用廣泛，深入尋常人家，而且頗受皇家珍視。《舊唐書・玄宗本紀》載：“開元十八年……以千秋節，百官獻賀，賜四品以上金鏡珠囊縑彩”，可見古代鑄鏡之工不僅在唐代有著極高地位，且製品被用以宮廷賜物，故彼時鑄鏡業飛速發展，製鏡技藝不斷精進，以至成為我國古銅鏡之巔峰事所必然，從存世唐鏡之量及質皆足以證明這一點。史料可攷，唐時曾設進鏡官一職，且專設皇家鑄鏡之所，如揚州是也。《異聞錄》云:“唐天寶三載五月十五日，揚州進水心鏡一面，縱橫九寸，青瑩耀日，背有盤龍，長三尺四寸五分，勢如生動，元宗覽異之。”又《朝業僉載》:“中宗令揚州造方丈鏡，鑄銅為桂樹，金花銀葉，帝每騎馬自照，人馬並在鏡中。”詩人白居易《新樂府・百煉鏡》更有贊曰:“百煉鏡，鎔范非常規，日辰處所靈且祇，江心波上舟中鑄。五月五日日午時，瓊粉金膏磨瑩已，化為一片秋潭水。鏡成將獻蓬萊宮，揚州長吏手自封……”綜上可知，鏡在唐時頗受皇家珍視，則鏡上圖案紋樣應符合持者身份與寓意興味。如卷內拓片九所示的雙鸚鵡銜綬葵花鏡（插圖㉟）是最值得稱道之唐鏡美品。

插圖㉟
唐・雙鸚鵡銜綬葵花鏡
直徑 30.6 釐米
私家藏

此鏡作葵花樣式，最大直徑為三十點六釐米，重三六四三克。圓鈕，鈕座略飾小紋，整個鏡背圖案是一對環曲優雅的鸚鵡。其一是口銜折枝葡萄藤，枝上花葉柔蔓，果實累累；其二，則雙爪抓緊綬帶，而繁麗之綬帶繞近半周。雙鸚鵡體形壯實，姿態優美，頸帶珍珠，雙翅振起，長尾揚曳，無不體現出盛唐時期富麗堂皇的宮廷氣息，若視之為皇家御用之品亦不為過。其保存完好，品相一流，乃寶物也。同類者上博、浙博以及日本正倉院等皆見收藏，以上博之鏡為最大。然精湛者當推此鏡也。史載唐人極愛鸚鵡，一是巧言聰慧，二是象徵富貴，三是帶有濃厚的佛教色彩，在佛典中，鸚鵡被視作釋迦牟尼的前世。如此之神靈之鳥被唐人及唐文化廣泛應用和美的優化自在情理之中，尤其體現在日常鑒人美妝器具上是再合適不過了。

插圖㊱
唐・僊乘鸞鳳葵花鏡
直徑 27.5 釐米
私家藏

又如卷內之僊乘鸞鳳葵花鏡（插圖㊱），也是難得的唐鏡上上品。鏡作葵花形，最大直徑為二十六釐米，乃同類者之鉅製也。圓鈕突起，鈕底作山巒起伏之紋樣，更見四組山林圖案向四個方位延伸，山峰高聳，上有茂林點綴與此相呼，遠端即鏡緣內側亦有同樣四組山巒聳疊茂密豐林圖像。整個鏡背主題紋樣俗稱“四騎圖案”。細審之，余以為若言其“仙人乘坐鸞鳳”更為切題些。“騎”改“乘”適用於仙人，頗雅，此其一；其二，鳳有冠鸞無冠，圖中正是雙鳳與雙鸞真實寫照，兩兩相對。上乘之仙人髮髻高聳，或持拂塵揚起，若有風動之感，或束結於鸞鳥頸部，依乘於神鳥之背。尤其是鸞鳳之刻劃十分精緻細膩，羽翼舒展，羽毛纖細，絲絲清晰，鳳首與頸部呈小S形，而鸞鳥之頸則為大S形，又見鸞鳳之雙爪皆後展有力，與飄拂之綬帶有呼應對稱互補之感，再配以間隙處諸多大小雲朵，使整個畫面極具動感，仙氣十足。加上鸞鳳呈飛馳之狀，仙人作淩空逍遙之狀，怎不令人觀之神往而嘆服盛唐鑄鏡者之技藝乎。此鏡直徑近二十八釐米，尺寸碩大，同類無出其右，當寶之。惜其有裂痕，鏽蝕嚴重，經上博修繕略見好轉。卷中之拓則是初拓更是未剔之本，頗珍貴。

應該說，目前市肆行業中最引人珍視的是唐代的海獸葡萄鏡，亦稱狻猊葡萄鏡，狻猊或

即獅子的別稱，這種外來動物形象廣泛出現在唐鏡的主題圖案中上，說明彼時中外文化交流已經深入人心。典型的如日本千石唯司所藏海獸葡萄鏡應是存世最優秀者。其追捧者無數，並有藏家願出數千萬鉅資購藏。千石唯司與我交往多年，余曾為其在澳門舉辦過“千石藏金”專題拍賣，業績甚好，成為一時佳話。

（十）

上海博物館所藏錢幣海內外可謂第一，歸青銅研究部（原稱金石組）整理研究，而且專門成立一個錢幣組，專業人員與研究青銅器者的相當，甚至一度超過後者，可見館內對其重視程度。的確，國內錢幣專家基本集中於此，前有張公午、馬定祥、楊成麒諸大家掌舵，後繼者如孫仲匯、施新彪、周詳等，皆身手不乏，可謂人材濟濟。其實，上海向來是泉學之重鎮，尤其在近代，泉界的一些開創性重大事件都發生在上海，如1938年丁福保編印《古錢大辭典》，此書集傳統錢幣學之大成，在我國泉學發展史上具有重要意義。包括該書在內，當時彙編古幣研究資料的唯一方式就是傳拓。上世紀八十年代，上海錢幣學會成立，由原上海市委宣傳部領導馬飛海先生主編的《中國歷代貨幣大系》，以上海博物館藏品為基礎，凡歷代鑄錢皆以傳拓方式發表。九十年代上博青銅部再編上海博物館錢幣八卷本，完整系統地將上海博物館所藏萬餘枚錢幣全以傳拓方式公諸於世。其中拓片的工作量是可想而知的，我也有幸參與其中。盡管出力微薄，但因此有機會接觸瞭解並學會了傳拓之技，至於收集庋藏古幣拓片則是後來為編纂《慎堂藏拓》而作的補闕。

講到古泉集拓，是繞不開馬定祥這個名字的。我入職上海博物館金石組的第一天，正好是馬公退休之日，他老人家辦公室的舊椅就是我後來一坐十三年都未曾換去的那把。傳說馬公十五歲就在古董錢幣鋪子做學徒，遂對中國古錢、金銀幣、銅元研究甚深，尤精銅元，其鑒定功力堪稱獨步。不知何故，上博對馬公存有戒心，記得一次為一枚“聖宋通寶”銅鈿之真偽，老館長沈之瑜還專門開會“點評”其眼力，並邀來張公午先生評說。我是旁聽者，且剛入上博不久，古泉又是門外之漢，只覺得氣氛比較緊張，像是張公、汪公（慶正）與馬公意見相左。學問各持己見本來正常，卻爭得面紅耳赤而有些失態，甚至於“上綱上線”。然馬公倒是涵養功夫十分了得，坦然自若，始終作掩耳之狀，發噱極了。

馬公一生酷愛泉學之道，尤珍品集拓逾萬，久寓白爾部路（今重慶中路）60號，晚年自號萬拓樓主。我曾隨其學生施新彪君造訪老人，熱情好客，展其藏拓示予我們，印象極深。不想今日余也玩起珍泉傳拓，實在是班門弄斧。

近些年，錢幣拍賣熱情見漲，上海乃至江南地區數上海泓盛錢幣專場拍賣會最有起色。新掌門人凱寧君曾隨崇源拍賣，後去泓盛再展宏圖，爭得一分天下。其覓得珍品必拓之贈我，如一枚戰國時期三孔布（插圖㊲）正面鑄“鄗”字，背見“廿一”及“十二朱”銘，應為彼時趙國屬地（今邯鄲境內）之物（見圖080拓片）。幣文字體俊逸挺勁，端正生辣，皮殼呈古色，保存完美，迄今僅此一枚，極為珍貴。攷三孔布，當由圓足幣發展演變而來，向被泉界公認為三晉布幣中最稀少一種，清際曾出土數十枚，後多流於日本，國內寥寥，故此

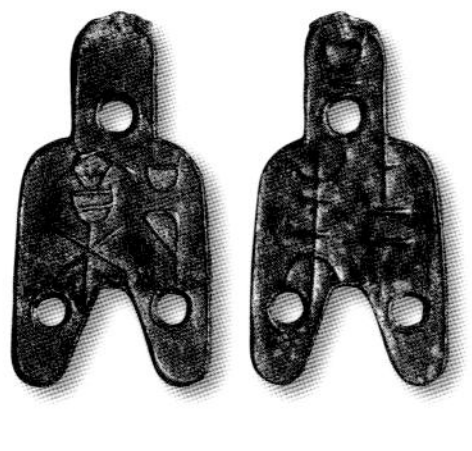

插圖㊲
戰國・三孔布
縱5釐米，橫3釐米
私家藏

插圖㊳
戰國・莒冶□卅博山刀
縱 13.3 釐米，橫 2 釐米
私家藏

插圖㊴
漢王莽・貨布
縱 5.6 釐米，橫 2.3 釐米
私家藏

插圖㊵
五代十國・天策府寶
縱 4 釐米，橫 4 釐米
私家藏

插圖㊶
五代・永安一千
縱 4.5 釐米，橫 4.5 釐米
私家藏

插圖㊷
遼・至道元寶
縱 4 釐米，橫 3.5 釐米
私家藏

插圖㊸
明末・西王賞功
縱 4.8 釐米，橫 4.8 釐米
私家藏

插圖㊹
清同治・同治重寶
縱 3.3 釐米，橫 3.3 釐米
私家藏

稀也。

又戰國莒冶□卅博山刀一枚（見圖081拓片），長達十三點八釐米，極美極稀之品，乃張叔馴舊藏。清馮雲鵬、雲鵷兄弟合輯之《金石索》與李佐賢所編《古泉匯》皆著錄之，傳為嘉慶年間出土於博山香峪村，其字跡奇古，文亦難辨（插圖㊳），故後世泉家以出土地名命名為“博山刀”也。此錢傳世逵二百年有餘，流傳有緒，著錄清晰，又經歷名家之手考證收藏，摩挲把玩，表面包漿溫潤之極，實為先秦古錢之頂級珍品。

又王莽時期貨布之拓片（見圖082拓片），“貨布”二字作垂針篆列於兩側，書體瀟麗俊逸。貨布自天鳳元年至新莽消亡，鑄行十年之久，與彼時之大泉五十、貨泉合稱王莽三大長命錢（插圖㊴）。

又五代十國時期天策府寶銅錢拓片（見圖083拓片）。其直徑四點三釐米，包漿溫潤醇美，文字古樸典雅，乃中國古泉之名珍，極稀見（插圖㊵）。此錢由五代十國時楚王馬殷紀念開府置署所鑄，有銅鐵兩種，尤以銅錢罕見。早在北宋時的錢譜即有記載，民國時泉學大家丁福寶編《古錢大辭典》，載“天策府寶”普遍錢定價三百元，而六字刀僅定價四十元，三孔布定價二三百元，其珍貴程度不言而喻也。

又五代時期永安一千銅錢拓片（見圖084拓片）。永安一千銅錢乃傳世古泉五十名珍之一。史載五代時期盤踞幽州之劉仁恭、劉守光父子所鑄造之錢有銅鐵兩種，而銅錢存世量極少。其直徑為四點七八釐米，錢文字形雖粗拙，卻有深厚之感，為歷代藏家所重（插圖㊶）。目前存世有永安一十、永安一百、永安五百與永安一千四種。此品極美，日本平尾贊平舊藏，《昭和泉譜》著錄，為同類傳世品之最佳者。

又遼至道元寶銅錢拓片一枚（見圖085拓片）。此品直徑四點二釐米，形制規整，字口深峻，立體感甚強。字體雄渾古樸，隸中見楷（插圖㊷）。早年出土於內蒙古，戴葆庭《集拓中外錢幣珍品》一書中見有同類，傳為存世僅三枚，今衹知二枚，另一枚藏於新加坡。至道元寶原為北宋趙光義至道元年鑄幣，流通此大錢則是遼人或賞賜或慶典或祈福所特鑄之供養錢，彌足珍貴。

又明末西王賞功銀幣拓片（見圖086拓片）。公元一六四四年張獻忠在成都稱帝，特鑄西王賞功金銀銅質紀念幣，以獎有功將士。然其存世極稀，近年出土亦不過十數。據傳金質西王賞功僅二枚：一枚初藏蔣伯薰處，後歸上海博物館；另一枚被無知者熔毀。銀貨“西王賞功”舊說亦僅二枚：一枚由申硯丞秘藏，今不知所蹤；其二原藏羅伯昭，後歸中國國家博物館。此拓原物亦為銀貨，乃後出也（插圖㊸）。其鑄工精良，字體端莊，楷法規整，乃稀品也。

又清同治之同治重寶雕母拓片（見圖087拓片）。此清同治重寶寶泉局當十雕母，直徑為三點五九釐米，乃清際銅錢中之珍品（插圖㊹）。雕母者亦稱祖錢，即制錢之祖，凡古時鑄錢之法，先將精煉淨銅或鉛錫手工雕鑿成祖錢，遂翻砂鑄母錢，後用此製錢。同治之雕母存世極罕，為彼時雕母中最難得之品。原為日本藏家舊藏，其銅質精純，燦爛若真金，雕工精湛。今易手者幸而，能獲此拓，不亦幸乎。

綜上，慎堂雖獲泉拓不多，但件件有來頭，個個是精品，得之是緣分，藏之有價值。

（十一）

本編所輯入的有關中國古代金銅佛像的拓片尤以圖八十八之五胡十六國時期釋迦牟尼佛鎏金銅造像立體式拓片最具特色亦最重要（插圖㊺）。此像早年流失海外，由歐洲藏家庋藏，千禧年後香港古董商獲歸荷李活道，即邀我往觀鑑定真偽，其手頭極佳，鎏金保存甚好，實為難得一遇之精品也。其通高十五，座縱五，橫八點四釐米。佛作高髮髻，呈螺旋狀，蛋形臉略向下傾。五官刻劃清晰，高鼻小嘴，長眉通梂，留鬚呈八字狀，肩部寬圓，著圓領通肩大衣，褶襞重疊，線條勻稱流轉如流水，疏密有序。下襬垂至座前，遮滿須彌之座。其下承方座基，兩側浮雕護法雙獅，中間以十字連珠紋樣相飾，十分稀見，乃同時期同類金銅佛造像之僅見作例也。佛以雙手合十於前胸，結跏趺端坐之勢表現出釋迦主尊之端莊與神聖，是彼時金銅佛小像之典型。出土與傳世之金銅釋尊造像至十六國時期已逐成熟，形式上亦基本有如此等定式，除主尊坐像外，還配以四足方牀及頭光與華蓋，而此尊銅像原亦應有此般配置，佚矣。然其主像能保存如此完好，製作又如此精湛，乃目前所見早期金銅佛之最佳者也。

五胡十六國時期的金銅佛像是中國佛教造像藝術發展史上的初創作品，僅管存世作品較為稀少，但已經給世人留下了佛像由西天傳來，逐被中土接受，並不斷演進和漸趨漢化的印象。最引人注目的是今藏美國舊金山亞洲美術館的後趙建武四年（公元三三八年）造釋迦牟尼佛鎏金銅像（插圖㊻）和日本大阪美術館所藏夏勝光二年（公元四二九年）造釋迦牟尼佛鎏金銅像（插圖㊼）它們不但是十六國時期僅見的兩尊有紀年銘銅造像，也是我國現存最早有確切紀年的立體雕塑佛像。前者形象端莊，製作精良，代表了當時金銅佛像的最高水準，是一致公認的中國早期金銅佛佳作。後者的外觀形貌雖有不少與建武四年像相似之處，然線型直硬，轉折處棱角分明，刀法簡潔，具樸實之感。細審之，似有幾處疑惑：早期佛像多為分鑄，此像何以座牀連體？高足牀式樣通常見於北魏之年，此像已是高足之狀，是否合乎情理？然終因圖片辨認，難下定論。

一九九六年夏季，我應邀去大阪市立美術館考觀交流，館長先生慷慨地從內庫請出此尊金銅佛像，經反覆觀察，確有多處值得商榷：其一，早期金銅佛地製作習慣是分鑄插合式的，即將像體與雙獅座作為一個整體插入四足方牀上，而此像牀座連體一次澆鑄而成，可疑；其二，佛像線條頗為呆滯，尤其是髮紋、手掌等處與早期風格不合，可疑；其三，四足牀肩呈梯形，且底線若棱角突出，奇特古怪，內框的火焰紋裝飾十分勉強，牀足連刻的發願文書體和排列方式與當時的創作習慣不合，又添一可疑處；其四，據實物察看，佛像背面的華蓋插口形同虛設，沒有實際用途，更是可疑。據此，至少我個人認為這尊名聲不小的金銅佛後仿的可能性極大。

反觀本編之品，實是中國早期金銅佛典型作例也。然現有的資料顯示，中國大陸博物館收藏中是沒有一件像樣的早期金銅佛的，故此像的獲得顯得尤為重要。可以說，如果重寫中國金銅佛像發展史的話，應該少不了講述它的那一頁。

插圖㊺
五胡十六國，釋迦牟尼佛鎏金銅造像
通高 15 釐米
建業文房藏

插圖㊻
後趙建武四年，釋迦牟尼佛鎏金銅像
通高 39.7 釐米
美國舊金山亞洲美術館藏

插圖㊼
夏勝光二年，釋迦牟尼佛鎏金銅像
通高 19 釐米
日本大阪美術館藏

插圖㊽
北魏·盧邊之造觀世音菩薩鎏金銅佛像
通高 18.8 釐米
上海博物館藏

插圖㊾
北魏·張匡造觀世音菩薩銅像
通高 24 釐米
上海博物館藏

插圖㊿
北齊天保二年·毛思慶造觀世音菩薩鎏金銅佛像
通高 18.9 釐米
上海博物館藏

（十二）

上海博物館所藏中國古代金銅佛像海內外聞名，而本編所收入的此類金佛像的發願文拓片，原物大多是上博藏品，如盧邊之造觀世音菩薩鎏金銅佛像（見圖090拓片），鑄於北魏神龜元年（公元五一八年）（插圖㊽）。觀世音頭戴高冠，繒帶垂肩至臂側。面相清癯，五官刻劃傳神，著交領廣袖式漢裝，衣褶飄垂自然，紋理的刻劃舒暢流轉，質感頗強。帔帛自兩肩交於腹前，又上懸肘部後外展，呈波曲狀。長裙覆足背，足蹬漢人之雲頭履，站於覆蓮座上。下為四足高床，床框鐫刻發願文“神龜元年四月八日佛弟子盧邊之先為水厄，願造觀世音像一區，願從今後居眷大小須遇諸佛”共三十八字。像背作蓮瓣形背光，共分三層：外層飾火焰紋，中層僅露瓣尖，飾直線紋光芒，內層外緣飾一圈幾何形圖案，頭光呈寶珠狀，外緣為蓮花紋。這種背光頭光多層重疊式樣，初見於北魏早期，至此已十分規範成熟，具有濃重的裝飾趣味。整個造像形體清秀，乃現實中取得的典型。其衣著的表現形式已逐步脫離了佛教造像藝術的束縛，沒有通常僧祇支貼體的情形，而飾之以中土流行的漢裝衣裙。這種形象的發展變化，尤其在麥積山石窟北魏造像中得到印證，如第一七二號窟正壁左側脅侍菩薩像的衣著樣式即與此像甚似。這是北魏遷都洛陽後推行漢化政策，並使釋像逐步漢化而產生的一種新風貌。

同一紀年的上博館藏張匡造觀世音菩薩銅像，則別有一番模樣（插圖㊾）。觀世音立於覆蓮坐上，蓮瓣尖甚尖銳並反翹向上，呈烘托狀，頭戴寶冠，上飾一對寶相花，冠繒左右對稱展開，呈直角垂落至肩，再穿過圓環式隨肩飄揚開去。其面相清癯，神態莊重，臉龐和五官的刻劃具有龍門初期風格特徵。上身稍長，頸飾項圈懸鈴，帔帛交叉於腹間，串環後再翻懸肘外垂於體側，若燕尾之狀。手掌頗大，作施無畏與願印。有蓮瓣形背光，頂端過於尖銳，這種樣式至隋最為流行。其外層飾火焰紋，狀若漩渦流轉，左右均勻，內有浮雕荷蓮紋頭光裝飾。此像蓮座下為四足牀，牀足修長，上窄下寬，似呈內八狀。正面右足插配一獅，雕鑄生辣。其豎耳展鬃，張口吐舌，具威懾狀，手法頗為誇張。另見二插孔，飾物已佚。牀背與側連刻長銘“神龜元年七月甲申朔十五日戊戌，湯陰縣（今河南湯陰）民張匡為現存父母小弟客生內外眷屬，壽命延康，無諸患難，所願如是，又為使多饒財寶用之無盡，所求如是，恒與佛善居”（見圖089拓片）。整個造像突出俊健優雅之美，凸顯了漢化的特徵，這也是北魏神龜時期佛像藝術的創作共性，但其有別於同期前者（盧邊之造像）的尖銳背光、翻卷蓮瓣和修長牀足等特徵，則表現出不同地域佛像鑄造的審美取向。

上博藏毛思慶造觀世音菩薩鎏金銅佛像鑄作於北齊天保二年（公元五五一年）（插圖㊿）。主尊頭戴高寶冠，天衣飄垂，長裙覆足，右手掌心向前作施無畏印，左手下垂作與願印，赤足立於覆蓮座上，有蓮瓣形舉身光，飾火焰紋，頭光為蓮花狀。左右兩脅侍菩薩，足下以雲氣狀之忍冬紋相依托。下有四足方牀，牀框鐫刻“天保二年四月十六日，佛弟子毛思慶上為七世師僧父母，因緣眷屬，法界眾生，造觀世音一區”共三十八字。此像在風格上同山東博興地區出土的北齊武平二年（公元五七一年）劉樹珽造觀世音三尊像如出一轍，應是彼時同一地區流行樣式。此類銅像應屬小宗，然今日之市肆已不甚見得，若有出現，價可過

百萬。倘若流傳有序，抑或名家曾經皮藏，則市場篤信這一口，競爭者更是窮追不捨，其價便難以想象了。

北周的銅佛像存世不多，有明確紀年更見珍貴，上博藏楊照基造佛鎏金銅像（插圖51），雖製作工藝不甚精美，造型比例亦不甚合理，但刀法頗為生辣堅定，有刻石效果，尤其座前銘文結體似有龍門二十品之韻味也。其曰：“天和二年（公元五六七年）三月四日佛弟子楊照基為七世父母，所生父母，因緣眷屬，造銅像一區，等成正覺。”計三十六言（見圖096拓片）。北周時期的金銅佛像承北魏瘦勁挺拔之餘緒，開隋代略顯豐腴之新風。雖然石刻造勢頭不減，但金銅佛造像卻一度處於低迷而不見風光，直至入隋才顯現強勁之勢。上博所藏之楊照基造像可算是難得一見有明確紀年的遺存也。惜其金色基本退卻，殘存之跡不甚明顯，銅質偏深色，品相亦不太美觀，謂其歷史價值有之，然若視其為彼時代表作，恐資格差矣。

記得前年赴東京觀東京國立博物館舉辦之顏真卿大展，余等一行看過顏先生後，轉訪鄰近之東京藝術大學資料館。久聞該館藏有一尊據稱為北周時期菩薩鎏金銅像（插圖52）。其名氣頗大，著錄無數，早年我亦轉引此像，跟風稱其為北周之物。入館觀之，“極美”二字由衷而出。此像頭戴高冠，頂嵌寶珠，間飾繒帶垂肩，面相腴長，眉條纖細而呈半圓弧狀，眼瞼微開，鼻挺唇厚，嘴角上翹，含有一絲微笑，表情溫煦慈祥，頸長且粗壯，圓肩，飾以寶相花，帔帛自兩肩垂下搭肘飄落外展過足，形若羽翼，頗具裝飾性。其體軀俊美，胸前滿飾串珠瓔珞，間有葡萄及花葉紋樣，胸前並嵌寶珠，製作極為精緻；下著長裙，裙邊刻劃均衡而顯得比較規範化，手作說法狀，指勢表達自然生動，赤足立於覆蓮座上。整個銅像製作極為精美，而且鎏金保存基本完好，真是一件難得之品也。

問題是，何以見得其就是北周之像？它確實具西魏時期之婉麗，亦具隋時之潤媚，是可以推為介乎二者之間重要變革期所產生的新樣式。但它既無紀年，亦無可資比照的依據，斷代實在令人百思不得其解。然此像表現出的那種帔帛與繒帶外展呈羽翼之狀，且有風動之感，加上滿身的華麗裝束，倒是很關鍵和值得推敲的。

我以為，此類造像表現得如此成熟而有創意性，應該不會出現在北朝，而是發生在隋代的可能性更大些。加之其整個身軀刻劃得這般富麗堂皇，精美而奪人眼球，至少不會鑄造於相對處於低潮的北周時期。一件文物的鑒定需要一個不斷提升，甚至重新認知的過程，如我，同樣不能例外。

上海博物館所藏隋代銅佛像是比較豐富的，可圈可點的是彼時之一鋪多尊銅佛像，被視為國寶級精品（插圖53），因未見鐫刻發願文而無法入輯。余覓得一枚隋大業五年（公元六〇九年）喬遵生造阿彌陀佛銅像拓片（見圖098拓片），據文管會早年檔案反映，此像原藏著名鑒賞家喬有聲處，後由古董商介紹上海市文管會收購，未果，今未知歸去何處。當時價值幣值一百萬整，故可推知在一九五五年前事。

案：在以往的時代分期方面，隋代佛像皆以歷史學習慣之劃分方式，與唐代佛教造像聯繫在一起，統稱為隋唐佛像。然而隨著考古與傳世作品之遴選與比照排列歸納研究發現，隋代佛像並非如前所云有著承前啟後之作用，接前南北朝而未必對唐代佛像風格有開啟作用。

插圖51
北周・楊照基造佛鎏金銅像
通高 21.5 釐米
上海博物館藏

插圖52
北周・菩薩鎏金銅像
通高 45.3 釐米
東京藝術大學資料館藏

插圖53
隋・一鋪五尊銅佛像
通高 37.6 釐米
上海博物館藏

尤其是金銅佛小像作品，幾乎如北朝而無多變化。如此拓所知，佛像與上博藏大業三年信僧延造觀世音銅像同類，皆未鎏金，表面因年久氧化而呈黑漆沽狀，又經多人盤摸，包漿甚厚，其沉舊之感實在別有情趣也。這類作品存世可見若干，但大體與北朝金銅小像風格無異，祇是在四足方床上略作變化，即足體比較垂直呆板。但其背光倒是有較大變化，這就是頂端較為誇張尖銳，而且特別地拉長，有衝天之感。其本意是背光之火焰紋簡括，代之以將背光之形表現出如火焰熊熊燃起之意圖，故使整個作品更加富有動感，這是隋代金銅佛小像與北朝時期之造像風格唯一區別。但在總體上皆保存了前朝基本面貌，如果我們再細心比照其後出現之唐時造像，可以說很難找出與隋代佛像有多少共通之處。再從人像鑄造方面論，隋代之人體造型亦基本沿前，如纖長而略帶前側之姿態，都是北魏以降一直保持而略有變化的風格特徵；其在服飾方面雖然些許華麗，但總體裝飾效果和審美品位無多變化。當然，隋代最值得一提的是三尊阿彌陀佛一鋪多尊佛像，即上海博物館所藏阿彌陀佛一鋪多尊銅像、波士頓博物館所藏阿彌陀佛一鋪多尊鎏金銅像，以及上世紀七十年代陝西出土，今藏西安市文物管理委員會之董欽造阿彌陀佛一鋪多尊鎏金銅像。此三像皆屬隋開皇之年作品，是為貴族抑或皇家供奉之作，但只可言其特殊性並不代表普遍性。即便是如此精美華麗之曠世之作，亦未能比對出有哪些方面可以認為是開啟有唐一代在人體造型上的那種肥腴豐滿、在姿態上的屈曲扭動以及服飾上的世俗表達來的。所以一九九五年上海博物館新館成立，雕塑館內的陳列體系就已經將余之研究觀點體現出來，即展陳之第二部分就是魏晉南北朝至隋，第三部分才是唐五代。雖然以前我之著述基本以隋唐時作品為同一發展階段，但隨著對隋代佛像之不斷認識，如今之著述與講學基本按魏晉南北隋這樣的分期去闡述中國金銅佛像乃至所有中國佛教造像風格及其發展軌跡的。

（十三）

中國古代的石刻造像比之前述的金銅佛像，是我最喜歡收集和最用心研究的那一部分。

四十年來，不論是在上博工作的二十一年，從事藝術品拍賣的十五年，還是以後擔任教育工作至今，我都保持著對中國古代佛像雕刻藝術品的濃厚興趣，曾編寫出版了十餘部有關佛像雕刻方面的書籍。之前的知識與鑒賞理論大多來自走石窟、訪古寺、尋舊址、看原物的積累；而今的觀點與辨識能力確實不同以往，因為我是從我的收藏中重新悟出了石刻造像之美，享受到了收藏它們的樂趣。

尤其當從事藝術品拍賣並在澳門、香港開創流散海外中國古器物拍賣的這些年，每次出國，特別是去美國、法國、英國和日本，我都要事先檢索並聯系上那里的古董行和一些著名的私家收藏，比如美國紐約的安思遠、藍捷理，英國的埃斯肯那基，比利時的吉賽爾，日本的阪本五郎等皆有深層次的交流，更多的是與一些經營中國藝術品幾十年的老牌古董店交流，並從中得到了許多寶貴資訊，很有收穫。二〇〇五年初，我在巴黎覓得一批隋至初唐的石刻佛造像（插圖㊹），計有佛塔一座、彌勒佛坐像一尊、菩薩立像一尊、阿難之像一尊、迦葉立像一尊、天王立像二尊、力士立像一尊、昆侖奴立像一尊，以及殘存之大小佛頭若干

插圖㊹
北齊至初唐・白石佛造像群
建業文房藏

件，總計二十有餘，全部作品皆以漢白玉石雕刻而成。依材質看，它們應產生於北方地區，雖出土地不易辨別，但從雕刻風格及前述之質地分析，斷為河北地區佛造，其理由是充分的。

特別是此座石佛塔（插圖㊺）最是難得一見之品。其四面皆刻，塔身為一節，塔頂呈螺旋形，頂部稍殘。四面皆作佛龕狀，上刻淺浮雕龕楣，兩側作龕柱，素面簡潔無紋樣。龕內皆為雙身佛像，這是自北魏以來特有的創作形式，其依據源自釋迦多寶佛並坐說法典故。它開始只是多寶佛的專門樣式，後逐漸演變成寺院造像中一種特有的雙身並立或並坐造像藝術風格，尤以河北地區為最盛行，這大大豐富了中土漢式佛像雕藝術的觀賞性。但如此塔所顯的四面皆作雙身造像則不多見：其正面龕內，雙佛拱袖端坐，五官刻劃簡潔概括，神態安詳，著寬袖大衣，衣紋雖寥寥數刀，卻顯得十分自然，結跏坐於浮雕之壺門座上，下為雙獅拱爐圖案；左側龕內刻雙佛善跏依坐像，下無見壺門，面相之刻劃與前一致，皆袈裟斜披，坦露右肩，作說法手印，雙佛手印則以合內與外展區分，盡管看似乃無關緊要之舉動，卻恰恰說明彼時藝匠對創作的一絲不苟和無處不在的視覺變化；右側和背面之佛龕雕鑿基本一致，無論面相、手勢坐態等都類同，只是在細微處依然顯現製作者之刻劃伏筆。我初見此塔即有失重之感，如此完好，如此精緻，如此的難得一遇也（見圖128拓片）。

同獲之他像固然件件精彩，然我特別喜歡一件力士像（插圖㊻），墨拓以全貌，並圍其而作《秀肌肉圖》長跋賞析之（見圖131拓片）。

此力士像以漢白石雕鑿而成，並敷彩繪色，取以天然礦物質顏料，初觀，微見色斑，若著水即顯本色，甚是好看。曾邀某專家賞之，信口贗品，呵呵，暈倒！其實對古佛雕之類藝術品鑒定，其中一大要點即是辨色。彼時之造像完畢，皆有著色一道工序，石窟大寺諸尊釋迦像並法界眷屬如此，廟內單體造像亦如此，民間小像造作更是如此。初視之，僅見痕跡，是因年久而褪卻不少，但若著水，則原色必顯也。河北定州曲陽多產上好漢白石，歷朝聞名，又因該地佛教大興造像之風終年不退卻，技術愈益精進，故成舊時雕造佛像之重鎮也。五十年代所出一批漢白石造像與二千年後的鄴城佛像群的新發現，令世人矚目；而上世紀九十年代山東青州龍興寺遺址所出的青灰石刻佛像同樣讓人驚歎不已。兩處的共同點是皆敷彩加色，所不同的是，河北系佛像以天然礦物質料敷之，而山東系以青州地區為主的佛像則別有一番技藝，含有不少膠質成分，或有外來工藝之引入也。故，鑒古佛像之真贗，觀色實為大要，未知此而妄議乃見識太少矣。

又，余向來以為雕塑二字不能混而談之，雕是做減法，塑是做加法。若敦煌、麥積山諸泥塑之作乃加法之代表，而龍門、雲岡造像乃雕鑿之功，是為減法的典範，二者相比，自然後者稀奇。故造像之功，減法難，加法易也。然匠人做減法亦有補救之技，若雕鑿有誤，亦可修復如初。比如手臂斷損，可分別在本體與新拼接體處各打一對稱小孔，灌入鐵水，鐵水凝固則兩處緊合，再填平縫隙着色即可。故在古佛雕上時見斷面有鐵質材料嵌入其中，當此原因也。這批漢白石造像中即有此狀，更鐵證其真品無誤。

再觀此像實在有趣，題曰“秀肌肉圖”實不為過。其面部凹凸明顯，眉高翹，瞪目突睛，似有俗話“彈眼落睛”之狀也。其面目猙獰，身體健壯，額骨突出，肌肉發達，腰束戰裙，尤其腹部多塊肌肉，顯得無比硬朗，大有秀此為快之感。而裙褶紋理，刻劃富有動感，

插圖㊺
隋末唐初・雙身佛石塔
通高 36 釐米
建業文房藏

插圖㊻
初唐・力士石像
通高 39 釐米
建業文房藏

帔巾纏身而隨風揚起，這種風動之感是入唐以來造像風格之特徵，僅此即可斷其年代大概也。而此風動之感，正好襯托此大秀肌肉者一觸即發之態。在這裡，製作者以明朗有力之刀法，不僅勾勒出護法力士之活脫形象，更現出佛國世界之無比神力。關於力士，經典又稱其為金剛像，其形象往往與天王稍有混淆。通常情況下，天王身穿鎧甲，有裝束，恍然若一將軍形象，至唐更然；而力士基本裸露上身，戰裙亦簡而披之。前者以著裝內含著魁偉示人；而後者力顯全身之肌肉，以震懾世間。在佛像雕刻作品中，對於佛門中人物形象之刻劃，往往會出現神化與美化的矛盾；尤其到了唐代，當世俗的藝術語言滲入到佛教藝術之中，如何將已經神化了的人物重新回到凡間，又不失神聖之容，如何將這些人物形象進行世俗的美化，而又不脫離現實生活，這是擺在製作者面前的難題。然而，智慧的唐代藝術家完美地解答了這個問題：那些被稱為佛國武裝的天王、力士形象，被刻劃得活靈活現，整個造型取以現實中勇猛善戰之將士形貌作為創作對象，雖然比之北魏時代之造像要寫實些，但亦作了適度的合情合理的誇張。尤其它那威嚴兇狠的神態和表情，被藝術性地刻劃出一種高傲自大、孔武有力之大將風度。因此唐代佛像雕刻繼北朝後而再度輝煌，其要點就是將原本人性的佛界眾生換面到世俗本源，那些具有護法職能的力士像跟著佛陀一起來到中國，從一開始的誇張大於寫實，到入唐後的寫實多於誇張，更給以現實生活中的真情實感以及秀肌肉般的引人注目，實在是令人佩服。此力士像便是彼時流傳至今難得的典型作例。

（十四）

我初次與日本古董商打交道，有賴方巍君牽線引路。在東京識得柳井先生，父親是阪本五郎的十大弟子之一，名聞九州地區，其繼父業，掌管中國古美術，我覓得第一幅李可染精品山水並在書畫買賣上收穫第一桶金即有緣於柳井先生。於是往返東京大阪便成了常態，既可尋得心儀的古器物，又能享受可口的美食，二者不誤，樂在其中。

插圖㊼

北齊天保四年·趙恒保造觀世音菩薩雙身石像

通高 41 釐米

建業文房藏

某日，往大阪一鋪見得一尊北齊天保四年（公元五五三年）趙恒保造觀世音菩薩雙身石像（插圖㊼），甚喜，購之。其通高四十一釐米，保存完好，有見發願文連刻於佛座三面，十六行，共存五十六字，言“天保四年八月十六日佛弟子趙恒保願造雙（雙）觀音像一區，上為皇帝（陛）下，□為七世□忘，今為現存父母姉（姊）妹兄弟三□□□造供養，定州中山盧奴縣”。既有明確紀年，又見造像發願者姓名與籍貫之地，未多見矣。攷盧奴縣，即今河北正定，古屬定州中山。歸其為河北曲陽系造像可也。新中國成立初，曲陽修德寺發現一批北魏至隋並初唐漢白玉石造像，其質其量其價值程度至今難有可比擬者，然今日往觀曲陽當地，幾乎看不到一件像樣的作品留存。傳彼時出土時大多數作品要修繕，苦於無能者，則送交故宮博物院幫忙完善之，終未歸，永居宮內也。而此類造像亦有見傳世，凡精美者早年流出海外，若大英博物館等皆有見得，推為民國時期被盜，然私家所藏則麟鳳也。此天保四年趙恒保造觀世音雙身像雖非最精，卻亦算上等之物。其作大背光，平素無紋，中置高浮雕二菩薩並立像，菩薩頭戴高冠，冠繒垂落至肩，面相豐腴，眉眼刻劃細膩，含有一絲微笑。其身材修長，腹部凸起，乃北齊時造像的特有風格。帔帛與長裙飄垂似有風動之感，線條刻

劃自然，疏密相間，刀法流暢。其手提寶鎖，赤足站於雙層覆蓮圓座上，下有矩形方座，正面居中一博山爐，兩側一對護法獅，並有公母之別，雖有損缺，其大形可辨，頗威武。座之其他三面連刻發願文（見圖118拓片），楷中見隸，刻鑿生辣，今以舊存軋花紙並清際老墨拓之，裝池並題，以與同好共嚮。

巧了，隔一鋪又見一石佛像基座，珍稀也。店主乃一老婦，熱情好客，見我歡喜，竭力推薦，談定價格便轉身入內室取出箱盒，抬頭望我，似曾相識，匆匆又回內室，捧出我之拙作《佛像雕刻》，言：原來是佛像專家呀！嘰嘰呀呀一陣日語，翻譯告訴我，她改變主意，要麼加價，要麼不售。我頓感不悅，脾氣來了，走人。但整天苦悶不堪，念著那佛座，夫人聰明，見狀勸我“罷了，罷了”，其實，她已有主張。不日，她獨自去了那鋪，竟以我所出原價捧回，佩服佩服。

插圖㊽
北周建德二年・石佛基座
通高 16.4 釐米
建業文房藏

此北周建德二年（公元五七三年）造像基座乃青灰石雕鑿而成，著色繪彩，雖僅存是座，則可推知造像原狀態頗可觀也（插圖㊽）。座分上下兩層：上層承仰覆式蓮花座，未多見，蓮瓣豐肥厚實，上色，多施紅顏，保留依舊。正面兩側各雕一立體之伏獸，左者基本完好，右殘缺。中置力士，亦敷彩，髮為烏，衣作綠，殘痕可辨也。面相端莊，高鼻厚唇，盤腿而坐，手握小鬼，表情嚴肅。左右兩側及背面亦各雕一力士形象，手握棍棒或其他法器，均作驅惡震邪之勢，怒目突睛，甚是威猛，以顯佛界嚴靜莊重之境。下層四邊圍刻發願之文，作以格欄，行三十六，計有一百七十餘字，有多字缺損，牽強讀之可知大概，或有多字筆劃鑿刻隨意，約識之，或見多字異體別書者，祇可粗辨矣。其字體楷中帶隸，端中見拙，然刀法頗為生辣乾脆，力量可見一斑，北碑之風顯現也（見圖125拓片）。據銘文內容可知，此座承上之像應是觀世音菩薩，創作時間為北周建德二年六月二十一日。整個基座通高十六又四，縱十八，橫二十二點五釐米，惜真容不見。

查史可知，北周建德三年（公元五七四年）五月武帝始議禁佛，遂將經像悉毀，並令沙門還俗，乃史上四大滅佛運動之一。此像造於建德二年，毀滅不免，今能覓得其座亦算幸事，當寶之。

（十五）

這些年，因為疫情啥都變了，出國如同冒死一般。

以往，歷年的春秋兩季，對文物收藏愛好者和古董界同仁來講如度黄金周，出貨與收貨，忙得不亦樂乎，紐約和倫敦的往返是必須的。以習慣上的安排，春季大多在紐約，除蘇富比、佳士得兩大專營中國古代藝術品的龍頭老大會竭盡心力推薦重要收藏家重要藏品上拍外，亦伴隨举行規模較大的亞洲藝術節，即古董展。而到了秋季，倫敦則唱起了主角，這樣的佈局倒也使我們有規律可尋，所以行程上的安排基本是春季在紐約，秋季在倫敦，順道也會參加一些在巴黎的古董會活動。盡管巴黎沒有重量級的拍賣行，但百多年來，它一直扮演著中國古董藝術品由此流向歐美各處的集散地角色。因此想要在那裏找到一件心儀之古器物亦非難事，這叫有“家底”。九年前，經友人介紹，我赴歐洲時轉道巴黎去到一家名為“樊

插圖59
北魏·佛造像
通高 28 釐米
建業文房藏

雅克”（Art d'Extreme Orient）的藝術品公司洽談一尊明初銅鎏金大佛，這是標準的宮廷藏品，極珍貴，雖然未獲成功，但能零距離欣賞亦是樂事一樁。在店主的熱情關照下，我不枉此行地收穫了一件原出龍門石窟的佛造像殘件（插圖59）。佛作低髮髻，臉型稍向左側，細眉通於鼻樑，眼瞼微開，刻劃纖細如線。其大耳垂肩，小嘴凹角，含有一絲絲微笑，神態端莊安然；粗頸寬肩，內著僧祇支，外披袈裟，下裳褶皺重疊多層，呈波折紋，這是北魏時的流行樣式，亦是龍門石窟早期佛像雕鑿極具特色的表現手法。佛結跏趺坐於須彌座上，左手下垂，右手上抬施無畏印。其呈片狀，應是洞窟某龕側的小像，今已無法定位。彼時之盜者皆以側敲旁鑿之法將高浮雕的像體截取下去，再拼粘成形，售於海外。目前推測這些都是上世紀二三十年代所發生的事，逐一流向歐洲尤以法國居多，其大部分已歸各大博物館與重要藝術機構收藏，坊間甚少見得，偶有若干上拍，定是哄抬成天價。余有緣獲之，實是三生有幸。今拓其全貌，裝池朱題（見圖099拓片），焚香供養，功德無量。

（十六）

的確，我對於龍門石窟有著一種特別的偏愛，盡管因歷史的種種原因，它被損害得傷痕累累，但我卻特別能體味那些斑斑斧痕滿目瘡痍後依然保持著的殘缺之美。

去年，滬上一藏家割愛予我一批龍門石窟之舊拓本，雖然只是零碎的片斷記錄，卻使我興奮到了極點。其中三幀民國時期龍門古陽洞局部題記龍龕楣裝飾之舊拓，甚是喜歡。

拓片一：《瞿氏等造彌勒造像》拓片（見圖105拓片）。是拓居中見三供養菩薩，間有一大型博山爐，下蹲一力士托之，其上身赤露，肌肉發達，著短裙，裙褶簡括，整個形體亦甚粗拙，然兩側站立之供養人像則頗感修美矣。其頭戴高冠，五官雖因墨拓過濃未可辨清其原樣，但俊美之輪廓已可推想其“真容”。三者皆著寬衣長裙，大袖飄展，外側與裙擺類同，具燕尾之狀，且褶紋刻劃生辣有勁，應是北魏遷都洛陽中土佛教造像漢化之典型風格，即所謂“秀骨清像”也。像之左右並下刻有多處多組供養人姓名，如最右見“唯那王方訓”“邑主游始先”，三供養人間隙處見“邑師慧敢”“政邑主魏僧通”“唯那瞿僧樹”，像下再刻郭氏張氏等十一供養人名，整塊刻石最左是有紀年之發願文，曰“永平三年閏月五日，瞿僧□邑子等□上為相遙□十世父母所生父母邑張法達□宜兄弟敬造彌勒”，後又追刻姓名若干。故可知此拓原石應是彌勒像造作，此其一也；其二，鑿刻年代是北魏永平三年（公元五一〇年），時已遷都洛陽，漢化之相明顯；其三從發願文似可推斷此拓原石位置當在彌勒像基座正面，上見博山爐，亦可為證。

拓片二：《龍門古陽洞龕楣裝飾》之一（見圖103拓片）。觀此拓推知乃某大龕之旁一小龕，龕楣呈盝拱之形，分格成為六段式，每段欄內刻一飛天，或側或正或略斜，頭戴花冠，面龐秀美，表情生動，所佩帔帛似仙女之天衣，飄揚而極具風動感。龕楣下沿有高浮雕鋪首七具，口銜華繩，天幕敞開。龕楣左右對角均刻佛像，間隙處佈滿蓮花，足見此龕雖小，卻依然製作精緻華美，僅龕楣就能裝點得如此繁麗，應是古陽洞的特有風格，無愧為龍門石窟之最美處。

拓片三：《龍門古陽洞龕楣裝飾》之二（見圖104拓片）。此拓所見内容亦頗豐富，其龕楣拓出一整一半。整龕楣者為盝拱樣式，分作五格，居中格内有五小龕，龕内各一化佛，拱手端坐，莊嚴肅穆；左右兩格内刻以飛天三重，衣裙帔帛飄揚而起，若飛鳥一般，仙氣十足，外兩格為佛本生故事圖案。龕楣上對稱兩角是維摩詰與文殊相對說法圖。楣下帷幕垂落，褶紋刻劃自然，線條流暢，質感頗強。龕上左右兩行禮佛僧人相向而行，中有一博山爐。此龕之側拓出之半龕楣者，亦盝拱分格樣式，中見化佛若干，側一格為蓮花，一格見飛龍，龕上有供養人與博山爐。整個雕鑿風格非古陽洞莫屬。

此三拓雖屬小品，但已得之不易，且經百年依舊墨色烏亮，保存完好。二〇二一年秋，我帶學生專程再訪龍門石窟，試圖能在古陽洞裏找到這些拓片之原位，惜洞窟維修，未能如願。但當踏上伊闕古道的那一刻起，我便會產生一種心緒的安寧和美感的快慰。幾十年的佛像雕刻研究，使我深愛著伊闕道上留存著的殘缺之美，那種理想的、和善的、富有人性的以及充滿精神美感的造型藝術，無處不在地表現在洞窟的每一個角落，哪怕是身手異處的，其原貌總會在我面前浮現，就如同看著這平面的墨拓，便會幻想出那立體的美得讓人五體投地的畫面來。

（十七）

龍門石窟留給我們的又一藝術財富便是題記刻銘所表現出的北朝書法，最著名的當推“龍門二十品”。余近日幸得其二，重裝成手卷，一併輯入本編内。

其一：《比丘法生造像記》（見圖102拓片），全稱《比丘法生為孝文帝並北海王母子造像記碑》，乃龍門二十品之一。其位在古陽洞南壁，刻於北魏景明四年（公元五〇三年）。其文曰：“夫抗音投潤美惡必酬，振服依河長短交目，斯乃德音道俗水鏡古今。法生僥逢孝文皇帝專心於三寶，又遇北海母子崇信於二京，妙演之際屢叨末筵，一降浮心忝充五戒，思樹芥子庶幾須彌。今為孝文並北海母子造像，表情以申接遇，法生構始王家助終。夙霄締敬歸功帝王，萬品眾生一切同福。魏景明四年十二月一日，比丘法生為孝文皇帝並北海王母子造。”

文中盛讚孝文帝與北海王元詳崇信佛教之功德，然史載元祥其人雖為皇親國戚，身作大官但貪婪腐敗，生活墮落又妄圖政變，被宣武帝投入大牢不明慘死，而刻石造像者比丘法生乃北海王府豢養之人，後受元祥案牽涉逃往天水麥積山洞窟謀生。後人又發現麥積山石窟亦留有同名之法生造像，有專家推定應是同一人所為也。

當然，就“法生造像記”之書法論乃上品也，被評龍門二十品之一，有評曰：“其字體通篆隸兼行草備方圓，用筆頓挫沉著，筋血俱露，筆鋒難驗，大開隋唐真書之先河”。康有為《廣藝舟雙楫》謂之“濃華麗美，並祖鍾風即承鍾繇一路書體也。”近人亦言“其用筆柔軟極調和”，又說其“神情悠閒，氣象和平，章法自然”云云，卻再言其“筆劃薄弱，結構松疏”，或與龍門二十品中《北海王國太妃高為孫保造像》《北海王元詳造像記》《優填王造像》等屬軟弱單薄一路，故在二十品最後，似可不予重視之。嗚呼！此言差矣。我觀《法

生造像題記》，頗欣賞也。其書風大度，筆道從容，結體自如，點畫嫻雅，姿態俊美，章法平和，與其他被刀鑿斧削而遮掩用筆之銘刻題記相比，倒是多了許多如紙上一般的筆情墨趣，更是透過刀鋒見筆鋒之典範之作，乃龍門二十品之上上品也。

其二：《元燮造像題記》（見圖106拓片），全稱《魏聖朝太中大夫安定王元燮為亡祖等造像題記》，刻於北魏正始四年（公元五〇七元）。正書，共十三行，行最多見九字，計九十五言。曰："魏聖朝太中大夫安定王元燮造，仰為亡祖親太妃，亡考太傅靜王，亡妣蔣妃及見存眷屬。敬就靜窟，造釋迦之容，並其立侍，眾彩圓飾，雲仙煥然。願亡存居眷，永離穢趣，昇超遐跡，常值諸佛，龍華爲會。又願一切群生，咸同斯福。正始四年二月中訖。"

《元燮造像》位在龍門石窟古陽洞之南壁，龕式如漢式樓閣，閣內鑿刻一佛二菩薩二弟子，主尊釋迦結跏端坐，雖面部至頸皆被盜去，然其基本輪廓依在，那種北魏遷洛後造像最典型的清癯之相似可推知。淺浮雕之大背光圖案繁麗精彩，兩側弟子形象亦以淺雕手法為之，正身側面，形態端莊，其外側二菩薩則以高浮雕表現，面部亦被盜去不存，但優雅而似覺扭動之身軀，依然顯現出昔日之風采，尤其身側飄起如羽翅般的披帛，使本來靜態之窟中人像變得富有動態感，而其下襬外展之樣式，我們更能在龕下題記兩側禮佛圖中找到對應點，即人像長衣覆足，下襬亦外展呈燕尾之狀。這便是北魏造像前期藝術風格中最具特色之舉，優雅大方，飄逸瀟灑，魏晉風度由此可見一斑。

關於《元燮造像題記》，其書法更是大有來頭，被譽"龍門二十品"之一，並是其中佼佼者也。清康有為《廣藝舟雙楫》中將《元燮造像》歸為"峻蕩奇偉"一路，言其如"長戟修矛，盤馬自喜"。所謂"峻蕩奇偉"可理解為此題記風格嚴峻中寓放縱，偉岸中見意趣；所謂"長戟修矛"是形容筆劃點線舒展自如，誇張有度；所謂"盤馬自喜"是評價結體字形，整體穩健又自我滿足，足見對其欣賞有加。誠然，綜觀龍門石窟中之刻銘字體，一般多為側勢左低右高，似見些許失重之感，有天真樸拙之趣。而元燮一品則方圓兼備，寓巧于樸拙，更多的是勁健俊麗，有著獨特氣質。如在用筆上，方筆雄強硬朗，圓筆嬉媚娟秀，二者兼之，剛柔並濟，在結體上雖亦有左低右高之勢，但不甚突出，基本趨向平穩端莊。而在章法上更是自然舒暢從容不迫。通常我們見到的北魏碑版文字大多有界格，而《元燮造像題記》則無界格所限，顯得寬達放肆，隨心所欲，卻又不失中規中矩，而且細觀之，其第二三四五行均出現空格，這在龍門二十品乃至北魏其他造像碑發願文中都是極少出現的格式，故使其在章法上出現整齊中見參差、參差中寓平整之特色，自然跌宕，雄強陵峻，不愧為北朝造像題記中一件難得佳作。全書若臨之更有體味，雖刀痕之跡難免有些做作之態，但從其構架筆道與章法中，依然可以感受個中三味也。

（十八）

晚於龍門開鑿且極具特色的鞏縣石窟，其中的帝后禮佛圖是我特別欣賞的。每次有人與我聊起龍門，我都會推薦他一定不要忘記對鞏縣石窟的關注。因為鞏縣石窟寺是繼雲岡、龍門開鑿以後，由皇家貴族營造的北魏時期第三處石窟寺，它不僅保存了雲岡、龍門的雕刻風

格，成為北魏後期造像的典範，而且還驟變成北齊至隋佛像創作的先聲，出現了不少新形象、新風格。因此，鞏縣石窟的藝術價值不容忽視。由雲岡開創的佛教造像之風，經龍門石窟的轉變，到了鞏縣石窟的繼承與發展，才真正構成了北魏一代七十餘年間石窟寺造像的一條藝術主線。

可喜的是鞏縣石窟保存得十分完好，基本原汁原味，甚至連當年的色澤亦能一目了然。尤其是那組作為石窟壁面裝飾的帝后禮佛圖，比之龍門的禮佛圖（均被盜至美國），我倒是更加欣賞前者。鞏縣禮佛圖雖步龍門禮佛圖之後塵，卻有不少差異：龍門禮佛圖講究線條的運用，那寬袖的垂承、大衣的飄拂，均以拉長的線條層層鋪展，整個人體的多變動感都是通過弧形的線條加以表達；而鞏縣禮佛圖的人物注重層次感、立體感，刻劃的線條不求細長而求圓滑，轉折與弧度更為明顯。它強調的是一種刻意誇張的刀法，圖中的人體造型豐滿壯實，尤其是主像均挺胸凸肚，比例誇張，趣味性很強，這種創作風格基本貫穿於整個石窟造像之中。

然而鞏縣的洞窟不高，大多的人像都被紙拓磨刷過，這無形中生成了厚厚的包漿，年久了，便如同瓷器表面的釉色一般滋潤亮麗，真是奇特好看。上世紀末，我隻身一人到鞏縣石窟參觀，窟內空無一人，守衛以為我是去拓佛像的，還說了一句，“光線太暗，不好弄吧？”說明彼時私拓者大有人在。現在想想也真是“可惜”了，“錯過”了。

二十年後的今天，我居然覓得一對鞏縣第五窟之西壁大佛龕下的比丘僧惠嵩與惠興立像拓片（見圖115拓片），傳為民國時期舊拓，頗珍貴。觀二像，形體基本雷同，頭圓潤，臉豐滿，含有一絲笑意。其著廣袖寬領大衣，褶皺刻劃自然，線條流暢，質感極強，手持蓮花，下穿雲頭屐，整個身體微前傾，似有移步之動勢。為確認其窟內位置，今春專程前往鞏縣，找到原位，拍得實景，欣喜也（插圖⑥⓪）。

插圖⑥⓪
東魏·鞏縣石窟比丘僧惠嵩惠興像

插圖⑥①
北魏·響堂山造像殘件

（十九）

如果說龍門石窟造像在北魏時達到登峰的程度，那麼響堂山石窟造像便在北齊時取得造極的成就。它給我最初的印象是流失海外並在歐美重要博物館展陳東方雕塑藝術中居於顯著位置的或完整或局部的佛陀形象。上世紀九十年代應英國皇家古董協會之邀，我去倫敦訪問演講，第一次在維多亞阿勃特博物館見到如此精美的響堂山造像，不論整身還是一個臉部的微笑，都會讓你駐足久視，流連忘返。那種由表及裡的美，任何人看到，即使不知道它代表什麼，也會懂得去欣賞它。因為作品的主題與寓意在這裡已經變得不再重要，製作者以其無可挑剔的技藝，將原本深不可測的佛國形象刻劃得極富人性，尤其在形體的表達方面，不再是前期那種強調肌體的表達和動作的奮張，而是追求整體的和諧，散射著慈祥與平和的光輝：雖然西方人至今都不太懂得東方文明的真正意義，但對於中國佛像雕刻藝術尤其北齊時期響堂山造像作品，哪怕是一個局部殘件，都能如此珍愛地展示在高大上的藝術殿堂中，這說明西方人似乎比我們更早看到了中國佛像之美。早在上世紀二十年代，瑞典的喜龍仁就對米開朗基羅的作品與中國佛像雕刻作品做了比較，並在《五至十四世紀的中國雕刻》一書中特別讚美龍門大像：“這是一件完美的藝術品，一種精神性的追求在鼓動著並且感染給觀者。這樣

插圖⑥②
北齊·響堂山石窟《無量義經歌決》刻石局部

插圖63
北齊・響堂山石窟《維摩詰經》刻石局部

插圖64
北魏・王龍生等造佛像碑
通高 233 釐米
上海博物館藏

的作品使我們意識到文藝復興的雕刻，雖然把個性的刻劃推得那麼遠，其實那只不過是生命淵澤之上一些浮面的漪淪。”有如此中肯的理論支撐，中國美到極致的佛像雕刻品不被盜去海外才怪。響堂山石窟那些個最美北齊造像幾乎盡失的原因恐怕就在於此吧！有人說，這是國弱所致，差哉！如果作品不美，會有人看上？這就是因為美害了自己，美了別人的緣故。

二〇一三年夏，因為一件宮廷屏風而探尋當年“古董大鱷”踪跡，我與上海博物館文物修復師張珮琛並好友金昐同往賓州大學博物館參觀。所謂“古董大鱷”就是賣給賓大昭陵“二駿馬”的盧芹齋，而宮廷屏風亦經他轉售至美國後又去了歐洲。然而，當我們一行踏入賓大博物館展廳的那一刻，卻得到了更多有關響堂山石窟造像的資訊。據陪同我們參觀的原上博同仁，現為賓大博物館研究員的周秀琴博士介紹，一九一〇年冬，盧芹齋初到北美開拓古董生意時，做的第一筆生意就是來自響堂山石窟幾乎與人等高的八尊石佛像。由於彼時賓大湊不到足夠資金，只留下其中三尊，其餘五尊今由美國紐約大都會購藏。當年的高登館長酷愛亞洲藝術，懂得考古，更對石刻藝術有著濃厚興趣，現今賓大博物館內除了三尊響堂山石刻立像，還有幾件出自響堂山石窟的佛與菩薩頭像，尤其兩尊脅侍菩薩頭像顯得格外優雅。那高聳的花冠極具立體感，寬碩的臉龐充滿著富貴氣息，細刻的雙眉流暢舒展，高而挺的鼻樑更具莊嚴之氣，那厚唇小嘴因嘴角微微凹入而帶出一絲笑意，使原本神聖之容變得親和起來。這就是以響堂山石窟造像為代表的北齊特色，實在令人一唱三歎。

可惜的是，今天的響堂山石窟早已沒有昔日精彩與輝煌，看不到那些美的形象，只留下些許美的輪廓與美的幻覺。那些可以觀賞令人心悅，那些可以觸摸令人心跳的實體之美，只能去到歐美和日本彌補了。偶而在國際拍賣市場上還會出現一兩件來自響堂山石窟造像舊藏，那一定會引來追捧者無數（包括我）。記得多年前倫敦上拍一件出自響堂山的佛弟子雙手捧盒殘件，那雙手十指刻劃得生動細膩，活靈活現；僅僅一個局部，這種殘缺之美便讓人愛不釋手。起價四萬英鎊，追至陸拾餘萬才落槌。我也是彼時的競標者，現在想想還是一個漏（插圖61）。

我曾三度參觀北響堂山石窟，盡管沒有看到北齊時最美那一部分，但似乎能身臨一個產生美的地方亦是一種享受。當然仍有一些可觀賞處，比如第八窟（俗稱刻經洞）之後室前壁右側上鑿刻的《無量義經》（插圖62），據考證，其完成於北齊時期，保存至今完好未損。通篇字跡鑿刻堅定有力，間架結構端正規矩，亦楷亦隸，筆劃以柔克剛，精氣神俱佳，乃北朝時期特有之隸楷書風佼佼者也。今覓得此經之歌訣刻石片斷拓本（見圖136拓片），幸哉！然在本編殺青前，又喜獲此刻經洞左前廊東壁唐邕書《維摩詰經》局部拓本（見圖137拓片），此經以隸書寫就，可謂北響堂山石窟重要碑品之一（插圖63），鑿刻於北齊，神品也。其結構平穩，不尚奇險，字雖豐豔，卻未見火氣。余有此二拓，示人以為傲也。

（二十）

上海博物館所藏的佛造像大多為傳世之品，上世紀五十年代建館以來，不斷購藏了許多佳品，以充實館內研究與展陳內容。北魏王龍生等造佛像碑（插圖64），高逾二米，是上博

藏品中最高聳者。此碑為雙龍碑額樣式，四面皆刻，尤以正面三層圖案最為精彩：上層乃《維摩詰與文殊菩薩相對說法圖》；中層是佛龕，內置一佛二菩薩，並見像主王龍生等供養人姓名；下層有二組亭閣車騎與人物出行圖（見圖108拓片）。整個佛碑內容豐富，人物情節之表達簡練而生動，雖然說石碑主角是來自天國的端麗神聖之釋尊，但與之相配的《維摩詰與文殊菩薩相對說法圖》以及《亭閣車騎人物出行圖》，卻給人一種源於凡間的生活情趣。其製作風格猶如一幅幅壁畫，抑或一塊塊畫像石之組合，充分顯示出中國傳統文化本質與藝術特色。值得一提的是，碑中的供養人物都扮若維摩詰形象，高聳之髮髻和奮起之鬍鬚，簡直與維摩詰形象摹寫得一模一樣，這是值得思考與研究的問題。應該說，由西天傳來的印度式佛像演化成中國式模樣，主因即來自北魏拓跋氏統治者的漢化政策與南方晉宋時期士大夫風範的交流和滲透。然從此碑所表現出的內容形式以及人物刻劃手法看，原因似乎更偏重於後者。整個碑中人物都被維摩詰風度所感染，甚至達到刻意模仿的程度，因此製作者的創作思路深受南方藝術影響已是不爭的事實。

又上海博物館藏北齊釋迦牟尼造像碑亦是一件傳世佳品（插圖65）。其正面居中刻一鋪五尊像，主尊髮式高聳，髮紋呈波浪形，面相豐滿圓潤，雙目微閉，高聳小嘴，嘴角含有一絲笑意，表現出一種慈祥之態。其身穿通肩大衣，袒胸，內衣束帶，右掌下垂作與願印，左手殘損，結跏趺端坐於須彌座上。其衣紋與下裳之褶襞成陰刻或淺雕，既靈活又頗具裝飾性。頭後浮雕圓形頭光，上端雖殘，但仍可見化佛三尊。其內側左右各立一弟子形象，皆似年輕僧人形象，雙手抱珠，形態端莊，外側是脅侍菩薩像，頭戴高寶冠，肩搭帔帛，二者皆手當胸撫蓮蕾，一手搭帔端。弟子菩薩頭後均有圓形線刻火焰紋頭光，赤足站於蓮花座上。造像基座剔地滿刻，有力士托盤，有比丘隨從，有躍馬牛車等，猶如漢畫像圖式。造像之背（見圖123拓片）內容更為豐富，人物眾多，以上下兩層描述：上層中間有佛龕，上見釋迦多寶二佛並坐像，龕中是交腳彌勒，周圍並外側刻諸多脅侍人像；下層雙重供養人像，全圖似佛國之景，熱烈莊嚴活潑而神聖，乃世所稀見。同類之品存世未見。一九六五年安徽亳縣咸平寺舊地所出北齊河清二年（公元五六三年）上官僧度等造佛像石碑與此有相通之處，尤主尊之像基本雷同，故應同時期物也。

又上世紀九十年代，上海博物館馬承源館長在香港荷里活道古董店購得一塊北齊武平三年馬仕悅等造彌勒佛像碑（插圖66）。其通高九十六釐米，下端殘缺，碑正面作尖拱龕狀，中置一佛二弟子二菩薩，主尊高髮髻，面龐方圓，身披袈裟，內著僧祇支，褶襞用雙陰線刻劃。其雙手指殘損，手作說法狀，結跏趺坐於須彌座上，有蓮花瓣紋頭光。其左右各為一弟子，赤足端立於圓形佛壇上，身披袈裟，雙手皆捧法器捂於胸前，有寶珠狀頭光。二弟子外側各一脅侍菩薩，頭戴高冠，冠旁寶繒垂肩，裸上身，頸飾項圈，帔帛搭有垂落至體側，下著束帶大裙，裙襞刻畫簡略，赤足立於蓮壇上。其左尊左手上舉持蓮蕾，右手下垂握寶珠，右尊右手持蓮蕾，左手握帔帛，有蓮瓣形頭光。五尊身後又有一大型蓮瓣狀背光。龕外及碑之左右側滿工，有大小佛龕並見施主及供養人姓名。碑之背部滿刻銘文共二百餘字，書法宏大寬放，宕逸神秀，遒厚精古，楷隸兼及，別具一格（見圖122拓片）。

記得當時因為要為上博新館建設而四處徵集新的展品，尤其關注的是流失海外的部分。

插圖65
北齊・釋迦牟尼佛造像碑
通高 78 釐米
上海博物館藏

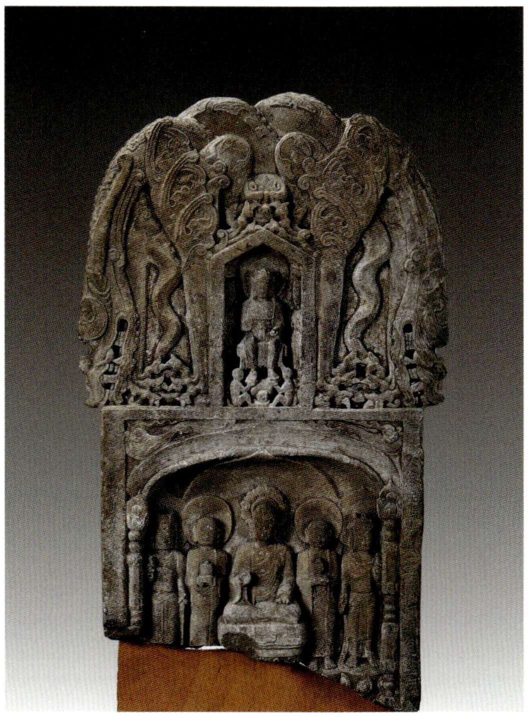

插圖66
北齊武平三年・馬仕悅等造彌勒佛像碑
通高 96 釐米
上海博物館藏

與此碑同出的是迄今上博在海外館搶救回流佛教造像中最具價值的一件北齊佛造像，彼時的兩碑購款僅百萬港幣而已，現在想来實在是便宜。初見二碑，表面滿是亂草污泥，經清洗保護，頓顯其精美之貌，即拓之以作保留，故是拓乃初拓也，彌足珍貴。今撿得裝池題之，是重溫？是回憶？個中滋味自知矣。細細數來，初遇此碑至今，一晃亦已二十七載，彼時第一時間知曉者、經手者皆不在人間，可歎！可歎！

插圖㊼
北齊·觀世音大勢至菩薩石像
上海博物館藏

（二十一）

千禧年後我離開了博物館，卻總想著博物館的那些事。

上世紀五十年代上博入藏一對石刻菩薩像（插圖㊼），民國時補上的頭，皆為高冠，冠上一是化佛，一是淨瓶，故被定名觀世音菩薩與大勢至菩薩像。如果沒有後裝的頭呢？沒有化佛與淨瓶這樣的表徵呢？那麼這對菩薩裝造像該稱啥呢？又出自哪里？這疑惑一直在，一時無解。

某日，見《文物》雜誌發表山東諸城出土菩薩石像報告，雖然只有幾張黑白照片，文章篇幅也不大，卻讓我有些興奮，在不太清晰的照片上依稀可辨識出諸城菩薩像身上滿飾的瓔珞裝束與上博那對造像有相似之處，冥冥之中覺得此“無頭案”有了答案。我雖然從事拍賣業，常光顧山東諸地，卻始終沒有機會去諸城考察。到了退休，被邀去了上海視覺藝術學院文物保護與修復學院任副院長，便重操佛像研究之“舊業”。二〇一九年我創辦的“中國文物鑒定與修復”兩期高級研究班之主題便是“中國寺院佛像雕刻鑒定與修復”。這是一種遊學式的辦班，選擇的路徑是河北和山東兩地。理由很簡單，自新中國成立以來，上世紀五十年代河北曲陽修德寺出土一批舉世罕見的漢白石佛造像，到了本世紀鄴城地區出土過千件白石佛像雕刻品，以及定州諸地陸續考古發現的石佛像，形成了較完整河北地區的佛像雕刻體系；又上世紀九十年代末，山東青州龍興寺遺址出土了震驚中外的佛教造像，使中國式寺院佛像雕刻藝術的研究驟然多了一個主角，比對其周圍如博興、臨淄與諸城零星有石佛像出土之報導，似乎也成就了山東地區青灰石系的佛像雕刻風格。就目前而言，這兩大體系代表了中國佛像自北魏至隋並初唐的輝煌時期的最高成就，因此辦班的重心放在這兩地區是再恰當不過了。當然，我亦存有去諸城探個究竟的私念。

插圖㊽
北齊·菩薩石像
山東諸城博物館藏

當我進入諸城博物館陳列佛像之館，見到諸城這些年陸續出土與徵集的近百件作品時，便堅信上博所藏那對菩薩石像，無論鑿刻方法、敷彩繪色，還是胸前的繁麗裝束，都足以證明二者乃同一地區之物也。這是十分興奮與令人鼓舞的資訊。我與館長張健交流而成為摯友，並決心要幫助該館把如此精美的佛像編纂成書。

事不宜遲，雙方馬上進入了緊張的拍攝與傳拓工作。為了更好地體現諸城佛像的特色，館裏試拓了一件滿身瓔珞、姿態俊美的菩薩胸像局部（見圖124拓片），效果極佳。這是一件北齊時期最為精美的菩薩石像（插圖㊽），雖頭部、雙臂及雙足皆殘缺不全，但華麗精美的服飾刻劃足以說明彼時彼地佛教造像藝術已經站在了中國雕刻藝術的巔峰，可以說它在中國乃至世界人體雕刻史上佔有無可替代的地位。而能以傳拓之技再現其細纖精準、絲絲入扣

的雕鑿工藝或許也是世界之唯一。

（二十二）

據統計，諸城地區出土與諸城博物館所藏的佛造像帶有銘文者不過四五。其中以北齊天保三年（公元五五二年）僧濟本造釋迦牟尼佛石像為最完整（插圖69）。主尊結跏趺端坐於束腰式高臺座上，頭作高髻，螺旋紋細密，俗稱“菠蘿髻”。面龐豐圓，是典型的北齊出現之釋尊開相。雙眉呈半月線，精細地通於鼻樑，眼瞼微開，慈目凝視，唇角內斂含有一絲微笑，充滿著對世間關愛的情愫，寬厚的身軀表現出無盡的朝氣，恍如一位高僧正與膜拜者傾訴著佛國世界的美好。此像鑿刻之美更在於服飾線條上的表達，其上身著坦胸袈裟，內為僧祇支，束結垂於胸前，雙肩陰刻線條多重，與垂於腹前的浮雕褶襞互為照應，使整個服裝無論是質感還是舒展度，都得到最完美的體現。加之其垂覆於座前的裙褶，多層次的疊加紋理，猶如一波波起伏不斷並流動著的水紋，實在令人嘆服。

插圖69
北齊天保三年・僧濟本造釋迦牟尼佛石像
山東諸城博物館藏

佛座下之矩形方臺正面刻著長篇發願文，細刻界欄，一格一字，字字端正，楷法規矩，筆劃遒勁，結體端麗，乃北齊佛像發願文之精湛者，共計二百餘言，是諸城出土佛像至今最長最完美之品（見圖117拓片）。他如東魏武定四年（公元五四六年）夏氏等造彌勒佛石像（見圖114拓片）、武定二年（公元五四四年）士繼叔造釋迦牟尼佛石像（見圖113拓片）等，皆是諸城博物館所藏銘文基本完好的造像作品。

插圖70
北周建德六年・孫惠藏造盧舍那佛石像基座
山東諸城博物館藏

又，該館所藏之北周建德六年（公元五七七年）孫惠藏造盧舍那佛石像座，傳為早年民間徵得（插圖70）。其三面連刻銘文共七十三字，字體規整，刀法嫻熟，乃北周期造像刻銘之上品也（見圖126拓片）。佛座作單體插入樣式，通常早先的北魏佛像尤其是形制較小的石佛造像像體與其底座大多一起雕鑿而成，衹有體量較大為考慮其承重而座體分鑿。我們發現山東地區較小型的佛像就有座體分開的造作習慣。記得前些日子，經人介紹至博興博物館觀賞，該地區所出北朝造像就見有類似佛座，且數量不少，形式也有特殊者。通常所見皆為單層或多層覆蓮瓣式，類似建德造像之座，然博興竟見一座為多層式仰蓮樣式，且蓮瓣鑿刻生動，這可能是北朝所見佛之蓮花座孤證也。山東系單體造像在佛底座上能有如此特別的造作，說明彼時彼地造像是極富創新意識的，其嫻熟並不拘一格的製作手法乃他地不比也。當然現今市肆亦有偽造者，包括假刻發願之文，但辨識應不難。

（二十三）

傳世於民間的大型造像碑拓本已不多見。去年初，上海工美拍賣行廉亮兄電告，覓得一批造像碑舊拓，可往一觀。不知有心儀之物否？余亦久未入行競拍，因要編書並展陳之需，則想尋得一些造像大碑之拓本用來撐撐門面，即往觀之。東西倒是不少，提看一疊舊拓，雖皆破爛不堪，但細細翻來眼前一亮，見得東魏武定元年（公元五四三年）李道贊等造像碑局部拓片一幀（見圖112拓片），其現狀實在極差，支離破碎，難以提起，然此拓意義非凡，

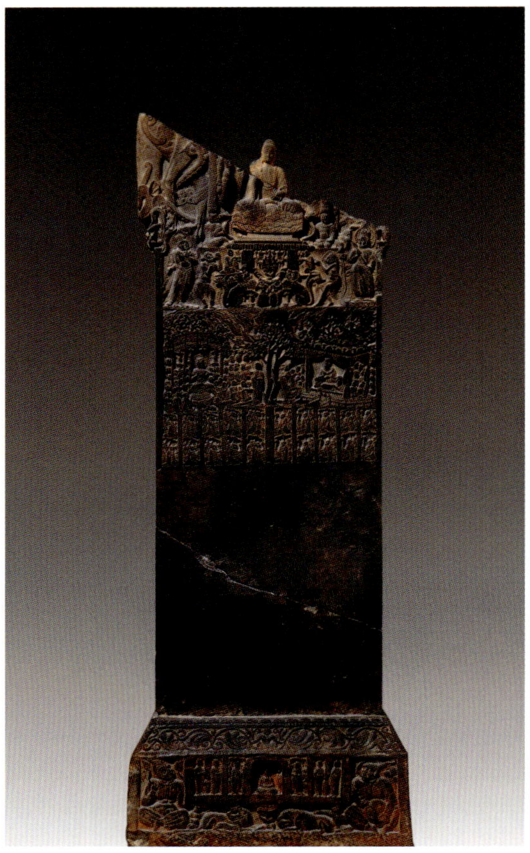

插圖⑺

東魏武定元年·李道贊率邑義五百餘人造像碑

通高 308 釐米

美國紐約大都會博物館藏

使我激動不已。但拍賣是競爭，強作不在乎狀，口念“太破太破”，卻心中竊喜，志在必得也。是拓定價頗低，三千人民幣起拍，幾輪下來，八千便落槌予我，欣喜，欣喜！當場付款提貨走人。

此碑全稱《李道贊率邑義五百餘人造像碑》（插圖⑺）。據銘文，維大魏永熙二年歲在甲寅興建，至武定元年歲次癸亥八月功就，可知此碑歷九年竣工，足見其耗時用功之多之勤也。然，查實年表，永熙之年言“歲在甲寅”，應是永熙三年即公元五三四年，誤也。彼時往往有一種情況，即皇帝改了年號而民間依然沿用舊號者大有人在，乃天高皇帝遠矣。然若此碑紀年與干支不合者倒亦不多見。

據載，此碑原在河南淇縣浮山封崇寺，一九二九年被軍人運至天津，因體積過大，便在像下鋸作兩段售與美國人，今在美國紐約大都會博物館薩克勒大廳展陳。其通高三米零八，寬一米一十二點四，厚為零點三米。其頂部已殘缺，但仍可見蟠螭紋樣，四面滿覆造像。正面主體部分為“問疾品”題材，餘三面乃千佛題材。其煌煌鉅制，雕刻之精、圖案之美、文字之夥被譽為碑中極品，乃魏碑之冠也。主尊為上，結跏坐姿，高肉髻，面相豐滿，細眉高鼻，小嘴厚唇，含露微笑，表情生動安詳，豐胸寬肩，內著僧衹支，外披大衣，衣紋刻畫舒朗流暢，且刀法多變，或雙線陰刻，或以淺浮雕法，使褶紋重疊不亂，極富立體感，尤其是垂於座前那層層下裳，紋理若水波紋般優雅，而具流動之美。如此一靜一動，更凸現佛之神聖、佛之親切。且其側下人物眾多，錯落有致，無一不在動態之中：若手持金剛杵之力士，手舞足蹈之骷髏仙；若捧以蓮花之供養人，手持法器之護法者；又若雙獅高昂對著博山之爐，一派佛國繁麗又莊嚴之景也。然，佛像之下側是此碑雕刻更精緻部分，是一幅最具特色、最為生動、最為華麗之“問疾品圖”。所謂“問疾品”，乃《維摩詰經變》故事，此處的維摩詰高鬚寬容，執扇蹺膝，悠然自得地在帷幕式帳內榻上端坐，全然沒有所謂“具清羸示病之容”；前來問病之文殊菩薩亦鄭重其事地擺出辯說必勝之態。二者相映成趣，說法論道，滿堂的僧俗聽眾表情生動各異，或靜聽，或凝思，或拱手稱道，或交頭評判，場面極為熱烈，而遠近處那些搖曳的菩提樹和漫天飄舞的飛天更增添了一份曼美動感，這是存世所有維摩詰經變石刻作品中最優秀與最經典者。

碑之中間段是發願文，又其上有兩重共二十龕供養人像，龕內供養人手持蓮蕾作恭敬之狀，旁有侍者持華蓋以示供養者身份顯赫，各間隔處則刻以供養者姓名。發願文以細線之欄格分之，共三十行，行三十字，正書帶隸意，極規整極精美，乃北朝碑版書體典範。若以製作之日算，此碑文屬北魏孝武帝時作品，如依照完成於東魏孝靜帝武定元年論，亦可歸其為東魏之跡，故北朝書風只能以整體的前後時段或地域特色分之，而非王朝更替為界，此乃一證也。

再觀碑陰，雖頂部殘缺不全，卻依然可辨佛之善跏依坐之姿，故推之為彌勒信仰。其下主體面皆千龕千佛，乃千佛之面也。又觀碑座亦鑿刻精美，四面各刊一幅圖像，每面二神，計山神王、樹神王、風神王、珠神王等八神。正面是珠神王與風神王，中間一佛，龕內端坐一佛，側有二脅侍菩薩及眾供養人像。下見托座力士與雙獅，二獅與侍者形象生動。背面是樹神王與山神王。所謂“神王”題材應取自《佛說智慧海藏經卷》，其在佛教中作用是護法，而與天王之分工是，天王守護四方，神王守護本域。通常情況下，神王形象鮮見於一般

之造像碑。看來此碑來頭不小，造像者力圖在立碑上體現天上人間出世入世之完整內容，可謂罕見之舉。綜觀全碑圖樣，其反映了彼時兩個不同主題：前者是彌勒信仰，即修行者嚮往之淨土境界；後者維摩詰頂禮膜拜，則是人們在世修行之楷模。故此造像碑為佛教史研究提供了不可多得之實證素材，而其優秀的創作手法更給世人留下了寶貴的藝術珍品。

攷是拓，乃舊時拓本也。同治道光間，傳其下端截斜斷裂一道，細審之，此拓無見斷裂，當可推為同道前之拓本；而紙質泛黃之舊氣程度，亦可證乃清際之品無疑。經師傅修繕達數月之長，今日見得已是賣相一流，當寶之。

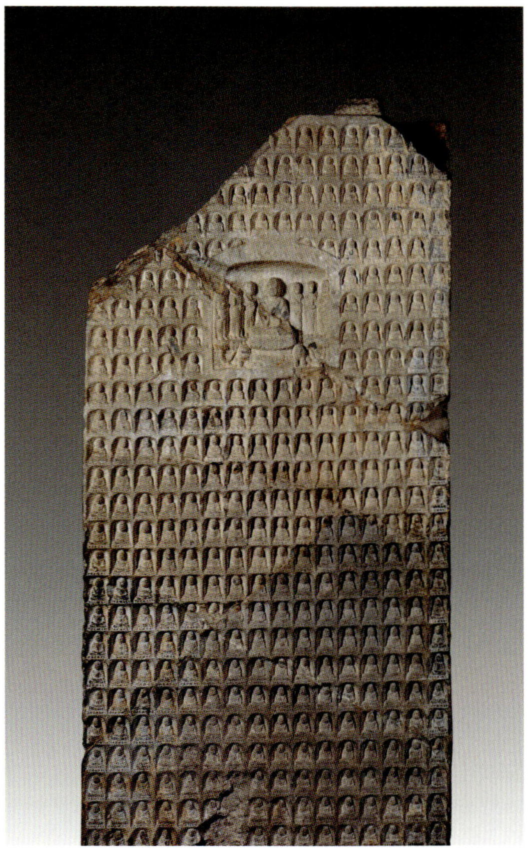

插圖⑫
北周・千佛石碑
通高 171 釐米
上海博物館藏

（二十四）

本編所錄之唐時造像拓片不多，可圈可點有二：一是得於工美拍賣之《唐千佛碑》拓本（見圖134拓片）。其雖殘破不堪，卻見之令人興奮。首先是尺寸較大，縱過二米，橫過一米四十，乃鉅製也。聯想起上海博物館藏品中亦有類似千佛之碑，較之更碩大，是北周時造作（插圖⑫）。其石碑四面滿刻排列整齊之小型佛龕，正背皆作，二十六行，行十六左右，兩側每行見三龕，而龕內千篇一律，皆置一佛，結跏趺端坐於須彌座上。其形體雖小，但佛之面貌、衣著褶紋等刻劃一絲不苟，碑之正面上端居中作一大佛龕，內作釋迦牟尼及其眷屬弟子、菩薩、天王諸像，並見兩護法獅；背亦有一龕，中置交腳彌勒菩薩及其弟子脅侍菩薩、天王諸像，亦見護法獅一對；碑之左右側中間也有思維菩薩、觀世音菩薩及供養人像等專龕設置。

再觀此拓所現之眾佛未置佛龕，全碑造像十三行，行十四尊，各有一舟形大背光，佛作高髻，面相飽滿，神情端莊慈祥，雙手合前，結跏趺端坐，著袒胸寬袖大衣，下裳遮膝，褶襞刻劃簡潔，但仍見層次與質感。雖粗觀千佛一面，細審之，卻見若干佛面稍側略仰，足見製作者別有用心也。在中間數行佛像間處還刻有一些供養人姓名，如清信士瞿永清、信士瞿覆北及清信女董煥、清信女馮姬等字，皆楷體端正而具唐風也。

對照上博碑，此碑雖在整體佈局與製作工藝上比前者略微遜色，但氣勢上則表現出有唐一代的大方與豁達。

千佛是北魏以來，在石窟寺或寺外單體造像中比較流行的題材，亦即佛經中所謂"賢劫千佛"。"賢劫千佛"是佛教中的術語，說是過去、現在、未來三住劫，各有一千佛出世。其中現在二住劫，名曰"賢劫"。此住劫有二千增滅，前八增滅中為佛之出世；第九滅劫始有佛，是為千佛第一，次為拘拿含牟尼佛、迦葉佛、釋迦牟尼佛等九百九十餘佛，合稱千佛。然而這種嚴格繁瑣的經軌沒有難倒佛教造像之藝匠，在他們的創作意念中，雕刻千佛之碑，只是為了創造一種氛圍，描寫一種佛國景象，使觀者面對佛碑產生一種精神的幻化。盡管千佛排列整齊，面目卻略顯不同，那種難懂的佛教語言，經過一番藝術加工變得通俗易懂；那種原本無生命的佛造像變得富有情感、富有人性了。看著這千佛之碑，使人恍若進入幻想中的佛國世界，其妙處就在於那種端目整齊的千佛，會讓你的視覺產生錯覺；加上每尊佛像都不再是千篇一律的，並且帶著微笑，當人們全身心地注視著它時，一種夢幻般的佛國

插圖⑬
唐永徽六年・馮敬造彌勒佛像碑
通高 96 釐米
上海博物館藏

之景便會油然而生，這也許就是千佛碑之魅力所在吧。

二是唐永徽六年《馮敬造彌勒佛像碑》拓本（見圖132拓片）。此拓原石今藏上海博物館，並展陳於中國古代雕塑館內（插圖⑬）。其通高達九十六釐米。雖碑之左上端殘損，但大體依然保持原貌，是一塊仿如石窟寺洞窟樣式雕鑿之造像碑。其主龕面積近半居中，龕內供奉彌勒主尊，善跏端坐正中，面相豐腴莊嚴，身體碩實有肥厚感。其有雙重式蓮瓣頭光，旁置二脅侍菩薩，端莊慈祥，直立而未顯動姿；這似乎不合唐風，然製造者別具匠心地將二者之裸肚凸起，以暗示其身軀富有之動能，妙哉。兩側之小龕各供奉一鋪三尊像，主尊依銘文可知為阿彌陀佛像。各龕頂上有小龕若干，再上一層左、中、右各鑿三龕，龕內皆供奉一鋪三尊阿彌陀佛像，組合形式類同，形體語言亦基本相似，唯左側小龕殘損過半，甚惜甚惜。各龕之下皆刻發願之文，共有八段文字，最可珍貴是碑內左下方之"永徽六年歲次乙卯之七月己巳朔十五日癸未李世延母馮敬造彌勒像一鋪"之明確紀年文，其他七處包括主龕下之"周仕方妻馮敬造彌勒像一鋪上為皇帝皇后，七世先亡父母，見在眷屬，俱同斯福"之主位發願文，亦未明年份，此乃碑文之一要也；其二，銘文所記供奉者姓氏皆清信女及某妻，全然為女性供養；其三，有銘言明上為"皇帝皇后"，按發願文行文習慣，凡言上為皇帝皇后者大多非尋常人家，應是在位之官吏之家眷供奉所用格式也，此典型一例，存世不可多得，彌足珍貴；其四，是銘書體中規中矩，且刻格欄，楷法嚴謹端麗，唐風正宗，不論書者或刻者，皆屬一流高手。古人造像立碑大多為集資供養，往往善男信女會認定自己所供主尊而立下發願之文居於側，故造像碑銘文大多書風比較隨性草率，但也有優秀者，此碑即為其一也。諸如龍門石窟所見之"龍門二十品"，更被後人視為書法藝術之典範。雖然此碑銘文在藝術成就上未能達到如此高度，但與其他造像相比當是佼佼者。此拓由馬承源先生贈我，乃此碑之初拓本，上鈐"上海市文物管理委員會傳拓"之印，印文鐵線，治者乃吳樸堂先賢。推其爲上世紀五十年代所拓，當時分段分塊拓之，裱裝時再拼接而成，亦為一技也。由於此碑永久展陳上博，屬常設之品，再要提取傳拓實在沒有可能，故乃孤品一枚。

行文至此，當可結語。我想說的是，從覓拓藏拓賞拓乃至題拓，整個過程很享受，很有趣，也很有意義。尤其經過注釋與題跋，不僅可將原本只是用墨色刷拓而成的傳統手工活兒變得更具有藝術性，而且還打上了更多具有歷史與美學價值的烙印，留下了原物與拓片的相互對談和它們以外的人文信息，使之成為一種全新的藝術表現形式。當然，就我而言，如果沒有在上海博物館二十一年學習的積累，沒有在藝術品市場十五年磨練的經歷，拓片對於我也許只是過客而已。但是今天，它成了我的最愛。

慎堂季崇建
二〇二二年元月初寫於慎獨齋
二〇二三年十月修改於寓中

Catalogue
目録

吉金瑰寶
Bronze Treasures 047

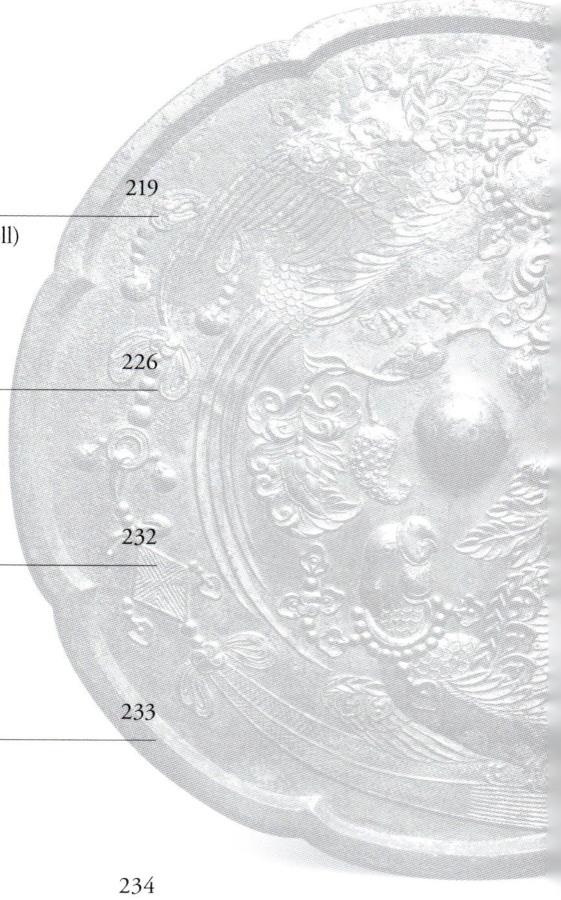

法相莊嚴
Dharma-laksana Solemnity 243

自守明孝[illegible]克[illegible]則[illegible]

天子[illegible]萬年無疆[illegible][illegible][illegible]

才王[illegible]曰[illegible]不顯文[illegible][illegible]

[illegible][illegible][illegible][illegible][illegible][illegible]皇考夙[illegible]

[illegible][illegible]亞了[illegible][illegible][illegible][illegible][illegible][illegible]了

三才天用宗[illegible][illegible]中夨

[illegible]天子不顯[illegible][illegible][illegible]出[illegible]

用[illegible]倉[illegible]于[illegible]文[illegible]十

[illegible][illegible][illegible][illegible][illegible][illegible][illegible][illegible][illegible]令

[illegible][illegible][illegible][illegible][illegible][illegible]天[illegible][illegible][illegible]

吉金瑰寶

Bronze Treasures

001 饗壺拓片

'Xiang' Hu vessel (rubbing)

商代晚期
銘文　縱 3.5 釐米 橫 4 釐米
器形　縱 24.5 釐米 橫 20 釐米

釋文　饗（飨）

題一　商代晚期饗壺，劉體智舊藏。
己亥年冬月二十海上慎堂季崇建題

題二　此壺通高二十四，口徑十三點四釐米。其橫切面呈橢圓形，直口長頸，下腹外鼓，圈足頸部有對貫耳，頸飾夔紋，腹飾垂葉紋，垂葉內填獸面紋，圈足飾雲雷紋組成之獸面紋。整個造型典雅，紋飾清晰，線條挺拔，銅色經三千餘年留有古韻幽邃之感，能在民間傳承流轉至今實屬難得也。然同銘同器有一原藏日本神戶白鶴美術館，今歸美國舊金山亞洲藝術博物館。而同銘異器則存世多件，如上海博物館藏之饗爵、美國佛利爾博物館藏之饗方斝，以及美國舊金山亞洲藝術博物館之藏之饗方彝與饗鼎。此饗壺原藏海上實業家、大收藏家劉體智，並著錄其所纂編《善齋吉金錄》內，對銘文饗有詳攷，後人多沿用之。又見多處著錄，如一九三〇年羅振玉《貞松堂集古遺》，又一九三七年《三代吉金文存》、一九三五年王辰之《續殷文存》、一九三五年劉體智之《小校經閣金文》、一九三六年之容庚之《善齋彝器圖錄》，以及近人金石研究諸流諸籍皆多提及與著錄，說明其不僅流傳有绪，且大名鼎鼎也。二千年，我初涉拍賣，即結識劉氏後人，取得此壺上拍，成為中國藝術品拍賣史上首件有著錄可上拍之商周青銅器。初獲此壺者乃海上實業家張君，劉氏所藏之其它銅器之若干並雅玩若干一併歸其所有，彼時落槌數百萬，現時看來實在是撿漏之典型案例也。今年聞匡時再現拍賣，覓得拓片跋文記之，以為紀念。海上崇建又及。

季按：或可釋為饗，漢語中專指以盛宴款待賓客供人享用之辭，金文中乃人名或族徽也。劉體智舊藏此壺，並著錄於《善齋吉金錄》卷三，釋云："亚乃台阼形，上象二人奉酒尊奠于上，乃古饗字也"。饗，古文作[illegible]（吴尊）[illegible]（静敦），象二人對立中間乃酒尊形，非皀字，故静敦作[illegible]，效卣又作[illegible]，殷契作[illegible]，或作[illegible].[illegible].[illegible].，皆以象酒尊形，故不拘筆劃之多寡也。小篆從𨛜，從皀，又加食字，疊牀架屋愈謬之古誼矣。亦有學者直接將此饗釋為飨，又釋為嚮字，更有近人隸定為鄉宁二字，如原陝西省考古所所長吳鎮烽先生編著之《商周青銅器銘文暨圖像集成》著錄此壺名為鄉宁壺。存世内銘者二，另一傳為河南安陽出土，原藏日本神戶白鶴美術館，現藏美國舊金山亞洲藝術博物館內。二器尺寸略異，鑄銘均在內壁上沿，書法亦不類也。崇建記。

鈐印　海上崇建所見所鑒所拓所攷所跋之印
季氏
別部將軍
崇建印信

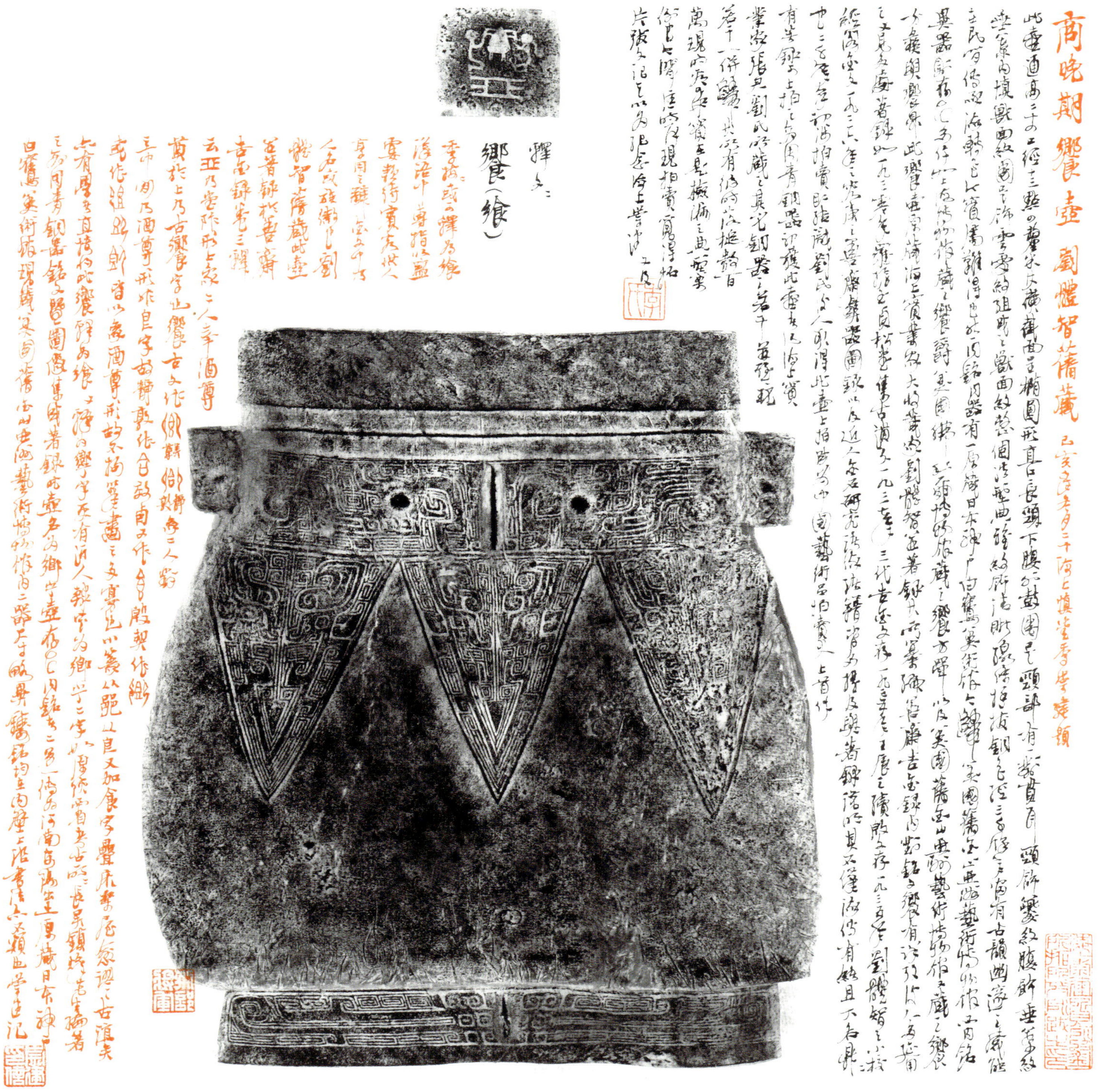
商晚期饗壺 劉體智舊藏

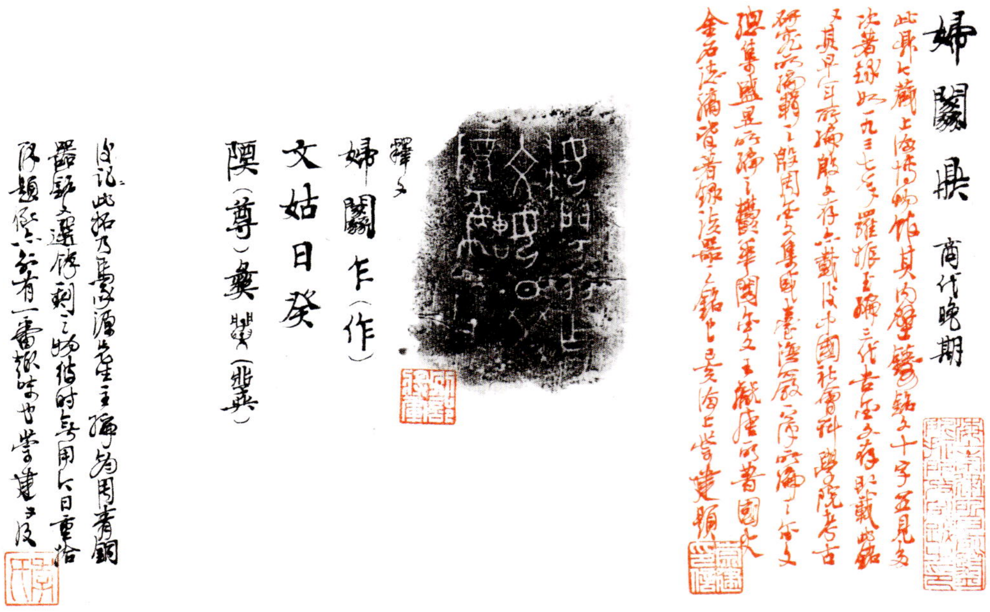

002 婦闟鼎拓片

'Fu闟' Ding vessel (rubbing)

商代晚期

縱 7 釐米 橫 4 釐米

釋文　婦闟乍（作）／文姑日癸 ／ 隮（尊）彝𢀛（㠱）

題　婦闟鼎，商代晚期。

此鼎今藏上海博物館，其內壁鑄銘文十字，並見多次著錄，如一九三七年羅振玉編《三代吉金文存》即載此銘，又其早年所編《殷文存》亦載，後中國社會科學院考古研究所編輯之《殷周金文集成》、中國臺灣嚴一萍所編之《金文總集》、盛昱所編之《鬱華閣金文》、王獻唐所著《國史金石誌稿》皆著錄該器之銘也。己亥海上崇建題。

後記：此拓乃馬承源先生主編《商周青銅器銘文選》餘剩之物，彼時無用，今日重拾再題，倒亦別有一番趣味也。崇建又及。

鈐印　海上崇建所見所鑒所拓所攷所跋之印

崇建印信

別部將軍

季氏

003 獸父癸簋拓片
'Shou Fu Gui' Gui vessel (rubbing)

商代晚期
縱 8 釐米 橫 7.5 釐米

釋文 癸/父

朱批 ，釋此象形字為獸，亦可為獸。

題一 獸父癸簋，商代晚期。
此簋今藏於上海博物館，有銘三字鑄於內底，見於著錄多處，如《北京圖書館藏青銅器銘文拓本選編》中即見此拓，一九二五年壬辰《續殷文存》亦見此拓也。海上崇建識。

題二 此拓受贈於馬承源先生，彼時編纂《商周青銅器銘文選》，我對商周銘文書體興趣甚濃，馬先生將剩餘拓片歸我也，近水樓臺先得月。崇建又及。

鈐印 海上崇建所見所鑒所拓所考所跋之印
季氏
崇建印信
別部將軍

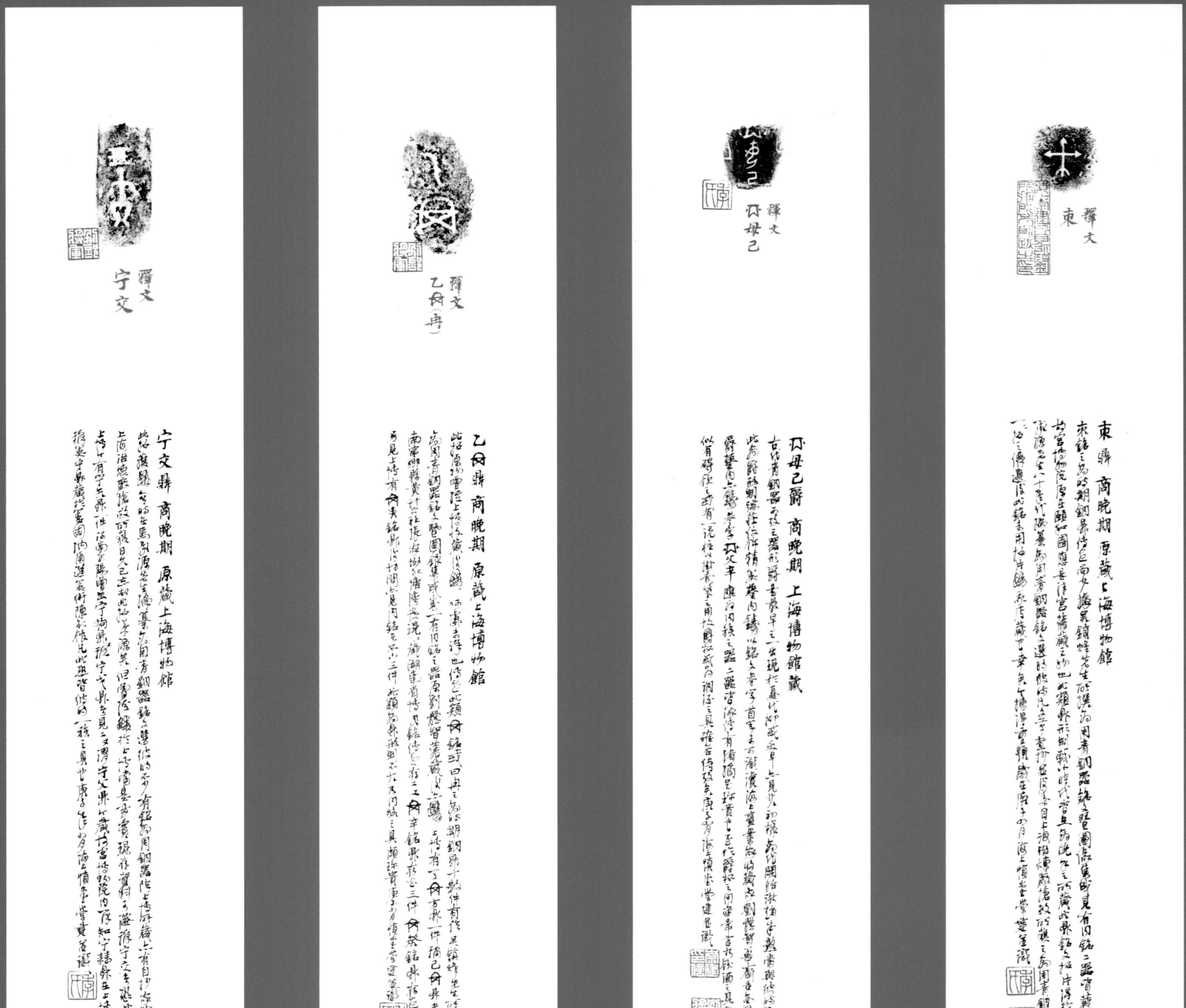

《吉金留影》八屏

此八屏集以商周並漢青銅器少字銘之拓，原器曾經上海博物館所藏。余釋之並題，合成一堂，頗有趣味。

釋文
子且（祖）辛步

子步鼎 商晚期 原藏上海博物館

此拓得於八十年代初時在馬公承源編纂煌煌鉅製商周青銅器銘文選章公忠所教我傳拓之技獲此子步鼎銘之拓片今查其藏否上博竟不知所云矣今在上博廿年餘默自愧問難所致今日上博已不收昔器據此銘可知此子步鼎乃子步孫為祭祀祖父辛某人所鑄之物故現存實物資料僅此可見完好此拓亦顯珍貴也庚子四月海上煩堂李唐並識

釋文
魚母

魚母卣 商晚期 上海博物館藏

此卣一九四〇年河南安陽出土今藏上博體呈橢圓斂口鼓腹圈足沿外撇蓋呈帽式蓋沿外折前後兩邊有犄角頂部有菌狀鈕頸兩側有半環鈕套接索狀提梁蓋面和頸部飾連珠紋鑲邊之雲紋蓋頂之菌狀鈕以浮雕獸頭圈足飾兩條弦紋蓋與器部皆有銘兩銘文魚母二字識讀為以魚一九六三年譚旦冏編嚴宦吉金圖錄已見此銘著錄也此拓所見乃蓋銘庚子年四月小滿日前一日海上煩堂李唐書並識於畫業文房

亼鼎 西周早期 上海博物館藏

亼鼎此為小型西周銅鼎窄口沿外折腹微鼓口沿上一對立耳圓底三柱足內壁鑄銘文一字不識讀為族徽此同類器今上博亦有所藏館藏同銘鼎一件時代相同庚子陰曆二月廿日海上煩堂李唐並識

釋文
安平家銅壺
重八斤

安平家銅壺 漢代 曾經上海博物館收藏

此拓得於偶然之原物曾入藏上博今未查核聞已歸還其原有人藏者有謂臺灣中央研究院歷史語言研究所藏青銅器拓片資料庫亦見此同樣一拓片據傳該史語所藏拓片大多為四九年前五上海購藏並參考台灣所出見其來源亦屬也銅製壺乃東漢時一大特色其曰安平家者應是彼時私家作坊為器購置之重要實物佐證重八斤是漢代衡制之事實記載也庚子四月海上煩堂李唐並識

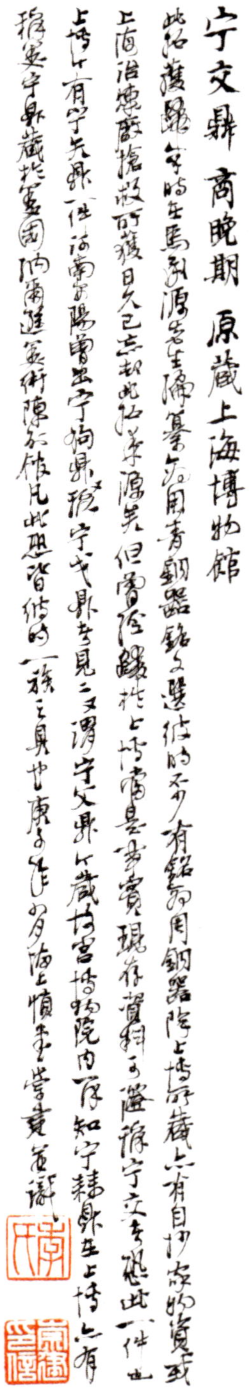

004 宁交鼎拓片

'Ning Jiao' Ding vessel (rubbing)

商代晚期
縱 5 釐米 橫 2 釐米

釋文　宁交

題　宁交鼎，商代晚期，原藏上海博物館。
此拓獲歸余時在馬承源先生編纂《商周青銅器銘文選》。彼時不少有銘商周銅器，除上博所藏，亦有自抄家物資或上海冶煉廠搶救所獲，日久已忘卻此拓來源矣。但曾經歸於上博當是事實。現存資料可證，稱宁交者恐此一件也。上博今有宁矢鼎一件；河南安陽曾出土宁狗鼎，又稱宁戈鼎者見二；又謂宁父鼎，今藏故宮博物院內；再知宁耒鼎在上博；亦有稱美宁鼎，藏於美國納爾遜美術陳列館：凡此恐皆彼時一族之具也。庚子年四月海上慎堂崇建並識。

鈐印　別部將軍
季氏
崇建印信

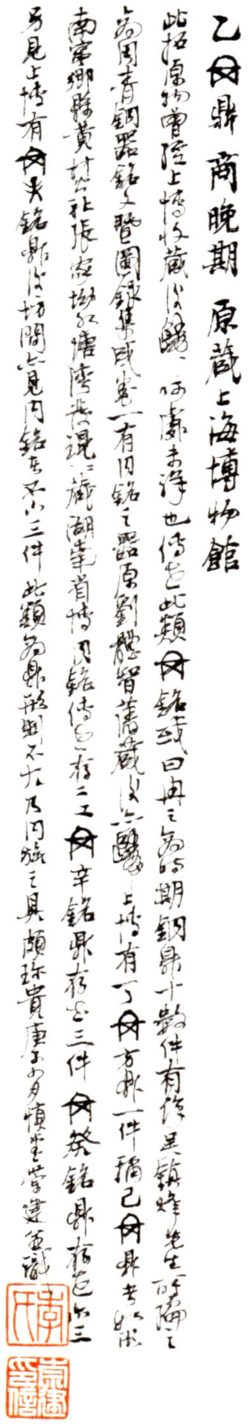

005 乙⿻冂乂鼎拓片

'Yi Zai' Ding vessel (rubbing)

商代晚期

縱 6 釐米 橫 3.5 釐米

釋文　乙⿻冂乂（再）

題　乙⿻冂乂鼎，商代晚期，原藏上海博物館。
此拓原物曾經上博收藏，後歸何處未詳也。傳世此類⿻冂乂銘，或曰冉之商時期銅鼎十數件有餘。吳鎮烽先生所編之《商周青銅器銘文暨圖像集成》卷一有同銘之器；原劉體智舊藏後亦歸上博有丁⿻冂乂方鼎一件；稱己⿻冂乂鼎者如湖南宮鄉縣黃材公社張家坳水塘灣發現，現藏湖南省博，同銘傳世存二;又⿻冂乂辛銘鼎存世三件，⿻冂乂癸銘鼎存世亦三；另見上博有⿻冂乂⿻木乂銘鼎，後坊間亦見同銘者不下三件。此類商鼎形制不大，乃同族之具，頗珍貴。庚子四月慎堂崇建並識。

鈐印　別部將軍
季氏
崇建印信

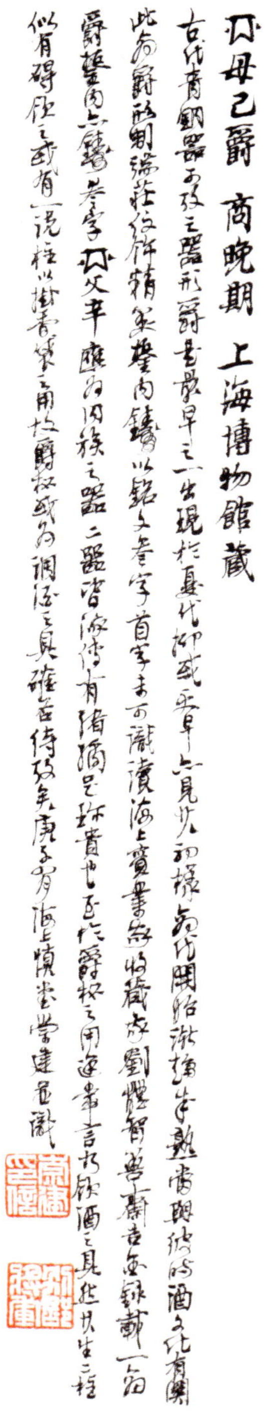

006 內母己爵拓片

'內 Mu Yi' Jue vessel (rubbing)

商代晚期
縱 3 釐米 橫 2.5 釐米

釋文 內母己

題 內母己爵，商代晚期，上海博物館藏。
古代青銅器可攷之器形，爵是最早之一，出現于夏代抑或更早，亦見其初樣。商代開始漸趨成熟，當與彼時酒文化有關。此商爵形制端莊，紋飾精美，鋬內鑄以銘文三字，首字未可識讀。海上實業家收藏家劉體智《善齋吉金錄》載一商爵，鋬內亦鑄三字"內父辛"，應為同族之器。二器皆流傳有緒，彌足珍貴也。至於爵杯之用途，常言乃飲酒之具，然其生二柱似有碍飲之，或有一說柱以掛香袋之用，故爵杯或為調酒之具，確否，待攷矣。庚子四月海上慎堂崇建並識。

鈐印 季氏
崇建印信
別部將軍

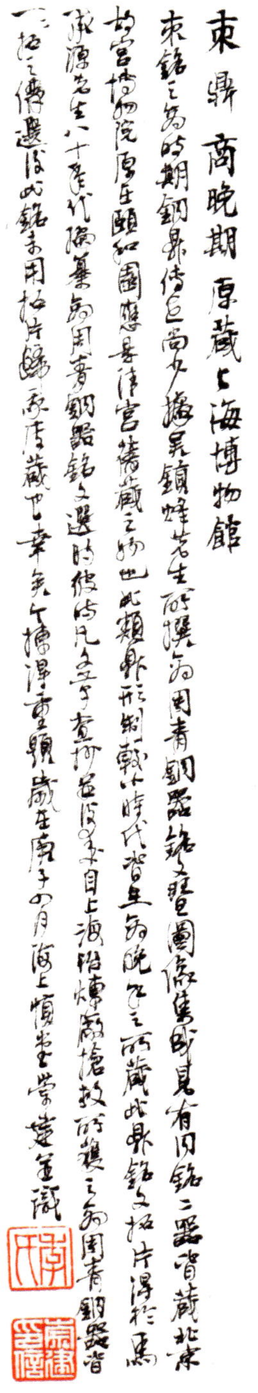

007 朿鼎拓片

'Ci' Ding vessel (rubbing)

商代晚期
縱 3 釐米 橫 2.8 釐米

釋文　朿

題　朿鼎，商代晚期，原藏上海博物館。
朿銘之商時期銅鼎傳世尚少，據吳鎮烽先生所撰《商周青銅器銘文暨圖像集成》見有同銘二器，皆藏北京故宮博物院，原在頤和園，應是清宮舊藏之物也。此類鼎形制較小，時代皆在商晚，余之所藏此鼎銘文拓片得於馬承源先生（二十世紀）八十年代編纂《商周青銅器銘文選》時，彼時凡“文革”查抄並後來由上海冶煉廠搶救所獲之商周青銅器皆一一拓之備選。後此銘未用，拓片歸我庋藏也，幸矣。今揀得重題，歲在庚子四月海上慎堂崇建並識。

鈐印　海上崇建所見所鑒所拓所跋所跋之印
季氏
崇建印信

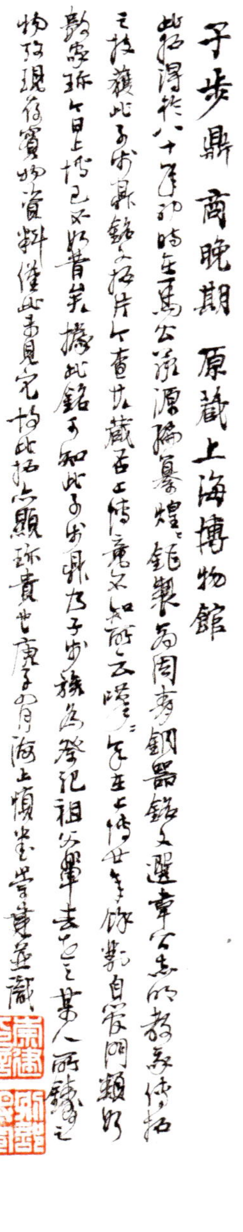

008 子步鼎拓片

'Zi Bu' Ding vessel (rubbing)

商代晚期

縱 8 釐米 橫 4 釐米

釋文 子且（祖）辛步

題 子步鼎，商代晚期，原藏上海博物館。

此拓得于（二十世紀）八十年初時在馬公承源編纂煌煌钜制《商周青銅器銘文選》。韋公志明教我傳拓之技，獲此子步鼎銘文拓片，今查其藏否上博，竟不知所云，歎歎。余在上博廿年余，對自管門類如數家珍，今日上博已不如昔矣。據此銘可知，此子步鼎乃子步族為祭祀祖父輩去世之某人所鑄之物，查攷現存實物資料，僅此，未見他，故此拓亦顯珍貴也。庚子四月海上慎堂崇建並識。

鈐印 季氏

崇建印信

別部將軍

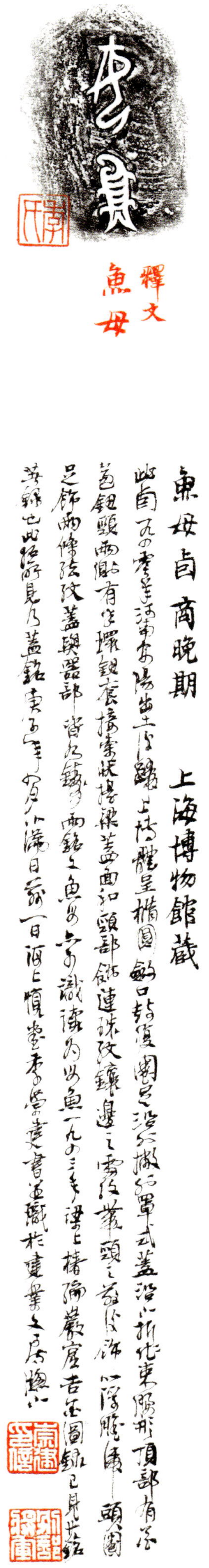

009 魚母卣拓片

'Yu Mu' You vessel (rubbing)

商代晚期
縱 6 釐米 橫 4 釐米

釋文 魚母

題 魚母卣，商代晚期，上海博物館藏。
此卣一九四〇年河南安陽出土，後歸上博。體呈橢圓，斂口，鼓腹，圈足沿外撇，外罩式蓋，沿小折，作束腰形，頂部有花苞鈕，頸兩側有半環鈕套接索狀提梁，蓋面和頸部飾連珠紋鑲邊之雷紋帶，頸之前後飾以浮雕虎頭，圈足飾兩條弦紋，蓋與器部皆各鑄兩銘文“魚母”，亦可識讀為“母魚”。一九四三年梁上椿編纂之《巖窟吉金圖錄》已見其銘著錄也。此拓所見乃蓋銘。庚子年四月小滿前一日海上慎堂季崇建書並識于建業文房之窗下。

鈐印 季氏
崇建印信
別部將軍

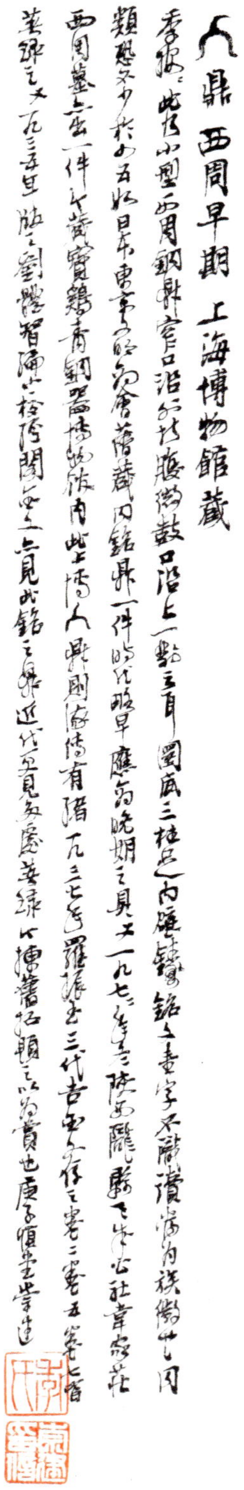

010 𠘨鼎拓片

'𠘨' Ding vessel (rubbing)

西周早期

縱 4 釐米 橫 4 釐米

朱批 此鼎僅鑄一字，未可釋讀。其形制雖小，滿工極精也。庚子慎堂崇建識。

題 𠘨鼎，西周早期，上海博物館藏。

季按：此乃小型西周銅器鼎，窄口沿外折腹微鼓，口沿上一對立耳，圈底三柱足，內壁鑄銘文壹字，不識讀，當為族徽也。同類恐不少於四五，如日本東京文明商會舊藏同銘鼎一件，時代略早，應為商代晚期之具；又一九七七年冬陝西隴縣天成公社韋家莊西周墓亦出一件，今藏寶雞青銅器博物館內。此上博𠘨鼎則流傳有緒，一九三七年羅振玉《三代吉金文存》之卷二卷五卷七皆著錄之，又一九三五年版之劉體智編《小校經閣金文》亦見此銘之鼎，近代更見多處著錄。今揀舊拓題之以為賞也。庚子年慎堂崇建。

鈐印 海上崇建所見所鑒所拓所攷所跋之印

季氏

崇建印信

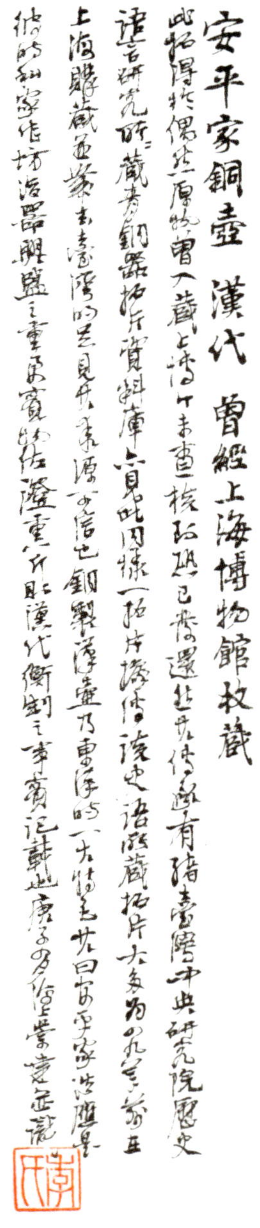

011 安平家壺拓片

'An Ping Jia' Hu vessel (rubbing)

漢代

縱 5 釐米 橫 4 釐米

釋文 安平家銅壺/重八斤

題 安平家銅壺，漢代，曾經上海博物館收藏。

此拓得於偶然。原物曾入藏上博，今未查核到，恐已發還。然其傳承有緒，臺灣“中央研究院”歷史語言研究所所藏青銅器拓片資料庫亦見此同樣一拓片。據傳，該史語所藏拓片大多為（一九）四九年前在上海購藏，並帶去臺灣的，足見其來源可信也。銅製漢壺乃東漢時一大特色，其曰“安平家”造應是彼時私家作坊造器興盛之重要實物佐證，“重八斤”則漢代衡制之事實記載也。庚子四月海上崇建並識。

鈐印 海上崇建所見所鑒所拓所攷所跋之印

季氏

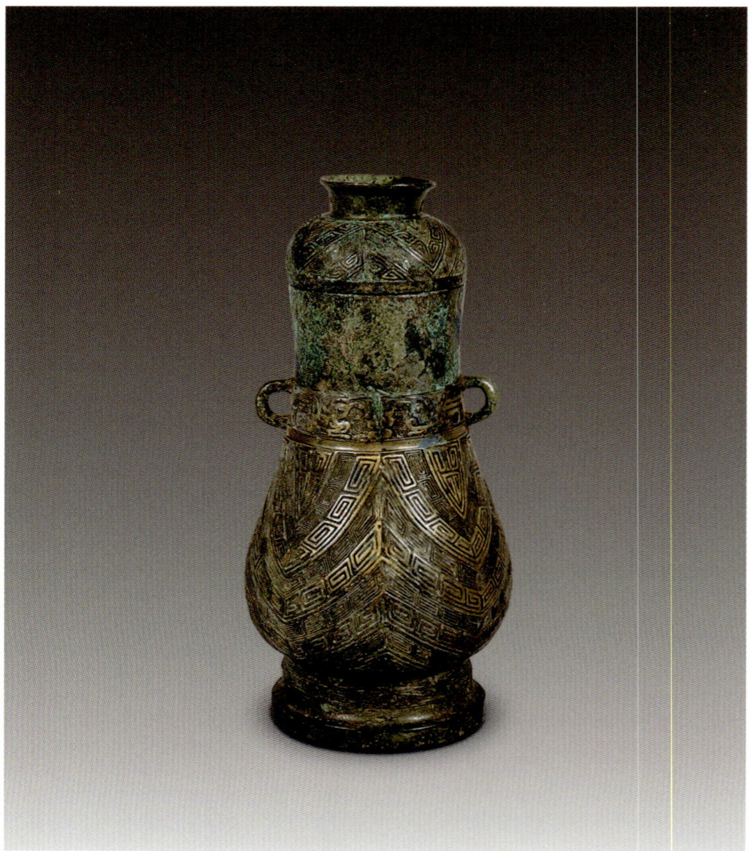

012 鳳紋壺拓片

Hu vessel with phoenix motif (rubbing)

西周時期
縱 5 釐米 橫 3 釐米

釋文 器銘
乍（作）寶彝

題 鳳紋壺，西周時期。
此壺余二〇〇四年經香港荷里活道覓得，早歲流出海外。同出八件，鼎、簋、盤、盉，獻㺇氏青銅禮器，今皆歸國博收藏。壬寅二月慎堂重題。

季按：此拓原器作直口長頸，頸部有一對半環鈕，提梁失，蓋上圈狀捉手有一對穿孔，圈足沿二折成較高邊圈，頸部飾雲雷紋填地小鳥紋，蓋面及壺腹飾粗細相間之鱗狀雷紋，圈足飾兩道弦紋，口內壁鑄銘文“作寶彝”三字。其表面保存良好，銅質氧化不嚴重，雖屬小具，然與㺇氏青銅禮器群同一窖藏發現，頗珍貴。海上崇建。

鈐印 崇建手拓
心賞
海上崇建所見所鑒所拓所攷所跋之印
慎堂
季
慎堂
崇建

鳳紋壺 西周時期

此壺余二〇〇四年經香港荷里活道覓得早歲流出海外同出八件鼎簋盤盉甗檝氏青銅禮器今皆歸國博收藏

壬寅二月慎吾重題

器銘釋文

乍（作）寶彝

季跋 此拓原器作直口長頸頸部有一對半環鈕提梁有蓋蓋上圓狀捉手有一對穿孔圈足沿下折坡較高邊圈頸部飾雲雷紋填地小鳥紋蓋面及壺腹飾粗細相間之鱗狀雷紋圈足飾兩道弦紋口內壁鑄銘文作寶彝三字其表面保存良好銅質氣化不嚴重雖屬小具然與檝氏青銅禮器群同一窖藏發現頗珍貴 海上學徒

013 獄鼎拓片

'Si' Ding vessel (rubbing)

西周時期
縱 13.4 釐米 橫 7.3 釐米

釋文 器銘
獄[1]䧹[2]乍[3]朕文考甲/公寶隮[4]彝其日朝/夕用雝[5]祀于氒[6]百/申[7]孫孫子子[8]
囟[9]永寶用

朱批 1. 獄，器之名。2. 䧹，即。3. 乍，作也。4. 隮，尊也。5. 雝，即享。6. 氒，厥也。7. 申，神也。8. 孫孫子子，重文。9. 囟，即其。

題 獄鼎，西周時期。
此拓原器早歲流失海外，經搶救回歸，初入建業文房，後贈予國家，現藏於中國國家博物館。壬寅二月海上慎堂題。

季按：此鼎通高三十三釐米，斂口，立耳，下腹向外傾垂，底部近平，三條柱足較細，足內側面削平，頸部飾雲雷紋填地之鳥紋，腹部飾勾連雷紋。內壁鑄銘四行共三十字，重文二。器主“獄”，攷之“獄”，音“思”，見於《玉篇》二義，一為獄官，一作察看解，此乃器主名也。獄氏青銅器同出計八件，初歸建業文房，今皆藏於國家博物館內。傳另有一獄簋流於臺灣曹姓藏家處。

鈐印 季氏
崇建手拓
愛不釋手
慎堂
崇建
季氏
別部將軍
海上崇建所見所鑒所拓所攷所跋之印
壬寅
崇建印信
修綆汲古

獄鼎

西周時期

此拓原器早歲流失海外經搶救回歸初入建業文房後贈予國家現藏於中國國家博物館壬寅二月海上慎堂題

器銘釋文

獄（器主名）肇（即肇）乍（作也）朕文考甲公寶䵼（尊也）彝其日朝夕用𩚨（即享）祀于厥（厥也）百申（神也）孫孫（重文）子子其（即其）永寶用

李按此鼎通高三十三釐米斂口立耳六腹內外傾垂底部近平三條柱足較細足內側面削平頸部飾雲雷紋填地之鳥紋腹部飾勾連雷紋內壁鑄銘四行共三十字重文二器主獄孜之獄音恩見於玉篇二義一為獄官一作寧字解此乃器主名也獄氏青銅器同出計八件歸建業文房今皆藏於國家博物館內傳另有一獄簋流於臺灣曹姓藏家處

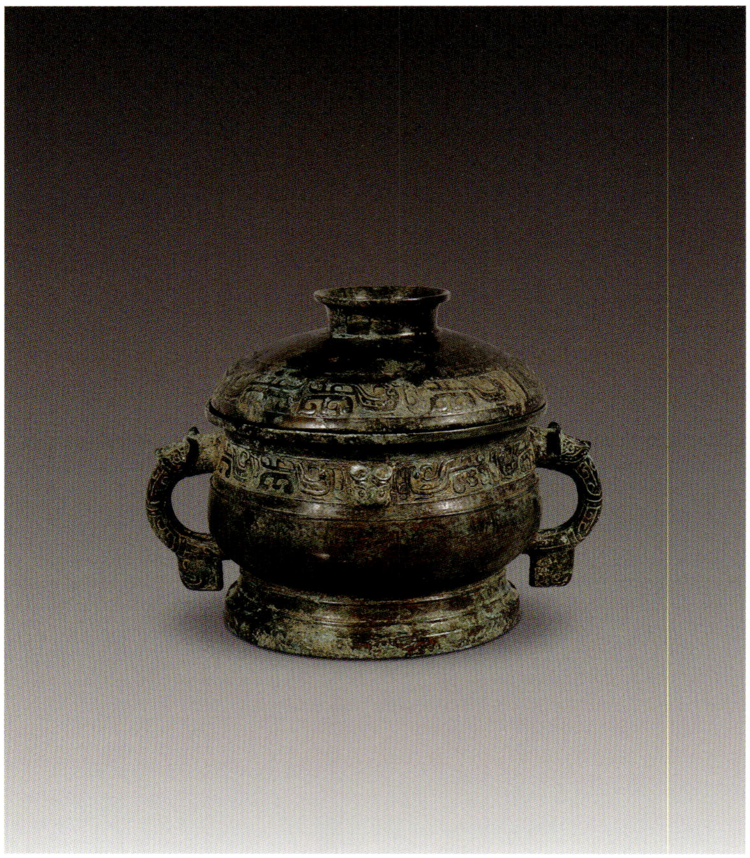

014 獄簋拓片（一）

'Si' Gui vessel (rubbing 1)

西周時期

器：縱 18 釐米 橫 11 釐米

蓋：縱 18 釐米 橫 11 釐米

釋文 器銘

其八行共八十八字。“𦭼”即茜，下漏鑄一“𦤎”，即香字，“𦭼香”二字可隸定為茜香，此乃古時祀香之禮也。

蓋銘

唯十又一月既朢[1]丁亥王各[2]/于康大（太）室獄曰朕光[3]尹周/師右告獄于王王或賜[4]獄仲[5]戈[6]/市絸亢[7]曰用事獄顜[8]䭫[9]首對/覝[10]王休用乍[11]朕文考甲公寶/障[12]毁[13]其日舛[14]夕用氒[15]𦭼[16]亯[17]/祀於氒[18]百神孫孫子子其邁[19]/年永寶用茲王休其日引勿犾[20]

朱批 1. 朢，望也。2. 各，格也。3. 光，暫釋為光，待考。4. 賜，賜也。5. 仲，佩。6. 戈，緇。7. 市絸亢，韍朱衡，即黑色蔽膝朱紅橫帶也。8. 顜，從頁，奉聲，即捧字，亦拜字之古文，拜乃後起字。9. 䭫，稽也。10. 覝，揚。11. 乍，作也。12. 障，尊也。13. 毁，簋也。14. 舛，夙也。15. 氒，厥也。16. 𦭼，茜之古體，後漏鑄𦤎（香）字，茜香也。 17. 亯，享之古文。18. 氒，厥也。19. 邁，萬也。20. 勿犾，替也，說文竝並行也。又替，廢。詩經《小雅》云“子子孫孫勿替”，引之此亦同意。

題 獄簋，西周時期。

季按：此式獄簋共出一對，形制、紋飾、銘文基本相同。通高十九，口徑十九點五釐米，侈口束頸，鼓腹，圈足，一對獸首耳，蓋沿與器頸均飾垂冠回首分尾之長鳥紋，以雷紋填地，頸部前後增飾高浮雕虎頭，圈足飾兩道弦紋，器蓋內皆鑄同銘。蓋銘八九字，其中一字損，重文三字，器銘八八字，其中一字漏鑄，重文亦三。銘文所述“十一月既望丁亥時，周王至康宮太室，獄曰：獄之顯赫。長官周師陪同獄來見王，並把準備冊命獄之事報告給王。王賜給大帶，連有朱紅色橫帶之黑色蔽膝。王曰：去履行職責吧。獄引叩拜之禮，稱頌周王之美好恩德，故製作祭祀高尚先父甲公之寶簋，每日早晚用茜香享祀，上下列位神靈，子子孫孫享年萬載銘記周王美德，日日延續不廢棄也。”

又：此器十數年前出現於香港市肆間，余初識極喜，獲之其一，拓銘並賞之。二器今一藏國家博物館，一藏臺灣私家處。戊戌年崇建再題。

鈐印 與古為徒

崇建印信

別部將軍

季氏

獄盨·西周時期

器銘

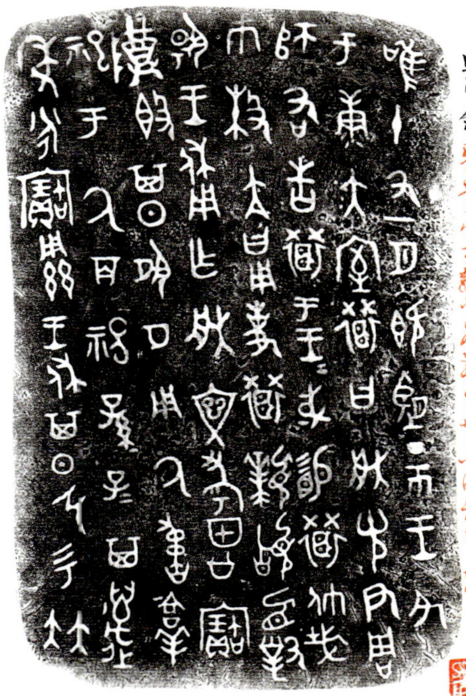

蓋銘

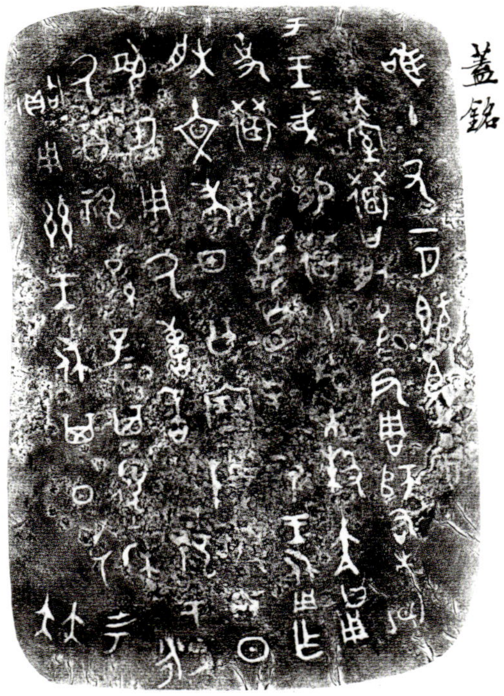

唯十又一月既望丁亥王各
于康大室獄曰朕光尹周
師右告獄于王，王或賜獄佩、戈、
市、牧、元，曰用事。獄拜韻首對
𠦪王休，用乍朕文考甲公寶
障毀，其日夙夕用𠂎𩫖章
祀于𠂎百神，孫孫子子其邁
年永寶用，茲王休其日引勿㚤

015 獄[1]簋拓片（二）

'Si' Gui vessel (rubbing 2)

西周時期
器：縱 11.8 釐米 橫 3 釐米
蓋：縱 19 釐米 橫 12.5 釐米

釋文 蓋銘共六十八字，重文一字

獄[2]肇[3]乍[4]朕文考甲公寶/鬻彝其日夙[5]夕用氒[6]䦥[7]/香[8]辜示[9]於氒百神亡不鼎/豳[10]夆[11]䦥香則登[12]於上下[13]用/匃[14]百福邁[15]年俗[16]茲百生[17]亡[18]/不[19]臨[20]魯[21]孫孫子其邁[22]年/[23]寶用茲彝其[24]母[25]朢[26]

朱批 1. 獄，獄音思，見於《玉篇》有二意：一為獄官，一為查看，此作器者之名。2. 獄，人名。3. 肇，語氣詞。4. 乍，作也。5. 夙，夙也。6. 氒，厥也。7. 䦥，馨也。8. 香，香也。9. 辜示，讀為豪祀。10. 豳，通芬。11. 夆，通芳。12. 登，即登字。13. 上下，此指天地。14. 匃，祈求之意。15. 邁，萬也。16. 俗，裕也。17. 生，姓也。18. 亡，無也。19. ，不識。20. ，或為逢，待攷。21. 魯，福之解。22. 邁，萬也。23. ，永也。24. ，世。25. 母，毋。26. 朢，忘。

釋文 器銘共十六字，重文二字

白獄乍[1]甲公寶[2]/彝孫孫子子其邁[3]年用

朱批 1. 乍，作也。2. ，尊也。3. 邁，萬也。

題 獄簋，西周時期。

此器通高三十三釐米，口徑三十四釐米，侈口，束頸，口沿上唇尖凸，蓋沿中部內凹形成子母扣，腹鼓一對獸首耳，圈足飾雲紋組成之獸面紋。

季按：二千年後入拍賣行業，常往返香港，荷里活道匯寶之閣乃余每顧之處。鄭生（二十世紀）九十年代經馬承源先生推介已為至友，其在該道經業古玩多年，猶青銅吉金為強項，幾無可敵也。時余經營藝術品市場，已非昔日上博研究者收藏古玩不可違，故意欲把玩之，鄭生倍加照顧，首推此批獄氏西周青銅器群予我庋藏，計十數件之多，乃余平生首批所見所藏青銅器也，欣喜之餘便將所見銘文拓之藏之。今此批近年難得之見青銅器群捐贈中國國家博物館內，唯拓本留於手中，今日揀來釋之題之亦算是一種安慰。戊戌年立冬後三日海上崇建記。

鈐印 季氏
崇建印信
海上崇建所見所鑒所拓所攷所跋之印
季崇建印
慎獨齋主

獄簋 西周時期

獄音思，見於「玉篇」，有二義，一為獄官，一為審，應此作器者之名

此器通高三十三厘米，口徑二十四厘米，侈口，束頸，口沿下飾夾西蓋沿中部，內四形成子母扣，腹設一對獸首耳，圈足飾以變形之獸面紋

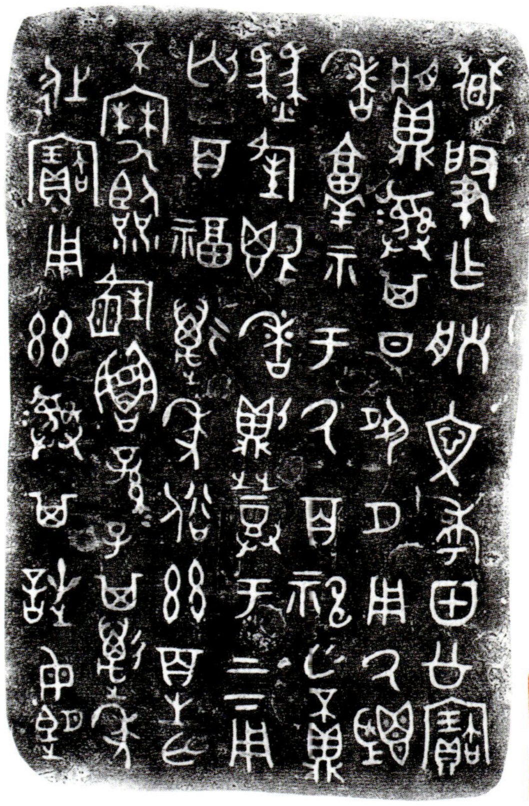

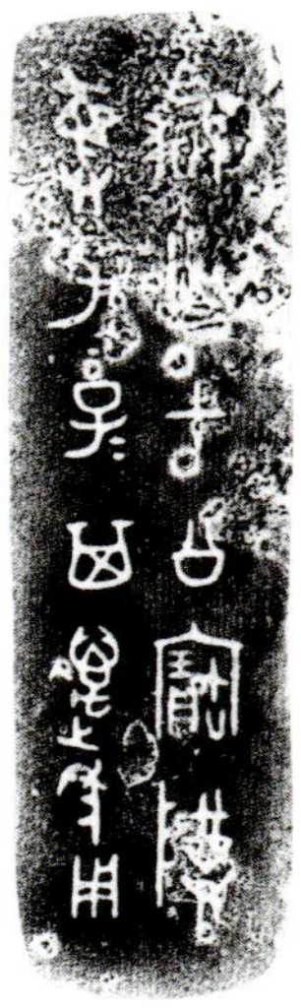

蓋銘共六十八字重文一字

獄肇乍朕文考甲公寶（人名 語首詞 作也）
䵼彝其日夙夕用厥馨（夙也 厥也 馨也）
香享示于厥百神亡不鼎（香也 讀為享祀）
豳夆馨香則登于上下用（通芳 通芳 登字 此指天地）
匄百福邁年俗茲百生亡（祈求之意 萬也 裕也 與也）
不𢓊臨魯孫孫子子其邁年（不諱 或為違背福之解 萬也）
永寶用茲彝其謹毋墜（永也 世毋忘）

器銘共十六字重文二字

白獄乍甲公寶障（作也 尊也）
彝孫孫子子其邁年用（萬也）

香港三十年代以拍賣行業常流返香港後里洛首道滙豐之閣乃家母顧之處鄭先生九十年代經馬收藏先生推介已為亞方先生識道經書古玩多年播青銅書畫與羅原鐵器可鈕中收藏理管藝術品市場之作昔日上情研究者收藏古玩不可專其意獨把玩之鄭先生信知臨頗首推此批獄氏西周青銅器帶文字等度藏計十數件之多也九十年方首批所見所藏青銅器世紀喜之餘便得所見銘文拓之藏之今此批近年難得之見青銅器摹搨贈與國家博物館內室拓本留於手中今日博美釋之題之與是一種友誼

戊戌年三春後三日陳某作記

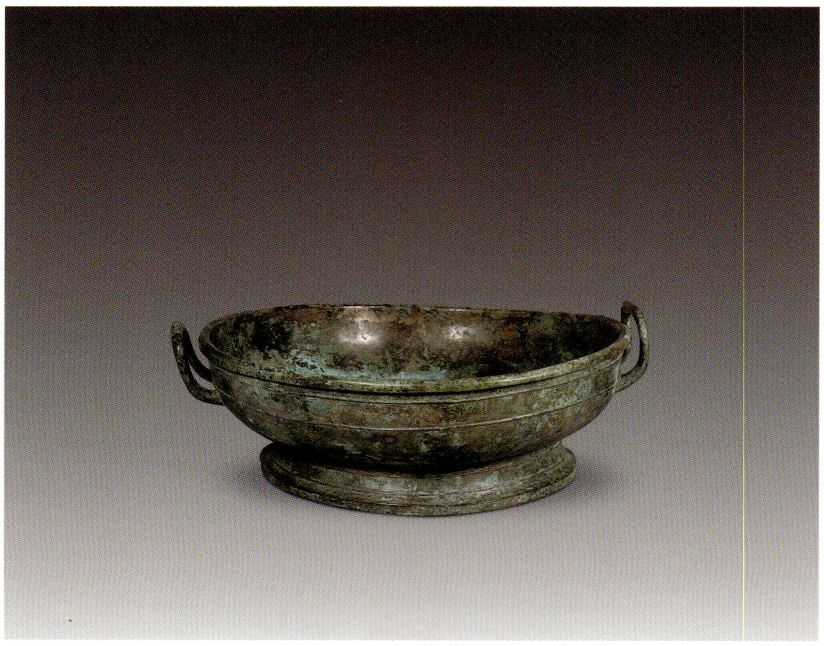

016 獄盤拓片

'Si' Pan vessel (rubbing)

西周時期

縱 19 釐米 橫 15 釐米

釋文 器銘

唯四月初吉丁亥王各[1]于/師再父宮獄曰朕光[2]/尹[3]周師，右告獄於王王/賜[4]獄巾[5]戈市[6]絲亢[7]金/車金旚[8]曰用夙[9]夕事/獄䫉[10]頴[11]首對䚻[12]王休/用乍[13]朕文旻[14]戊公般[15]/盉孫孫子子其邁[16]年永寶/用茲王休其日引勿炑[17/18]

朱批 1. 各，格也。2. 光，暫釋為先，待考。3. 尹，職官名。4. 賜，賜也。5. 巾，佩也。6. 戈市，緇韍也。7. 亢，衡也。8. 旚，旚，同《集韻》注。說文旚，旌旗飄揚也，此作金字修飾名詞。9. 夙，夙也。10. 䫉，拜之古文。11. 頴，稽也。12. 䚻，揚也。13. 乍，作也。14. 旻，祖也。15. 般，盤也。16. 邁，萬也。17. 炑，替也。18. 其日引勿炑，其乃發語詞，炑即替，中山王鼎有母替厥邦。替，從二立，釋為替，極確。說文：竝，并也。又云替，廢一偏下也，從竝，白聲，段注：相竝而一邊俾下，則其勢必至同下，所謂夷陵也。《尚書》亦載，無替厥取傳無廢其職。替和引都是動詞，故替是廢除，引是延續，此句意即為曰：延續不要廢棄也。

題一 獄盤，西周時期。

此器通高十五點五，口徑三十八點七釐米，內鑄七十八字，重文三字。

題二 通篇文字整齊端莊，乃西周金文書跡之楷模，不失為一冊好帖也。崇建又及。

季按：此盤與盉同出，同銘所賜佩飾就是帶有絲織橫帶之黑色蔽膝以及銅零件裝飾之車等。此器組群十數年前顯於香港市肆，余幸獲後歸中國國家博物館，其彌足珍貴也。時承源、學勤、鎮烽、佩芬諸先生皆觀之賞之，以為重器群矣。戊戌年中秋前一日海上崇建並識。

鈐印 建業文房主

季氏

崇建印信

別部將軍

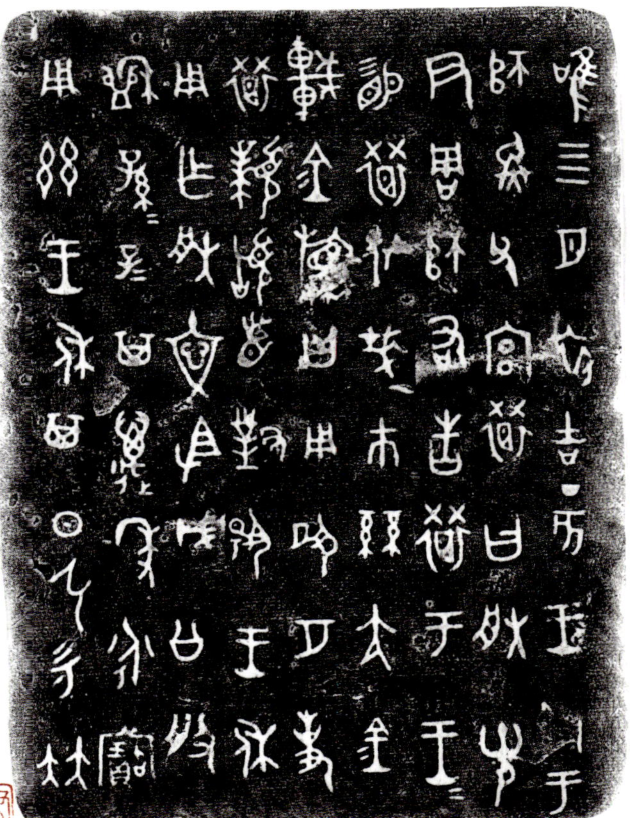

獄盤　西周時期

此器通高十五點五厘米，口徑三十八點七釐米，內鑄七十八字，重文三字

器銘

唯四月初吉丁亥王各于
師再父宮獄曰朕光
尹周師右告獄于王=
賜獄佩戠市絲亢金
車金勒曰用夙夕事
獄拜頶首對䵼王休
用乍朕文旻戊公般
盂孫=子=其邁年永寶
用茲王休其日引勿妖

格也　官名　皆譯為光錫考　賜也　佩也　繒也　戠也　衡也　拜手也　稽首也　作也　祖也　揚也　夙也　盤也　萬也　替也

其乃發語詞，妖即替，中山王鼎有
毋替厥邦，替從二立五，釋為替，極確
說文：䇂，廢也，又曰替，廢一偏下也
從立白聲，段注於從立而一邊偏下
則其勢必至同下，所謂陵夷陵遲也
尚書：無替朕命，替厥服，皆無廢之
職替即引散也，動詞，故替也廢除
引長延續，此句意即為日日延續
不至廢棄也

香梅=，此盤與盂同出
同銘，所賜佩飾說是畢
有紘繳橫等=之異名
敝隊以及銅器件裝飾
之車馬等
此器湮埋千數年，萬
顯於香港市肆，幸
獲保歸於中國國家
博物館典藏，足珍貴也
時予從學於饒公
佩蘭洪先生皆觀之
賞之，以為重器焉
矣。戊戌年中秋
前一日海上業遠益謝

周公廟文字當舉
端莊乃西周金文
書蹟之楷模，不
失為一冊好帖也
學庵又及

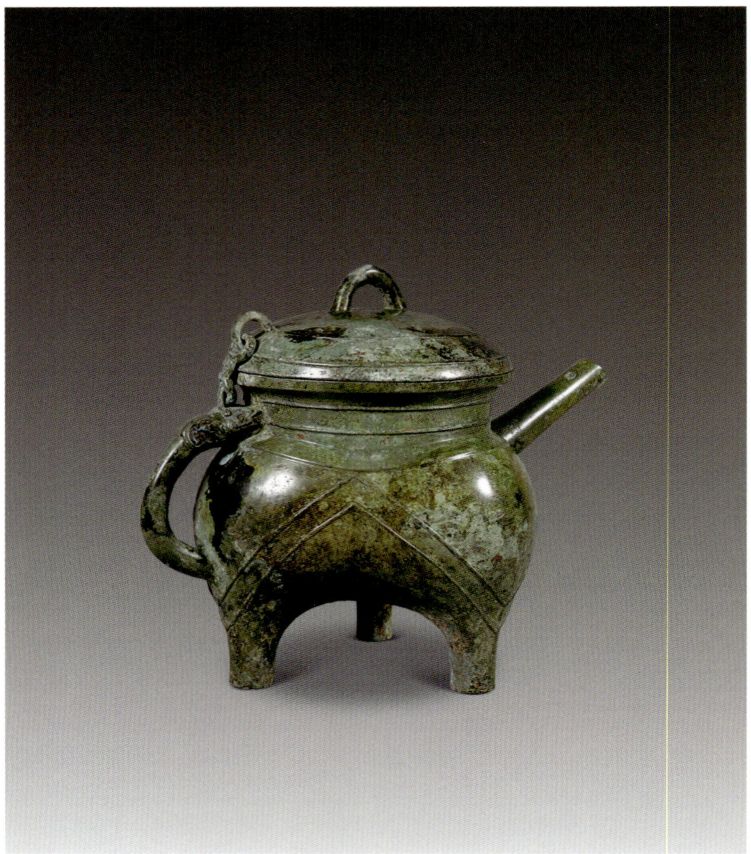

017 獄[1]盉拓片

'Si' He vessel (rubbing)

西周時期

縱 15 釐米 橫 14 釐米

釋文 蓋銘

此器蓋內鑄銘，且據銘文可知與其同鑄盤銘文相同。

唯四月初吉丁/亥王各[2]于師爯父/宮獄曰朕光[3]尹周師/右告獄于王王賜[4]
獄佩[5]戈市[6]絲亢[7]金車金旛[8]曰用/夙[9]夕事獄顙頴[10]首對卂王/休用乍朕文
旻[11]戊公般[12]/盉孫孫子子其邁[13]年/永寶用茲王休/其日引勿㚤[14]

朱批 1. 獄，獄音思，見於《玉篇》有二義，一為獄官，一為察看，此處乃作器之名。2. 各，格也。3. 光，未確。4. 賜，锡也。5. 佩，佩也。6. 戈市，緇韍也。7. 亢，衡也。8. 旛，旚也。旚，說文云，旌旗飄揚也，此作名詞解，當是一種裝金饰之旗。9. 夙，夙也。10. 顙頴，即拜稽，其顙字，金文中初見，拜字之古文也。11. 旻：祖也。12. 般，即盤字，扬也。13. 邁，即萬。14. 㚤，替也。

題 獄盉，西周時期。

季按：此獄盉通高二十釐米，侈口，束頸，前有管狀流鋬有獸首鋬，分襠，三足下部作柱狀，蓋上有半環形鈕，一側有鏈條與鋬相連，裝飾風格簡潔。蓋與頸部各飾兩道弦紋，腹飾雙線曲折紋，蓋內鑄銘文七十八字，重文三字。據銘可知，盤盉成套而鑄同銘。二器均藏中國國家博物館內，彌足珍貴。戊戌年秋七日海上崇建並識。

鈐印 別部將軍
修綆汲古
季氏
崇建印信

獄盨·西周時期

·獄音眾見於玉篇有二義一爲獄官一爲㺇犬此處乃作器之名

蓋銘

唯四月初吉丁
亥王各于師爯父
宮獄曰朕光尹周師
右告獄于王王賜獄佩戈
市絲亢金車金旂曰用
夙夕事獄顙頭首對揚王
休用乍朕文且戊公般
盨孫孫子子其邁年
永寶用茲王休
其日引勿替

此器蓋內鑄銘且據銘文可知與其同鑄盤銘文相仿

格也　一字未確　錫也　佩也　即緇韍　鑾也旗說文云雜旗蠶揚也此作名詞當是一種裝飾之旗　即拜稽首其頟頭字在金文中所見拜字之古文也　夙也　祖也　即萬　即揚字揚也　替也

季繁：此獄盨通高二十二釐米，侈口束頸，蓋有管狀捉首，鑒于備三足下部作柱狀，蓋上有字環形鈕一側有鏈條與鋬相連，紫飾弦紋，間飾蓋與頸部飾竊曲紋，通體弦紋復飾，折紋。蓋內鑄銘文七十八字，重文三字，據銘可知，器盨為食器，賜用銘之器均藏中國國家博物館內，酒足珍貴。戊戌年秋月[illegible]

018 南姞[1]甗拓片

'Nan Ji' Yan vessel (rubbing)

西周早期

縱 18 釐米 橫 13 釐米

釋文 器銘共二十五字：

南姞肁[2]乍[3]氒[4]皇/辟白[5]氏寶鸞彝/用匃[6]百福其邁[7]/年孫子永保用

朱批 1. 南姞，作此器者人名，銘文所見伯氏即獄，其夫君也。2. 肁，肇也。3. 乍，作也。4. 氒，厥也。5. 白，即伯。6. 匃，祈求之意。7. 邁，萬也。

題 南姞[1]甗，西周時期。

季按：此甗通高五十點五釐米，口徑三十三釐米，侈口，深腹，束腰，口沿上有一對立耳，鬲部分襠，柱足，是為大器也。口內壁鑄銘文（見右）。據銘文可知，南姞為伯氏所作，伯氏即獄，其獄氏一批青銅器群內有銘稱伯獄者，故伯獄當為南姞之夫君。存世中妻為君鑄器者尚屬稀見，然同時徵得更是幸運。此批獄器群今歸中國國家博物館亦屬應當。今揀得舊拓題之以為紀念。戊戌年立冬後三日海上崇建並識。

鈐印 別部將軍

季氏

崇建印信

南姞甗 西周時期

作此器者人名。銘文可見伯氏即獄史夫君也

器銘共二十五字

南姞肇作厥皇（肇也 作也 厥也）

辟伯氏寶鼎彝（即伯）

用匄百福其邁（祈求之意）（萬也）

年孫子永寶用

季按：此甗通高五十點五厘米，口徑三十二厘米，侈口深腹，束腰，口沿上有一對立耳，高郭分襠柱足，甚為大器。腹內壁鑄銘文見右。據銘文可知南姞為伯氏所作，伯氏即獄史獄氏一說。青銅器學界內有路稱伯獄者，故伯獄當為南姞之夫君。存世中爰為其鑄器者尚屬稀見。然同時徵得，亦甚幸運。此批獄器群之歸中國國家博物館，亦屬難得之揀。澤藩拓影之以為紀念。

戊戌年立冬後三日何子堂中心並識

019 裘衛簋拓片

'Qiu Wei' Gui vessel (rubbing)

西周中期
蓋：縱 17.5 釐米 橫 11 釐米
器：縱 19 釐米 橫 11 釐米

釋文 隹（唯）廿又（有）七年三月既生霸戊/戌王才（在）周各（格）大（太）室即立（位）南/白[1]（伯）入右衺（裘）衛入門立中（中）廷/北卿（嚮）王乎（呼）内史易（錫）衛載[2]（緇）市朱黃（衡）䜌（鑾）衛捧（拜）韻（稽）首敢（敢）對䚄（揚）/天子不（丕）顯休用乍（作）朕（朕）文且（祖）考寶韻（簋）衛囟（其）子子[3]孫孫[4]永寶用

朱批 1. 南白，疑即井南伯，見有井南伯簋。2. 載（緇），或即紂同緇，帛黑色也。一說載即纔。3. 子子，重文。4. 孫孫，重文。

題 裘衛簋，西周穆王。
亦稱衛簋，廿七年衛簋。辛丑八月海上慎堂崇建題。

《跋衛簋》

一九七五年二月，陝西岐山縣董家村一號青銅窖藏，共出三十七件西周時期青銅重器，此其一也。通高二五，口徑二二點九，腹深一三點四釐米，侈口，束頸，下腹微向外傾垂，圈足外侈，一對獸首耳，蓋面隆起，冠作圈狀，頸部飾以雲雷紋襯底之夔形夔紋，前後增添浮雕獸頭，下有一道陽弦紋，蓋上亦飾與頸部一致之紋樣帶。其器蓋同銘，各七十三字，重文二，記述衛在穆王廿七年得到一份掌握管理動物皮毛生意之職的受職盛況，這亦是裘衛之名的由來。存世裘衛所鑄禮器共四，除此另有五祀衛鼎、九年衛鼎及三年衛盉，皆作長銘，同出一窖，且曆日明確，這對推斷周王世起到重要作用。海上慎堂崇建。

案：此衛簋之拓覓得於上世紀九十年代，今揀出重裝。釋讀據馬承源主編之《商周青銅器銘文選》，並吳鎮烽編纂之《商周青銅器銘文暨圖像集成》。馬、吳與我亦師亦友，交往甚密，得益非（匪）淺也。崇建於寓中。

鈐印 慎堂藏拓
愛不釋手
崇建
季
崇建印信
辛丑
崇建
慎堂
別部將軍
海上崇建所見所鑒所拓所攷所跋之印

裘衛簋 西周穆王

亦稱衛簋 廿七年衛簋 辛丑六月 陈上愼生學逵題

器銘拓片

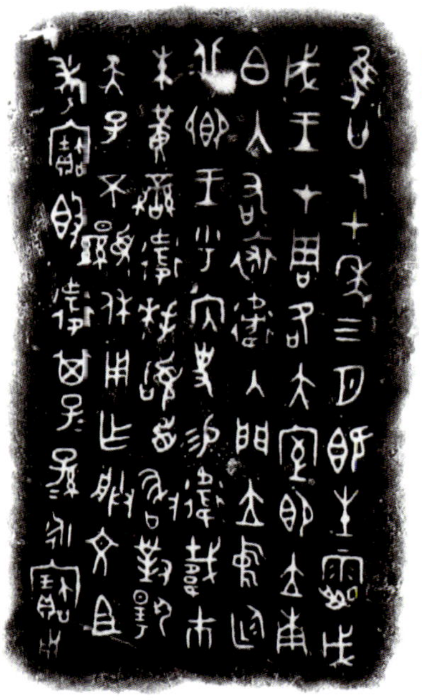

蓋銘拓片

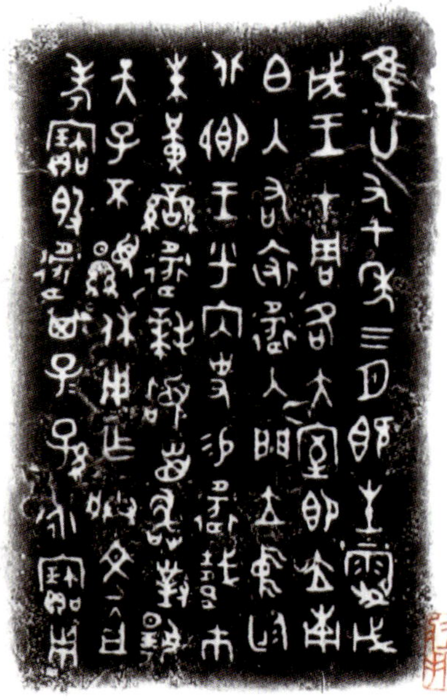

釋文

隹(唯)廿又(有)七年三月既生霸戊
戌王才(在)周各(格)大(太)室即立(位)南 疑即井南伯見公
白(伯)井南伯簋 入右裘(裘)衛入門立中(中)廷
北卿(嚮)王乎(呼)內史易(錫)衛載(緇)市 即載同緇市黑色也一說載即纔
朱黃(衡)緣(鑾)衛拜(拜)頴(稽)首敢(敢)對揚(揚)
天子丕(丕)顯休用乍(作)朕(朕)文且(祖)
考寶設(簋)衛甘(其)子子孫孫永寶用 重文 重文

跋衛簋

一九七五年二月陝西岐山縣董家村一窖青銅窖藏共出三十七件西周時期青銅重器此其一也通高二三五口徑二二點九腹深一三點四釐米侈口束頸六腹樹耳外傾垂圈足六條一對獸首耳蓋面隆起紐作圈狀頸部飾以雲雷紋襯底之變形夔紋紋帶腹飾獸頭六道一道陽弦紋蓋上之飾與頸部一致之紋樣蓋內有器蓋同銘各七十三字重文二記述衛在穆王廿七年得到一位掌管皮毛生意之職的受賜嵐況這只是裘衛之名的由來存世裘衛所鑄禮器共四件此另外有記衛鼎九年衛鼎及三年衛盉皆作長銘同出一窖且屬同時難逢對照周王世紀之重要作用 陈上愼生學逵

案此衛簋之拓覓得於上世紀九十年代乃傳出者裘錫圭據馬承源主編之商周青銅器銘文選並見鍾柏生編纂之商周青銅器銘文暨圖像集成其與原本所分甚多往來甚密得益非淺也 學逵於京中

020 裘衛盉拓片

'Qiu Wei' He vessel (rubbing)

西周中期
縱 16 釐米 橫 16 釐米

釋文 隹（唯）三年三月既生霸壬寅/王爯旂於豐矩白（伯）庶人取/堇（瑾）章（璋）于裘衛才（財）八十朋氒（厥）賨（賈）/其（其）舍田十田矩或（又）取赤虎（琥）/兩（兩）麀奉（韍）兩（兩）奉賁韐一才（財）廿朋其（其）/舍田三田裘衛迺（乃）彘告于/白（伯）伯邑邑父父焚焚白（伯）伯定定白（伯）伯琼白（伯）單單/白（伯）伯迺（乃）令参（三）有嗣（司）司土敚（微）邑嗣（司）/馬單旟（旟）嗣司工邑人服（服）眔（逮）/受田燹（豳）趙衛小子豨逆/者其（其）卿（饗）衛用乍（作）朕（朕）文考惠/孟寶般（盤）衛其（其）萬年永寶用

題一 裘衛盉
西周中期前段恭王三年鑄。一九七五年二月陝西岐山縣董家村一號銅器窖藏發現，原藏岐山縣博物館，今歸寶雞青銅館藏。海上崇建題。

題二 今觀此衛盉之銘，其書體端莊悠美，用筆均勻挺勁，行氣疏密有致，乃西周金文書法之典範作品也。崇建再題。

季按：裘衛盉亦稱衛盉，同出有廿七年衛簋、五祀衛鼎、九年衛鼎，合稱裘衛四器，是研究西周恭王時期銅器難得之標準器。此盉通高二七，口徑二零點一，腹深一三點九，流鋬相距三九釐米。其鼓腹，束頸，口微外侈，弧襠，三柱足，管狀長流，長舌獸首鋬，蓋面隆起，鈕作半環狀，蓋與器鋬有鏈條相接，器頸與蓋沿均裝飾垂冠回首分尾夔龍紋，蓋上增添一道陽弦紋，腹部飾雙線V形紋，流飾三角雷紋，蓋內鑄銘一三二字，言彼時土地交易事，而以貝作為商品交換媒介，尚未多見也。崇建。

鈐印 心賞
崇建
別部將軍
慎堂
崇建
慎堂藏拓
季崇建印
心血來潮
季氏
崇建印信

裘衛盉

西周中期前段恭王三年鑄一九七五年二月陝西岐山縣董家村一號銅器窖藏發現原藏岐山縣博物館今歸寶雞青銅器館藏河上學建題

釋文

隹(唯)三年三月既生霸壬寅
王爯旂于豐矩白(伯)庶人取
堇(瑾)章(璋)于裘衛才(財)八十朋氒(厥)賈(賈)
甘(其)舍田十田矩或(又)取赤虎(琥)
兩(兩)麀奉(韍)兩(兩)奉(賁)韐一才(財)廿朋甘(其)
舍田三田裘衛迺(乃)彘告于
白(伯)：邑：父：燮：白(伯)：定：白(伯)：琼：白(伯)單：
白(伯)：迺(乃)令參(三)有嗣(司)：土微(微)邑嗣(司)
馬單旟(旟)嗣(司)工邑人服(服)眔(逮)
受田燹(豳)趙衛小子豩逆
者其(其)卿(饗)衛用乍(作)朕(朕)文考惠
盉寶般(盤)衛甘(其)萬年永寶用

今觀此衛盉之銘其書體端莊遒美用筆均勻挺勁行氣疏密合度乃西周金文書法之典範作品也學建又題

季怡裘衛盉亦稱衛盉同出之廿七年衛簋五祀衛鼎九年衛鼎合稱裘衛四器是研究西周恭王時期銅器難得之標準器此盉通高二七口徑二〇點一腹深二三點九鋬相距二九釐米鼓腹束頸口微外侈弧襠三柱足管狀長流長舌獸首鋬蓋面隆起鈕作半環狀蓋與器鋬有鏈條相連器頸與蓋沿均飾垂冠回首分尾夔龍紋蓋上增添一道陽弦紋腹部飾雙線V形紋流飾三角雷紋蓋內鑄銘一三二字言約時土地交易事亦以貝作為交易手段價值尚未多見也學建

021 牆盤拓片

'Qiang' Pan vessel (rubbing)

西周中期前段恭王世
縱 31 釐米 橫 28 釐米

釋文　曰古文王初敎（盭）龢（龢）於政上帝降懿（懿）德大甹（屏）/匍（敷）有（佑）上下[1]迨（會）受萬邦𧻚圉武王遹（遹）征三（四）方/達殷畯（畯）民永不（丕）巩（恐）狄虘㣇（微）伐尸（夷）童𡨦（憲）聖/成王ナ（左）右緩（綬）𧻚剛鯀用肇（肇）徹（徹）周邦𣶒（淵）𢘅（哲）/康王分（兮或為勵）尹意（億）彊（疆）宖（宏）魯（魯）邵（昭）王廣𢾋楚荆（荊）隹（唯）/奐（煥）南行𢼄（祇）䁂（景）穆王井（型）帥宇（于）誨（謀）𤕌（申）寍（寧）天子天子[2]/圝（恪）𧟰（纘）文武長剌（烈）天子𥫫無匄（害）𥝢褰卬（併）上下[3]亟（亟）/𤞷𡧍（宣）慕（謨）昊𧥓（照）亡罢（斁）上帝[4]司𦊩（或為擾）尢保受（授）天子/綰（綰）令（命）厚（厚）福豐年方緐（蠻）亡不𧻚見青幽高/且（祖）才（在）𢼸（微）霝（靈）處雩（雩）武王既𢦏殷𢼸（微）史剌（烈）且祖/迺（乃）來見武王武王[5]則（則）令（命）周公舍（捨）寓（宇）于周卑（俾）處/甬叀（惟）乙且（祖）逨匹氒（厥）辟遠猷𦞂（腹）心子（茲）厺（納）粦（粦）/𣈪（明）亞且（祖）且[6]（祖）辛𠷎毓（育）子孫𦃕（繁）𩁹（福）多孷（釐）𪗉（齊）角𧻚（熾）/光義（宜）𠀠（其）𥜓（禋）祀害（胡）屖（遲）文考乙公𨖟（遽）𧻚（爽）𢔶（得）屯（純）/無諫𩡢嗇（穡）戉（越）𠭯（曆）隹（唯）辟孝𠇔（友）史牆（牆）夙（夙）夜不/彖（墜）𠀠（其）日蔑曆（曆）牆（牆）弗敢（敢）取（組）對𠭯（揚）天子不（丕）顯/休令（命）用乍（作）寶䵼（尊）彝剌（烈）且（祖）文考弋（式）𡨦（貯）受（授）牆（牆）/而𥗫𥗫（𥗫）福褱（懷）𩁹（福）录（祿）黃耇彌生龕（堪）事氒（厥）辟𠀠（其）萬年永寶用

朱批　1. 上下，合文。2. 天子，重文。3. 上下，合文。4. 上帝，合文。5. 武王武王，重文。6. 且且，重文。

題一　牆盤，西周中期前段恭王世。亦稱史牆盤，因器主牆在周時做史官，故名。一九七六年十二月陝西扶風縣法門公社莊白村一號西周銅器窖藏發現，今藏陝西扶風周原博物館。其通高十六點八，口徑四十七點二，腹深八點一釐米，重十二點五公斤，內底鑄銘二百八十四字，乃西周重器、國之瑰寶也。海上愼堂崇建題。

題二　案：史牆盤，國之重器也。早歲馬公承源建議我臨金文書法，一為虢季子伯盤，一為此史牆盤。通篇結體均衡莊重，用筆圓潤遒美，起止皆藏鋒，行款分明，氣勢凝練，乃西周金文書法之典範，亦是彼時銘文較長者。其內容首先追述列王事蹟，歷數周代文、武、成、康、昭、穆各王，並敘當世天子之文功武德。而銘文下段敘述牆之祖先功德，從高祖甲微、烈祖、乙祖、亞祖、祖辛、文考、乙公，直至史牆，頌揚祖先功德，祈求先祖庇佑，是典型追孝式體載，其行文之長，乃新中國成立以來所見商周銅器銘文之最，彌足珍貴。其拓本甚少流出。辛丑六月上海匡時拍賣行推出銅器專場，偶見有此拓，並㝬簋與逨盤各一，欣喜萬倍，志在必得。不料一槌定音，得來全不費功夫，即尋得師傅重新裝池三拓，一一題之跋之，以為同道共賞矣。辛丑年六月初六海上愼堂季崇建于建業文房愼獨齋之窗前。

鈐印　愛不釋手
別部將軍
愼堂
崇建
愼堂藏拓
季氏
崇建印信
愼堂
大吉祥

牆盤

西周中期恭王世

亦稱史牆盤因器主牆為周時微史官故名一九七六年十二月陝西扶風縣法門公社莊白村一號西周銅器窖藏出土現收藏陝西扶風周原博物館其通高十六點八口徑四十七點三腹深八點六盤米重十二點五公斤內底鑄銘二百八十四字乃西周重器國之瑰寶也滄上慎思堂學建記

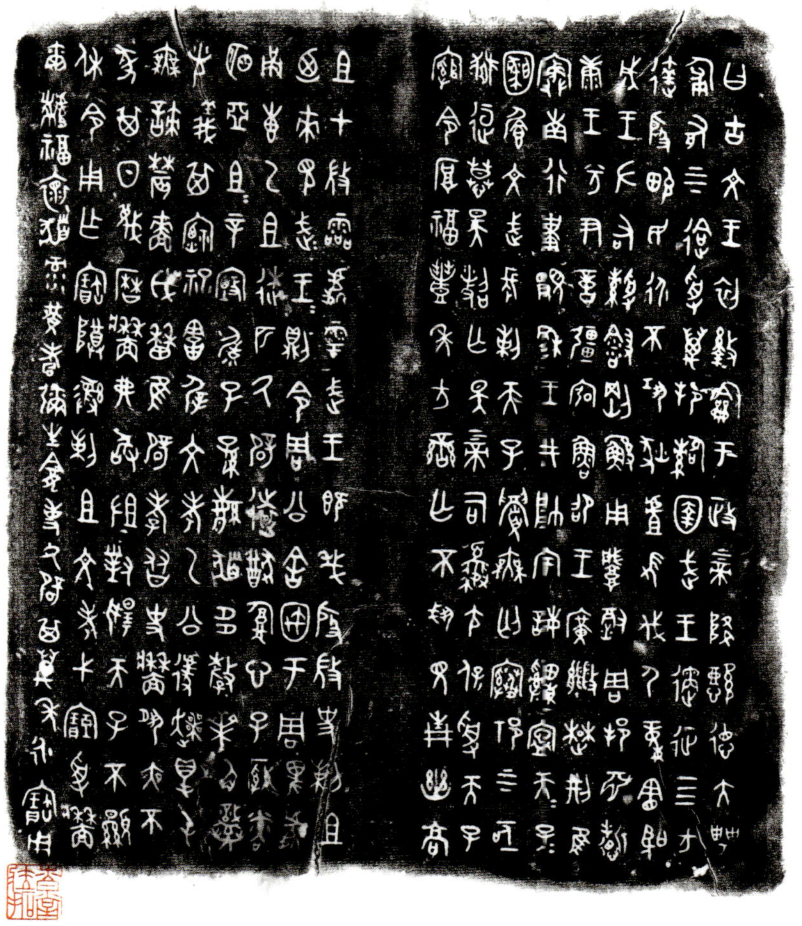

釋文

曰古文王初敎(盭)龢(龢)于政上帝降懿(懿)德大甹(屏)
匍(敷)有(佑)上下(合文)迨(會)受萬邦䎽圉武王遹(遹)征亖(四)方
達殷畯(畯)民永不(丕)巩(恐)狄虘完(微)伐尸(夷)童㝃(憲)聖
成王ナ(左)右綬(綬)𩁹剛鯀用肇(肇)㪤(徹)周邦𣶒(淵)哲(哲)
康王方(方或為動)尹意(億)彊(疆)宖(宏)魯(魯)卲(昭)王廣䑣楚荊(荊)隹(唯)
寏(煥)南行祗(祗)覭(景)穆王井(型)帥宇(于)誨(謀)䴗(申)寍(寧)天子天子(重文)
𢡟(恪)𦃞(纘)文武長剌(烈)天子𩁹無匃(害)𩁹(褱)祁(祈)上下(合文)亟(亟)
獄逗(宣)慕(謨)昊(昊)照(照)亡哭(斁)上帝(合文)司夒(或為憂)九保受(授)天子
綰(綰)令(命)厚(厚)福豐年方蠻(蠻)亡不規見青幽高
且(祖)才(在)散(微)霝(靈)處季(雩)武王既𢦏殷散(微)史剌(烈)且(祖)
廼(乃)來見武王武王(重文)則(則)令(命)周公舍(捨)圖(宇)于周卑(俾)處
甬叀(惟)乙且(祖)逨匹氒(厥)辟遠猷腹(腹)心子(茲)𠬝(納)粦(粦)
明(明)亞且(祖)且(祖)(重文)辛𢻱毓(育)子孫繁(繁)髮(髮)福(福)多孷(釐)𪗉(齊)角龔(熾)
光義(宜)甘(其)𡩁(禋)祀害(胡)屖(遟)文考乙公遽(遽)𧼈(爽)𢔶(得)屯(純)
無諫農嗇(穡)戉(越)歷(曆)隹(唯)辟孝䀠(友)史牆(牆)夙(夙)夜不
㒸(墜)甘(其)日蔑曆(曆)牆(牆)弗敢(敢)取(沮)對揚天子丕(丕)顯
休令(命)用乍(作)寶䵼(尊)彝剌(烈)且(祖)文考弋(式)竈(貯)受(授)牆(牆)
爾𩁹(𩁹)福褱(懷)䵾(福)彔(祿)黃耇彌生龕(堪)事氒(厥)辟甘(其)萬年永寶用

案史牆盤國之重器也早歲馬公承源述議吾國金文書法一為虢季子白(伯)一為此史牆盤通篇結體均衡莊重用筆圓潤道美銘上皆藏鋒引款今以氣勢凝煉乃西周金文書法之典範亦是據此銘文敘長文其內容首先追述文王事蹟歷數周代文武成康昭穆各王并叙當今天子之文功武績而銘文之下半敘述牆之祖先功德從高祖甲微烈祖乙祖亞祖祖辛文考乙公直至史牆頌揚祖先功德祈求先祖庇佑是典型追孝式體裁其引之長乃於中國出土以來所見西周銅器銘文之最彌足珍貴其拓本甚少滄海辛丑六月上海匡時拍賣行推出銅器專場偶見有此拓並數篇與達盤久一欣喜萬借志在必得不料一槌定音得來全不費功夫即尋得師傅重新裝池三拓一一題之跋之以為同道共賞矣辛丑年六月初六滄上慎思堂李學建於建業之慶慎獨齋之燈下

022 九年衛鼎拓片

'Wei' Ding vessel dated to the 9th-years of King Gong (rubbing)

西周恭王

縱 17.5 釐米 橫 32 釐米

釋文　隹（唯）九年正月既死霸庚辰/王才（在）周駒宮各（格）廟𥄳（眉）敫（敖）者膚卓吏（事）見於王王大黹（致）矩取/眚（省）車軬桒（賁）𩏂（鞃）虎冟（幎）希（𦘫）緯（幃）畫/轉夋（鞭）帀（席）䡤帛（白）轡乘金麃（鑣）鞕（鋞）/舍（捨）矩姜帛三兩迺（乃）舍（捨）裘衛林/舀里𠭰乒（厥）隹（唯）顏（顏）林我舍（捨）顏（顏）/陳大馬兩舍（捨）顏（顏）始（姒）虞𠫑（沓）舍（捨）顏（顏）有𤔲（司）𠮷（壽）商𦉢（或貈或貉）盠裘冟（幎）矩/迺（乃）眔（暨）湅（或潓或濂）令𠮷（壽）商眔（暨）啻（億）曰/顜（講）瀗（履）付裘衛林舀里𠟭（則）乃/成夆（封）三（四）夆（封）顏（顏）小子弗（具）叀（唯）夆（封）𠮷（壽）/商𦉢（㔁）舍（捨）盠冒梯𩁹（羝）皮二𨅖（選）/皮二𦦨（業）舄俑（筩）皮二朏帛（白）金一/反（鈑）乒（厥）吳喜（鼓）皮二舍（捨）湅（或潓或濂）麌冟（幎）/㥑（琛）桒（賁）𩍜𩏂（鞃）東臣羔裘顏（顏）下/皮二眔（逮）受衛小子家逆者（諸）𠀠（其）䞓（賸）衛臣虢朏衛用乍（作）朕（朕）文/考寶鼎衛𠀠（其）萬（萬）年永寶用

題一　九年衛鼎，西周恭王。

又名“衛鼎”。一九七五年二月陝西省岐山縣董家村一號青銅器窖藏出土。此批青銅器甚是珍貴，共見三十七，帶銘三十件，保存完好。九年衛鼎乃其中重器，原藏岐山縣文化館，今歸寶雞青銅館珍藏。此拓難得，當寶之。辛丑八月崇建題。

題二　此拓上世紀九十年代所得，今重裝後並釋文題跋，以與同道共賞。辛丑八月崇建又及。

季按：此“九年衛鼎”據銘文可推知鑄於西周中期前段之恭王九年。其通高三十七點一，口徑三十四點五，腹深十九點八釐米，重十一點九八三公斤。平沿，外折口沿上一對立耳，三條柱足，下腹向外傾垂，鼎外底積結著厚厚一層煙炱。口沿下飾以細雷紋襯底之竊曲紋。器之內壁鑄銘一百九十四字，其中重文一，合文三。銘文大意是：矩在裘衛處索取一輛省康扣車馬器具，裘衛贈矩妻十二文帛，矩又以林舀里相贈，裘衛又給該土地有份者顏陳二家予以補償，交易完成，封定疆界，裘衛作此鼎以為紀念。故此記對研究西周土地交易制度具重要價值。慎堂。

鈐印　別部將軍

慎堂藏拓

愛不釋手

崇建印信

季

辛丑

慎堂

崇建

崇建印信

海上崇建所見所鑒所拓所攷所跋之印

九年衛鼎 西周恭王

又名衛鼎一九七五年二月陝西省岐山縣董家村一號青銅器窖藏出土此批青銅器是裘衛共見三十七件銘三十件
僅存完好九年衛鼎乃其中重器原藏岐山縣文化館今歸寶雞青銅器館所藏此拓難得當寶之辛丑八月學蓮題

此拓上世紀九十年代所得今重裝併並釋文題跋以饗同道共賞辛丑八月學蓮又跋

釋文

隹(唯)九年正月既死霸庚辰
王才(在)周駒宮各(格)廟眉(眉)敖(敖)者
膚卓吏(事)見于王=大黹(致)矩取
眚(省)車軾桒(賁)圅(鞃)虎冟(幎)希(緯)律(幃)畫
轉金(甬)而(席)䡇帛(白)轡乘金麃(鑣)鋞(鋞)
舍(捨)矩姜帛三兩廼(乃)舍(捨)裘衛林
舀里叡(厥)隹(唯)顏(顏)林我舍(捨)顏(顏)
陳大馬兩舍(捨)顏(顏)始(姒)虞吝(咨)舍(捨)
顏(顏)有𤔲(司)壽(壽)商國(貈)裘盠冟(幎)矩
廼(乃)眔(暨)濂(我漁我濂)令壽(壽)商眔(暨)意(意)曰
顜(顜)履(履)付裘衛林舀里則(則)乃
成夆(封)三(四)夆(封)顏(顏)小子具(具)叀(唯)夆(封)壽(壽)
商闔(勸)舍(捨)盠冒梯羝(羝)皮二選(選)
皮二鞏(業)舄俑(筩)皮二朏帛(白)金一
反(鈑)卑(厥)吳喜(鼓)皮二舍(捨)濂(我濂我濂)虞冟(幎)
㒸(隧)桒(賁)韓(韓)圅(鞃)東臣羔裘顏(顏)下
皮二眔(逮)受衛小子家逆者(諸)其(其)
匍(賸)衛臣虢朏衛用乍(作)朕(朕)文
考寶鼎衛其(其)萬(萬)年永寶用

李按此九年衛鼎據銘文可推知鑄於西周中期恭王之世王九年其通高三十七點二口徑三十四點五腹深十九點八釐米重十一點九八三公斤甲沿外折口沿上一對立耳三條柱足足腹內外傾垂鼎外底積諸書厚厚一層煙炱口沿下飾以細雷紋襯底之竊曲紋器之內壁鑄銘一百九十四字其中重文一合文三銘文大意是矩伯為衛處索取一輛有廣加車馬器具裘衛贈矩伯十三丈帛矩又以林舀里相贈裘衛又給諸土地有作者額陳二字予以讀懂李易定封定疆界裘衛作此鼎以為紀念此記對研究西周土地交易制度具重要價值懷堂

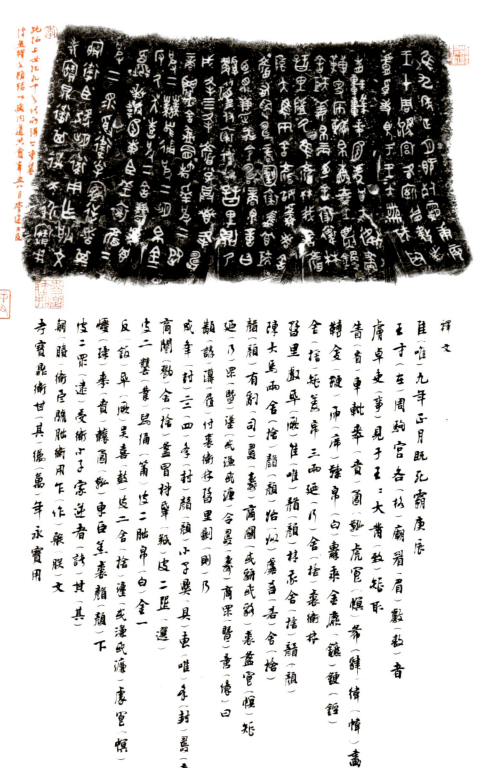

023 𠑇匜拓片

'Sheng' Yi vessel (rubbing)

西周懿王
蓋：縱 19 釐米 橫 10.5 釐米
器：縱 28.5 釐米 橫 10 釐米

釋文 器銘

隹（唯）三月既死霸甲申王才（在）莽[1]二（上）宮白（伯）䵼（揚）/父迺（乃）成賓[2]（劾）曰牧牛𠭯乃可[3]（苛）湛（勘）女（汝）𠭖（敢）㠯（以）乃/師訟女（汝）二（上）切[4]（代）先誓今女（汝）亦既又䢃[5]（御）誓尃[6]/趋（格）嗇覯（睦）𠑇（𠑇）宥（復）亦丝（茲）五夫亦既䢃（御）乃誓女（汝）/亦既從辭[7]（辭）從誓弋（式）可（苛）我義（宜）便[8]（鞭）女（汝）千黷[9]（幭）䵼（劇）/女（汝）今我赦[10]（赦）女（汝）義（宜）便（鞭）女（汝）千黜（黜）䵼（劇）女（汝）今大赦（赦）

蓋銘

女（汝）便（鞭）女（汝）五百[11]罰女（汝）三百[12]寽（鋝）白（伯）䵼（揚）/父迺（乃）或（又）吏（使）牧牛誓曰自今/余敢夒[13]（擾）乃小大[14]史（事）乃師或㠯（以）/女（汝）告鼎（則）致（致）乃便（鞭）千黷（幭）䵼（劇）牧/牛鼎（則）誓乃㠯（以）告事（吏）𨊠事（吏）曶/于[15]會牧牛辭（辭）誓成罰金𠑇（𠑇）/用乍（作）旅盉[16]

朱批 1. 莽，即莽京。2. 成賓，做出判決之意。3. 可，讀作苛譴也。4. 切，或隸作玔，聽也。5. 䢃，御也，進用之意。6. 尃，讀簿。7. 辭，訟訴也。8. 便，即鞭，此作動詞鞭刑也。9. 黷，即一種墨刑。10. 赦，即赦免。11. 五百，合文。12. 三百，合文。13. 夒，擾之異體字。14. 小大，合文。15. 于，即與。16. 盉，自銘盉乃沿用盉之稱謂，實為匜。

題 𠑇匜，西周懿王。

此銅匜一九七五年二月陝西岐山縣董家村一號銅器窖藏發現，原藏岐山縣博物館，今歸寶雞青銅館藏，乃西周中期後段之重器也。辛丑八月崇建題。

《跋𠑇匜》

釋匜銘可知其自稱盉。攷之西周中晚期，原來的盤盉組合已代之以盤匜組合，然有時匜依然沿用盉的稱謂，此乃一例也。又觀其形制，亦頗具特色，通高二十點三，腹寬十七點五，腹深十一點七，流鋬相距三十六點五釐米，重約四公斤。作寬流，直口，虎頭飾外蓋之前端，瞪目豎耳，雙眉淺刻，與流部留出空間，恰似虎口張開，極具生活性，亦多份趣味。後有曲舌獸首鋬，四足呈羊蹄形，口沿下飾竊曲紋和一道弦紋，器內底鑄銘九十字，蓋內鑄六十七字，其中合文三，且器蓋兩銘連讀，似不多見。內容大意是牧牛者與上司即器主𠑇為爭五個奴隸發生糾紛，牧牛將其告至官府，判官令牧牛退還奴隸並治以墨刑，若發誓不再起訴可減刑鞭打五百，罰銅三百鍰，最終牧牛氏服判。器主𠑇遂以所得罰銅鑄做此匜紀其事。此乃我國目前所見最早最完整之民告官案例紀實，聽來十分有趣，刑制亦極可愛，值得記之。海上崇建。

季按：傳上世紀七十年代，即（一九）七五年二月陝西岐山縣董家村村民在村西平整土地時，在距地面約一米深處發現一橢圓形窖藏，內藏三十七件西周青銅器。此件被譽為中國青銅法典之𠑇匜即在其中。八十年代由馬承源主編《商周青銅器銘文選》將其編入其中，彼時匜歸陝西省歷史博物館，上博委派韋志明先生拓銘以作研究。今聞此匜已歸寶雞青銅館收藏，其拓本甚少流出，故此拓頗珍貴，當寶之。辛丑秋分後三日海上慎堂。

鈐印 慎堂藏拓
愛不釋手
慎堂
崇建
別部將軍
慎堂
季
崇建印信
海上崇建所見所鑒所拓所攷所跋之印

𠑇匜　西周懿王

此銅匜一九七五年二月陝西岐山縣董家村一號銅器窖藏發現，原藏岐山縣博物館，今藏寶雞青銅館，屬西周中期的重器也。辛丑　學建題

器銘拓片

李學勤先生記七十年代即七五年二月陝西岐山縣董家村村民在村西平整土地時在距地面約一米深處發現一個圓形窖藏，內藏三十七件西周青銅器，此件被譽為中國青銅法典之𠑇匜即在其中。八十年代由馬承源主編商周青銅器銘文選收入其中，彼時匜歸陝西省歷史博物館。上博吳鎮烽、張章志諸先生拓銘以作研究，今寶雞青銅館收藏，其拓本甚少流出，故此拓顯珍貴，當寶之。辛丑穆月三日滬上惟堂

器銘釋文

隹（唯）三月既死霸甲申王才（在）莽二（上）宮白（伯）揚（揚）
父迺（乃）成貿（劾）曰牧牛䝿乃可（苛）湛（勘）女（汝）敢（敢）以（以）乃
師訟女（汝）二（上）卻（代）先誓今女（汝）亦既又卸（御）誓專
趫（格）嗇覷賸（𠑇）實（復）亦絲（茲）五夫亦既卸（御）乃誓女（汝）
亦既從辭（辭）從誓弋（式）可（苛）我義（宜）俊（鞭）女（汝）千黷（黷）䵼（剭）
女（汝）今我赦（赦）女（汝）義（宜）俊（鞭）女（汝）千䵼（黜）䵼（剭）女（汝）今大赦（赦）

蓋銘拓片

蓋銘釋文

女（汝）俊（鞭）以（汝）五百罰女（汝）三百寽（鋝）白（伯）揚（揚）
父迺（乃）或（又）吏（使）牧牛誓曰自今
余敢擾（擾）乃小大史（事）乃師或以（以）
以（汝）告劃（則）到（致）乃俊（鞭）千黷（黷）䵼（剭）牧
牛劃（則）誓乃以（以）告事（吏）𠬝事（吏）曶
于會牧牛辭（辭）誓成罰金𠑇（𠑇）
用乍（作）旅盉

跋𠑇匜

釋匜銘可知其自稱盉，殆之西周中晚期原本的盤盉組合已代之以盤匜組合，然有時匜仍然沿用盉的稱謂，此只一例也。又觀其形制亦顯其特色，通高二十點三，腹寬十七點五，腹深十一點七，流鋬相距三十六點五釐米，重約四公斤。作寬流直口，虎頭飾於蓋上，前端瞪目豎耳，鑿首隆起，與流部留出空間恰似虎口張開，極生活化，亦有仿獸味。後有曲舌獸首鋬，四足呈獸蹄形，口沿下飾竊曲紋和一道弦紋。器內底鑄銘九十字，蓋內鑄六十七字，其中合文三，且器蓋兩銘連讀，似不多見。記錄大意是牧牛膽敢與上司即器主𠑇為爭五個奴隸而打官司，結果牧牛如其告之官判，判官令牧牛退還奴隸並諾以鞭刑，若背誓不守，仍許可酒刑，搬打五百，罰銅三百鍰。最後牧牛氏服判罰，器主𠑇遂以所得罰銅鑄作此匜，記其事。此乃我國目前所見最早完整之民事官司案判記錄，實十分有價值，刑制亦極可靈，值得讀之。滬上學建

024 㝬簋拓片

'Hu' Gui vessel (rubbing)

西周晚期厲王世
縱 27 釐米 橫 23 釐米

釋文 王曰有余隹（雖）小子[1]餘亡康晝/夜巠（經）雝（擁）先王用配皇天簧/黹（致）朕（朕）心墜（施）於三（四）方肆（肆）餘㠯（以）/餱士獻民爯盩先王宗室/㝬乍（作）䵼（䵼）彝寶𣪘（簋）用康惠朕（朕）/皇文刺（烈）祖考𠀠（其）各（格）歬（前）文人/𠀠（其）瀕（頻）才（在）帝廷陟降𤕌（申）圝（恪）皇/帝大魯（魯）令（命）用𩐳（令）保我家朕（朕）/位㝬身阤阤[2]降餘多福憲（憲）䔲（烝）/宇慕遠猷㝬𠀠（其）萬年䵼（䵼）實/朕（朕）多禦（禦）用桒壽（壽）匃永令（命）畯（畯）/才（在）乍（作）疐才（在）下隹（唯）王十又（有）二祀

朱批 1. 小子，合文。2. 阤阤，重文。

題 㝬簋，西周晚期厲王世。
此簋於一九七八年五月陝西扶風縣齊村窖藏發現，今藏陝西扶風縣博物館，通高五十九點一，口徑四十二點三釐米，乃目前存世最大商周銅簋。崇建題。

季按：據銘文可知乃西周㝬即厲王所作，是為重器。其侈口，束頸，淺腹，圈足，大龍耳一對，高聳莊嚴，透雕樣式，立體感極強。下有夔龍垂珥，圈足下連鑄方座，頸和圈足飾連續雲紋，腹與方座飾直棱紋，方座面上之四角又飾獸面紋樣，試想當年如此精美紋飾之金光耀眼大器呈現，實在令人驚歎！器之內底鑄銘文一百二十四字，其中合文一，重文一，推為周厲王十二年時作，是其為祭祀先王而自作一篇祝辭，內容大意為："我盡夜經營先王事業以配皇天，我任用義士獻民祀先王宗室，作此䵼彝寶簋，安惠先宗列祖以祀皇天大命，保佑周室王位和我自身，賜降多福長壽與智慧。"這對研究西周時期之禮教與祭祀制度等具有極高價值，且字體優雅遒美，亦是兩周金文書法之代表作也。此拓流出甚少，頗珍貴。海上慎堂崇建。

鈐印 別部將軍
崇建
慎堂
慎堂藏拓
季崇建印
慎堂
季
崇建

㝬簋

西周晚期厲王世

此簋於一九七八年五月陝西扶風縣齊村窖藏發現今藏陝西扶風縣博物館通高五十九點一口徑四十二點三釐米乃目前存世最大之西周銅簋 堂建記

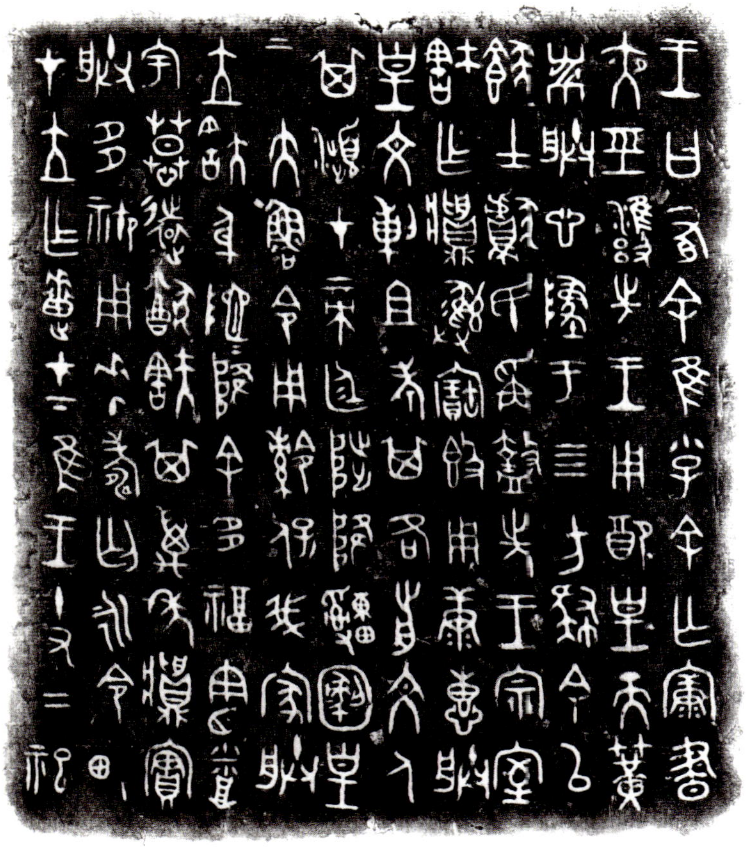

釋文

王曰有余隹(雖)小子余亡康晝
夜巠(經)雝(擁)先王用配皇天簧
黹(致)朕(朕)心墜(弛)于三(四)方肆(肆)余己(以)
餧士獻民爯盩先王宗室
㝬乍(作)䵼(䵼)彝寶毀(簋)用康惠朕(朕)
皇文刺(烈)祖考甘(其)各(格)歬(前)文人
甘(其)瀕(頻)才(在)帝廷陟降醽(申)圝(恪)皇
帝大魯(魯)令(命)用𠤕(令)保我家朕(朕)
位㝬身阤阤(重文)降余多福憲(憲)𦖞(柔)
宇慕遠猷㝬甘(其)萬年䵼(䵼)實
朕(朕)多禦(禦)用奉壽(壽)匄永令(命)畯(畯)
才(在)乍(作)疐才(左)下隹(唯)王十又(有)二祀

小子(合文)

李學勤據銘文可知乃西周㝬即厲王所作是為重器其侈口束頸鼓腹圈足大龍耳一對高聳莊嚴透雕樣式立體感極強八有夔龍垂珥圈足下連鑄方座頸和圈足飾連續雲紋腹與方座飾直棱紋方座面上之四角又飾獸面紋樣試想當年必然精美絕倫之金光耀眼大器呈現寶座之人驚嘆器之內底鑄以銘文一百二十四字其中合文一重文一確為周厲王十二年時作是乃為祭祀先王而自作一篇祝辭內容大意為其盡夜經營先王事業以配皇天承任用義士獻民祀先王宗室作此饙彝寶簋表惠先宗祖以祀是天大命得佑周室王位和家自身賜降多福長壽與智慧之意對研究西周時期之禮教與祭祀制度等具有極高價值且字體優雅遒美亦是西周金文書法之代表作也此拓係西安長安趙琳貴海上楨堂堂建

025 公臣簋拓片

'Gong Chen' Gui vessel (rubbing)

西周厲王

縱 14 釐米 橫 9 釐米

釋文 虢中（仲）令（命）公臣嗣（司）朕（朕）/百工易（錫）女（汝）馬乘鐘（鐘）/五金用事公臣頴（拜）搼/（稽）首叡（敢）[illegible]（揚）天尹不（丕）/顯休用乍（作）隮（尊）毁（簋）公/臣甾（其）萬年用（永）寶丝（茲）休

題 公臣簋

此簋一九七五年二月陝西岐山董家村窖藏發現，今藏寶雞青銅馆。崇建題。

《跋公臣簋》

公臣之簋同出見四，尺寸、重量並形制、紋飾、鑄銘皆一致，故編以甲乙丙丁，其中甲乙連蓋，丙丁佚蓋。此拓乃公臣簋丁也。通高一六，口徑一九點八，腹深二點三釐米，重三點五公斤。器作弇口，鼓腹，獸首銜環耳，圈足，下有三個獸面附足器沿飾竊曲紋，腹見多重瓦紋帶。器之內底鑄銘六行，共四十三字。言：虢仲命公臣為百工之官，賜車馬及鐘銅諸物，公臣拜謝作此簋，以為紀念。董家村窖藏同出裘衛貴族三十七件，公臣乃第二代，極具價值。銘拓流出甚稀，當寶之。辛丑秋日崇建。

季按：此拓得上世紀九十年代初，彼時馬公承源編纂《商周青銅器銘文選》，各地尋訪覓，得拓片頗豐。余隨其專事拓片銘文釋文書寫，今上博青銅館展陳釋文書跡多我所為也。故近水樓臺，剩餘者歸我藏之，今餘閒重裝再題，以為共賞。

鈐印 慎堂藏拓

心賞

崇建

別部將軍

慎堂

崇建

辛丑

季

崇建印信

海上崇建所見所鑒所拓所攷所跋之印

公臣簋

此簋一九七五年二月陝西岐山董家村窖藏出土現藏寶雞青銅器館學廷題

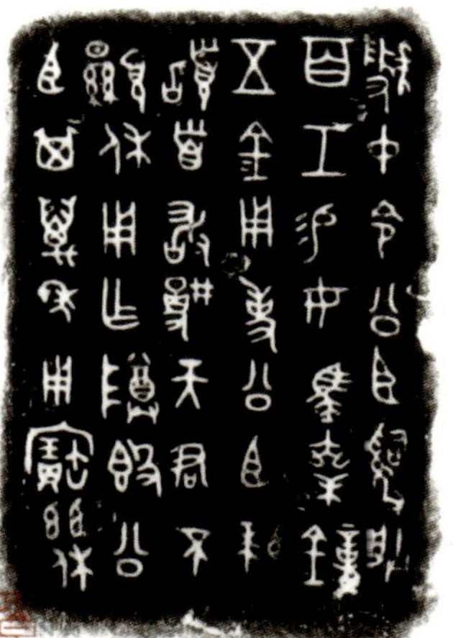

釋文

虢中（仲）令（命）公臣𤔲（司）朕（朕）百工易（錫）女（汝）馬乘鐘（鍾）五金用事公臣𩒨（拜）稽（稽）首敢（敢）𫸩（揚）天尹丕（丕）顯休用乍（作）𣪕（尊）𣪕（簋）公臣其（其）萬年用（永）寶茲（茲）休

李俊此拓得於廿紀九十年代初時以恩公承陳編纂為周原銅器銘文選之機尋訪覓得拓片願豐年隨其寫事拓片銘文釋文書寫六十幅周原銅器展陳釋文書題為最所為也故退而將壹副存之歸家藏之今復有重裝之題此為是幸

跋公臣簋　公臣之簋同出見四件尺寸重量並形制紋飾鑄銘皆一致故編以甲乙丙丁其中甲乙連蓋丙丁佚蓋此拓乃公臣簋丁也通高一六口徑一九點八腹深一一點三釐米重三點五公斤器作弇口鼓腹獸首銜環耳圈足下有三個獸面附足器沿飾竊曲紋腹見為重瓦紋蓋蓋之內底鑄銘六行共四十三字言虢仲令公臣為百工之官賜車馬及鐘銅諸物公臣稱謝作此簋以為紀念董家村窖藏同出裘衛貢族三十七件公臣乃其二代極具價值銘拓留此甚稀為寶之辛丑孟春日學廷

公臣簋丙銘文

公臣簋丁銘文

釋文

虢中（仲）令（命）公臣𤔲（司）朕（朕）百工易（錫）女（汝）馬乘鐘（鍾）五金用事公臣拜𩒨（稽）首敢（敢）揚（揚）天尹丕（丕）顯休用乍（作）障（尊）殷（簋）公臣其（其）萬年用（永）寶茲休

為：虢仲委命公臣任百工之官，掌管營造之事，並賞賜公臣馬四匹，鐘五件與銅，公臣拜謝，深感大君之恩賜，故鑄此簋以為紀念。《周禮·考工記》載“國有下職百工與居一焉”，此“百工”是指製造器物之各種專業工匠技藝指導者及行政管理者，故虢仲冊封並賜物以賞之，好讓其行管事之權。

攷董家村窖藏眾器，乃彼時裘衛家族之器用。此一族發跡於穆王時期，鼎盛于宣王時期，在百三十年間兩次受到周王子冊命，其中裘衛膳夫旅伯此是該家族歷史上最有影響之人物。裘衛作為第一代，雖由皮貨商冊封為掌管皮革之司，並未受封地，但經努力終成周代貴族，而公臣簋作器者公臣是裘衛家族第二代，依然受寵於皇室，得虢伯（皇家之重臣）之恩賜與冊封，足見其代不乏人也。

董家村這批西周青銅的發現實是研究中國古代銅器與西周史之重要資料與寶貴文物，今歸寶雞青銅器館庋藏。早歲該館落成未久即隨馬公承源同往參觀，後又自與諸友駕車再往賞之，途中遇險，山路崩塌，亂石飛落，時在瞬間，竟一車之隔，然拜觀之心倒使我等並不懼怕，亦屬奮不顧身之舉矣。今覓得此批重器之拓，應是緣分已到，不歸我才怪。辛丑寒露不寒日海上崇建識。

鈐印　慎堂
慎堂藏拓
季崇建印
愛不釋手
季
季崇建印
心賞
慎堂
崇建
慎堂藏拓
慎堂藏拓
慎堂藏拓
慎堂藏拓
海上崇建所見所鑒所拓所攷所跋之印
心血來潮
別部將軍
季氏
崇建印信

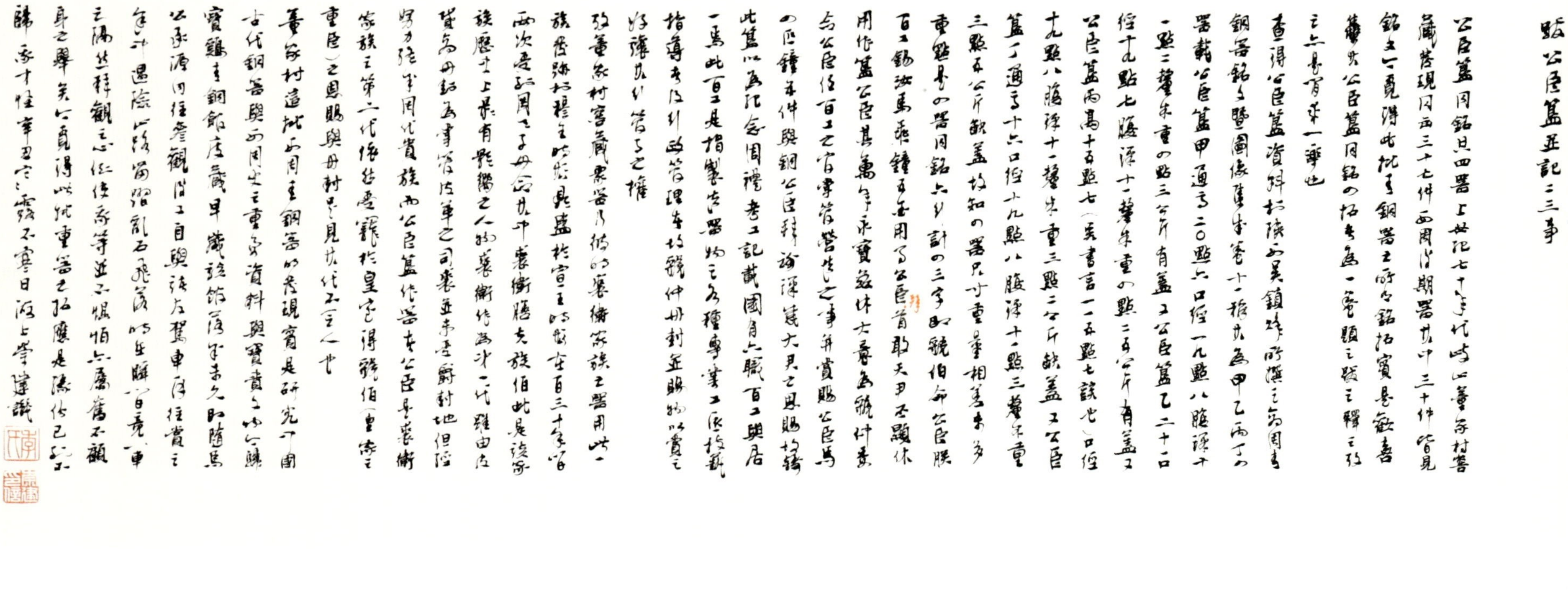

026 公臣簋四器拓片卷

Four vessels of 'Gong Chen' Gui (rubbing in scroll)

西周厲王世時期
畫心拓片　甲　縱 14 釐米 橫 10 釐米
　　　　　乙　縱 13 釐米 橫 9 釐米
　　　　　丙　縱 13.5 釐米 橫 10 釐米
　　　　　丁　縱 14 釐米 橫 10 釐米

題簽　西周厲王世公臣簋銘文拓片卷，海上慎堂。

引首　鳳鳴岐山
覓得岐山董家村窖藏西周公臣簋銘舊拓一套，歲在辛丑秋日海上慎堂崇建並識。

釋文　虢中（仲）令（命）公臣嗣（司）/朕（朕）/百工易（錫）女（汝）馬乘鐘（鐘）/五金用事公臣頶（拜）𢷎（稽）首㪟（敢）□（揚）天尹不（丕）/顯休用乍（作）𨽍（尊）毁（簋）/公臣𠇷（其）萬年用（永）寶/茲休

題　公臣簋，西周厲王。
一九七五年二月，陝西岐山縣董家村一號西周銅器窖藏出土一批重要作品，計三十七件，有鼎十三、簋十四、壺二、鬲二、盤一、盉一、匜一、鎣一、豆二，其中三十件銅器皆見銘文，而同銘之公臣簋共四件。作弇口，鼓腹，獸首，銜環耳，圈足下有三個獸面附足，蓋面隆起，上有圈狀捉手，蓋沿及器沿飾竊曲紋，腹部飾瓦紋。出土時，二簋之蓋已佚，各器內底皆見鑄銘六行，共四十三字，意為虢仲委命公臣任百工之官，來掌營造之事，並賜諸物。公臣深感大君之恩賜，作此簋以為紀念。此四簋初藏岐山縣博物館，今歸寶雞青銅館藏。辛丑秋日海上慎堂崇建。

拖尾　《跋公臣簋並記二三事》
公臣簋同銘共四器，上世紀七十年代岐山董家村窖藏發現，同出土三十七件西周後期器，其中三十件皆見銘文。今覓得此批青銅器之所有銘拓，實是歡喜。集其公臣簋同銘四拓者為一卷，題之跋之釋之攷之，亦是閑來一樂也。
查得公臣簋資料于陝西吳鎮烽所撰之《商周青銅器銘文暨圖像集成》卷十一，稱其為甲乙丙丁四器，載：公臣簋甲通高二零點六，口徑十九點八，腹深一一點二釐米，重四點三公斤，有蓋；又公臣簋乙通高二十一，口徑十九點七，腹深十一釐米，重四點二五公斤，有蓋；又公臣簋丙高十五點七（吳書言一一五點七，誤也），口徑十九點八，腹深十一釐米，重三點二公斤，缺蓋；又公臣簋丁通高十六，口徑十九點八，腹深十一點三釐米，重三點五公斤，缺蓋。故知四器尺寸重量相差未多，重點是四器同銘六行計四三字，即“虢伯命公臣朕百工賜汝馬乘鐘五金用公臣拜首敢天尹丕顯休用作簋公臣其萬年用寶茲休”。大意

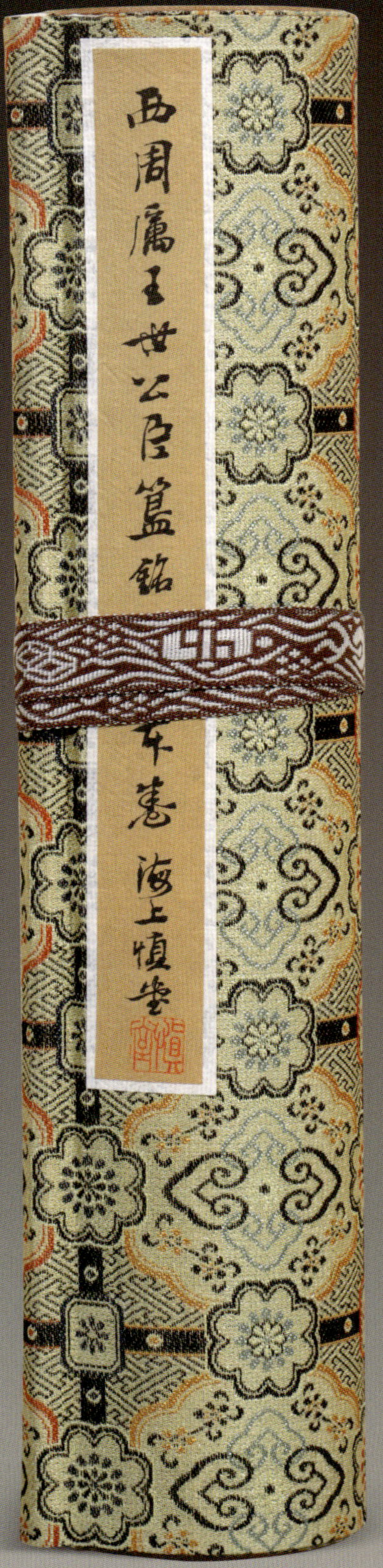

《鳳鳴岐山》卷

是卷畫心集岐山董家村窖藏西周厲王世公臣簋甲乙丙丁四器銘拓，含引首、拖尾，總長554.5釐米，並與《器以藏禮》西周宣王世此簋六器銘拓卷合成姊妹卷。

公臣簋（甲）

西周厲王世時期
陝西省岐山縣博物館藏

公臣簋（乙）

西周厲王世時期
陝西省岐山縣博物館藏

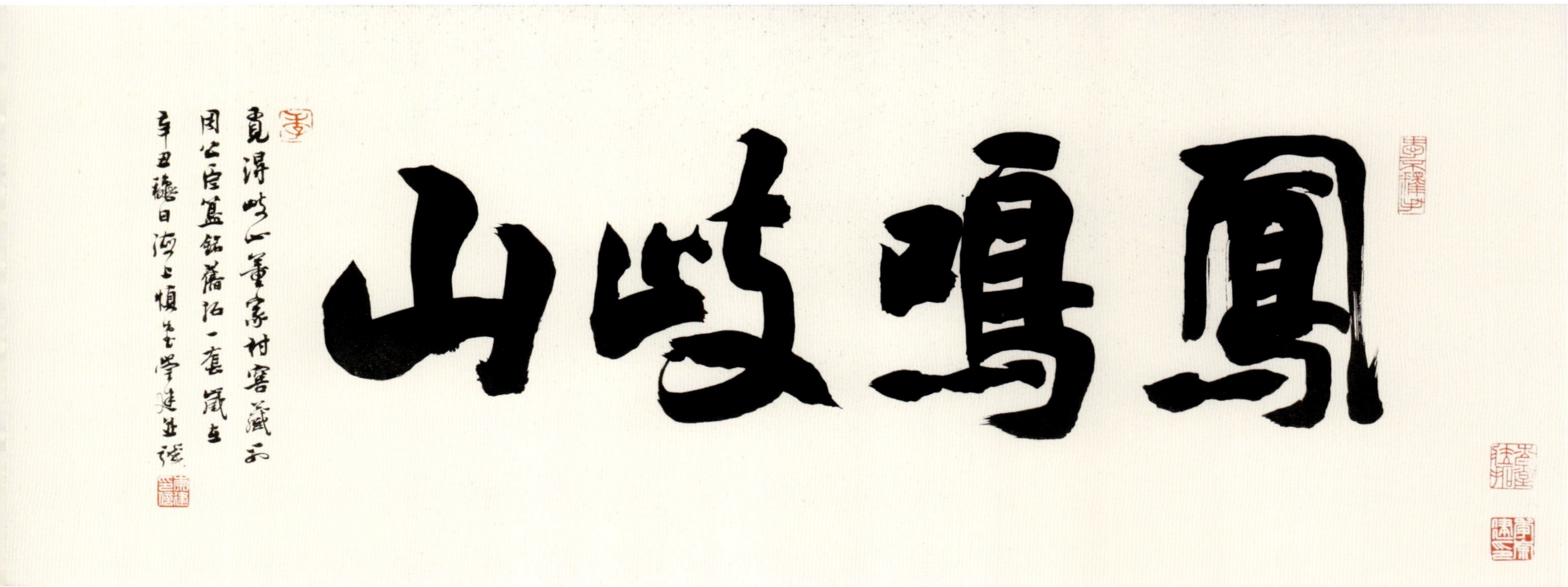

公臣簋（丁）

西周厲王世時期

陝西省岐山縣博物館藏

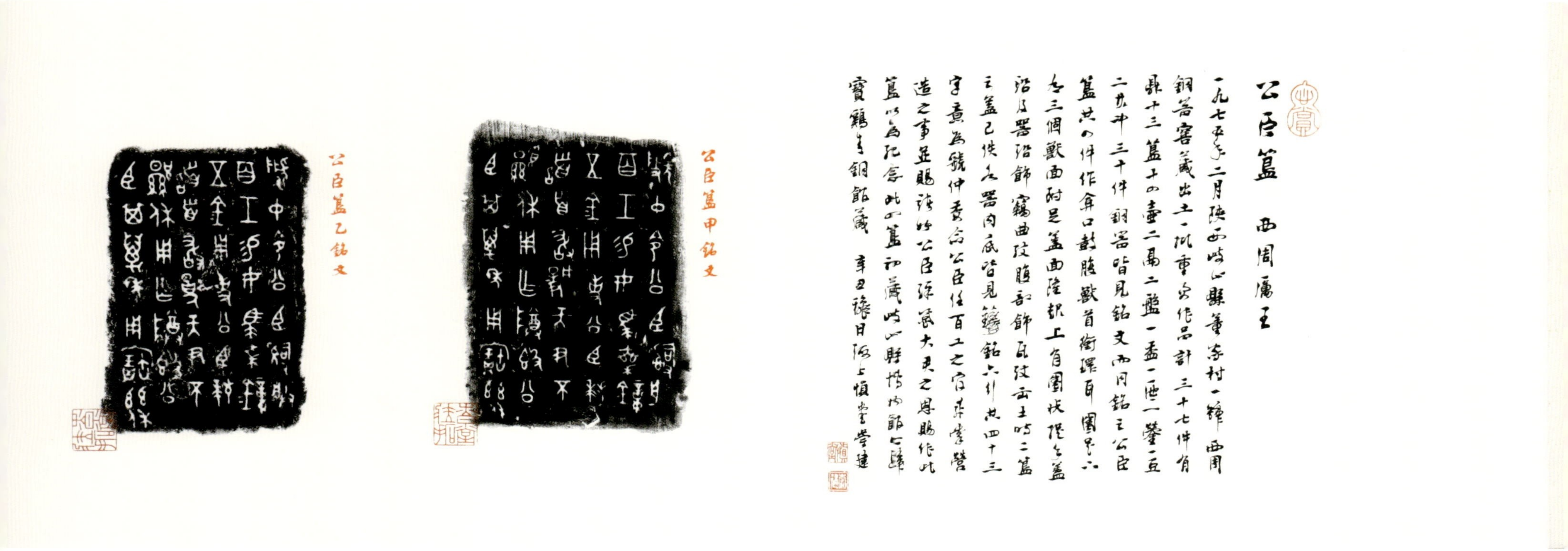

公臣簋（丙）

西周厲王世時期

陝西省岐山縣博物館藏

027 逨盘拓片

'Lai' Pan vessel (rubbing)

西周晚期宣王世
縱 37.5 釐米 橫 33 釐米

釋文 逨曰不（丕）顯朕（朕）皇高且（祖）單公趄趄[1]（桓桓）克明悊（哲）氒（厥）德夾/醫（紹）文王武王達殷膺（膺）受天魯（魯）令（命）匍（敷）有三（四）方竝/宅氒（厥）堇（勤）彊（疆）土用配上帝[2]雩（雩）朕（朕）皇高且（祖）公叔克逨/匹成王成受大令（命）方狄不（丕）亯（享）用奠（奠）三（四）或（域）萬邦/雩（雩）朕（朕）皇高且（祖）新室中（仲）克幽明氒（厥）心頿（柔）遠能狀（邇）/會醫（紹）康王方褱不廷雩（雩）朕（朕）皇高且（祖）惠中（仲）盠父/盠龢于政又（有）成於猷用會卲（昭）王穆王盜政三（四）方厮（撲）/伐楚邦（荆）雩（雩）朕（朕）皇高且（祖）零白（伯）沓（粦）明氒（厥）心不彖（墜）□般（服）用辟龔（恭）王懿（懿）王雩（雩）朕（朕）皇亞且（祖）懿（懿）中（仲）致（匡）諫諫[3]克/匍（敷）保氒（厥）辟考（孝）王徲（夷）王又（有）成于周邦雩（雩）朕（朕）皇考/龔（恭）弔（叔）穆穆[4]趩趩[5]龢（龢）訇于政明𪚰于德亯（享）辟剌（厲）王逨/肇尸（纂）朕（朕）皇高且（祖）考般（服）虔夙（夙）夕敬朕（朕）死（尸）事緐（肆）天子/多易（錫）逨休天子𠀠（其）萬年無彊（疆）耆（耆）黃耇保奠（奠）周/邦諫辪三（四）方王若曰逨不（丕）顯文武膺（膺）受大令（命）/匍（敷）有三（四）方𠟭（則）繇隹（唯）乃先聖且（祖）祖考夾醫（紹）先王𦖞（聞）堇（勤）大令（命）今余隹（唯）巠（經）乃先聖且（祖）考醽（申）𩫖乃令（命）令[6]（命）女（汝）疋（胥）/焚（榮）兌𤔲（司）三（四）/方吳（虞）楚（林）用宮御易（錫）女（汝）赤市（韍）幽黃（衡）/攸（鋚）勒逨敢（敢）對天子不（丕）顯魯（魯）休𢼸（揚）用乍（作）朕（朕）皇高且（祖）/考寶障（尊）般（盤）用追亯（享）考（孝）於歬（前）文人歬（前）文人[7]嚴（嚴）才（在）上廙（翼）才（在）/下數數[8]𩁹𩁹[9]降逨魯（魯）多福釁（眉）耇（壽）綽（綽）窨（綰）受（授）余康𧇊屯（純）/右（佑）通目录（祿）永令（命）霝（靈）冬（終）逨畯（畯）臣天子子子孫孫[10]永寶用亯（享）

朱批 1. 趄趄，重文。2. 上帝，合文。3. 諫諫，重文。4. 穆穆，重文。5. 趩趩，重文。6. 令令，重文。7. 歬文人歬文人，重文。8. 數數，重文。9. 𩁹𩁹，重文。10. 子子孫孫，重文。

注釋 第二行之“達殷”，《尚書·顧命》達殷，《正義》：用能通殷為周，成其大命，代殷為主。第七行之盜或盗，李學勤認為盗字從次，次即涎，可讀為延。第十二行之尸或即沙，吳鎮烽釋爲纂，或可隸定為纘字，從尸從少，與逆鐘銘文彤沙之沙一致。第十七行之司四方吳（虞）楚（林），可釋爲攝司四方吳（虞）林，《左傳·昭十三年》：“羊舌鮒攝司馬”，杜注：“攝，兼官。”又前第五行“頿（柔）遠能狀（邇）”，見於《尚書·文侯之命》有云：“柔遠能邇，惠康小民，無荒寧”。又第九行“致諫”二字，致或即匡，匡罔也，諫是重文即諫諫，可能是雙音，即罔罔諫諫，亦就是徨徨諫諫也。又倒數最後一行之“霝終”二字：霝應是靈字之簡，降落之意，靈驗也，通令，善也。《廣雅》“霝，令也”。王念孫疏證，齊侯鎛鐘銘“霝命難老”，即令命也。

題一 逨盤，西周晚期宣王世。
此拓原器二〇〇三年一月陝西眉縣馬家鎮楊家村西周銅器窖藏發現，今藏寶雞青銅器博物館內。其通高二十點四，口徑五十三點六，腹深十點四釐米，重十八點五公斤，內底鑄銘三百七十三字，乃國之重器也。海上崇建題。

題二 數數𩁹𩁹降逨魯多福釁壽綽窨
節錄逨盤銘，其西周晚期典型優美一路。辛丑年六月，海上慎堂崇建臨並識于建業文房。

案：逨盤既出，使原本商周第一盤之牆盤退為次席。首先逨盤文字最長；其次就內容亦更重要，歷數西周諸王，道出彼時期之基本輪廓，印證了《史記·周本紀》記載，尤其所述當時重要史事，如文武克殷、成康鞏固開拓疆土，皆與史料相吻合，實乃國之瑰寶也。今能得此拓片幸甚、幸甚。辛丑年慎堂崇建。

鈐印
心賞
崇建
慎堂
季氏
崇建印信
辛丑
季氏
崇建印信
季
崇建
慎堂
慎堂藏拓
季崇建印
慎堂

逑盤　西周晚期宣王世

此拓原器二〇〇三年一月陝西眉縣馬家鎮楊家村西周銅器窖藏出土現藏寶雞青銅器博物館內其通高二十點四口徑五十三點六腹深十點四釐米重十八點五公斤內底鑄銘三百七十三字乃周之重器也　滬上學建題

案逑盤既出使原本為周第一盤之牆盤退為次席首先逑盤之字最長其次就內容上更重要歷數西周諸王遞承很明顯之基本輪廓印證了史記周本紀記載尤其所述當時重要史事與文獻克配年度學周期拓釋土皆與史料相吻合實乃國之瑰寶也今能得此拓本幸甚。辛丑年慎之學建

釋文

逑曰丕(丕)顯朕(朕)皇高且(祖)單公桓桓(桓桓)克明悊(哲)氒(厥)德夾
召(紹)文王武王達殷膺(膺)受天魯(魯)令(命)匍(敷)有三(四)方竝
宅氒(厥)堇(勤)彊(疆)土用配上帝雩(雩)朕(朕)皇高且(祖)公叔克逑
匹成王成受大令(命)方狄不(丕)享(享)用奠(奠)三(四)或(域)萬邦
雩(雩)朕(朕)皇高且(祖)新室中(仲)克幽明氒(厥)心顯(柔)遠能猷(邇)
會召(紹)康王方褱不廷雩(雩)朕(朕)皇高且(祖)惠中(仲)盠父
盭龢于政又(有)成于猷用會卲(昭)王穆(穆)王盜政三(四)方撲(撲)
伐楚荊(荊)雩(雩)朕(朕)皇高且(祖)零白(伯)粦(粦)明氒(厥)心不彖(墜)□
服(服)用辟龔(恭)王懿(懿)王雩(雩)朕(朕)皇亞且(祖)懿(懿)中(仲)致(匡)諫諫克
匍(敷)保氒(厥)辟考(孝)王夷(夷)王又(有)成于周邦雩(雩)朕(朕)皇考
龔(恭)弔(叔)穆穆趩趩龢(龢)訇于政明隮于德享(享)辟剌(厲)王逑
肇尸(纂)朕(朕)皇且(祖)考服(服)虔夙(夙)夕敬朕(朕)死(尸)事肄(肆)天子
多易(錫)逑休天子其(其)萬年無疆(疆)耆(耆)黃耇保奠(奠)周
邦諫辥三(四)方王若曰逑不(丕)顯文武膺(膺)受大令(命)
匍(敷)有三(四)方則(則)繇隹(唯)乃先聖且(祖)考夾召(紹)先王䎽(聞)
堇(勤)大令(命)今余隹(唯)巠(經)乃先聖且(祖)考離(申)褱乃令(命)令(命)女(汝)足(胥)
燮(榮)兌黹嗣(司)三(四)方吳(虞)蕃(林)用宮御易(錫)女(汝)赤市(韍)幽黃(衡)
攸(鋚)勒逑敢(敢)對天子不(丕)顯魯(魯)休揚用乍(作)朕(朕)皇且(祖)
考寶隮(尊)般(盤)用追享(享)孝(孝)于歬(前)文人歬(前)文人嚴(嚴)才(在)上廙(翼)才(在)
下數數龕龕降逑魯(魯)多福釁(眉)壽(壽)綽(綽)綰(綰)受(授)余康虞屯(純)
右(祐)通彔(祿)永令(命)霝(靈)冬(終)逑毗(畯)臣天子子子孫孫永寶用享(享)

數數龕龕降逑魯多福眉壽綽綰

節錄逑盤銘其西周晚期典型過美一段　辛丑年六月滬上慎之學建節並識於遠華之居

注釋：第二行之達殷尚書顧命達殷正義用能通殷為周家其大命代殷為王。第七行之盭或為盜字學者認為盜字從次次聲可讀為延。第十二行之尸或即沙羨鎮釋為纂或可讀為纘字從尸從少與逆鐘銘文所沙之沙同意讀為纘亦與詢簋銘文中亦沙之沙同。第十七行之司四方吳(虞)藩(林)可釋為攝司四方虞林左傳昭十三年曰羊舌鮒攝司馬杜注攝兼官也。第五行顯(柔)遠能猷(邇)見於尚書文侯之命有云柔遠能邇惠康小民無荒寧。又第九行之諫諫二字或即匡匡周也諫是重文即諫諫可能是變音即周之諫諫亦作徨徨諫諫也亦作敬敬。第廿一行之霝終二字當釋為靈字之簡靈終靈令也通令善也廣雅靈令也王念孫疏證存績鐘銘靈命難老即令命也

028 逨鼎拓片

'Lai' Ding vessel (rubbing)

西周晚期宣王世
縱 20 釐米　橫 51 釐米

釋文　隹（唯）卌又三年六月既生霸/丁亥王才（在）周康宮穆宮旦王/各（格）周廟即立（位）𤔲（司）馬𠷎（壽）右吳/逨入門立𠁩（中）廷北卿（嚮）史淢受（授）/王令（命）書王乎（呼）尹氏冊令（命）逨/王若曰逨不（丕）顯文武雁（膺）受/大令（命）匍（敷）有（佑）亖（四）方則繇隹（唯）乃先/聖且（祖）考夾䝉（紹）先王（聞）爵堇（勤）大/令（命）奠周邦肄余弗𤔲（忘）聖人孫子/昔余既令（命）女（汝）疋𤇾（榮）兌䰜𤔲（司）/亖（四）方吳（虞）𣏟（林）用宮御今余隹（唯）/巠（經）乃先且（祖）考又（有）爵（勳）于周邦/𩁹（申）𦎫（就）乃令（命）令[1]（命）女（汝）官𤔲（司）歷人母（毋）/敢（敢）妄寧虔夙（夙）夕惠𩁹（雍）我邦/小大[2]猷雩乃專政事母（毋）敢（敢）不/𦘔不井（型）雩乃𧦝（訊）庶人又（有）𤔲（粦）母（毋）/敢（敢）不𠁩（中）不井（型）母（毋）𩰫𩰫[3]㯱㯱[4]隹（唯）又（有）/宥從（縱）廼敄鰥寡用乍（作）余我一人死不小（肖）隹[5]（唯）死王曰逨易（錫）女（汝）𩰪（秬）鬯一/卣（卣）玄袞衣赤舄駒車𠦪（賁）較（較）朱/虢𩊄𩋘虎冟（冪）熏裏畫轉畫/輴金甬馬亖（四）匹攸（鋚）勒敬夙（夙）夕勿/灋（廢）朕令（命）逨捧𢶃（拜）䭫（稽）首受冊佩/㠯（以）出反入（納）堇（瑾）圭逨敢（敢）對天/子不（丕）顯魯休䵼（揚）用乍（作）朕皇/考龔（恭）弔（叔）𪒠彝皇考其嚴才（在）/上廙（翼）才（在）下穆穆[6]秉明德𠙵𠙵[7]㚔㚔[8]/降余康𧊒屯（純）右（祐）通彔（祿）永令（命）/（眉）𠷎（壽）𦑗（綽）𥨩（綰）畯臣天子逨萬/年無彊（疆）子子[9]孫孫[10]永寶用亯（享）

朱批　1. 令令，重文。2. 小大，合文。3. 𩰫𩰫，重文。4. 㯱㯱，重文。5. 小隹，合文。6. 穆穆，重文。7. 𠙵𠙵，重文。8. 㚔㚔，重文。9. 子子，重文。10. 孫孫，重文。

題　逨盤鼎，西周晚期宣王世。
此拓原器二〇〇三年陝西眉縣馬家鎮楊家村窖藏發現。同出土共十鼎，形制、紋飾、銘文皆同，今藏寶雞青銅器博物館。海上崇建題。

季按：年初覓得逨盤拓片，今又獲此逨鼎拓片，實是大幸也。此鼎通高五十八，口徑四十三點五，腹深二十五點四釐米，重四十四公斤。其窄平沿，腹較淺，口沿上一對立耳，下腹向外傾垂，三條獸蹄形粗足，口下飾變形獸體紋，腹有環帶紋，足上部飾浮雕獸面。內壁鑄銘文三百二十一字，其中重文八，合文一。記周宣王四十三年六月中旬因器主逨論功行賞事。文中年月與干支月相俱全，為研究西周曆法提供重要資料。同出逨鼎十件，形制紋飾基本一致，文字略見短缺一二，乃西周窖藏青銅器重大發現，屬國之重器，故拓本彌足珍貴，不可再得矣。崇建。

鈐印　愛不釋手
季崇建印
慎堂藏拓
心賞
慎堂
崇建
修綆汲古
建業文房
季氏
別部將軍
海上崇建所見所鑒所拓所攷所跋之印

逨鼎　西周晚期宣王世

北拓原器二〇〇三年陝西眉縣馬家鎮楊家村窖藏出土現同出共十鼎形制紋飾銘文皆同今藏寶雞青銅館阿上學建題

釋文

隹(唯)卅又三年六月既生霸
丁亥王才(在)周康宮穆宮旦王
各(格)周廟即立(位)𤔲(司)馬壽(壽)右吳
逨入門立中(中)廷北卿(嚮)史減受(授)
王令(命)書王乎(呼)尹氏冊令(命)逨
王若曰逨丕(丕)顯文武雁(膺)受
大令(命)匍(敷)有(佑)三(四)方則繇隹(唯)乃先
聖且(祖)考夾䀈(紹)先王爵(聞)堇(勤)大
令(命)奠周邦肄余弗𦦗(忘)聖人孫子
昔余既令(命)女(汝)疋熒(榮)兌𩦡𤔲(司)
三(四)方吳(虞)𢇛(林)用宮御令余隹(唯)
巠(經)乃先且(祖)考又(有)爵(勳)于周邦
𤕌(申)𢉩(就)乃令(命)令(命)女(汝)官𤔲(司)歷人毋(毋)
敢(敢)妄寧虔夙(夙)夕惠雝(雍)我邦
小大猷雩乃專政事毋(毋)敢(敢)不
𦥑不井(型)雩乃𧧢訊庶人又(有)𥁕(鞫)毋(毋)
敢(敢)不中(中)不井(型)毋(毋)𩁹𩁹𩁹隹(唯)又(有)
宥從(縱)廼致鰥寡用乍(作)余我
一人死不小(肖)隹(唯)王曰逨易(錫)女(汝)鬯(秬)鬯一
卣(卣)玄衮衣赤舄駒車賁(賁)較(較)朱
虢𩍿虎冟(冪)熏裏畫轉𩍿
鞎金甬馬三(四)匹攸(鋚)勒敬夙(夙)夕勿
灋(廢)朕令(命)逨拜(拜)𩒨(稽)首受冊佩
以(以)出反入(納)堇(瑾)圭逨敢(敢)對天
子丕(丕)顯魯休揚(揚)用乍(作)朕皇
考龔(恭)叔(叔)𩍿𩍿皇考其嚴才(在)
上廙(翼)才(在)下穆穆秉明德𤼈𤼈𤼈
降余康𧞤屯(純)右(祐)通彔(祿)永令(命)
眉(眉)壽(壽)綽(綽)綰(綰)畯臣天子逨萬
年無彊(疆)子子孫孫永寶用享(享)

季旅年初見得逨盤拓本今又獲此逨鼎拓本實是大幸此鼎通高五十八口徑四十三點五腹深二十五點四釐米重四十四點公斤其
寬平沿圓腹淺口沿上一對立耳六腹向外傾垂三條獸蹄形粗足口下飾變形獸體紋腹有環帶紋足上部飾浮雕獸面內壁鑄銘
文三百二十一字其中重文八合文二記周宣王四十三年六月丁亥日周王對逨的封賞事在十多月與干支月相俱全為研究西周曆法提供重要
資料同出逨鼎十件形制紋飾基本一致文字略見殘缺二〇〇三年西周窖藏青銅器重大發現屬國之重器拓本隨見於貴二〇一〇年得矣學建

029 此鼎拓片

'Ci' Ding vessel (rubbing)

西周宣王
此鼎甲拓片 縱 19 釐米 橫 17 釐米
此鼎乙拓片 縱 23.5 釐米 橫 15 釐米

釋文 此鼎甲銘文
隹（唯）十又（有）[1]二月既/生霸乙卯王才（在）周康宮徲（夷）/宮旦王各（格）大（太）室即立（位）嗣（司）土/毛叔右此入門立中廷王/乎（呼）史翏冊令（命）此曰旅邑人譱（膳）夫易（錫）女（汝）玄衣黹屯（純）赤市（韍）/朱黃（衡）䜌（鑾）旅（旂）此叡（敢）對䣄（揚）天子/不（丕）顯休令（命）用乍（作）朕（朕）皇考癸/公障（尊）鼎用亯（享）孝于文申（神）用/匃𩕯（眉）耈（壽）此𠀠（其）萬年無彊（疆）畯（畯）臣天子霝（令）冬（終）子子孫孫永寶用

釋文 此鼎乙銘文
隹（唯）十又（有）七年十又（有）二月既生/霸乙卯王才（在）周康宮徲（夷）宮旦/王各（格）大（太）室即立（位）嗣（司）土毛叔右/此入門立中廷王乎（呼）史翏冊/令（命）此曰旅邑人譱（膳）夫易（錫）女（汝）玄/衣黹屯（純）赤市（韍）朱黃（衡）䜌（鑾）旅（旂）此叡（敢）/對䣄（揚）天子不（丕）顯休令（命）用乍（作）朕（朕）/皇考癸公障（尊）鼎用亯（享）孝子文/申（神）用匃𩕯（眉）耈（壽）此𠀠（其）萬年無彊（疆）/畯（畯）臣天子霝（令）冬（終）子子孫孫永寶用

朱批 1. 釋漏“七年”二字。

題 此鼎，西周宣王。
一九七五年二月陝西岐山縣董家村一號銅器窖藏發現。同出三件，今覓得二拓，頗難得。辛丑八月海上慎堂崇建。

《跋此鼎》
右見二拓，乃此鼎之甲乙兩器，缺丙之拓。出土時三件一套，所謂“列鼎”也。甲者通高四十二點一，口徑四十，腹深二十二釐米；乙者通高三十六，口徑三十六，腹深十七點八釐米；丙者通高三十三，口徑三十四，腹深十七釐米。三者形制基本一致，體呈半球形，平沿，方唇，口沿上一對立耳，圜底，三蹄足，內壁皆鑄銘，甲鼎一百十二字重文二，乙丙各一百十一字，重文一。據銘文，馬承源推為西周厲王世器，後學者定在宣王，未確，待攷之。海上慎堂。

季按：此二拓二十世紀流出，余偶獲視之為寶，實因今國之重器要器皆無可再傳拓，故取出重裝並題且跋，以與同道分享。然匆忙中將甲乙順序顛倒，特朱批更正。辛丑八月。

鈐印 慎堂藏拓
愛不釋手
崇建印信
辛丑
慎堂
崇建
季
季氏
崇建印信
季崇建印
慎堂藏拓
慎獨齋主

此鼎 西周宣王

一九七五年二月陝西岐山縣董家村一號銅器窖藏出土現同出三件今見得二拓頗難得
辛丑八月海上慎堂筆述

季陽此二拓乃世紀所出余偶獲觀之為寶因以周之重器及器者不可多得復拓故
取出重裝且題且跋以與同道分享題而憶之如甲乙順序頗似修朱拓更正之辛丑八月

此鼎甲銘文拓片

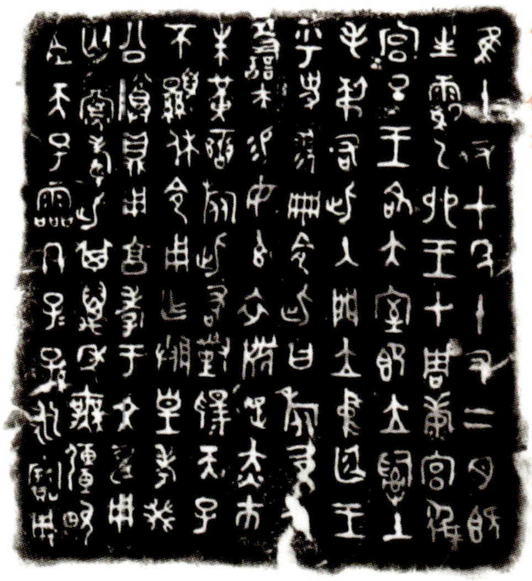

此鼎甲銘文釋文

隹(唯)十又(有)二月既（脫漏七年二字）
生霸乙卯王才(在)周康宮徲(夷)
宮旦王各(格)大(太)室即立(位)𤔲(司)土
毛叔右此入門立中廷王
乎(呼)史翏冊令(命)此曰旅邑人
譱(膳)夫易(錫)女(汝)玄衣黹屯(純)赤市(韍)
朱黃(衡)䜌(鑾)旂(旂)此敢(敢)對揚天子
不(丕)顯休令(命)用乍(作)朕(朕)皇考癸
公障(尊)鼎用享(享)孝于文申(神)用
匄眉(眉)壽(壽)此其(其)萬年無疆(疆)畯(畯)
臣天子霝(令)冬(終)子子孫孫永寶用

此鼎乙銘文拓片

此鼎乙銘之釋文

隹(唯)十又(有)七年十又(有)二月既生
霸乙卯王才(在)周康宮徲(夷)宮旦
王各(格)大(太)室即立(位)𤔲(司)土毛叔右
此入門立中廷王乎(呼)史翏冊
令(命)此曰旅邑人譱(膳)夫易(錫)女(汝)玄
衣黹屯(純)赤市(韍)朱黃(衡)䜌(鑾)旂(旂)此敢(敢)
對揚天子不(丕)顯休令(命)用乍(作)朕(朕)
皇考癸公障(尊)鼎用享(享)孝于文
申(神)用匄眉(眉)壽(壽)此其(其)萬年無疆(疆)
畯(畯)臣天子霝(令)冬(終)子子孫孫永寶用

跋此鼎

右見二拓乃此鼎之甲乙兩器此兩之拓出土時三件一套所謂列鼎也甲者通高四十二點一口徑四十腹深二十二點二釐米乙者通高三十六
口徑三十六腹深十七點八釐米丙者通高三十三口徑三十四腹深十七釐米三者形制基本一致體呈半球形平沿方唇口沿上一對立耳圜底三
蹄足內壁皆鑄銘甲具一百十二字重文二乙丙各一百十一字重文一該銘文具承隨推為西周厲王世器依學者定為宣王未確待考之海上慎堂

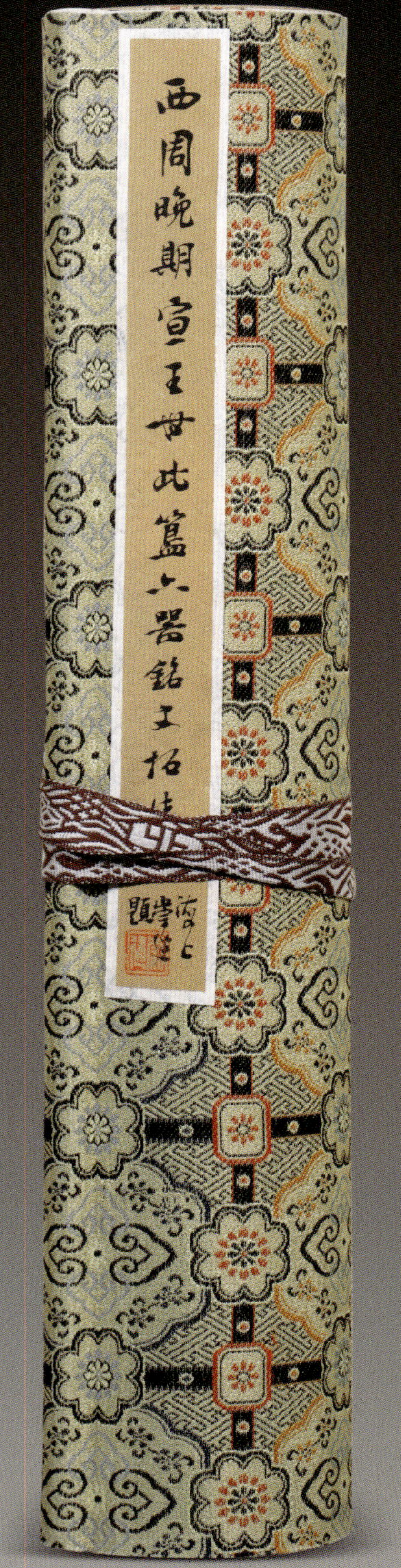

《器以藏禮》卷

是卷畫心集岐山董家村窖藏西周宣王世此簋甲乙丁戊庚辛六器（含蓋）銘拓，含引首拖尾總長775釐米，並於《鳳鳴岐山》西周厲王世公臣簋四器銘拓卷合成姊妹卷。

此簋（甲）

西周宣王世時期

陝西省岐山縣博物館藏

释文

隹（唯）十又（有）七年十又（有）二月既生霸（霸）乙卯王才（在）周康宫徲（夷）宫旦王各（格）大（太）室即立（位）嗣（司）土（徒）毛叔右此入門立中（中）廷王乎（呼）史翏册令（命）此曰旅邑人善（膳）夫易（錫）女（汝）玄衣黹屯（純）赤市（韍）朱黄（衡）䜌（鑾）旂（旂）此敢（敢）對揚天子丕（丕）顯休令（命）用乍（作）朕（朕）皇考癸公隣（尊）𣪕（簋）用亯（享）孝于文申（神）用匄眉（眉）壽（壽）此其萬年無彊（疆）畯（畯）臣天子霝（靈）冬（終）子子孫孫永寶用

李伯此簋乙通高二五點七口徑一九點八腹深二點八筝重四點九二九公斤形制紋飾與甲器略同器蓋同銘與第一件同共一二字重文二辛丑深秋德澍頓堂

此簋丁

器铭拓片

释文

隹（唯）十又（有）七年十又（有）二月既生霸（霸）乙卯王才（在）周康宫徲（夷）宫旦王各（格）大（太）室即立（位）嗣（司）土（徒）毛叔右此入門立中（中）廷王乎（呼）史翏册令（命）此曰旅邑人善（膳）夫易（錫）女（汝）玄衣黹屯（純）赤市（韍）朱黄（衡）䜌（鑾）旂（旂）此敢（敢）對揚天子丕（丕）顯休令（命）用乍（作）朕（朕）皇考癸公隣（尊）𣪕（簋）用亯（享）孝于文

述此簋

此簋共八器形制紋飾銘文基本相同大小重量略異所謂九鼎八簋乃合周禮之典制一九七五年陝西岐山縣董家村西周一號窖藏出土同出共三十七件青銅器保存完好有鼎十三簋十四壺二鬲二盨一盉一匜一鎣一豆二鏟乃銘文者達三十件之多被視為窖藏地區重要青銅器群之一其中廿七件衛簋等衛器……

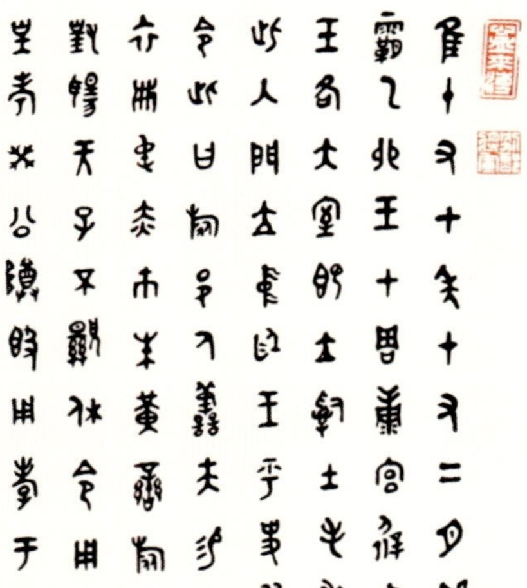

臨西周晚期宣王世此簋銘

歲在辛丑深秋德澍頓堂李學建書於……

030 此簋六器拓片卷

Six vessels of 'Ci' Gui (rubbing in scroll)

西周宣王

畫心 甲蓋銘拓片 縱 21.2 釐米 橫 16 釐米
器銘拓片 縱 22.8 釐米 橫 16 釐米
乙蓋銘拓片 縱 21.2 釐米 橫 16 釐米
器銘拓片 縱 22.2 釐米 橫 16 釐米
丁器銘拓片 縱 23.6 釐米 橫 16 釐米
戊器銘拓片 縱 20 釐米 橫 15 釐米
庚器銘拓片 縱 23 釐米 橫 15.5 釐米
辛器銘拓片 縱 23.5 釐米 橫 17 釐米

題簽 西周晚期宣王世此簋六器銘文拓片卷，海上崇建題。

引首 器以藏禮

"器以藏禮"源出《左傳》，今得岐山董家村此簋銘文拓本一套，集成一卷，寶之。海上崇建題。

畫心

一 此簋甲蓋器銘拓片

釋文 隹（唯）十又（有）七年十又（有）二月既生/霸（魄）乙卯王才（在）周康宮徲（夷）宮旦/王各（格）大（太）室即立（位）嗣（司）土毛叔右/此入門立中（中）廷王乎（呼）史翏冊/令（命）此曰旅邑人譱（膳）夫易（錫）女（汝）幺（玄）/衣黹屯（純）赤市（韍）朱黃（衡）䜌（鑾）旅（旂）此敢（敢）/對䫌（揚）天子不（丕）顯休令（命）用乍（作）朕（朕）/皇考癸公障（尊）毀（簋）用言（享）孝子文/祀（神）用匄釁（眉）壽（壽）此其（其）萬年無彊（疆）/畯（畯）臣天子霝（令）冬（終）子子孫孫永寶用

季按：此簋甲，通高二三點八，口徑一九點五，腹深一二點一釐米，重六點一四五公斤。弇口，鼓腹，蓋冠以圈狀制，蓋沿下折，獸首耳，有珥圈，足下有三個獸面扁足。蓋沿、口沿及圈足均飾重環紋，蓋上和腹部飾瓦紋，蓋器同銘各一一二字，重文二。同坑出八簋，基本雷同。

二 此簋乙蓋器銘拓片

釋文 隹（唯）十又（有）七年十又（有）二月既生/霸（魄）乙卯王才（在）周康宮徲（夷）宮旦/王各（格）大（太）室即立（位）嗣（司）土毛叔右/此入門立中（中）廷王乎（呼）史翏冊/令（命）此曰旅邑人譱（膳）夫易（錫）女（汝）玄（玄）/衣黹屯（純）赤市（韍）朱黃（衡）䜌（鑾）旅（旂）此敢（敢）/對䫌（揚）天子不（韍）顯休令（命）用乍（作）朕（朕）/皇考朱癸障（尊）毀（簋）用言（享）孝子文/祀（神）用匄釁（眉）壽（壽）此其（其）萬年無彊（疆）畯（畯）臣天子霝（令）冬（終）子子孫孫永寶用

季按：此簋乙，通高二五點七，口徑一九點八，腹深二點八釐米，重四點九二九公斤，形制及紋飾與甲器基本一致，蓋器同銘，亦與前同，排列略見出入，各一一二字，重文二。辛丑深秋慎堂。

三 此簋丁器銘拓片

釋文 隹（唯）十又（有）七年十又（有）二月既生/霸（魄）乙卯王才（在）周康宮徲（夷）宮旦/王各（格）大（太）室即立（位）嗣（司）土毛叔右此/入門立中（中）廷王乎（呼）史翏冊令（命）/此曰旅意邑人譱（膳）夫易（錫）女（汝）幺衣黹屯（純）赤市（韍）朱黃（衡）䜌（鑾）旅（旂）此敢（敢）/對䫌（揚）天子不（韍）顯休令（命）用乍（作）朕（朕）皇考朱癸障（尊）毀（簋）用言（享）孝子文/祀（神）用匄釁（眉）壽（壽）此其（其）萬年無彊（疆）畯（畯）臣天子霝（令）冬（終）子子孫孫永寶用

季按：此簋丁，通高一六點五，口徑一九點八，腹深一一點八釐米，重三點七公斤。形制紋飾與前器同，缺蓋，鑄銘一一二字，重文二，亦與前基本一致，排序略有異。又文中"皇考癸公"作"皇考朱癸"，又"䫌"字分鑄"𣪕""丮"二字。

四 此簋戊器銘拓片

釋文 隹（唯）十又（有）七年十又（有）二月既生/霸（魄）乙卯王才（在）周康宮徲（夷）宮旦/王各（格）大（太）室即立（位）嗣（司）土毛叔右/此入門立中（中）廷王乎（呼）史翏冊令（命）此曰旅邑人譱（膳）夫易（錫）女（汝）幺（玄）衣黹屯（純）赤市（韍）

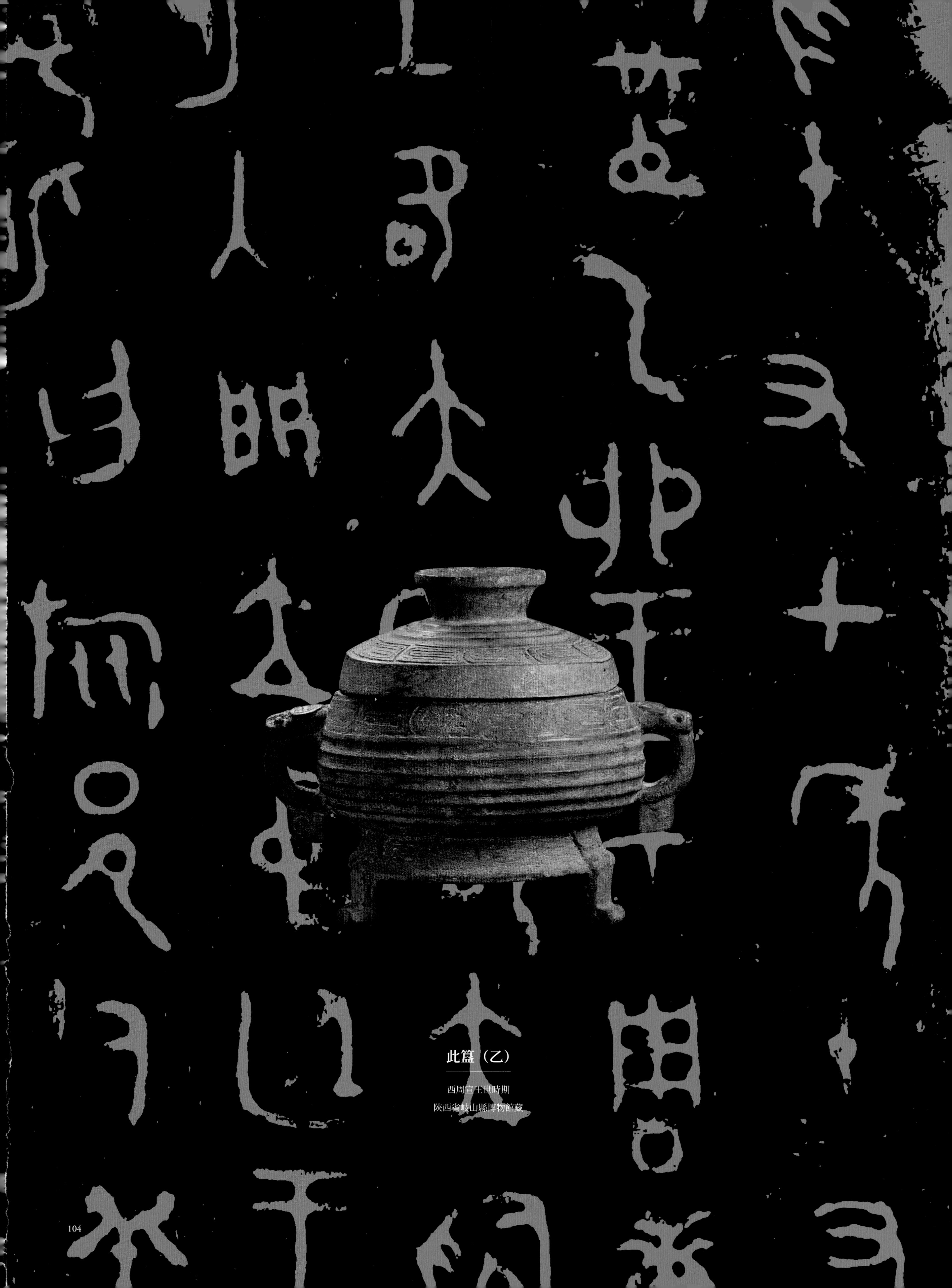

此簋（乙）

西周宣王世時期
陝西省岐山縣博物館藏

此簋（丁）

西周宣王世時期
陝西省岐山縣博物館藏

此簋（戊）

西周宣王世時期
陝西省岐山縣博物館藏

器以藏禮

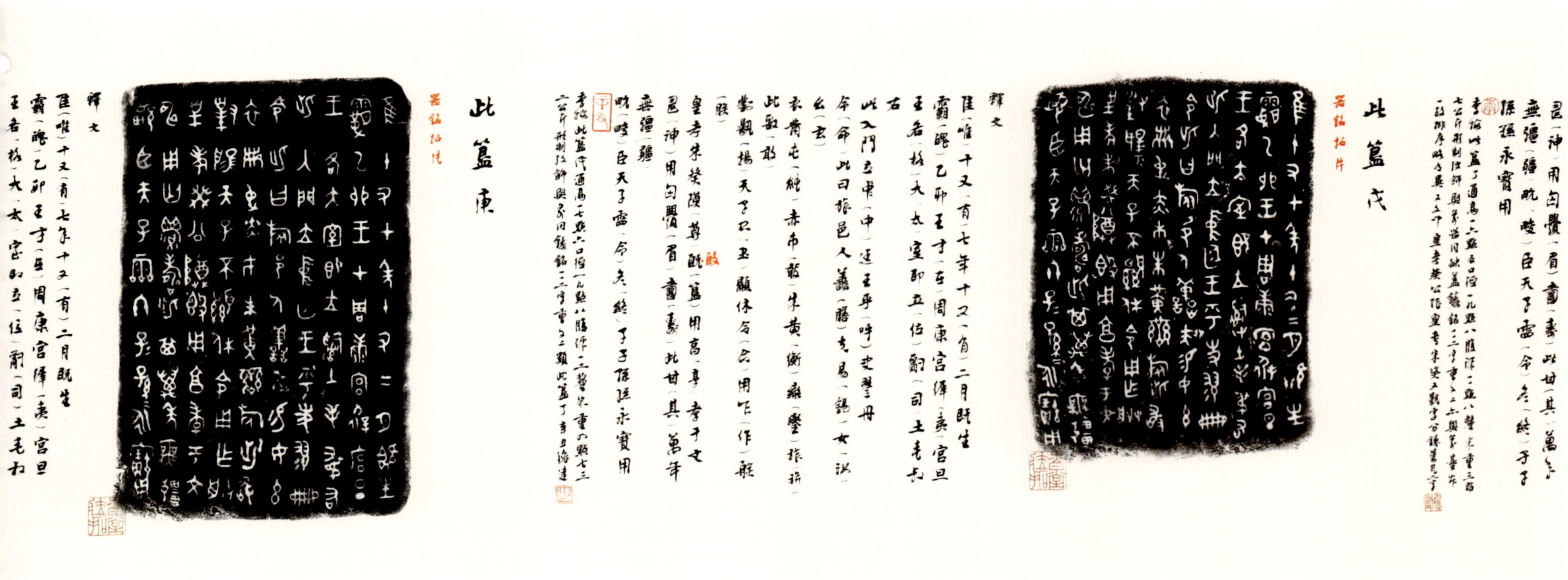
此簋戊
器銘拓片
釋文
此簋庚
器銘拓片
釋文

此簋甲

簋銘拓片

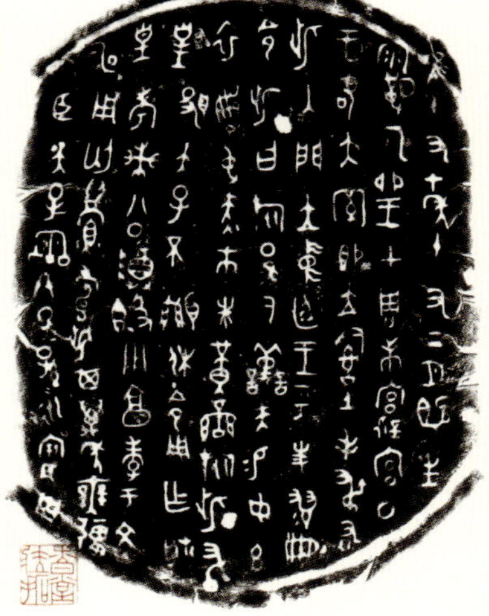

器銘拓片

釋文

隹(唯)十又(有)七年十又(有)二月既生
霸(魄)乙卯王才(在)周康宮徲(夷)宮旦
王各(格)大(太)室即立(位)𤔲(司)土毛叔右
此入門立中(中)廷王乎(呼)史翏冊
令(命)此曰旅邑人善(膳)夫易(錫)女(汝)玄
衣黹屯(純)赤市(韍)朱黃(衡)䜌(鑾)旂
(旂)此叙(敢)
對䚄(揚)天子丕(丕)顯休令(命)用乍(作)
朕皇考癸公䵼(尊)𣪕(簋)用亯(享)孝于文
申(神)用匄眉(眉)壽(壽)此甘(其)萬年
無疆(疆)
畯(畯)臣天子霝(令)冬(終)子子孫孫永
寶用

季怡 此簋甲通高二三點八口徑一九點五腹徑二二點一釐米重六點一〇五公斤侈口鼓腹簋蓋頂以圓狀捉手蓋沿口沿下飾竊曲紋有耳圈足下各三個獸面扁足蓋沿口沿及圈足均飾重環紋蓋上和腹部飾直紋蓋器同銘文一一二字重文二同坑出八簋 季怡 雷同

此簋乙

簋銘拓片

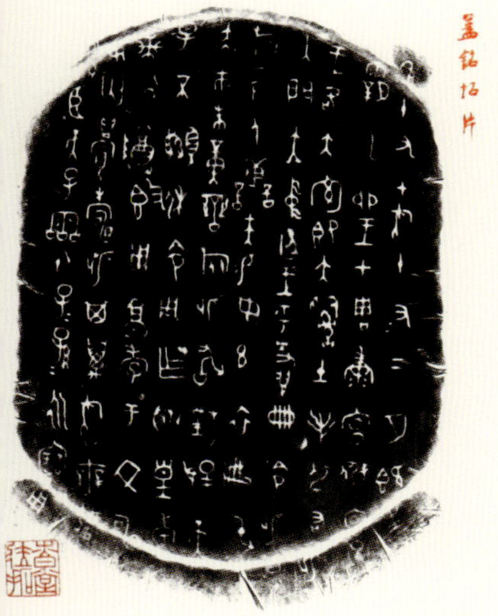

右
此入門立東(中)廷王乎(呼)史翏冊
令(命)此曰旅邑人善(膳)夫易(錫)女(汝)玄
(玄)
衣黹屯(純)赤市(韍)朱黃(衡)䜌(鑾)旂(旂)
此叙(敢)
對䚄(揚)天子丕(丕)顯休令(命)用乍(作)朕
(朕)
皇考癸公䵼(尊)𣪕(簋)用亯(享)孝于文
申(神)用匄眉(眉)壽(壽)此甘(其)萬年無疆
(疆)
畯(畯)臣天子霝(令)冬(終)子子孫孫永寶用

季怡 此簋庚通高二一七點六口徑一九點八腹徑一二點〇釐米重四點八公斤其蓋形制紋飾與鑄銘皆與前器一致 辛丑 澤龔時

此簋辛

器銘拓片

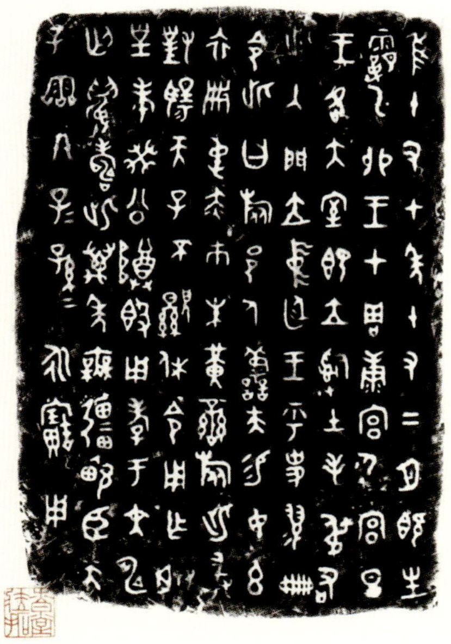

釋文

隹(唯)十又(有)七年十又(有)二月既生
霸(魄)乙卯王才(在)周康宮徲(夷)宮旦
王各(格)大(太)室即立(位)𤔲(司)土毛叔右
此入門立中(中)廷王乎(呼)史翏冊
令(命)此曰旅邑人善(膳)夫易(錫)女(汝)玄
(玄)
衣黹屯(純)赤市(韍)朱黃(衡)䜌(鑾)旂(旂)此
叙(敢)
對䚄(揚)天子丕(丕)顯休令(命)用乍(作)朕
(朕)
皇考癸公䵼(尊)𣪕(簋)用孝于文邑(神)
匄眉(眉)壽(壽)此萬年無疆(疆)畯(畯)臣
天
子霝(令)冬(終)子子孫孫永寶用

季怡 此簋辛通高一七點三口徑一九點八腹徑二二點二釐米重四點一七公斤此蓋形制紋飾與前器基本一致內底鑄銘一〇九字重文二與其它簋之異銘文中用高(享)孝于文邑(神)句脫鑄高字又用匄眉(眉)壽(壽)此甘(其)萬年無疆(疆)句脫鑄用其二字餘同西之此簋銘文皆一一二字 辛丑九月廿日恒

附記

此簋共八器一套西周晚期宣王世鑄造一九七五年二月陝西岐山縣董家村西周銅器窖藏出土現據銘文可知此套此簋同鑄於周宣王十七年十二月形制紋飾基本相同大小及重量略有差異依器形大小排序爲甲乙丙丁戊己庚辛八器其中除辛簋脫鑄享用其三字成一百零九銘字皆一百十二字今辛獲其中甲乙丁戊庚辛六簋之器蓋拓本計八紙並一一釋讀並書之藉以著述唯此一式存世當寶之 辛丑九月滬上慎㐭李學達

此簋（辛）

西周宣王世時期
陝西省岐山縣博物館藏

朱黃（衡）䜌（鑾）旂（旂）此敢（敢）/對𩛥（揚）天子不（丕）顯休令（命）用乍（作）朕（朕）/皇考朱癸障（尊）既（簋）用亯（享）孝子文/𧘝（神）用匃釁（眉）耇（壽）此𠙶（其）萬年無彊（疆）畯（畯）臣天子霝（令）冬（終）子子孫孫永寶用

朱批　既，𣪘。

季按：此簋戊，通高一七點六，口徑一九點八，腹深一二釐米，重四點七三二公斤，形制紋飾與前同，鑄銘一一二字，重文二，類此簋丁。辛丑秋建。

五　此簋庚器銘拓片

釋文　隹（唯）十又（有）七年十又（有）二月既生/霸（魄）乙卯王才（在）周康宮徲（夷）宮旦/王各（格）大（太）室即立（位）𤔲（司）土毛叔右此入門立𠁩（中）廷王乎（呼）史翏冊令（命）此曰旅邑人譱（膳）夫易（錫）女（汝）幺（玄）衣黹屯（純）赤巿（韍）朱黃（衡）䜌（鑾）旂（旂）此敢（敢）/對𩛥（揚）天子不（丕）顯休令（命）用乍（作）朕（朕）皇考癸公障（尊）𣪘（簋）用亯（享）孝子文/𧘝（神）用匃釁（眉）耇（壽）此𠙶（其）萬年無彊（疆）畯（畯）臣天子霝（令）冬（終）子子孫孫永寶用

季按：此簋庚，通高一七點六，口徑一九點八，腹深一二點四釐米，重四點八公斤，失蓋，形制紋飾及鑄銘皆與前器一致。辛丑秋時。

六　此簋辛器銘拓片

釋文　隹（唯）十又（有）七年十又（有）二月既生/霸（魄）乙卯王才（在）周康宮徲（夷）宮旦/王各（格）大（太）室即立（位）𤔲（司）土毛叔右/此入門立𠁩（中）廷王乎（呼）史翏冊令（命）此曰旅邑人譱（膳）夫易（錫）女（汝）幺/衣黹屯（純）赤巿（韍）朱黃（衡）䜌（鑾）旂（旂）此敢（敢）/對𩛥（揚）天子不（丕）顯休令（命）用乍（作）朕（朕）/皇考癸公障（尊）𣪘（簋）用孝子文𧘝（神）/匃釁（眉）耇（壽）此萬年無彊（疆）畯（畯）臣天子霝（令）冬（終）子子孫孫永寶用

季按：此簋辛，通高一七點三，口徑一九點八，腹深一二點二釐米，重四點一七公斤，失蓋，形制紋飾與前器基本一致，內底鑄銘一〇九字，重文二，與其他簋有異，銘文中"用亯（享）孝子文𧘝（神）"句，脫鑄"亯"字，又"用匃釁（眉）耇（壽）此𠙶（其）萬年無彊（疆）"句，脫鑄"用""𠙶"二字，餘同出之此簋銘文皆一一二字，是為特例也。辛丑九月廿日慎堂。

後記　此簋共八器一套，西周晚期宣王世鑄造，一九七五年二月陝西岐山縣董家村銅器一號窖藏發現。據銘文可知，此套此簋同鑄于周宣王十七年十二月，形制紋飾基本相同，大小及重量略有差異，依發掘者編序為甲乙丙丁戊己庚辛八器，其中除辛簋脫鑄"用""亯""𠙶"三字，成一百零九銘，他皆一百一十二字。余幸獲其中甲乙丁戊庚辛六簋之器又蓋拓片本，計八枚，逐一釋讀並書，又集而成卷，恐唯此一式存世也，當寶之。辛丑九月海上慎堂季崇建。

拖尾　《述此簋》

此簋共八器，形制紋飾銘文基本相同，大小重量略異，所謂九鼎八簋，乃合《周禮》之典型一例也。一九七五年陝西岐山縣董家村西周一號窖藏出土，同出共三十七件青銅器，保存完好，有鼎十三、簋十四、壺二、鬲二、盤一、盉一、匜一、鎣一、豆二，鑄有銘文者達三十件之多，被視為寶雞地區重要青銅器群之一。其中廿七年衛簋、三年衛盉、五祀衛鼎及公臣簋、𠑇匜與此鼎三件、此簋八件最為主要，然皆非同一

此簋（庚）

西周宣王世時期
陝西省岐山縣博物館藏

王世，從穆王跨宣王末至幽王初，且學者據銘文推斷成器之時略有差異。如此簋曰“十又七年二月既生霸乙卯”，馬承源主編《商周青銅器銘文選》言此簋為厲王世器，而吳鎮烽《商周青銅器銘文暨圖像集成》並其他學者定為宣王時器，余亦沿用宣王之說。銘文見有“史翏冊令（命）”此句，翏者，人名，擔任史之職，翏通籀，史翏或即史籀，乃周宣王之太史籀也。又據曆法，厲王在位未如《史記》所載三十七年之久，故沿此簋十又七年即宣王十七年，或可信也。再觀其書體乃典型西周晚期時代表，雖範鑄有漫漶之缺損，然仍可見其形體豐厚莊重、筆勢質樸勁健之特色，有類宣王期《兮甲盤》銘也。今可得此簋六器器蓋銘文之拓，實是有緣，故成卷並釋，以與同好共嚮。辛丑深秋海上慎堂季崇建撰。

隹十又七年十又二月既生
霸乙卯王才周康宮徲宮旦
王各大室即立𤔲土毛叔右
此入門立中廷王乎史翏冊
令此曰旅邑人善夫易女幺
衣黹屯赤市朱黃䜌旂此敢對䫉
天子不顯休令用乍朕
皇考癸公隮毁用孝子文𩁹
匄釁壽此萬年無彊畯臣天
子霝冬子子孫孫永寶用
臨西周晚期宣王世此簋銘，歲在辛丑深秋海上慎堂季崇建書於寓中。

鈐印 崇建
慎堂藏拓
季崇建印
愛不釋手
心賞
季氏
崇建印信
別部將軍
海上崇建所見所鑒所拓所攷所跋之印
慎堂藏拓
慎堂藏拓
季
慎堂
崇建
慎堂藏拓
慎堂藏拓
辛丑
慎堂
崇建
慎堂藏拓
季
慎堂
慎堂藏拓
辛丑
崇建
慎堂藏拓
季
崇建
慎堂
慎堂藏拓
季
慎堂
崇建
季氏
崇建印信
慎堂藏拓
季崇建印
崇建印信
別部将军
愛不釋手
季
崇建
慎堂
心血來潮
別部將軍
崇建印信

031 善夫旅伯鼎拓片

'Shan Fu Lv Bo' Ding vessel (rubbing)

西周晚期
縱 13 釐米 橫 9 釐米

釋文 譱[1]夫旅白[2]乍[3]/毛中[4]姬障[5]鼎/其邁年子子孫孫/永寶用亯[6]

朱批 1. 譱，即善。2. 白，伯也。3. 乍，作也。4. 中，仲也。5. 障，即尊字。6. 亯，即享。

題一 善夫旅伯鼎，西周晚期。
此鼎於一九七五年二月陝西岐山縣京當公社董家村一號西周銅器窖藏發現。辛丑八月海上崇建題。

題二 此拓得於上世紀九十年代。今重裝，建又及。

季按：善夫旅伯鼎高為三四點六，口徑三四點九，腹深一七點七釐米，重一一點二公斤，平折沿，方唇，立耳，三蹄足，器身外飾一道重環紋，腹內鑄銘二一字，重文二字。同出有銘者卅件。

鈐印 愛不釋手
愼堂藏拓
季崇建印
季崇建印
季
愼堂
崇建
辛丑

善夫旅伯鼎　西周晚期

此鼎於一九七五年二月陝西岐山縣京當公社董家村一號西周銅器窖藏出現　辛丑六月滬上崇廷題

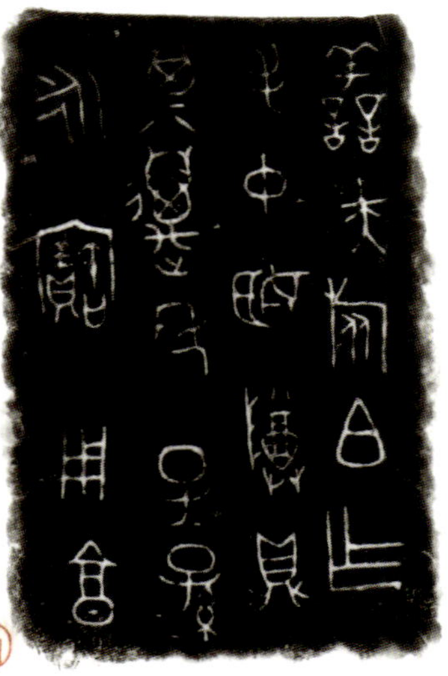

此拓得於上世紀九十年代之雪張建又及

釋文

譱（即善）夫旅白（伯也）乍（作也）

毛中（仲也）姬障（即尊字）鼎

其邁（萬也）年子子（重文）孫孫（重文）

永寶用亯（即享）

季怡善夫旅伯鼎高爲三〇點六口徑三〇點九腹深一七點七釐米重一一點二公斤平折沿方唇立耳三蹄足　器身飾一道重環紋腹內鑄銘二一字重文二字同出有銘青銅器卅件

032 成伯孫父鬲拓片

'Cheng Bo Sun Fu' Li vessel (rubbing)

西周晚期
縱 17 釐米 橫 2 釐米

釋文 成白[1]孫父乍[2]浸[3]嬴隩[4]鬲子子[5]孫孫[6]永寶用

朱批 1. 白，即伯。2. 乍，作也。3. 浸，浸也。4. 隩，即尊。5. 子子，重文。
6. 孫孫，重文。

題 成伯孫父鬲，西周晚期。
此拓原物一九七五年二月陝西岐山縣董家村一號銅器窖藏發現，今藏岐山縣博物館內。其通高十一點二，口徑十六點五，腹深七點二釐米，口沿鑄銘十六字，重文二。辛丑八月海上崇建題。

季按：此鬲寬沿平向外折，束頸，平襠，足半實，下端略呈蹄形，三足之上各有一道扉棱，肩飾大小極簡之重環紋，腹紋為直線形，襠部積結一層煙灰，應是實用之器，乃西周晚期常見器物也。余幸得其銘之拓，重裝並題，以與同仁共嚮。海上慎堂季崇建歲在辛丑八月。

鈐印 慎堂藏拓
愛不釋手
崇建印信
季
慎堂
崇建
別部將軍
海上崇建所見所鑒所拓所攷所跋之印

成伯孫父鬲 西周晚期

此拓原物一九七五年二月陝西岐山縣董家村一號銅器窖藏出現已藏岐山縣博物館內
先通高十一點二口徑十六點五腹深七點二釐米口沿鑄銘十六字重文二辛丑八月海上崇建題

釋文

成白（即伯）孫父乍（作也）帰（浸也）嬴隫（即尊）高子=（重文）孫=（重文）永寶用

季玲此鬲寬沿平面外折束頸平襠足中空三隅略呈蹄形三足之上各有一道扉棱肩飾大小相間之重環紋腹飾為直線形紋襠部積結一層煙炱應是實用之器乃西周晚期常見器物也今幸得此銘之拓重裝並題以與同仁共鑒海上慎堂李崇建識于辛丑八月

033 駒父盨蓋拓片

Lid of 'Ju Fu' Xu vessel (rubbing)

西周晚期
縱 18 釐米 橫 15 釐米

釋文 唯王十又（有）八年正月南/中（仲）邦父[1]命駒父[2]毀（即）南者（諸）/灰（侯）逘[3]（師）高父見南淮尸（夷）氒（厥）/取[4]氒（厥）般（服）/至尸（夷）/俗豖（遂）不敢（敢）/不苟[5]（敬）畏王命，逆（迎）見我氒（厥）/獻（獻）氒（厥）般（服）我乃至於淮小大/邦亡（毋）敢（敢）不炆[6]敥㝵（俱）逆（迎）王命/三（四）月還至于斋[7]（蔡）乍（作）旅盨/駒父其（其）萬年永用多休

朱批 1. 南中（仲）邦父，周宣王之卿士。2. 駒父，器主名。3. 逘，通達即師。4. 取，猶受。5. 苟，字損，可辨為苟。6. 炆，鑄範有缺筆，但可辯炆，即敥。7. 斋，即蔡，上蔡之地。

銘文要義
右见駒父盨蓋銘八十二字，記載十八年正月南仲邦夫命駒父率高父向南淮夷索取貢賦，則淮夷諸邦國仍可受舊職，駒父至淮地大小邦國都不敢抗王命也。四月，駒父回蔡地，作此器。銘文反映周王與淮夷之關係。建。

題一 駒父盨蓋，西周晚期。
此拓乃駒父盨蓋之銘。原物一九七四年二月陝西武功縣蘇坊鄉迴龍村周代遺址出土，歸武功縣文化館收藏。蓋內鑄銘八十二字，其中合文一。字體清秀柔美，圓潤古雅，乃西周晚期金文之精湛者也。海上崇建題。

題二 此拓得於上世紀八十年代初，今已不可獲也。海上崇建記。

季按：此盨蓋高一八，徑二五，口横一七，蓋深五釐米，重一點七公斤。蓋為橢圓形，頂上有四個短扉，蓋中部飾蟠夔紋，蓋沿飾重環紋，肩上有雲紋。惜出土時僅存此蓋，器已佚。

鈐印 慎堂藏拓
愛不釋手
崇建印信
季
崇建
慎堂
別部將軍
海上崇建所見所鑒所拓所攷所跋之印

駒父盨蓋 西周晚期

此拓片駒父盨蓋之銘原物一九七四年二月陝西武功縣蘇坊鄉迴龍村周代遺址出土武功縣文化館收藏蓋內鑄銘八十二字其中合文一字體清秀柔美圓潤古樸乃西周晚期金文之精品也海上學建題

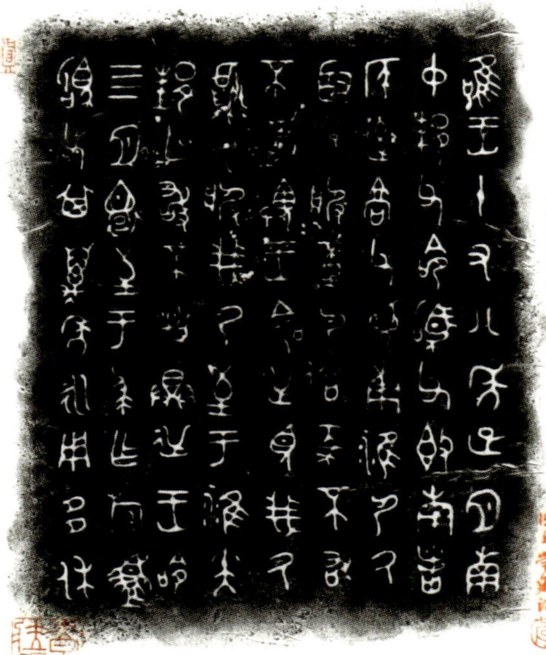

此拓為上世紀八十年代初以乙本之拓也 海上學建記

學按此盨蓋高一八口徑二五口橫一七蓋深五釐米重一點七七斤蓋為橢圓形頂上有四個矩扉蓋中部飾橫變紋蓋沿飾重環紋肩上有雲紋惜出土時僅存此蓋器已佚

釋文

唯王十又(有)八年正月南 周宣王之卿士

中(仲)邦父命駒父殷(即)南者(諸) 宣王臣

厌(侯)逐(師)高父見南淮尸(夷)氒(厥) 通達即帥

取氒(厥)服(服)至尸(夷)俗蒙(遂)不敢(敢) 猶受

不苟(敬)畏王命逆(迎)見我氒(厥) 字讀為敬為苟

獻(獻)氒(厥)服(服)我乃至于淮小大 合文

邦亡(毋)敢(敢)不敆(敆)具(俱)逆(迎)王命

亖(四)月還至于蔡(蔡)乍(作)旅盨 即蔡 上蔡之地

駒父其(其)萬年永用多休

銘文含義

右見駒父盨蓋銘八十二字記載十八年正月南仲邦父命駒父率高父往南淮夷索取貢賦則淮夷諸邦國仍可受舊職駒父至淮地大小邦國都不敢抗王命也四月駒父回歸地作此器銘文反映周王與淮夷之關係建

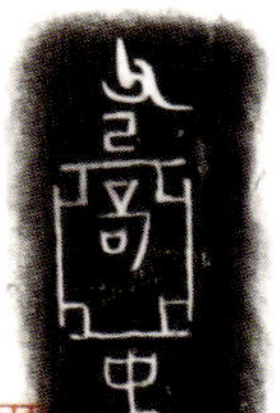

釋文

父己亞奇史

史父己鼎 商晚至西周早期

此鼎一九七五年七月陝西岐山縣北郭公社北寨子西濠崖出土原藏岐山縣博物館今歸寶鷄青銅館其通高二一口徑一七釐深八點五釐米窄口沿雙立耳深腹三柱足腹飾雲雷紋襯底之下卷角獸面紋内壁鑄銘文五字此拓早歲游出市肆中覓得今倩西安重裝並題 時在辛丑八月海上慎齋學建

釋文

師隻乍（作）

障（尊）彝

師隻簋 西周早期

此簋一九八一年四月陝西岐山縣京當鄉雙庵村出土其通高二點四口徑一七點一釐深八點四釐米器作侈口束頸鼓腹之圈足一對獸首耳下有鈎狀垂珥頸和圈足均飾帶紋頸之前後增飾浮雕獸頭腹飾乳釘紋内底鑄銘五字此簋今歸寶鷄青銅館藏 辛丑八月海上慎齋學建並識

釋文

中（中）乍（作）

旅（旅）殷（簋）

中簋 西周中期

此簋一九七四年陝西岐山縣蔡家坡出土原歸岐山縣博物館今藏寶鷄青銅館其通高一八口徑一五釐深一一點四釐米蓋與器子母合口蓋上有喇叭形捉手捉手與圈足各有一對圓孔與首目上下相對用以穿繫器蓋皆鑄銘文同文共四字此拓乃蓋上之銘字形纖細筆道挺勁富有美感海上慎齋學建

《岐山吉金》十屏

此一批皆陝西岐山所出商晚至西周晚期青銅器銘文拓本，原器藏陝西寶雞青銅館內，集之不易。余釋之題之，並重裝此一堂十屏，氣派非凡，以與同道共饗。

釋文

鼎甘(其)邁(萬)年永寶用

居𣪘(朋)騅乍(作)用寶

居朋騅鼎　西周晚期

此鼎一九八一年五月陝西岐山縣北郭公社曹家溝出土今藏岐山縣博物館其通高三二口徑三七腹深一八釐米上體似盂侈口附耳腹壁較直三蹄足口下飾兩道弦紋內壁鑄銘十三字亦反鑄似不多見器主首字有識周器是居也　辛丑學建

釋文

旅中(仲)乍(作)𣪕(諆)寶

𣪕(簋)其萬年子子

孫孫永用亯(享)孝

旅仲簋　西周晚期

此簋一九七五年二月陝西岐山縣董家村一號西周銅器窖藏出土現其通高一七點一口徑一九點六腹深一點三釐米缺蓋器作侈口鼓腹長舌獸首耳下有垂珥圈足上附有三扁足頸與圈足飾重環紋腹飾瓦紋簋藏寶雞青銅館　辛丑六月海上慎堂學建識

釋文

弔(叔)𣪘父乍(作)𦨶(朕)

文(文)母剌(烈)考隣(尊)

𣪘(簋)子子孫孫永寶用

叔𣪘父簋　西周晚期

此簋一九八一年三月陝西岐山縣京當鄉劉家村出土其通高二十口徑十七腹深十釐米弇口鼓腹一對銜環獸首耳圈足下連鑄三個獸面扁足口下飾垂冠回首鳥紋與浮雕獸頭腹飾瓦紋內底鑄銘十八字今藏寶雞青銅館上博有同銘之簋慎堂學建識

釋文

𠭯（廟）孱乍（作）鼎甘（其）子子孫孫永寶用

廟孱鼎　西周晚期

此鼎一九七五年二月陝西岐山縣董家村一號銅器窖藏發現通高四三點五口徑四二點一腹深二〇點三釐米體呈半球形侈口立耳三蹄足圜底口沿下飾重環紋和一道弦紋內壁鑄銘十二字寶雞青銅館收藏　辛丑六月滬上學建

釋文

中（仲）𣄨（㳅）父乍（作）䵼（尊）鼎甘（其）萬年子子孫孫永寶用亯（享）

仲㳅父鼎　西周晚期

此鼎一九七五年二月陝西岐山縣董家村一號西周銅器窖藏發現其通高二九點一口徑二九點五腹深一六點二釐米體呈半球形囊狀立耳一對圜底三蹄足口沿下飾兩道弦紋腹內壁鑄銘十七字現藏寶雞青銅館　辛丑六月慎墨並識

釋文

晨（振）乍（作）寶般（盤）甘（其）萬年子子孫孫永寶用

晨盤　西周中期

此盤一九〇九年前陝西扶風縣黃堆鄉黃堆村出土今藏岐山縣博物館其通高一三點一口徑三七腹深七點二釐米窄折沿方唇收腹一對附耳口沿下及圈足均飾雲雷紋腹底飾渦形夔紋內鑄銘十四字滬上學建識

釋文

白（伯）好父自𨥛（鑄）乍（作）爲旅𣪕（簋）

伯好父簋蓋　西周中期

此簋不存見有其蓋一九八〇年三月陝西岐山縣京當公社劉家村發現同時發現伯好父簋二工作人員張新亭載此蓋面隆起上有圈形捉手蓋沿飾垂冠回首鳥紋內鑄銘文九字爲次著錄今藏岐山縣博物館　辛丑穀日滬上學建並識

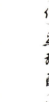

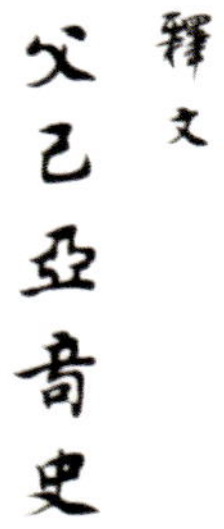

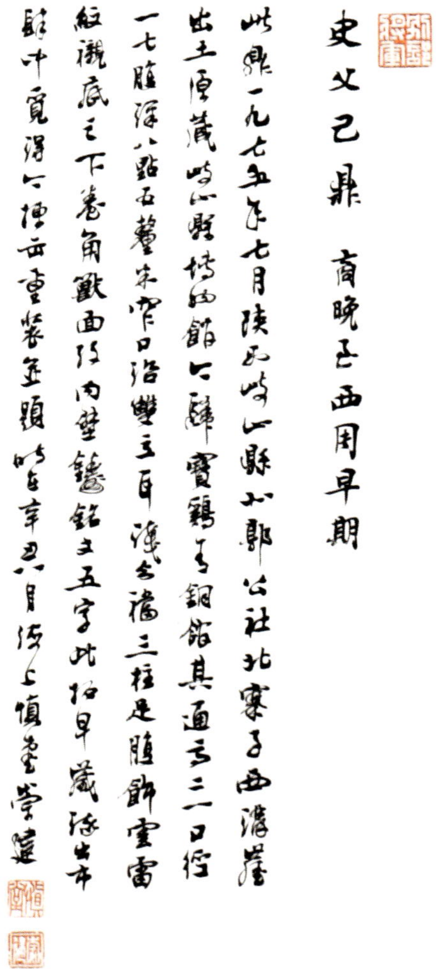

034 史父己鼎拓片

'Shi Fu Ji'Ding vessel (rubbing)

商晚至西周早期
縱 8 釐米 橫 4.5 釐米

釋文 父己亞奇史

題 史父己鼎，商晚至西周早期。
此鼎一九七五年七月陝西岐山縣北郭公社北寨子西溝崖出土，原藏岐山縣博物館，今歸寶雞青銅館。其通高二一，口徑一七，腹深八點五釐米，窄口沿，雙立耳，淺分襠，三柱足，腹飾雲雷紋襯底之下卷角獸面紋，內壁鑄銘文五字。此拓早歲流出，市肆中覓得，今揀出重裝並題，時在辛丑八月海上慎堂崇建。

鈐印 慎堂藏拓
別部將軍
慎堂
崇建
海上崇建所見所鑒所拓所攷所跋之印

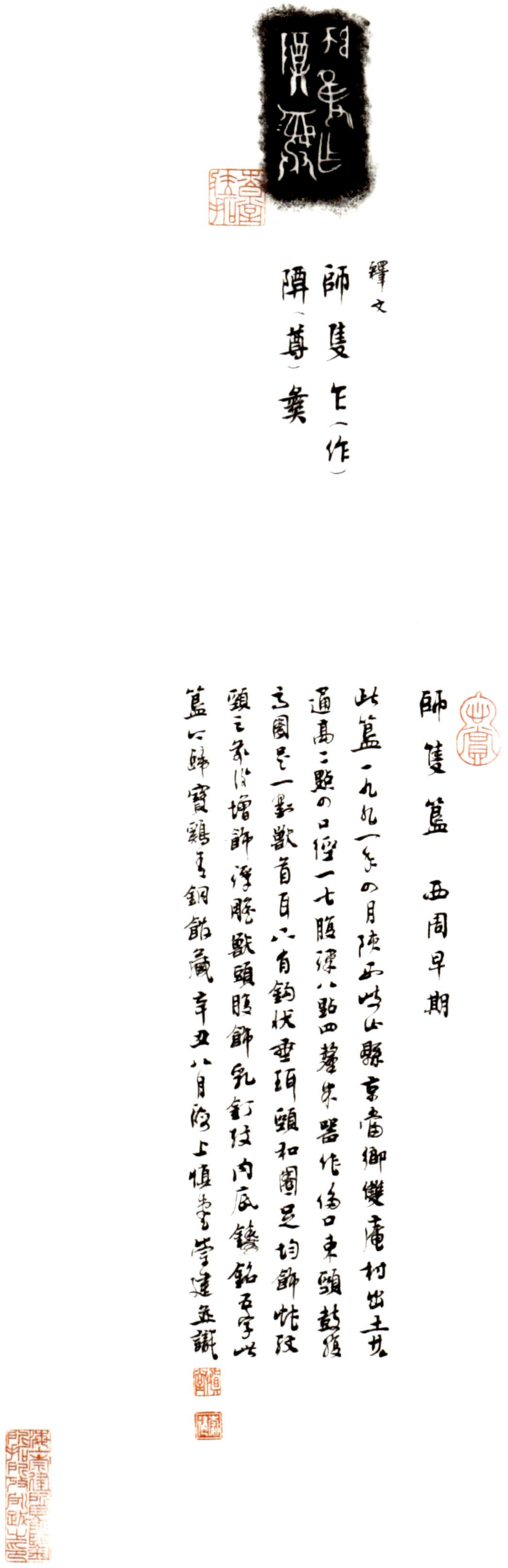

035 師隻簋拓片
'Shi Zhi' Gui vessel (rubbing)

西周早期
縱 7.5 釐米 橫 4 釐米

釋文 師隻乍（作）／障（尊）彝

題 師隻簋，西周早期。
此簋一九九一年四月陝西岐山縣京當鄉雙庵村出土。其通高一一點四，口徑一七，腹深八點四釐米。器作侈口，束頸，鼓腹，高圈足，一對獸首，耳下有鈎狀垂珥，頸和圈足均飾蛇紋，頸之前後增飾浮雕獸頭。腹飾乳釘紋。內底鑄銘五字。此簋今歸寶雞青銅館藏。辛丑八月海上慎堂崇建並識。

鈐印 慎堂藏拓
心賞
慎堂
崇建
海上崇建所見所鑿所拓所攷所跋之印

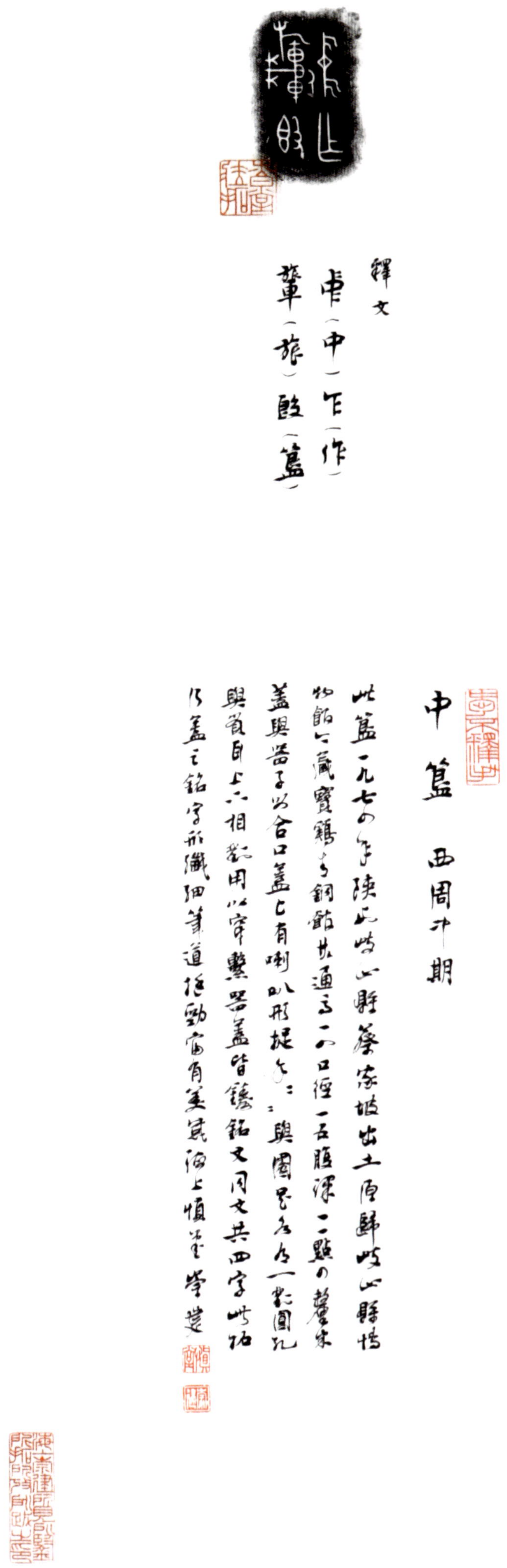

036 中簋拓片

'Zhong' Gui vessel (rubbing)

西周中期
縱 6 釐米 橫 4 釐米

釋文 中（中）乍（作）/ 肇（旅）段（簋）

題 中簋，西周中期。
此簋一九七四年陝西岐山縣蔡家坡出土，原歸岐山縣博物館，今藏寶雞青銅館。其通高一四，口徑一五，腹深一一點四釐米。蓋與器子母合口，蓋上有喇叭形捉手，捉手與圈足各有一對圓孔，與貫耳上下相對，用以穿繫器蓋皆鑄銘文，同文，共四字。此拓乃蓋之銘，字形纖細，筆刀挺勁，富有美感。海上慎堂崇建。

鈐印 慎堂藏拓
愛不釋手
慎堂
崇建
海上崇建所見所鑒所拓所攷所跋之印

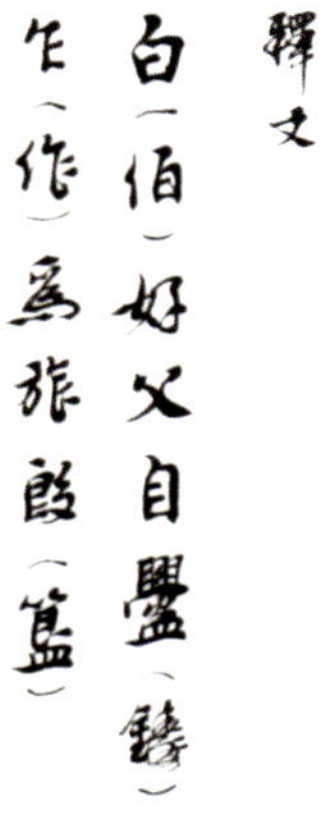

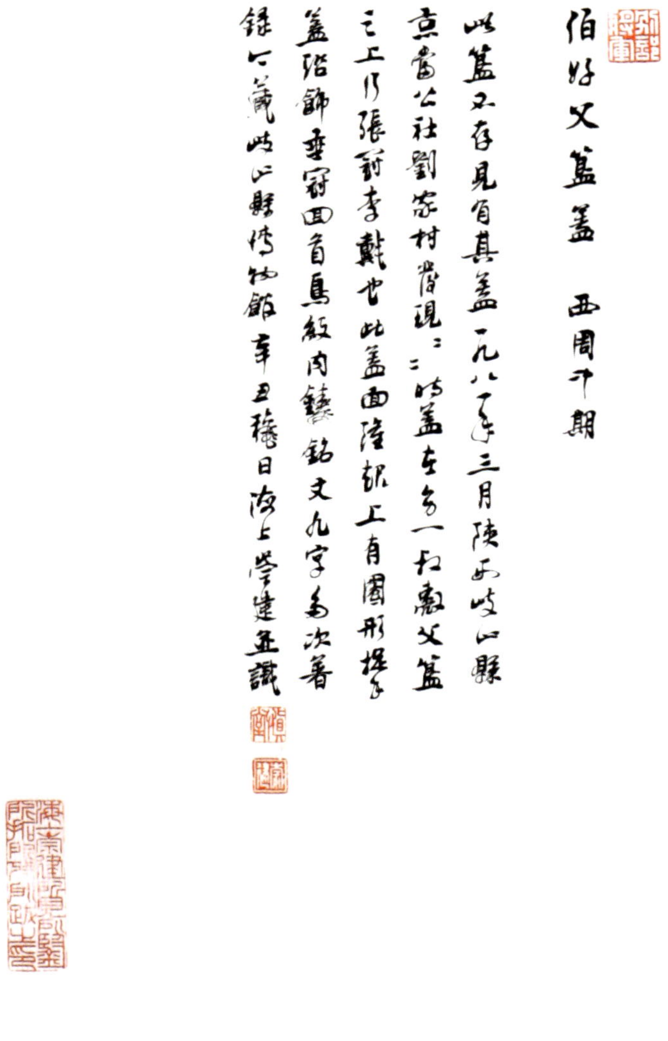

037 伯好父簋蓋拓片

Lid of 'Bo Hao Fu' Gui vessel (rubbing)

西周中期

縱 10.5 釐米 橫 4 釐米

釋文 白（佰）好父自盥（鑄）/ 乍（作）為旅殷（簋）

題 伯好父簋蓋，西周中期。

此簋不存，見有其蓋。一九八一年三月陝西岐山縣京當公社劉家村發現，發現時蓋在另一叔𣪕父簋之上，乃張冠李戴也。此蓋面隆起，上有圈形捉手，蓋沿飾垂冠回首鳥紋，內鑄銘文九字。多次著錄，今藏岐山縣博物館。辛丑秋日海上崇建並識。

鈐印 慎堂藏拓

別部將軍

慎堂

崇建

海上崇建所見所鑒所拓所孜所跋之印

038 晨盤拓片

'Chen' Pan vessel (rubbing)

西周中期
縱 15 釐米 橫 6 釐米

釋文 晨（振）乍（作）寶般（盤）甘（其）萬/年子子孫孙永宝用

題 晨盤，西周中期。
此盤一九四九年前陝西扶風縣黃堆鄉黃堆村出土，今藏岐山縣博物館。其通高一三點一，口徑三七，腹深七點二釐米，窄折沿，方唇，收腹，一對附耳，口下及圈足均飾雲雷紋，襯底之變形夔紋，內鑄銘十四字。海上崇建識。

鈐印 慎堂藏拓
辛丑
慎堂
崇建
海上崇建所見所鑒所拓所攷所跋之印

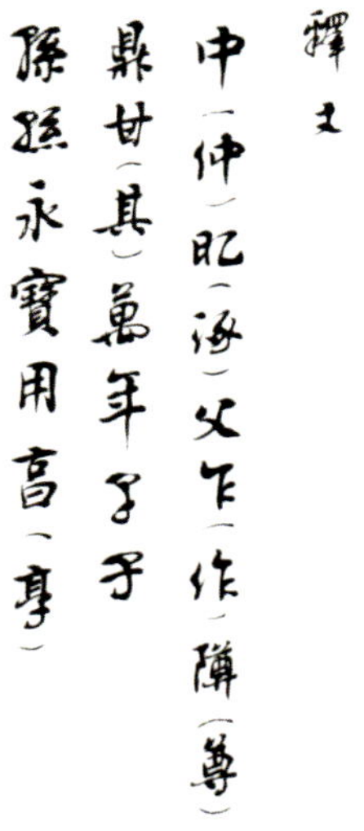

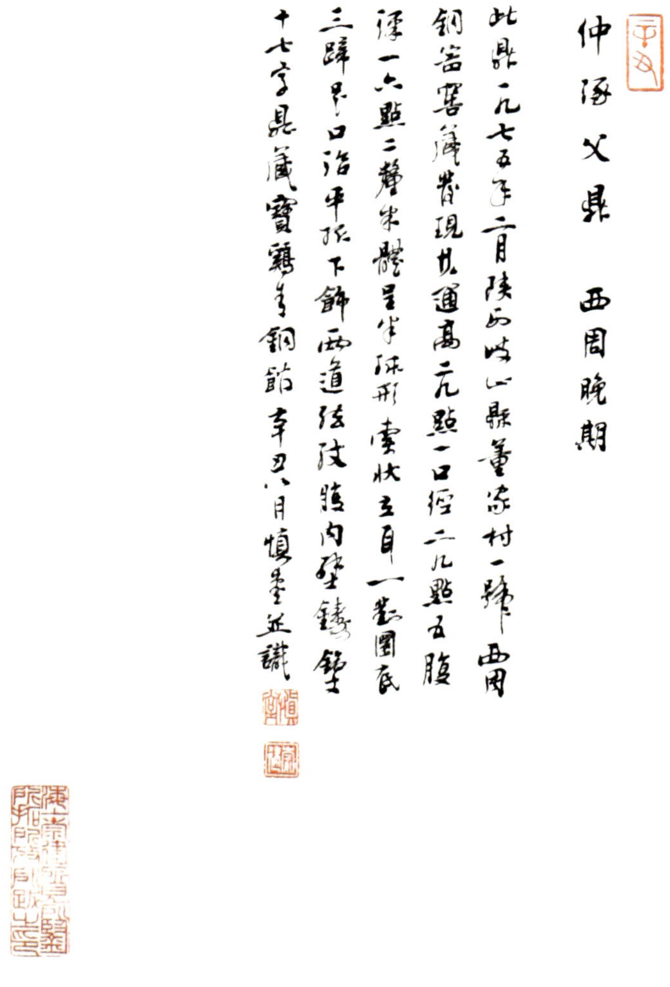

039 仲涿父鼎拓片

'Zhong Zhuo Fu' Ding vessel (rubbing)

西周晚期
縱 9 釐米 橫 5.5 釐米

釋文 中（仲）叱（涿）父乍（作）障（尊）/鼎甘（其）萬年子子/孫孫永寶用亯（享）

題 仲涿父鼎，西周晚期。
此鼎一九七五年二月陝西岐山縣董家村一號西周銅器窖藏發現。其通高二九點一，口徑二九點五，腹深一六點二釐米，體呈半球形，索狀雙立耳一對，圜底，三蹄足口沿平折，下飾兩道弦紋，腹內壁鑄銘文十七字。鼎藏寶雞青銅館。辛丑八月慎堂並識。

鈐印 慎堂藏拓
辛丑
慎堂
崇建
海上崇建所見所鑒所拓所孜所跋之印

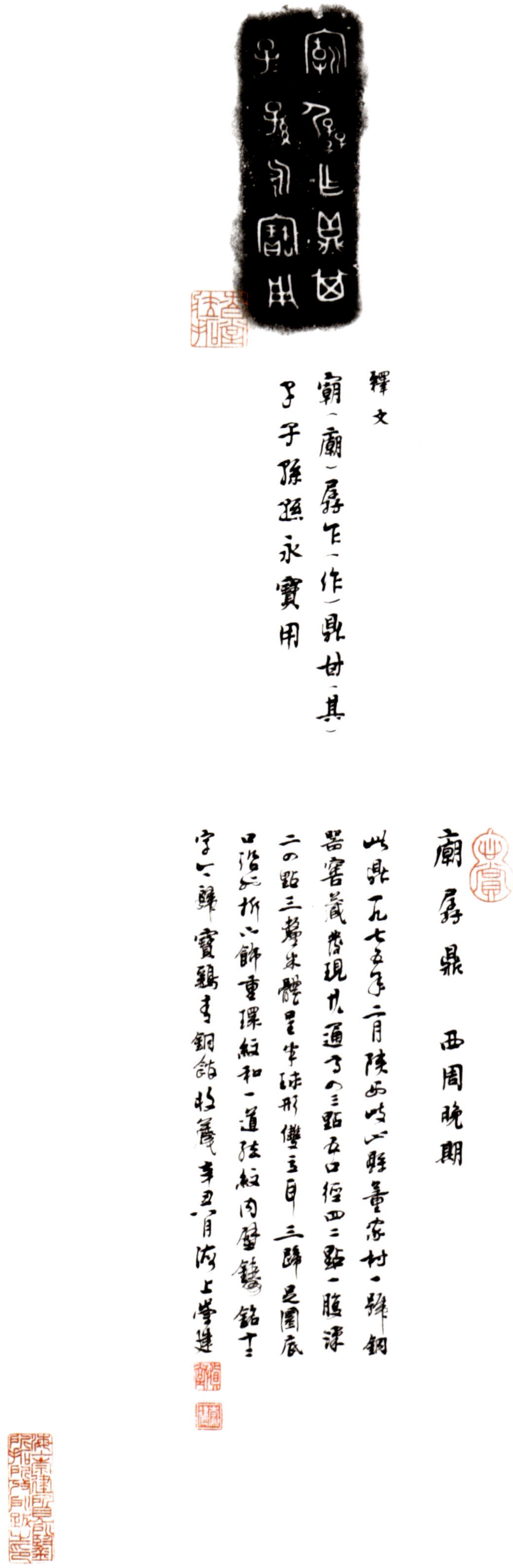

040 廟孱鼎拓片

'Miao Chan' Ding vessel (rubbing)

西周晚期

縱 11 釐米 橫 4.5 釐米

釋文　庿（廟）孱乍（作）鼎𠀠（其）／子子孫孫永寶用

題　廟孱鼎，西周晚期。

此鼎一九七五年二月陝西岐山縣董家村一號銅器窖藏發現。其通高四三點五，口徑四二點一，腹深二四點三釐米。體呈半球形，雙立耳，三蹄足，圜底，口沿外折，下飾重環紋和一道弦紋，內壁鑄銘十二字。今歸寶雞青銅館收藏。辛丑八月海上崇建。

鈐印　慎堂藏拓

心賞

慎堂

崇建

海上崇建所見所鑒所拓所攷所跋之印

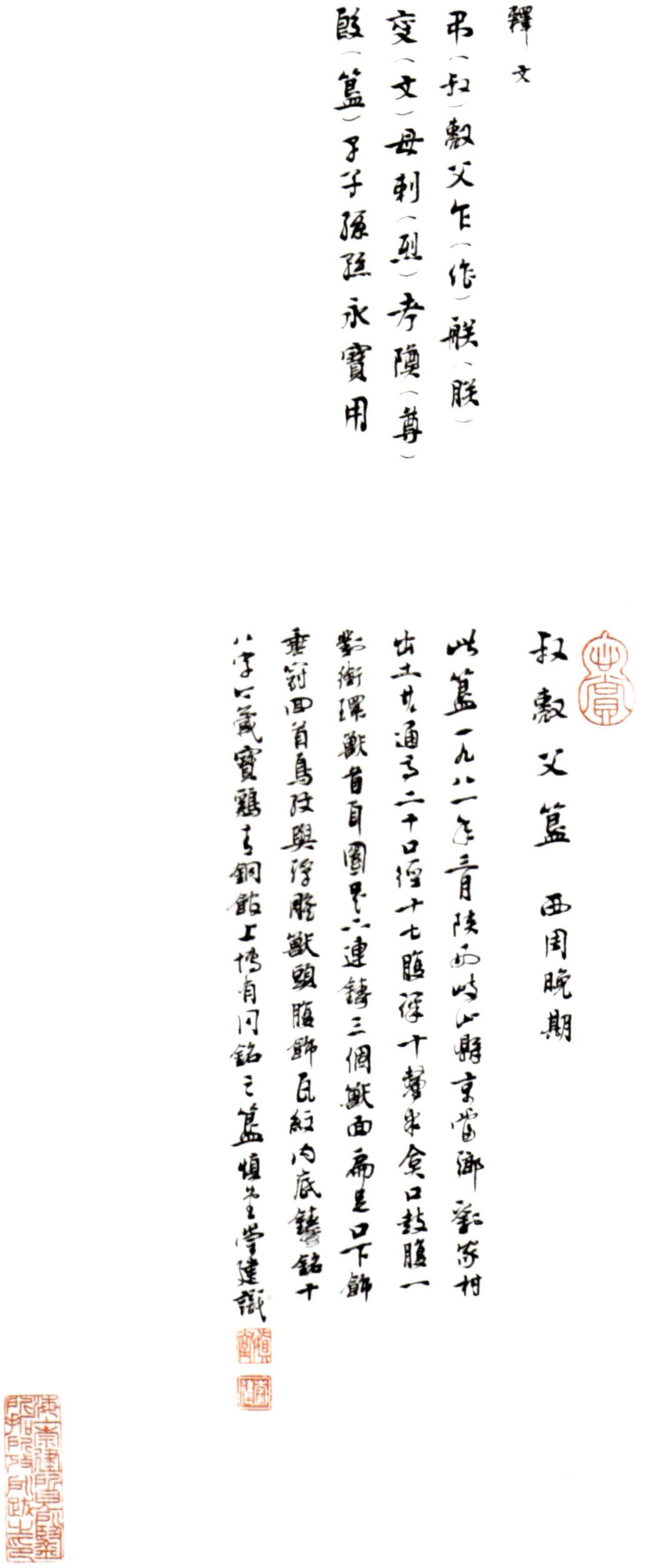

041 叔㪤父簋拓片

'Shu㪤 Fu' Gui vessel (rubbing)

西周晚期

縱 10 釐米 橫 5 釐米

釋文 弔（叔）㪤父乍（作）䏌（朕）/㝎（文）母剌（烈）孝𨺅（尊）/𣪘（簋）子子孫孫永寶用

題 叔㪤父簋，西周晚期。
此簋一九八一年三月陝西岐山縣京當鄉劉家村出土。其通高二十，口徑十七，腹深十釐米。弇口，鼓腹，一對銜環獸首耳，圈足下連鑄三個獸面，扁足，口下飾垂冠回首鳥紋與浮雕獸頭，腹飾瓦紋，內底鑄銘十八字。今藏寶雞青銅館。上博有同銘之簋。慎堂崇建識。

鈐印 慎堂藏拓
心賞
慎堂
崇建
海上崇建所見所鑒所拓所攷所跋之印

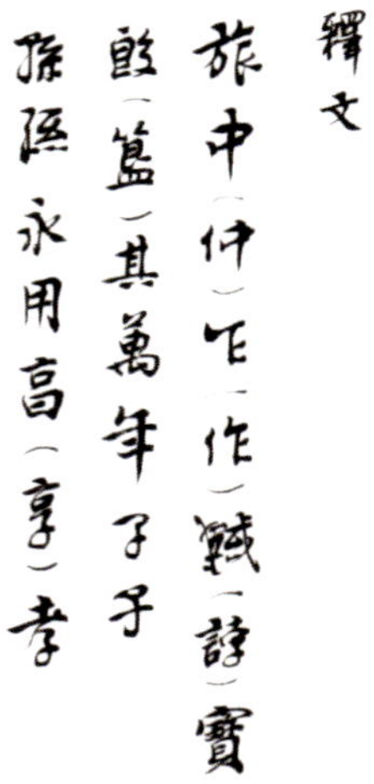

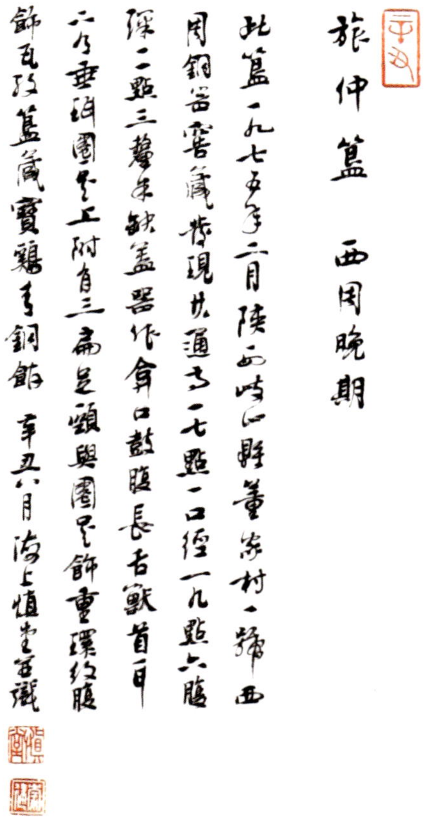

042 旅仲簋拓片

'Lv Zhong' Gui vessel (rubbing)

西周晚期
縱 12 釐米 橫 6 釐米

釋文　旅中（仲）乍（作）䜌（諆）寶/ 餿（簋）其萬年子子/孫孫永用亯（享）孝

題　旅仲簋，西周晚期。
此簋一九七五年二月陝西岐山縣董家村一號西周銅器窖藏發現。其通高一七點一，口徑一九點六，腹深二點三釐米。缺蓋，器作弇口，鼓腹，長舌獸首耳，下有垂珥，圈足上附有三扁足，頸與圈足飾重環紋，腹飾瓦紋。簋藏寶雞青銅館。辛丑八月海上慎堂並識。

鈐印　慎堂藏拓
辛丑
慎堂
崇建
海上崇建所見所鑒所拓所攷所跋之印

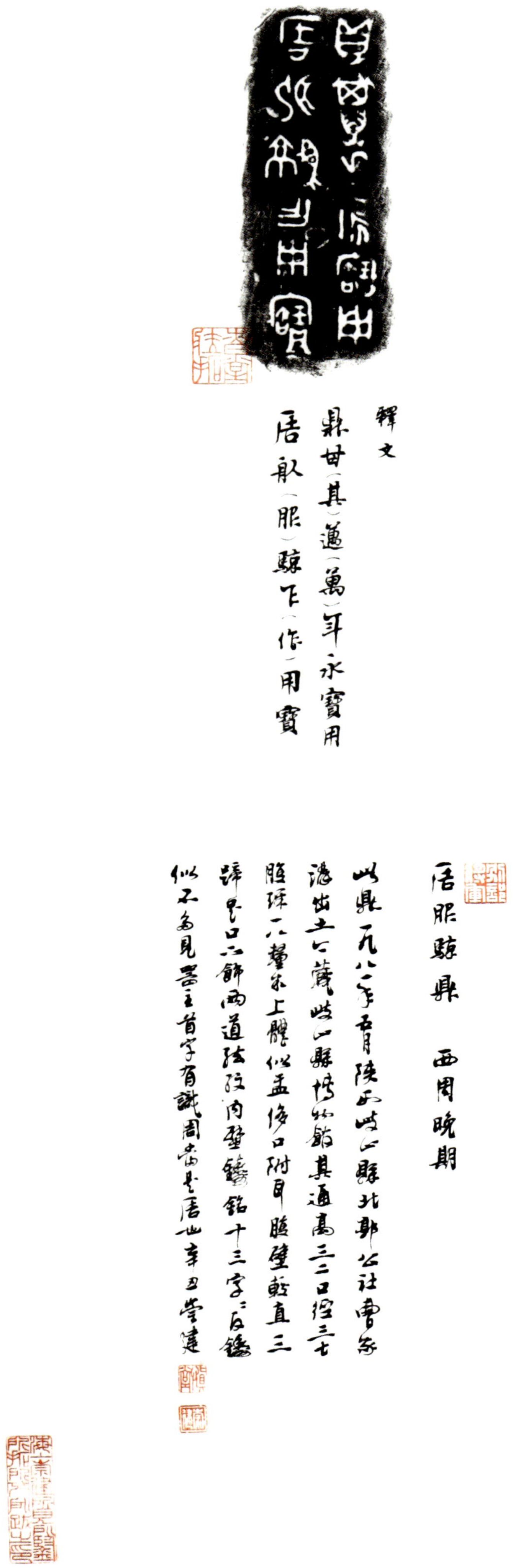

043 居服騡鼎拓片

'Ji Fu Jing' Ding vessel (rubbing)

西周晚期

縱 12.5 釐米 橫 5 釐米

釋文　鼎甘（其）邁（萬）年永寶用/居舣（服）騡乍（作）用寶

題　居服騡鼎，西周晚期。

此鼎一九八一年五月陝西岐山縣北郭公社曹家溝出土，今藏岐山縣博物館。其通高三二，口徑三七，腹深一八釐米。上體似盂，侈口，附耳，腹壁較直，三蹄足，口下飾兩道弦紋，內壁鑄銘十三字，字反鑄，似不多見。器主首字有識“周”，當是“居”也。辛丑崇建。

鈐印　慎堂藏拓

別部將軍

慎堂

崇建

海上崇建所見所鑒所拓所斿所跋之印

044 大盂鼎拓片

'Da Yu' Ding vessel (rubbing)

西周康王

縱 40.5 釐米 橫 45.5 釐米

釋文 隹九月王才（在）宗周[1]令盂王若曰盂不（丕）顯/玟（文）王受天有（佑）大令在珷王嗣玟（文）乍（作）邦[2]閞（闢）/氒匿[3]（慝）匍[4]（敷）有四方畯[5]（晙）正氒民在雩（于）卸（御）事[6]𠭯/酉（酒）無䣯[7]（酖）/有𦉢[8]（祡）䀇[9]（蒸）祀無敢醰[10]（醻）古（故）天異（翼）臨/子灋[11]（廢）保先王匍有四方我聞殷述（墜）令[12]隹/殷邊侯田（甸）雩（與）殷正百辟[13]率肄（肆）于酉[14]（酒）古（故）喪/𠂤（師）巳女（汝）/妹（昧）晨[15]又（有）大服余隹即朕小學女（汝）勿剋[16]余乃辟一人今我隹即井（型）亩[17]稟于玟王/正德[18]若玟（文）王令二三正今余隹令女（汝）盂/䁘[19]（召）焚[20]（榮）苟（敬）雝[21]（雝）德巠[22]（經）敏朝夕入讕[23]（諫）享奔走畏/天畏（威）王曰而[24]令女（汝）盂井（型）乃嗣且[25]（祖）南公王/曰盂迺䁘（召）夾[26]死[27]（尸）𤔲（司）戎敏[28]諫[29]（婡）罰訟夙夕䁘（召）/我一斖[30]（烝）四方雩[31]（粵）我其遹[32]省[33]先王受民受疆[34]/疆土易女（汝）鬯一卣冂[35]衣市[36]舄[37]車馬易乃/且（祖）南公旂[38]用遷[39]易女（汝）邦𤔲（司）四白（伯）人鬲[40]自/馭[41]至于庶人六百又五十又九夫易夷𤔲（司）王/臣十又三白（伯）人鬲千又五十夫徲鱻寏[42]（𨗓）自/氒土王曰盂若苟（敬）乃正勿灋（廢）朕令孟用/對王休用乍（作）且（祖）南公寶鼎隹王廿又三[43]祀

朱批 1. 宗周，即西周國都鎬京，故址在今西安以西。2. 乍邦，乍邦即建國。《詩・大雅・皇矣》有“帝作邦作對”。3. 匿，讀為“慝”，邪惡也。4. 匍，意為“徧”。5. 畯，讀為“駿”。6. 卸事，即御事，專指官吏。7. 䣯，從酉，冘聲，當為“酖”本字。8. 𦉢，祡之本字。9. 䀇，蒸之本字。10. 醰，或釋為醻，又釋“擾”字從酉，夒聲，以聲意而言當讀作“醻”。11. 灋，讀作廢，二字通用，大之意也。12. 述令，述通墜，墜令即墜命，喪失天命之意。13. 百辟，百官也。14. 肄于酉，即都在酗酒之意。15. 妹晨，妹晨讀為昧晨，即昧旦，亦即昧爽，古指雞鳴之後。16. 剋，剋損，通刻。17. 亩，稟字之或體，意為稟受。18. 正德，即純正之德行。19. 䁘，即召，讀為“詔”。20. 焚，人名。21. 雝，協和調諧之意。22. 巠，即假借，作經，法則也。23. 入讕，即入諫，向王進獻直言之意。24. 而，不識，應是嘆詞。25. 嗣且，即嫡系承嗣之祖也。26. 䁘夾，召夾，義同輔佐。27. 死，偽借為尸，義為主司。28. 敏，審也。29. 諫，謹也。30. 斖，即烝，君也。31. 雩，語首助辭。32. 遹，循也。33. 省，善也。34. 疆，誤，多釋，當刪去。35. 冂，冕也。36. 市，蔽膝。37. 舄，一種履。38. 旂，旗也。39. 遷，通狩。40. 人鬲，古之奴隸的稱謂。41. 馭，御馬趕車之奴隸。42. 寏，不識。43. 隹王廿又三，即康王二十三年。

銘文要義

銘文共二百九十一字，記述周康王廿三年九月，冊命貴族即器主盂之事。銘文中周康王向盂講述文王、武王之主國經驗，告誡盂要效法其先祖，忠心輔佐王室，並賞賜盂鬯命服車馬邦司人鬲庶人等，又在銘文中記以丕顯文王受天有大命，體現了周人的天命觀。又言：“我聞殷墜命，唯殷邊侯甸與殷正百辟，率肆於酒，故喪師矣”，則是告誡孟，商內外臣僚沉湎于酒以致於亡國，透露出周人對於商人嗜酒誤國這一前車之鑒的警示。最後盂頌揚周王之美德，製作了紀念先祖南公之寶鼎，時在康王在位第二十三年。辛丑八月海上季崇建。

題 大盂鼎，西周康王時期。

又名“盂鼎”，廿三祀盂鼎，乃西周早期青銅禮器中之重器。其高一〇一，口徑七七點八釐米，重一五三點五千克。器內壁鑄銘文十九行，共二九一字，記述周康王二十三年九月冊命貴族盂之事。此鼎一九五〇年後上海博物館受贈于潘家，（一九）五九年調撥中國國家博物館。辛丑海上愼堂崇建題。

案：此鼎形制碩大，與大克鼎齊名。器厚，立耳，折沿，斂口，腹部橫向寬大，壁斜外張下垂近足外，底處曲率較小，下承三蹄足。器以雲雷紋為地，頸部飾帶狀獸面紋，俗稱饕餮紋，足上部亦浮雕獸面紋，立體感強烈，下部飾兩周凸弦紋，乃西周前期典型樣式。尤銘文之字形較大，體勢嚴謹，逾瑰壯美，用筆粗細肥瘦相間，起止之銳圓因勢而異，是乃商周金文書法之代表作也，尤居成康時期首位。海上愼堂崇建。

《跋得鼎藏鼎獻鼎》

大盂鼎出土于清道光之年，在今陝西寶雞眉縣常興鎮楊家村一組。初由岐山首富宋金鑒購入，後歸左宗棠幕僚袁保恒。袁知左愛寶物，故獻鼎于左；又左念潘祖蔭大恩，再獻鼎于潘，潘作古後由其後人保管。日軍侵華蘇州淪陷，潘氏後人將鼎深埋土中再不見天日。（一九）四九年解放，潘之孫媳潘達于代表家人致信華東文化部，並同大克鼎一道獻出。（一九）五二年入藏上海博物館，（一九）五九年中國歷史博物館開館，上博割愛再獻歷博永久保存也。愼堂崇建。

鈐印 愛不釋手

崇建印信

海上崇建所見所鑒所拓所拓孜所跋之印

別部將軍

季

心賞

愼堂

崇建

崇建印信

別部將軍

愼堂藏拓

长樂

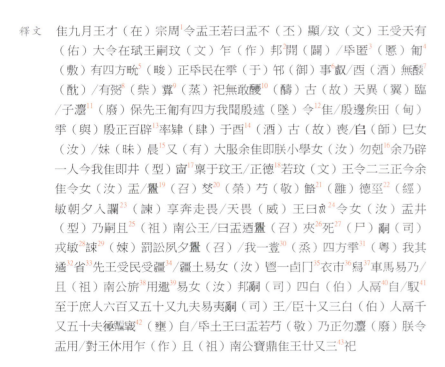

大盂鼎 西周康王時期

又名盂鼎廿三祀盂鼎乃西周早期青銅禮器什三重器其高一〇一〇徑七七點八厘米重一五三點五千克器内壁鑄銘文十九行共二九一字記述周康王二十三年九月册命貴族盂之事此鼎一九五〇年上海博物館受贈於潘家五九年調撥中國國家博物館 辛丑陽上慎生堂建題

此鼎形制與大克鼎相若器厚立耳折沿斂口腹部橫向寬大壁斜外張下垂近足外底肩曲率較小下承三蹄足器以雲雷紋爲地頸部飾有饕餮紋蹄足上部飾浮雕獸面紋立體感強並二扉飾兩周凸弦紋乃西周前期典型樣式尤銘文之字形瑰大體勢嚴謹通篇佈局方正用筆粗細肥瘦相宜契工之銳因此器爲周金文書法之代表作也尤居成康時期首位 陽上慎生堂建

釋文

隹九月王才(在)宗周令盂王若曰盂丕(丕)顯
玟(文)王受天有(佑)大令在珷王嗣玟(文)乍(作)邦闢(闢)
氒匿(慝)匍(敷)有四方畯(畯)正氒民在雩(于)御(御)事叡
酉(酒)無敢醺(酖)有𩛥(柴)糞(烝)祀無敢醻(醻)古(故)天異(翼)臨
子灋(廢)保先王□有四方我聞殷述(墜)令隹
殷邊侯田(甸)雩(與)殷正百辟率肄(肆)于酉(酒)古(故)喪
𠂤(師)巳女(汝)妹(昧)辰又(有)大服余隹即朕小學女(汝)
勿𠭯余乃辟一人今我隹即井(型)𠻞于玟(文)王
正德若玟(文)王令二三正今余隹令女(汝)盂
𥄳(召)䇂(榮)苟(敬)𥄳(雝)德巠(經)敏朝夕入讕(諫)享奔走畏
天畏(威)王曰𠁁令女(汝)盂井(型)乃嗣且(祖)南公王
曰盂迺𥄳(召)夾死(尸)𤔲(司)戎敏諫(諫)罰訟夙夕𥄳(召)
我一人𠷎(烝)四方雩(粤)我其遹省先王受民受疆
土易女(汝)鬯一卣冂衣巿舄車馬易乃
且(祖)南公旂用遯易女(汝)邦𤔲(司)四白(伯)人鬲自
馭至于庶人六百又五十又九夫易夷𤔲(司)王
臣十又三白(伯)人鬲千又五十夫𠁁𢦚𩁹(遷)自
氒土王曰盂若苟(敬)乃正勿灋(廢)朕令盂用
對王休用乍(作)且(祖)南公寶鼎隹王廿又三祀

跋陽鼎藏鼎獻鼎 大盂鼎出土於清道光年間陝西寶雞眉縣常興鎮楊家村一說初由岐山富豪宋金鑑購得後歸左宗棠幕僚袁保恒袁知左愛寶物故獻鼎於左又左爲答謝潘祖蔭大恩又獻鼎於潘潘作古後由其後人保管日軍侵華蘇州淪陷潘氏後人將鼎深埋土中屢不見日而後能將潘之孫媳潘達于代表家人致信華東文化部並同大克鼎一道獻出五二年入藏上海博物館五九年中國歷史博物館開館上博割愛將此鼎調撥永久保存也 慎生堂建

銘文要義

銘文共二百九十一字記述周康王廿三年九月册命貴族盂之事銘文中周康王向盂講述文王武王之建國經驗告誡盂要效法其先祖忠心輔佐王室并賞賜盂香酒服飾車馬邦司人鬲庶人等又在銘文中記以丕顯文王受天有大命體現了周人的天命觀又言殷商敗降命唯殷邊侯甸與殷正百辟率肆于酒故喪師矣則告誡盂爲内外臣僚沉湎於酒以致於亡國透露出周人對於殷人嗜酒誤國這一歷史之警示最後盂頌揚周王之美德製作了祀念先祖南公之寶鼎時在康王在位第二十三年 辛丑八月陽上慎生堂建

045 大克鼎拓片

'Da Ke' Ding vessel (rubbing)

西周孝王時期
縱 36 釐米 橫 68 釐米

釋文 克曰穆穆朕文且師華父悤[1]（沖）/畧[2]（襄）氒心宖[3]靜于猷[4]盄[5]（淑）悊（哲）氒/德緯[6]克龏（恭）王諫（敕）/辥（乂）王家叀（惠）于萬民夒[7]（柔）遠能/犾[8]（邇）緯克□于皇天頊[9]于上下/𢔶（得）屯（純）亡敃易賚[10]（釐）無疆永念/于氒孫辟[11]天子天子明悊（哲）覭孝/于申（神）巠[12]（經）念氒聖保[13]且師華/父勵[14]（踰）克王服出內（納）王令多/易寶休不顯天子天子其萬年/無疆保辥[15]（乂）周邦畯尹四方[16]/王才（在）宗周旦王各（格）穆廟即/立（位）𤔲季[17]右（佑）善（膳）夫[18]克入門立/中廷北卿（嚮）王乎（呼）尹氏冊令/善（膳）夫克王若曰克昔餘既/令女（汝）出內（納）朕令今餘隹𤔲/𠅽乃令易女（汝）叔市参同（絅）萈（中）/悤[19]易女（汝）田于埜[20]易女（汝）田于/渒[21]易女（汝）井家𩓿田于𣨀[22]㠯（以）/氒臣妾易女（汝）田于康[23]易女（汝）/田于匽[24]易女（汝）田于陴[25]原易/女（汝）田于寒山[26]易女（汝）史小臣[27]霝龠[28]（籥）/鼓鐘易女（汝）井[29]逍𩓿人𣪘[30]易/女（汝）井人奔于量[31]敬夙夜用/事勿灋（廢）朕令克拜韻首敢/對揚天子不顯魯休用乍（作）/朕文且師華父[32]寶𩰫彝克/其萬年無疆子子孫孫永寶用

朱批 1. 悤，假為沖，虛也。2. 畧，讀為讓。3. 宖，即寧字。4. 猷，謀也。5. 盄，意為善美。6. 緯，讀肆，故也。7. 夒，擾之異體，安也。8. 犾，讀若褻，近也。9. 頊，羲为信。10. 易賚，賜福之意。11. 辟，君主也。12. 巠，常也。13. 保，官名，即保氏。14. 勵，讀為踰，拔也、登也。15. 保辥，即保安治理之意。16. 畯尹四方，久長地統治天下。17. 𤔲季，即厲有司，屬官。18. 善夫，即膳夫，膳食官克的官名也。19. 参同萈悤，是指束市帶子之顏色配置，即三根絅色中間夾兩根葱色之衡帶。20. 埜，封地名。21. 渒，封地名。22. 𣨀，封地名。23. 康，封地名。24. 匽，封地名。25. 陴，封地名。26. 寒山，封地名。27. 史小臣，或為官職。28. 霝龠，樂器名，即籥樂器名，此指樂官。29. 井，井邑也。30. 𣪘，收取之意。31. 量，地名。32. 師華父，克之祖父也。

題 大克鼎，西周孝王時期。
鼎銘二十八行，共二百九十字，重文二字，前段有格欄。海上慎堂崇建題。

案：此拓得于（二十世紀）八十年代初馬公承源編纂《商周青銅器銘文選》時。今聞上博克、盂兩鼎聚合有感，揀出重裝並題，與同好共賞。辛丑白露後一日崇建。

《跋西周重器大克鼎》
大克鼎鑄于西周孝王之時，又稱“克鼎”“膳夫克鼎”，鼎銘載克乃膳夫，即膳食之官，故名。同出有小型克鼎七件，此碩大，則稱“大克鼎”也。
其通高九十三點一，口徑七十五點六，腹徑七十四點九，腹深四十三釐米，重達二零一點五公斤。器壁厚實，形制瑰偉，鼎口有大型雙立耳，口沿微斂，方唇，寬沿，腹略鼓而垂味，是典型周鼎樣式。鼎足著地點比上端略寬大，中心亦有外偏之勢，是商鼎柱足演變為周鼎蹄足之重要例證。鼎之頸部飾三組對稱變形獸面纹，間以六道短棱脊，腹部飾一條兩方連續之大波曲紋，環以全器一周，由此產生一種韻律感，有舒暢靈動之美。鼎足上部飾以高浮雕獸面紋樣，與器耳器身上淺浮雕形成不同的層次感，使原本均衡平靜的圖案變得異常激動而富有雕塑之美。
鼎之腹部內部鑄銘二九零字。前半部分先頌揚先祖功績，後半部分接受周天子賞賜而讚美之，以祭先祖在天之靈。其書風優雅，結體俊美，筆劃挺健，乃西周金文之典範也。
有關大克鼎的出土時間，通常皆言一八九〇年陝西省扶風縣法門寺任村出土。然二〇〇一年秋，筆者過往北京琉璃廠中國書店，覓得大克鼎全形拓立軸一幀，旁有清末至民國間諸多金石家題跋，名頭極大，如獲至寶。細審之，此本光緒十五年即公元一八八九年已拓成，器作全形拓，並附裱大克鼎銘文拓片，有李文田、黃士陵、馬衡、陳治題記並考釋，更見李文田大篆釋文全篇。李氏跋曰：“鄭龕太保得周克鼎，命文田讀之，今以意屬讀而已，經義荒落，知無當也。”又黃士陵跋曰：“此鼎初入潘文勤公家時，字多為綠鏽所掩，後經刓剔，字漸多，此最後拓本。”又馬衡跋曰：“克鼎出寶雞縣渭水南岸，大小與盂鼎相若，二器並為潘伯寅滂熹齋所藏，而此尤晚出。此本李芍農釋文，乃未剔時稿墨本，則較清晰，盂同為光緒十五年事，釋在先而拓在後耳。”側見收藏印“伯寅寶藏第一”與“己丑所拓”，朱白各一。如前所述，此拓本實在重要，諸家所跋時在光緒十五年己丑，即公元一八八九年，是能糾正大克鼎出土於一八九〇之誤也。然遍查各書，尋盡著錄，均以大克鼎一八九〇年出土為統一口吻。見此拓本李文田釋文明確年款為光緒十五年五月，馬衡亦然，又見“己丑所拓”一印，則此鼎出土年份至少不會晚於一八八九年，或更早。從陝西至北京，從出土到被收藏，若在光緒之時非經一年半載斷不能為。嗚呼哀哉！此拓一現便鐵證如山。況且查潘文勤公年譜，知潘公逝於一八九〇年，即使此鼎當年初出土，輾轉至潘手，又經諸家斆訂校剔，豈一年間能為之？綜上二證，所謂大克鼎出土於光緒十六年，即一八九〇年，乃一大謬誤無疑也。筆者持此見，馬公承源其大悅，曰“大克鼎出生證是也”，然上博不以為然，筆者亦只能自得其樂了。海上崇建撰。

鈐印 愛不釋手
崇建印信
季
崇建
海上崇建所見所鑒所拓所收所斆所跋之印
慎堂
崇建

大克鼎 西周孝王時期

鼎銘二十八行共二百九十字重文二字並有格欄 陶上恆堂學建題

審此拓得於八十年代初馬公承源編纂商周青銅器銘文選時所有上
博克盂兩鼎數合尚眞博出重裝並題與同好共賞辛丑白露後一日學建

釋文

克曰穆穆朕文且師華父悤(沖)
讓(襄)氒心寍靜于猷盄(淑)悊(哲)氒
德肄克龏(恭)王諫(敕)
辥(乂)王家叀(惠)于萬民頀(柔)遠能
鈦(邇)肄克□于皇天頊于上下
㝵(得)屯(純)亡敃易贅(釐)無疆永念
于氒孫辟天子明悊(哲)覭孝
于申(神)巠(經)念氒聖保且師華
父勵(龢)克王服出內(納)王令多
易寶休丕顯天子天子其萬年
無疆保辥(乂)周邦畯尹四方
王才(在)宗周旦王各(格)穆廟即
立(位)讎季右(佑)善(膳)夫克入門立
中廷北嚮(嚮)王乎(呼)尹氏冊令
善(膳)夫克王若曰克昔余既
令女(汝)出內(納)朕令今余佳䌛
𠷎乃令易女(汝)叔市參冋(絅)葬(中)
恩易女(汝)田于埜易女(汝)田于
渒易女(汝)井家𠡧田于㽙吕(以)
氒臣妾易女(汝)田于康易女(汝)
田于匽易女(汝)田于陴原易
女(汝)田于寒山易女(汝)史小臣霝龠(籥)
鼓鐘易女(汝)井遣𠡧人䚻易
女(汝)井人奔于量敬夙夜用
事勿灋(廢)朕令克拜䭫首敢
對揚天子丕顯魯休用乍(作)
朕文且師華父寶䵼彝克
其萬年無疆子子孫孫永寶用

跋西周重器大克鼎

大克鼎鑄於西周孝王之時又稱克鼎膳夫克鼎
銘載克乃膳夫即膳食之官故名因出有小型克鼎
七件此碩大者稱大克鼎也
其通高九十三點一口徑七十五點六腹徑七十四點九腹
深四十三整器重達二〇一點五公斤器壁厚實形制
瑰偉鼎口有大型雙立耳口沿微斂方唇寬沿腹
略鼓而垂味是典型周鼎樣式鼎足着地顯此上
端略寬大重心亦有稍偏之勢是為鼎柱足演變為周
鼎蹄足之重要例證鼎之頸部飾三組對稱變形
獸面紋間以六道短棱脊腹部飾一條兩方連續之
大波曲紋環以全器一周由此產生一種韻律感舒
暢靈動之美鼎足上部飾以高浮雕獸面紋樣與器
耳器身上淺浮雕形成不同的層次讓使厚重均衡平
靜的圖案變得異常激動而富有雕塑之美
鼎之腹部內壁鑄銘二九〇字分上下部記克頌揚先祖功
績後半部分描受周天子賞賜而贊美之以祭先祖在
天之靈其書風渾雄端莊體修美筆劃遒健乃西
周金文之典範也
有關大克鼎的出土時間通常皆言一八九〇年陝西省扶
風縣法門寺任村出土然二〇〇一年穗筆者過往北京
琉璃廠中國書店竟得大克鼎全形拓立軸一幀壽
有清末民國間諸多金石名家題跋名頭極大收獲不
寶細審之此拓光緒十五年即公元一八八九年已拓乍器作
全形拓並附錄大克鼎銘文拓片有李文田黃士陵馬衡
陳治題記並考釋更見李文田大篆釋文全篇李氏跋
曰鄭盦太保得周克鼎命文田讀之七日而意屬讀而已
雅義奧蕪知無當也又黃士陵跋曰此鼎初入潘文
勤公家時字多為綠鏽所掩後經剔字漸多此家
後拓本又馬衡跋曰克鼎出寶雞縣渭水南岸大小與
孟鼎相若二器並為潘伯寅滂喜齋所藏而此尤
晚出此本李文田釋文乃未剔時稿筆亦則較清晰
孟同為光緒十五年事釋在先而拓在後且側見此藏印
伯寅寶藏第一與己丑所拓來自一紙筆者遂此拓本
寶在重要諸家所跋時在光緒十五年己丑即公元一八八九
年足證大克鼎出土於一八九〇年之誤也然遍查各書
尋盡著錄均以大克鼎一八九〇年出土為說一口咬定此
拓本李文田釋文時雖未款為光緒十五年五月馬衡亦然
又見己丑所拓一紙則此鼎出土年份至少不會晚於一八八九
年或更早從陝西至北京並從出土到被收藏至光緒
之時非僅一年半載數不能為嗚呼哀哉此拓一現便
鐵證如山況且查潘文勤公年譜知潘公逝於一八九
〇年即使此鼎當年初出土輾轉于潘氏又經諸家題跋
題刻豈一年可能為之除上二證所謂大克鼎出土
於光緒十六年即公元一八九〇年為一大謬誤無疑也
筆者持此見遂公諸於友大悅曰大克鼎出生證是也
然上揭不足為外人道亦祇能自得其樂丁酉元學建撰

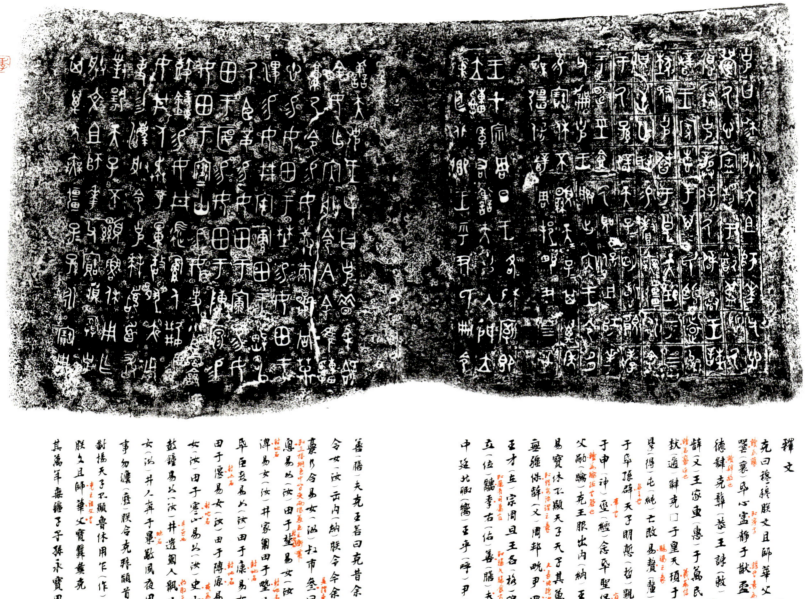

046 大師虘簋拓片

'Da Shi Cuo' Gui vessel (rubbing)

西周夷王
蓋　縱 17.5 釐米 橫 10 釐米
器　縱 18.5 釐米 橫 12 釐米

釋文　蓋銘

正月既望甲午王在周師/量宮旦王各[1]大[2]室即立[3]王/乎[4]師晨[5]召[6]大[7]師虘入門立/中廷[8]王乎[9]宰曶易[10]大[11]師虘/虎裘虘捧[12]韻[13]首敢對䫹[14]天/子不[15]顯休用乍[16]寶毀[17]虘其/萬年永寶用隹[18]十又二年[19]

朱批　1. 各，即格。2. 大，太也。3. 立，位也。4. 乎，即呼。5. 晨，即晨。6. 召，詔也。7. 大，太也。8. 廷，即庭。9. 乎，呼也。10. 易，賜也。11. 大，太字。12. 捧，拜也。13. 韻，即稽字。14. 䫹，楊也。15. 不，丕也。16. 乍，作也。17. 毀，簋也。18. 隹，唯字。19. 十又二年，即夷王十二年。

釋文　器銘與蓋同銘略

題　大師虘簋，西周，壬寅仲夏海上崇建題。

案：銘文言“正月既望甲午”，又見銘末書以“十又二年”，可推知即西周夷王世十二年正月既望之甲午日也。又，文中見“王在周師（量）宮句”，所謂“師量宮”，乃王臣師量之家室，與《善鼎》之“太師宮”、《牧簋》之“獅孖父宮”等相類，故知彼時宮室之稱並無貴賤君臣之別也。崇建。

《跋大師虘簋》

西周夷王世大師虘簋，傳為一九四〇年至（一九）四一年間在陝西西安出土。嘗傳共三器：其一，收藏于上海博物館，馬承源主編之《商周青銅器銘文選》有此著錄；但未知另一大師虘簋下落。二〇〇八年驚見陝西藏家柯莘農後人捧來銅簋請求上拍，細審之，即另一大師虘簋也。其通高十九，口徑二十四釐米，重五公斤左右。低體，寬腹，束頸，侈口，蓋面隆起，蓋鈕作圓圈狀，圈足低矮而外撇，足徑與腹徑相差不大，頸部設置一對圓雕獸首捉手，獸目呈蝌蚪形外凸，獸角作圓柱狀。其設有連鑄通帶之半環形耳圈，與一般簋耳頗不同。蓋上和腹部均飾以直棱紋。頸與圈足各飾一道弦紋。蓋器同銘，各鑄七十字。北京故宮亦藏一器，則柯家藏簋未出前，坊間衹知存世二器。此器既出，傳說變成現實，余能第一時間獲觀，幸甚也。又允拓之銘文以賞，故今揀出重題，以與同道共饗。壬寅仲夏慎堂。

鈐印　崇建手拓
崇建手拓
慎堂藏拓
慎堂藏拓
季
崇建
季氏
崇建印信
慎堂
別部將軍
海上崇建所見所鑒所拓所收所攷所跋之印

大師盧簋 西周

壬寅仲夏海上學建題

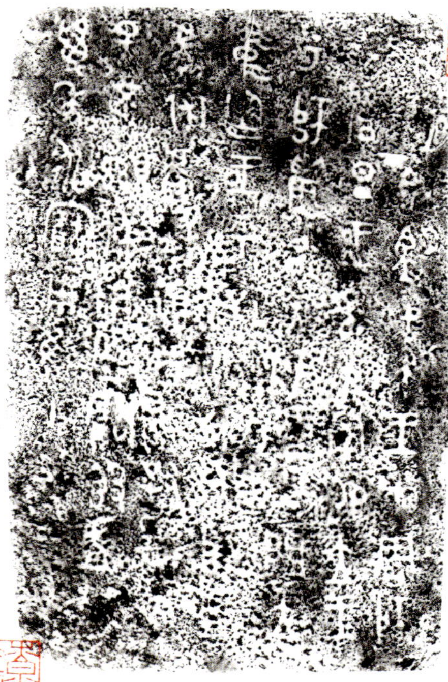

蓋銘釋文

正月既望甲午王在周師
量宮旦王各(即格也)大(太也)室即立(位也)王
乎(即呼)師晨(即晨)召(詔也)大(太也)師盧入門立
中廷(即庭)王乎(呼也)宰曶易(賜也)大(太字)師盧
虎裘(王也)盧拜(拜也)䭫(即稽字)首敢對揚(揚也)天
子不顯休用乍(作也)寶簋(簋也)盧其
萬年永寶用隹(唯字)十又二年(即夷王十二年)

器銘釋文
與蓋同銘 略

案銘文言正月既望甲午，又見銘末書以十
又二年，可推知此西周夷王世十二年正月既
望之甲午日也。又文中見王在周師彔(量)
宮，可謂師量宮乃王臣師量之家宮，與
善鼎之太師宮、牧簋之師汙父宮等相類，故
知彼時宮室之稱，並無貴賤君臣之分也。學建

跋大師盧簋

西周夷王世大師盧簋傳為一九四〇年至
四一年前後陝西西安出土者，傳世三器，其一收藏
於上海博物館，馬承源主編之商周青銅器銘文
選有此著錄，但未知為一大師盧簋六簋之二矣。
今歲見陝西藏家有筆，農民人捧來銅簋
請求上拍，細審之，即為一大師盧簋也。其通高
十九口徑二十四釐米，重五公斤左右，低體寬腹，束
頸侈口，蓋面隆起，蓋鈕作圓圈狀，圈足低矮，下
斜撐足，經與腹徑相等，不大，頭部設置一對圓
雕獸首，握手獸目呈斑斕形紋，凸獸角作圓柱
狀，設有連鑄通筆之穿環形耳，圈與一般簋耳
頗不同。蓋上紐腹部均飾以直棱紋，頸與圈足
各飾一道弦紋，蓋器同銘，各鑄七十字，此字
均為宮六藏一器，則於家藏簋未出前，坊間祇
知存世二器，此器既出，傳說定案，現寓余齋，
一時間積觀者甚眾，王先生拓之銘文以貴故人，
捷出重頌以與同道共賞。壬寅仲夏慎堂

047 單伯原父鬲拓片

'Shan Bo Yuan Fu' Li vessel (rubbing)

西周

縱 44 釐米 橫 2.5 釐米

釋文 單白[1]邍[2]父乍[3]中[4]姞隮鬲子子孫孫其邁[5]年永寶用亯[6]

朱批 1. 白，伯。2. 邍，原。3. 乍，作。4. 中，仲。5. 邁，萬。6. 亯，享。

題一 西周單伯原父鬲
此拓原物舊藏劉喜海、李山農處，今歸北京故宮博物院。其寬平沿，束頸，溜肩，連襠，三蹄足，與足對應之腹上各有一道扉棱，腹飾獸面紋樣，頸內壁鑄銘文二十字，重文二。此銘拓民國時獲歸戚叔玉，今由慎堂拍得並識。辛丑年六月。

題二 此紓玉為戚叔玉常用印，崇建又及。

季按：此鬲鼎晚清既出，流傳有緒，著錄頗豐，不下十數也。初見光緒二十一年吳式芬撰《攈古錄金文》，後見鄒安一九二一年《周金文存》著錄，一九三五年劉體智《小校經閣金文》及劉喜海一九〇五年所編《長安獲古編》，又（一九）三五年方濬益《綴遺齋彝器款識考釋》，又光緒三十四年朱善旂《敬吾心室彝器款識》，又一九三七年羅振玉之《三代吉金文存》等皆有錄之。稍近之《中日歐美澳紐所見所拓所摹金文彙編》《金文總集》《北京圖書館藏青銅器銘文拓本選編》《商周青銅器銘文選》《殷周金文集成》及吳鎮烽《商周青銅器銘文暨圖像集成》亦多提及，當然經戚叔玉拓並易主慎堂藏拓亦算又添兩次著錄也。拂暑一樂。海上崇建。

鈐印 心賞
慎堂
崇建
紓玉
季
崇建
慎堂藏拓
季崇建印

西周單伯亘父鬲

此拓原爲舊藏劉喜海李山農處今歸北京故宮博物院其器平沿束頸溜肩連襠三獸足與足對應之腹上各有一道扉棱飾獸面紋頸內壁鑄銘文二十字重文二此銘拓民國時獲歸藏于王氏由儐李伯得並識辛丑年六月

此印古爲藏拓者常用印 學徒又記

釋文

單白（伯）邍（原）父乍（作）中（仲）姞䵼（尊）鬲子子孫孫其邁（萬）年永寶用亯（享）

季按此鬲最晚清既西陂傳以著錄類盈不六十數也初見光緒二十一年吳式芬攈古錄金文乃見鄒安一九一二年周金文存著錄一九三五年劉體智小校經閣金文及劉喜海一九零五年所編長安獲古編又三五年方濬益之綴遺齋彝器考釋又光緒三十年朱善旂之敬吾心室彝器款識又一九三七年羅振玉之三代吉金文存等皆有錄之精選之中日歐美澳但所見所拓所摹書畫論金文總集北京圖書館藏青銅器銘文拓本選編商周青銅器銘文選殷周金文集成及吳鎮烽商周青銅器銘文暨圖像集成亦多種及黃後陳氏藏拓五易主慎定藏拓六莫又隨而次著錄也拂墨一樂隨之筆記

048 厷伯簋拓片

'Hong Bo' Gui vessel (rubbing)

西周中期
銘文　縱 10.5 釐米 橫 4.2 釐米
紋飾　縱 3.2 釐米 橫 26 釐米

釋文　厷白（伯）䢅（旅）𣪘（簋）

題　厷伯簋，西周中期。
同銘之簋見二，今皆藏於海外。慎堂崇建題。

案：此器侈口，坡狀唇，斂腹，圜底，一對附耳，圈足較高，沿下折，頸部飾“乙”字紋，以雲雷紋填地，前後增飾浮雕獏頭，上部有一周弦紋，下部有兩周弦紋，圈足飾兩道弦紋，內底鑄“厷伯旅簋”四字。同銘之簋曾在（二〇）一八年香港大唐國際拍賣，皆著錄于吳鎮烽《商周青銅器銘文暨圖像集成》三編。海上崇建。

鈐印　季
崇建
崇建手拓
季
崇建印信
海上崇建所見所鑒所拓所拓斆所跋之印

㝬伯簋·西周中期

同銘之簋見二七晉藏於海外愼宗學達題

釋文

㝬白（伯）䡴（旅）殷（簋）

案此器侈口斂狀唇斂腹圈底一對附耳圈足較高沿下所頸部飾乙字紋以雲雷紋填地前後增飾浮雕獸頭上部有一周弦紋下部有兩周弦紋圈足飾兩道弦紋內底鑄㝬伯旅簋四字同銘之簋曾在一八年香港大唐國際拍賣會著錄於吳鎮烽商周青銅器銘文暨圖像集第三編後上學達

049 師趛鬲拓片

'Shi Yin' Li vessel (rubbing)

西周中晚期

縱 14 釐米 橫 9 釐米

釋文 隹[1]九月初吉庚/寅師趛乍[2]文考/聖公文母聖姬/障[3]鬲[4]其萬年子/孫（永）[5]寶用

朱批 1. 隹，唯也。2. 乍，作也。3. 障，即尊。4. 鬲，鬲可釋為鬻。5. 函，已缺。

季注：同銘故宮器之用字後多鑄一“ㄟ”，餘皆同也。

題一 師趛鬲，西周中晚期。

此拓原器今在上海博物館內，因其銘文鬲字鑄為鬻，或亦稱師趛鬻。同銘同款之具北京故宮博物院亦藏一件，皆重近百斤，應為大器也。庚子初二海上慎堂崇建記。

題二 此鬲屬西周中晚期之器，通高五十餘釐米，重近五十公斤。全器紋飾由三種圖樣組成：腹部以雲雷紋襯底，以上凸雕之六隻巨大回首夔龍紋為主體紋飾，頸部飾雙首夔龍回曲紋帶，肘耳外兩側均飾以重環紋，內壁鑄銘文二十八字，永字失。而故宮同銘則多鑄一“ㄟ”。二器皆見著錄且多處，足見其流傳有緒。我之藏拓得于馬公承源所編《商周青銅器銘文選》之剩餘者，今揀得重題以為念。崇建又及。

鈐印 季氏

崇建印信

別部將軍

師趛鬲·西周中晚期

此拓原器今藏上海博物館，因其銘文鬲字錯為鬻，或以為師趛鬻，同銘同款之真器今存故宮博物院亦藏一件，皆重逾百斤，雖為大器也。

庚子卯二日上海曹錦炎記

隹（唯）九月初吉庚

寅師趛乍（作）文考

聖公文母聖姬

𩰫（尊）䵼其萬年子

孫永寶用

此鬲屬西周中晚期之器，通高五十餘釐米，重近五十公斤。其器頸飾由三條圖案組成，腹部以雲雷紋襯底，以三足之上，復飾大獸首，夔龍紋為主體紋飾，頸部為夔首…紋，附耳…均飾以重環紋，內壁鑄銘文二十八字，今藏故宮博物院之器同銘同款，二器皆見著錄，且為康熙年間所出，流傳有緒，今藏於上海博物館，為周青銅器銘文之選，刻辭…以為念。建忠

050 應姚鬲拓片

'Ying Yao' Li vessel (rubbing)

西周晚期

縱 15.3 釐米 橫 16.1 釐米

釋文 右銘釋文

雁（應）姚乍（作）弔（叔）𢍏（誥）父障（尊）鬲其永寶永亯（享）

題 應姚鬲，西周晚期。

此器傳出河南平頂山市新華區渭陽鎮應國墓地，後流於海外，獲歸故里。其通高十一，口徑十六釐米。同形同飾同銘之器有二，今藏於平頂山博物館內。此器並同他器皆著錄於吳鎮峰所著《西周青銅器銘文暨圖像集成》。海上崇建題。

季按：此應姚鬲質地優良，鑄造精工，寬平沿，束頸，鼓腹，弧形襠，三條蹄足，內面平齊，與足對應之腹部如有一條新月形扉棱。腹部裝飾三組獸面紋，獸面以扉棱為中心，由一對夔形捲體獸組成，口沿上鑄有銘文一十三字，圍繞一周：應姚作叔誥父尊鬲其永寶用享。應姚乃一位姚姓女子，嫁給應國之叔誥父，故稱應姚。此鬲銘大意即是應姚為丈夫叔誥父鑄造這件寶鬲，希冀子孫永遠珍藏享用。查吳鎮峰先生所著《商周青銅器銘文暨圖像集成》著錄之應姚銅器，還有應姚鬲貳件，應姚簋、應姚盤各壹件，現均收藏於河南省平頂山博物館內。此三件應姚鬲之形制紋飾以及銘文完全相同，大小亦基本一致，當是同時鑄造之一組禮器。考古資料表明，這些應姚銅器群都是平頂山市新華區蚩陽鎮應國墓地出土，同墓出土還有應侯鼎、應侯匜以及車馬器，達三百餘件之多，說明叔誥父乃應國侯公族成員無疑，身份等級頗高也。此器早歲流於美國紐約藏家，庋藏多年，並配以老料紅木底座，三足落嵌，做工講究。後人交由紐約蘇富比私洽售出，時主管汪濤邀我往觀，甚為喜歡，論價而得，亦乃近年難遇之具也。歸國即告吳公鎮峰先生，其稱好。又拜見李學勤先生，李公見之亦以為值得藏之。今題此小文，驚聞學勤先生駕鶴西去，實在遺憾。余識金石之學得益第一本書乃馬承源所贈《金文编》，聽得第一課乃李學勤是也。今大師皆不在，特記之以為紀念也。己亥年正月海上崇建於慎獨齋。

鈐印 崇建印信

海上崇建所見所鑒所拓所考所跋之印

季崇建印

慎獨齋主

應姚鬲 西周晚期

此器傳出河南平頂山市新華區滍陽鎮應國墓地，後流於海外，獲歸故里。廿一〇年十二日經十六傳。內此器並同他器皆著錄於吳鎮烽所著《商周青銅器銘文暨圖像集成》。海上嵩山書

古銘釋文：

雁(應)姚乍(作)弔(叔)弄(誥)父隣(尊)鬲其永寶用亯(享)

李按：此應姚鬲質地優良，鑄造精工，寬平沿，束頸，鼓腹，弧形襠，三條蹄足內面平齊，蹄足對應之腹部各有一條扉棱，扉棱延至頸部，以三組獸面紋，獸面以扉棱為中心由一對變形夔體獸組成，口沿上鑄有銘文一十三字：「應姚作叔誥父尊鬲，其永寶用享。」應姚乃姚姓女子嫁給應國之叔誥父為妻，應姚此鬲銘大意即是應姚為丈夫叔誥父鑄造這件寶鬲，希望其子孫永遠珍藏享用。查吳鎮烽先生所著《商周青銅器銘文暨圖像集成》著錄之應姚銅器器類有應姚鬲貳件、應姚簋、應姚盤各壹件，現均收藏於河南省平頂山博物館內，此三件應姚鬲之形制、紋飾以及銘文完全相同，大小亦基本一致，當是同時鑄造之一組禮器，若以資料表明之地應姚銅器皆出自今平頂山市新華區滍陽鎮應國墓地，出土同墓出土器具有應侯系應侯墓，以及車馬器等三百餘件之多，證明叔誥父乃應侯公族成員無疑，身份等級頗高也。此器早歲流於美國，但仍藏於〇藏多年，今既不惜抖江木底座三足底部以工藝完美，今由國藝術家私洽售出，收至我處易之，經獵甚為喜歡，論價所得六月，近年獵得之器具也。銘文由經告吳小鎮烽先生共釋，得以發見李學勤先生書之見之六以為值得珍藏之也，閱學勤先生題寫此古鬲寶在資識字識家之李學勤著一書中所承源所贈並文論說第一課乃李學勤是也。一大師遺之在博記以志紀念也。己亥年正月海上嵩山於慎德齋

051 曾子簠拓片

'Zeng Zi' Fu vessel (rubbing)

春秋晚期
器　縱 10 釐米 橫 6.5 釐米
蓋　縱 10 釐米 橫 6 釐米

釋文　器銘
曾子䐑[1]/之飤匼[2]

朱批　1. 䐑，可讀為醬。2. 匼，即簠字。

釋文　蓋銘
曾子䐑[1]/之飤匼[2]

朱批　1. 䐑，醬音。2. 匼，簠也。

題一　曾子簠，春秋晚期。
器蓋同銘二行三字，共六字，慎堂題。

題二　銘見䐑，吳鎮烽先生孜之讀“醬”，故知器主或即曾國侯之子名醬所用之簠。建又及。

案：此簠通高十九，長三十，寬二十二點五釐米。其中蓋口沿長二十九釐米，寬二十二點五，高十釐米；器口沿長二十九，寬二十二點五，高九點五釐米。整器為長方箱形，直口直壁，斜腹平底，腹上有一對獸首鋬，足作矩形。蓋器同形同銘，口沿對稱六個獸面邊卡。簠為食器，初見對西周，衰於戰國，春秋時期最盛。此簠形制類河南地區出土之物。同出另一簠，形一致，然無銘，早歲流於海外。慎堂記。

鈐印　崇建手拓
崇建手拓
愛不釋手
崇建
慎堂
季
崇建印信
崇建藏拓
季崇建印
季氏
別部將軍
海上崇建所見所鑒所拓所孜所跋之印

曾子簠 春秋晚期

器蓋同銘二行三字共六字 慎生題

器銘釋文

曾子腷（一字讀為醬）

之飤𠥃（即簠字）

蓋銘釋文

曾子腷（醬音）

之飤𠥃（簠也）

銘見臏吳鎮烽先生改之讀醬故知器主或即曾國處之子名醬所用之簠 建又及

案此簠通高十九長三十寬二十二點五釐米其中蓋口沿長二十九寬二十二點五高十釐米器口沿長二十九寬二十二點五高九點五釐米整器為長方箱形直口直壁斜腹平底腹上有一對獸首鋬足作矩形蓋器同形同銘口沿對稱六個獸面邊卡簠為食器初見於西周衰於戰國春秋時期則最盛此簠形制類河南地區出土之物同出另一簠形一致茲皆銘耳藏海外 慎生記

052 邾公牼鐘拓片

'Zhu Gong Keng' Zhong bell (rubbing)

春秋晚期
左　縱 25 釐米 橫 7 釐米
中　縱 10 釐米 橫 5 釐米
右　縱 25 釐米 橫 8.5 釐米

釋文　隹[1]王正月初吉辰才[2]乙亥鼄[3]公牼睪[4]氒[5]吉金厶[6]/鏐膚[7]呂[8]自乍[9]龢鍾[10]/曰余畢龏[11]威[12]忌/鑄[13]辝[14]龢鍾[15]二鍺[16]/台[17]樂其身台[18]匽[19]大夫台[20]喜[21]者[22]士至于萬/年器是寺[23]

朱批　1. 隹，唯也。2. 才，在也。3.鼄，即邾。4. 睪，擇也。5. 氒，即厥。6. 厶，玄也。7. 膚，即鏞。8. 呂，鋁也。9. 乍，作也。10. 鍾，即鐘。11. 龏，龔也。12. 威，畏字。13. 鑄，即鑄。14. 辝，台以解。15. 鍾，鐘也。16. 鍺，即堵字。17. 台，以也。18. 台，以。19. 匽，宴也。20. 台，以。21. 喜，即饎。22. 者，諸也。23. 寺，持也。

題　邾公牼鐘，春秋晚期。
此鐘或稱鼄公牼鐘，同銘數器，各有所藏。此具物現藏上海博物館內。其通高三十八點二釐米，舞縱十四點八釐米，舞橫十八點九釐米，鼓間十七釐米，銑間二十一釐米，重十三點六三公斤。長腔，有幹，有旋，甬鐘對衡，上端略細，旋飾乳釘紋，幹飾弦紋，枚作兩層圓臺形，舞部飾雷紋，篆間飾回首夔龍紋，于口曲度較淺，鼓部飾變形龍紋，兩側各有三個龍頭，鉦簡與鼓部分別鑄銘文五十七字。南京博物院所藏邾公牼鐘與此同銘，北京故宮博物院之邾公牼鐘則欠一字，另一器亦欠二字。己亥年海上崇建識。

季按：此器原藏曹秋舫、端方、吳雲多處，後歸上海博物館，並見著錄頗豐。如一九三七年羅振玉著《三代吉金文存》、同治十一年吳雲著《兩罍軒彝器圖釋》、光緒二十一年吳式芬撰《攈古錄金文》、民國十年吳大澂著《愙齋集古錄》、道光十九年曹載奎輯《懷米山房吉金圖》、民國二十四年方睿益編《綴遺齋彝器考釋》、宣統元年端方著《陶齋吉金錄》、一九二一年鄒安編《周金文存》、民國乙亥年劉體智編《小校經閣金文》以及（一九四九年）建國後郭沫若一九五八年著《兩周金文辭大系圖錄考釋》、一九六四年上海博物館編《上海博物館藏青銅器》等，皆有多處著錄。同銘之器見四，分藏于故宮、南博諸館內。此拓乃馬承源先生編纂《商周青銅器銘文選》揀選拓片所棄用者，余有心拾得保存至今，現重裝再題，亦別有一番趣味。己亥年霜降前三日，海上崇建於慎獨齋。

鈐印　海上崇建所見所鑒所拓所攷所跋之印
季氏
崇建印信
別部將軍

邾公牼鐘・春秋晚期

此鐘爲邾公牼鐘，同銘數器，今有所藏，此其一，現藏上海博物館。内外通高三十六點二釐米，舞縱十四點八釐米，舞橫十七點九釐米，鼓間十七釐米，銑間二十一點四釐米，重十三點六三公斤。長腔，有幹有旋，甬鐘制。衡上飾細線紋，乳釘較幹飾，弦紋旋作兩層圓環形，上舞部飾雙首夔龍紋，于口沿度鼓部，鼓部飾變形龍紋，兩側各有三個龍頭。鉦間與鼓部各有銘文，銘文五十七字。南京博物院亦藏邾公牼鐘，與此同銘，此器故宮博物院之邾公牼鐘銘，此缺一字，另一器亦缺二字。己亥冬至 海上崇寶識

隹(唯)王正月初吉，辰才(在)乙亥，鼄(邾)公牼擇氒(厥)吉金，玄鏐膚(鑪)呂，自乍(作)龢鐘。

曰：余畢龏(恭)威(畏)忌，鑄辝龢鐘二鍺(堵)。

台(以)樂其身，台(以)匽(宴)大夫，台(以)喜者(諸)士，至于萬年，器是寺(持)。

季按：此器原藏曹秋舫，後歸吳雲，今藏上海博物館。著錄頗豐，如一九三七年羅振玉《三代吉金文存》、同治十一年吳雲《兩罍軒彝器圖釋》、光緒二十二年吳式芬《攈古錄金文》、民國十年吳大澂著《愙齋集古錄》、道光十九年曹載奎《懷米山房吉金圖》、民國二十四年方濬益《綴遺齋彝器考釋》、宣統元年端方著《陶齋吉金錄》、一九三二年鄒安《周金文存》、民國二十五年劉體智《小校經閣金文》、郭沫若一九五八年著《兩周金文辭大系圖錄考釋》、上海博物館藏青銅器、吾曾有爲蕭(?)數器均見於故宮、南京博物院及上海博物館、商周青銅器銘文選、博選拓此拓本用之字有以括(?)……已現重裝於頃，有一番擬時。己亥年霜降後三日 海上崇寶書於憩棲

蟠龍紋鎛鐘

此套編鎛春秋晚期鑄就，僅存四件，早歲流至海外，今歸建業文房。其保存完好，裝飾精美，做工考究，乃珍貴之古樂器也。

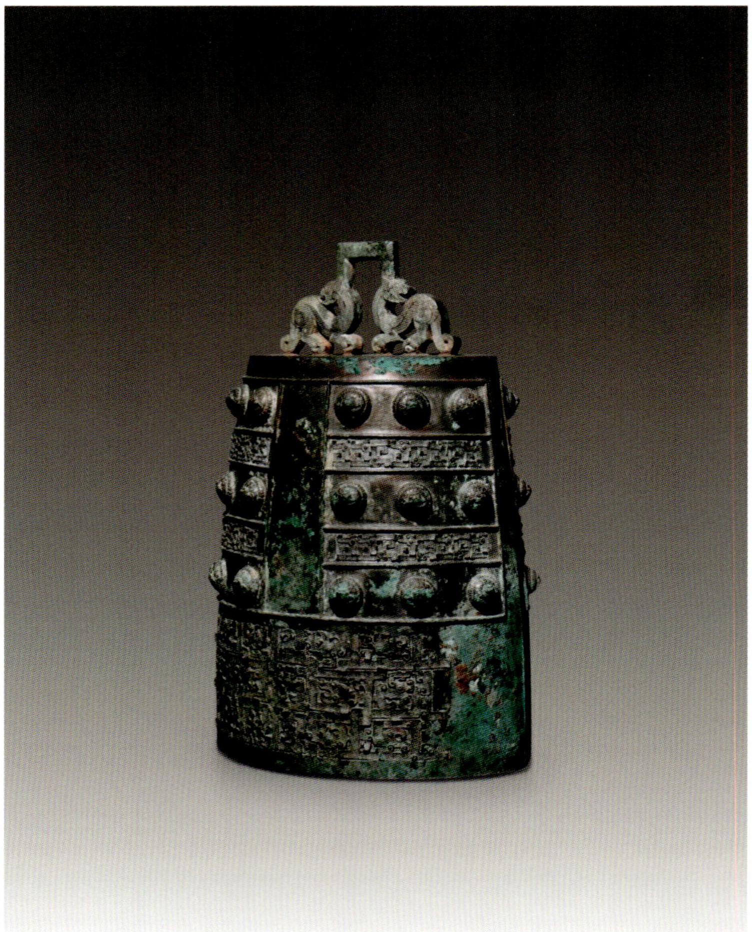

053 蟠龍紋鎛鐘拓片

Bo Zhong bell with dragon motif (rubbing)

春秋晚期

縱 45 釐米 橫 42 釐米

題一 黃鐘大呂，王寅崇建題。

題二 蟠龍紋鎛鐘，春秋晚期。

此拓原物早歲流於海外，二千年初入藏建業文房，共四件：最大者通高四十八釐米，次者通高四十三點五釐米，此鎛鐘排為三，通高三十九點五釐米，末者通高亦近三十八釐米，造型紋飾皆同，大小相次，頗壯觀，存世稀見也。海上慎堂並識。

題三 此拓工頗費晨光，既平面又立體，裝池亦然，當存世唯此也。崇建又及。

李按：此編鎛春秋晚期鑄，共出四件，他不知所蹤，造型紋飾相同，大小相次。體呈合瓦形，口平直，鈕作相對而立之雙龍，回首張口，豎耳瞪目，利齒外露，躬身卷尾。龍首上有矩形鋬相接，龍體飾有細條狀之鱗紋，舞面飾雲紋，篆部作交龍紋，篆部上下及兩篆間正背共有三十六個枚，枚作團狀之蟠龍紋。整體刻畫精細，其龍體各個部位清晰可見，鼓部裝飾有對稱之交龍紋樣，由雙首龍紋相交而構成。整個鎛鐘裝飾繁縟而有序，鑄工頗為考究，且傳至今日保存完好，音質悅耳動聽，乃珍貴之古樂具也。王寅二月於寓中。

《情有獨鐘》

記得余入上博從事美術考古，所發表於上海文匯報藝林版之處女小文即《古鐘》也。言其史，談其物，簡言而通俗，讀者反響不差。同室建明兄倒是研究古代編鐘並音律之專家。上世紀湖北曾侯乙大墓出土大型禮樂重器編鐘，世人震驚，意義非凡，不僅是考古所見最大、最重、音樂性最完好之打擊類樂器，更是研究周王朝治國基礎之禮樂制度極好實物資料。其共六十五件鐘，十二律齊備，每件合瓦形鐘均能演奏呈三度音階之二個音。又編鐘上銘文記錄了一部金光閃爛的先秦音樂史，同時亦改寫了世界音樂史，而其鑄造工藝則是代表了彼時鑄造業之最高成就。更值得一提的是，上博馬承源館長惠眼識寶，上世紀九十年代在香港古玩行竟覓得西周中期晉侯蘇編鐘十四枚。其上刻畫長篇銘文，完整記錄了西周厲王三十三年，晉侯蘇率軍參加厲王親自指揮討伐東夷之戰事，史料重要，為夏商周斷代工程提供極其重要的佐證資料，馬公功不可沒也。余隨馬公二十載，耳濡目染，亦喜古銅器具，偶遇春秋晚之青銅鎛鐘四枚，甚悅，即購藏。視予馬公，評價頗高，當寶之，乃圓我得鐘之夢矣。今突發奇想，拓之鐘身紋樣，並以立體裝池自娛也。崇建撰。

鈐印 心賞
慎堂藏拓
愛不釋手
王寅
季崇建印
別部將軍
季氏
崇建印信
崇建手拓
季
慎堂
崇建
海上崇建所見所鑒所拓所孜所跋之印
崇建
大吉祥
別部將軍

黃鐘大呂

壬寅 學建題

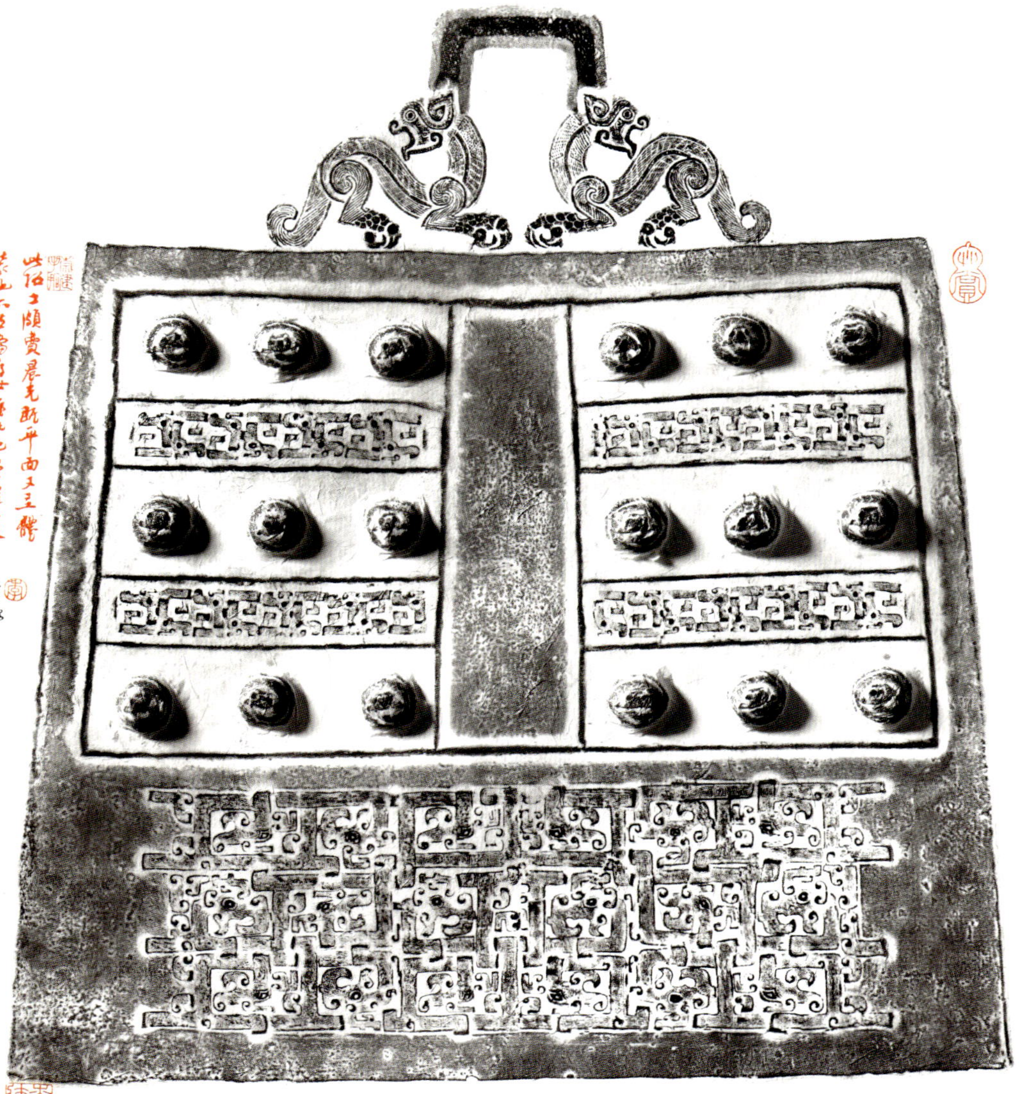

此拓之賴費晨光既平面又立體
裝池亦恰當存世唯此也學建又記

季悅

此編鎛春秋晚期鑄共出四件它不知所蹤造型紋飾相同大小相次
體呈合瓦形口平直鈕作相對爲立之雙龍回首張口豎耳瞪目
紅齒外露身子捲尾龍首上有矩形鏨相接龍體飾以細線狀之
鱗紋舞面飾雲紋篆鉦作交龍紋篆部上下及兩篆間正背共
有三十六個枚枚作圓狀之蟠龍紋整體刻劃精細龍體如個
部位清晰可見鼓部裝飾之蟠龍之交龍紋樣由雙首龍紋相交
而構成整個鎛鐘裝飾繁縟而有序鑄工頗為考究且傳世至今
日保存完好音質悅耳動聽係珍貴之古樂具也壬寅二月於寓中

蟠龍紋鎛鐘 春秋晚期

此拓原物早歲流於海外二〇一〇年初入藏津葉多居共四件最大者通高四十
八釐米次者通高四十三點五釐米此鎛鐘排爲三通高三十九點五釐米末者通
高亦近三十八釐米造型紋飾皆同大小相次頗爲壯觀存世稀見也孫上鎮書並識

情有獨鍾

記得余入上博從事美術考古研
究於上海文匯報藝林版之益如小文
即古鐘也言其史談其物簡言而通俗
讀者不以譽不蓋因它建以見紙是研究
古代編鐘並音律之專家上世紀湖北
曾侯乙大墓出土大型禮樂重器編鐘
世人震驚舊義非凡不僅是考古發
見最大宗重音樂性最完好之打擊
類樂器更是研究周王朝治國基礎
之禮樂制度極好實物資料其共六十
五件鐘十二律齊備每件合瓦形鐘均
能演奏呈三度音階之二個音之編鐘
上銘文記錄了一部全先問樂的先秦音
樂史同時亦證實了世界音樂史而其鑄
造工藝則是代表了彼時鑄造業之最
高水準就更值得一提的是上博為承源
館長慧眼識寶上世紀九十年代在香
港古玩行竟覓得西周中期晉侯蘇
編鐘十四枚其上刻劃長篇銘文完整
記錄了西周厲王三十三年晉侯蘇率
軍參加厲王親自指揮討伐東夷之戰
事史料重要爲文爲周斷代工程提供
極其重要的佐證資料馬公功不可沒也
余隨馬公二十載耳濡目染亦喜古銅
器具偶遇春秋晚之青銅鎛鐘必務集
悅即購藏視馬公評價頗高賞寶
之圓承得鍾之夢矣此實當喜慰於之
鏡耳故採擇以立體裝池自娛也學建撰

054 獸面紋鉞拓片

Yue axe with beast face motif (rubbing)

商代
縱 21 釐米 橫 13.5 釐米

題 商，獸面紋鉞。
此拓原物今藏私家，頗珍貴。余觀之賞之未剔而拓之，是為未剔初拓之本也。海上慎堂崇建題。

《商鉞攷》
某日友人示我新獲商時期青銅鉞一具，觀之甚喜。其未剔去舊鏽，允我拓之以賞，幸哉。此鉞長二十一點三，刃寬十四釐米，體呈扁平斧形，寬刃，兩側不等邊，左短右長，構成刃部不呈正弧形，肩部則左寬右狹，亦有別於一般鉞式武器。柄內有孔，鉞身肩部有兩長方形穿，內飾獸面紋圖案，極具立體感。這類小型銅鉞上海博物館有藏一具，在殷墟之王陵隨葬墓中亦曾獲得數具，其中一亞启銘鉞與前者基本一致；又見一鑲嵌綠松石鉞更精湛。而存世之商時青銅鉞可知者十數具，以江西新干大洋洲商墓出土之雲雷紋鉞為最大，通高三十六點三，刃寬三十六點三釐米。攷古資料表明，此類青銅鉞大多出土在河南安陽一帶，鉞內有穿孔亦有未穿孔者。若此具為圓扁兩種孔，應具實用功能，而有鑲嵌松石或未見穿孔者，恐與祭祀活動之用有關。紋飾方面亦或簡或繁。此鉞作獸面紋，則其擁有者等級不低，且紋樣製作精到，平雕淺浮雕相間，見之大方有度，又頗具神秘色彩。其實青銅器上獸面紋的作用就是向帝和神人即上天表達世俗之願望，簡言之，就是希翼天人相通，故此鉞亦可示為神具也。庚子四月崇建。

鈐印 季氏
崇建印信
海上崇建所見所鑒所拓所攷所跋之印
季氏
別部將軍

商 獸面紋鉞

此拓原物今藏私家難得貴人觀之賞之未剔而拓之是為未剔而拓之本也海上慎晉堂崇建題

商鉞攷

某日友人示我新獲商時期青銅鉞一具觀之甚喜其未剔去舊銹先拓之以賞幸哉此鉞長二十一點三刃寬十四釐米體呈扁平斧形寬刃兩側不等邊左短右長樣式刃部不呈正弧形肩部與右寬左狹亦有別於一般鉞式武器柄內有孔鉞身肩部有兩長方形穿內飾獸面紋雷紋具立體感此類凸型銅鉞上海博物館有藏一具至殷墟之王陵隨葬墓中亦曾獲得數具其中一亞启銘鉞與我友藏本一致又見一鑲嵌綠松石鉞更精湛不存世之最大青銅鉞不知有十數具四川江西新干大洋洲商墓出土之雲紋鉞為最大爾高三十六點三刃寬三十六點三釐米據古資料表明殷墟青銅鉞大多出土河南安陽一帶鉞內有穿孔亦有未穿孔者若此具為圓肩兩種孔體具實用功能而有鑲嵌松石或未見穿孔者恐隨葬祭祀活動之用有關紋飾方面亦或簡或繁此鉞作獸面紋飾此類者等級不低且弦線製作精致字雕精湛非相當見之大方有度又顯其神器之氣勢寶青銅器上獸面紋的作用就是向鬼神和祖先表達信仰之願望簡言之就是希冀天人相通也此鉞亦可稱為神器也庚子四月崇建

055 鴻子圖變戟拓片

'Hong Zi Tu Bin' Ji halberd (rubbing)

春秋時期
戟身　縱 13 釐米　橫 25 釐米
銘文　縱 7 釐米　橫 1 釐米

釋文　鳿[1]子圖變之所戕[2]

朱批　1. 鳿，即鴻。2. 戕，戟也。

題　鴻子圖變戟，春秋時期。

此青銅戟通長二十五點柒，闌高十一點六釐米。其圭形，直援，前鋒尖銳，中胡闌側二長穿，並見一半月形小穿，闌下出齒，長方形內上有一橫穿，飾以雙線鳥首纹。攷胡部鑄銘文一行七字，曰："鴻子圖變之所戟"。吳鎮烽新編《商周青銅器銘文暨圖像集成》三編第四卷已見著錄，並言其藏於海外，同類形制有蓼子厚戈。（二十世紀）九十年代初，余往返港澳，與馬承源先生覓得金石之具過百，並在濠江識得彼得肖。其從事服裝加工業，並涉粵菜炊飲，又擅收藏：初好書畫及華人油畫，諸如前輩徐悲鴻，以後陳逸飛、王忻東、艾軒等，皆有精品庋藏；與上博交好後，更專攻有銘兵器，尤好秦器，覓得精品若干自娛，並改號"珍秦齋"。其文字攷釋力邀吉林古文字之專家吳振武鑒別，真偽則求教於上博馬承源，古璽秦印請孫慰祖把關，金銅並石刻佛像問我多些。二千年後我專事拍賣業，與其過往更甚，尤其二〇〇六年後崇源國際在澳門舉槌，彼此常常相遇，交情更深。故今日得此《鴻子圖變戟》舊拓，除去對此拓珍愛外，更念及與"珍秦齋"舊事，拜觀其所藏有銘之兵具歷歷在目。時光飛馳，與肖生恐有十數年未晤矣。庚子年海上慎堂崇建並識。

鈐印　慎堂藏拓
崇建手拓
海上崇建所見所鑒所拓所攷所跋之印
慎堂
崇建

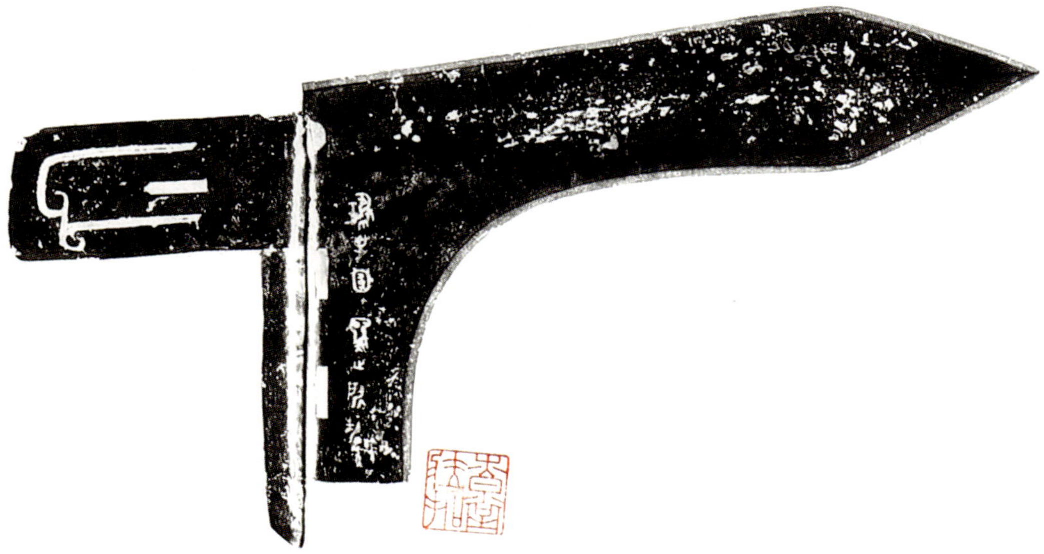

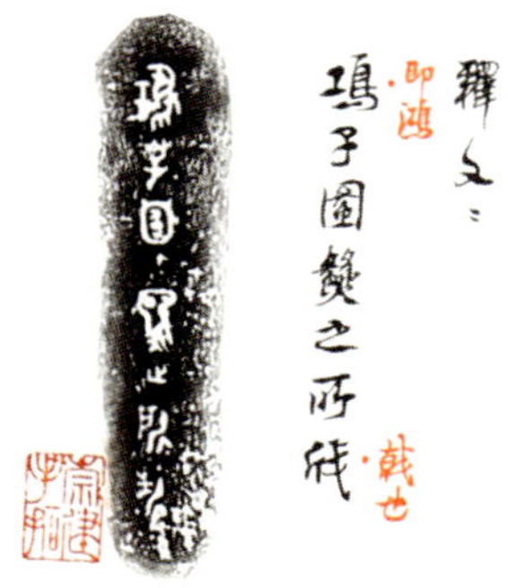

鴻子圍鑄戟　春秋時期

此青銅戟通長二十五點柒釐米，高十一點六釐米，其援形直長，前鋒尖銳，中胡闌側二長穿，並見一半月形小穿，闌以出齒，長方形內上亦一橫穿，飾以雙線鳥首紋，胡部鑄銘文一列七字，曰鴻子圍鑄之所戟。吳鎮烽於論著《商周青銅器銘文暨圖像集成三編》第四卷已見著錄，並言其藏於海外，同類形制有蔡子厚戈。九十年代初曾往返港澳與恩泉源先生覓得無名之兵過百五十，湊江湖得彼得肖狀指示形態加工業並隨粵華飲又擅收藏，初好書畫及華人油畫諸如我輩徐悲鴻以及陳逸飛王沂東艾軒等皆有精品收藏，與上博交好，以後更專攻有銘兵器，尤好春秋戰國，得精品若干自撰並改錄。孫慕蘭女史考釋，力邀吉好古文字之專家吳振武鑒於真偽，點承教於上博馬承源，古璽專家許崇歷祖把關，主銅並石刻佛像門類，為此二〇一〇年以來專門拍賣業，與其過往更長久，其二〇〇六年以崇源國際在澳門舉辦，彼此常常相過，交情更深，故今日得此鴻子圍鑄戟舊拓，謹奉贈於孫慕蘭，更念及與孫慕蘭舊時，彼所藏有銘之兵具歷歷在目，時光飛逝，與君交往已十數年矣。庚子年海上慎堂學建並識

056 秦子戈拓片

'Qin Zi' Ge dagger (rubbing)

春秋早期
縱 11.5 釐米　橫 19 釐米

釋文　龕（秦）字乍（作）逪（造）子族元用/左右市魼用逸富（宜）

題　春秋早期，秦子戈。
此拓得于海外藏家。原物保存良好，直援，背部鼓起，三角形鋒，中胡闌下出齒，二長穿，一圓穿，內呈長方形，中部為一橫穿，其胡部鑄銘十五字。吳鎮烽所著《商周青銅器銘文暨圖像集成》著錄此戈，然銘文中子族誤作公族。存世稱公族者若干，子族唯此也。海上崇建題。

《秦子戈說》
帶銘文之秦子戈早年可知者三，即北京故宮所藏之“秦子中辟元用”、廣州市博物館所藏之“秦子公族元用”、澳門珍秦齋所藏之“秦子左辟元用”。後又傳出甘肅新獲“秦子元用”銘之戈一件，又香港藏家朱昌言送拍一件，亦銘“秦子公族元用”之戈等，加之本拓示見之秦子“族元用”之戈，總近十件左右。攷之，此種形式之戈多流行於西周晚期至春秋早期，馬承源等專家稱之為圭援短胡式，其鑄銘工藝雖不甚完美，但內容值得關注。尤其“秦子”當為何人，議論紛紛，莫衷一是。目前學界比較認可李學勤一說，秦子即靜公也。而秦子戈作為被世人十分重視之秦子器的一部分，應是研究秦文化可信可據之珍貴寶物資料。崇建又及。

鈐印　季氏
崇建印信
別部將軍

春秋早期 秦子戈

此拓得於海外藏家原物保存良好直援脊部截鋭三角形鋒中胡闌下出齒二長穿一圓穿内呈長方形中部亦一橫穿其胡部鑄銘十五字吳鎮烽所著商周青銅器銘文暨圖像集成著錄此戈然銘文中子族誤作公族存已將公族改右干子族唯此戈惶嘗述覩

釋文

鼒（秦）子乍（作）𨖼（造）子族元用

左右市魼用逸寷（宜）

秦子戈說

兼銘文之秦子戈早年可知者三即北京故宮所藏之秦子中辟元用廣州市博物館所藏之秦子公族元用澳門珍秦齋所藏之秦子左辟元用後又傳出甘肅禮縣秦公墓元用銘之戈一件又香港藏家吳昌言送拍一件亦銘秦子公族元用之戈等加之本拓所見之秦子子族元用之戈總近十件左右故此種型式之戈多做行於西周晚期至春秋早期馬承源等專家稱之為長援短胡式其鑄銘工藝雖不甚完美但内容值得關注尤其秦子當為何人議論紛紛莫衷一是目前學界比較傾向李學勤一說秦子則靜公也而秦子戈作為稀有之十餘重視之秦子器因一部份應為研究秦文化可信可據之珍貴資料 崇源又及

057 平阿左戈拓片

'Ping E Zuo' Ge dagger (rubbing)

戰國時期
戈身　縱 11 釐米　橫 20 釐米
銘文　縱 4 釐米　橫 2 釐米

釋文　平阿/左戈

題　平阿左戈，戰國時期。
此戈通長二十點五，闌高九點五釐米，圭形，直援，前鋒尖銳，中胡闌側見有三長方形穿，闌下出齒，長方形內，前作鑽形穿，後鑄銘文二行四字，曰“平阿左戈”。傳同銘之戈上世紀八十年代山東沂水縣境內有出土，又濟南市博物館亦藏平阿右戟之具，足知此平阿左戈應是齊國器無疑。史料記載有平阿之會一說，是戰國時期齊魏韓三國之盟會。彼時東方諸國為合縱抗秦，屢興會盟，彼此尊王。公元前三二四年魏惠王、韓宣惠王、齊威王于平阿會盟相王。此戈雖指地名而非指事件，但亦頗具歷史意義。庚子年小雪之晨海上慎堂崇建並識。

鈐印　慎堂藏拓
崇建印信
海上崇建所見所鑒所拓所拓攷所跋之印
慎堂
崇建

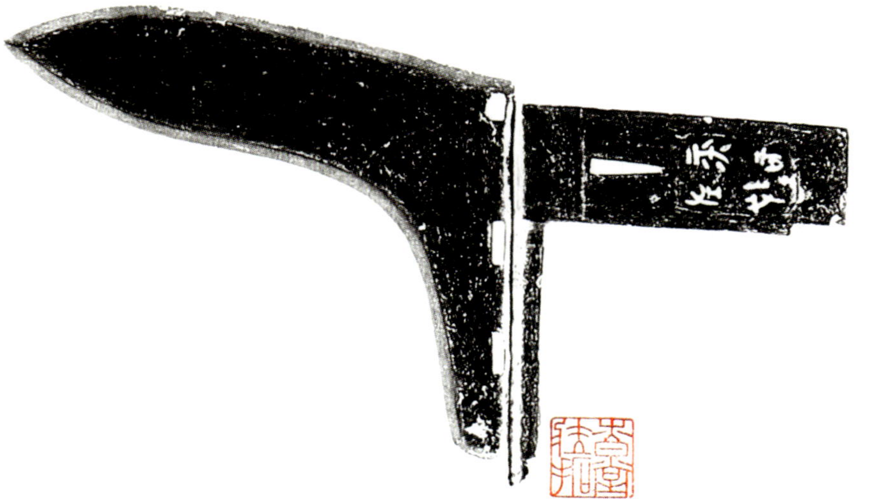

釋文：
平阿
右戈

平阿右戈　戰國時期

此戈通長二十點五闌高九點五釐米圭形直援前鋒尖銳
中胡闌側見有三長方形穿闌下出齒長方形內前作鏟形
穿以鑄銘文二行四字曰平阿右戈傳同銘之戈上世紀八十年代
山東沂水縣境內亦出土又濟南市博物館亦藏平阿右戟之具足
知此平阿右戈應是齊國器無疑史料記載有平阿之會一說
是戰國時期齊魏韓三國之盟會結成東方諸國聯合抗秦
屢與會盟據紀尊王公元前三二四年魏惠王韓宣惠王齊威王
於平阿會盟相王此戈雖記地名不能指事件但亦彼具歷史意義
庚子年小雪之晨海上慎生學堂並識

058 銅鼓拓片

Bronze Gu drum (rubbing)

漢代

直徑 58.6 釐米

題　漢代銅鼓拓片

古之鼓極富傳奇色彩，屬少數民族之文物，自公元前七世紀左右產生，流傳至今，上下貫穿二千六百餘年。主要分佈于雲南、貴州、廣西、廣東、海南、湖南、重慶、四川諸省，並遍及東南亞國家，共同構築起絢麗多彩的銅鼓文化。時至今日尚在使用銅鼓之民族屈指可數，而其中壯族是人口最多、擁有傳世銅鼓量最大、使用銅鼓歷史綿延最長者，因此積澱著豐厚的銅鼓文化。此拓所見之鼓，即該族漢時之歷史見證之物也。由於古之銅鼓象徵權力與地位，非尋常百姓家之鑄造，銅鼓需要聚集大量人力、財力，更需要很高技術。實物資料證明，彼時所製銅鼓其高深程度，可與中原商周時代之青銅禮器相媲美。由於銅鼓乃使用之物，損壞與流失在所難免，故傳至今日完好者亦寥寥可數。十九世紀下半葉以來，中外學者對銅鼓研究投入大量精力，並在遠離故土之歐洲學界掀起一陣狂熱的銅鼓研究群體，使古代中國之銅鼓研究成為一門學問，至於其收藏當可推明清漸成風氣也。光緒《敘州府誌·金石誌》載："今田間往往耕出之，邑中士夫家購之，以為軒齋之玩。"清末四川總督古器物收藏大家端方《陶齋吉金錄》亦著錄一具盤古銘之銅鼓；又羅振玉《傭廬日記》載：江蘇儀征阮氏藏晉銅鼓，後歸揚州李維之，周靄曾從廣西岑溪得一銅鼓收藏；又金石家吳大澂曾將銅鼓贈予汪鳴鑾；而安徽合肥劉傳紹、陳少白諸大藏家均有藏鼓愛鼓之記；前年紐約大收藏家安思遠作古，其廳堂間亦陳設一壯族漢時之銅鼓。余之此銅鼓原藏日本皇家某處，其後代與我深交，割愛予我，故亦算銅鼓之藏者也。今拓其鼓面以為有趣，並題之，與同道共嚮（饗）也。己亥年海上崇建記。

季按：此鼓得于東京，原藏京都，乃舊皇室之後轉讓東京古董店，經友人橫田好古君介紹予我，今藏建業文房內。其青銅鑄造，其通高四十七點五釐米，鼓面徑五十八釐米，鼓底徑四十四釐米，鼓面中心飾太陽紋十芒，芒間飾銅眼紋，芒外暈圈直布至鼓邊，計十六圈之多。暈與暈間均以三重細圈線相隔，各暈圈內分別為變形魚紋、幾何紋、羽紋、眼紋，交叉重複而就，絲毫不留空隙，使整個鼓面極具裝飾性。鼓面之邊緣加鑄四隻立體式伏蛙，蛙之形態簡潔傳神，微微鼓起之身軀似在叫鳴。鼓身四周基本滿工，尤左側垂直一線裝飾兩大象形象，生動逼真，前後還加飾四堆如象便異狀立體圖像，頗特殊。鼓之胸腰間有一對扁耳。同類作品在（二十世紀）五十年代之廣西均有出土。我友蔣廷瑜先生在其著述之《壯族銅鼓研究》一書中已有明確描寫，此不贅言也。余自拍賣行涉足後，尋覓拍品間時常會遇上心儀之商周青銅器，尤其在海外，每每見得便不再放過，然財力所窘，無法全歸為己，於是便在澳門增開崇源國際專拍流失海外青銅器，一時震動海內外。青銅器價格亦由此居高位而不再下滑，言我為此類文物之"第一推手"當不過譽也。但覓得此類漢時銅鼓倒是僅此一例，今又突發奇想，拓以鼓面並題之，恐亦前後無比矣。崇建又及。

鈐印　海上崇建所見所鑒所拓所攷所跋之印

季氏

別部將军

建業文房主

崇建印信

漢代銅鼓

此鼓乃壯族古具也。傳至今日，逾二千年之久，且保存完好，頗珍貴，其紋樣精細，動物形象生動傳神，余偶得於東瀛，拓其鼓面紋飾，題之重裝以與同道共饗。

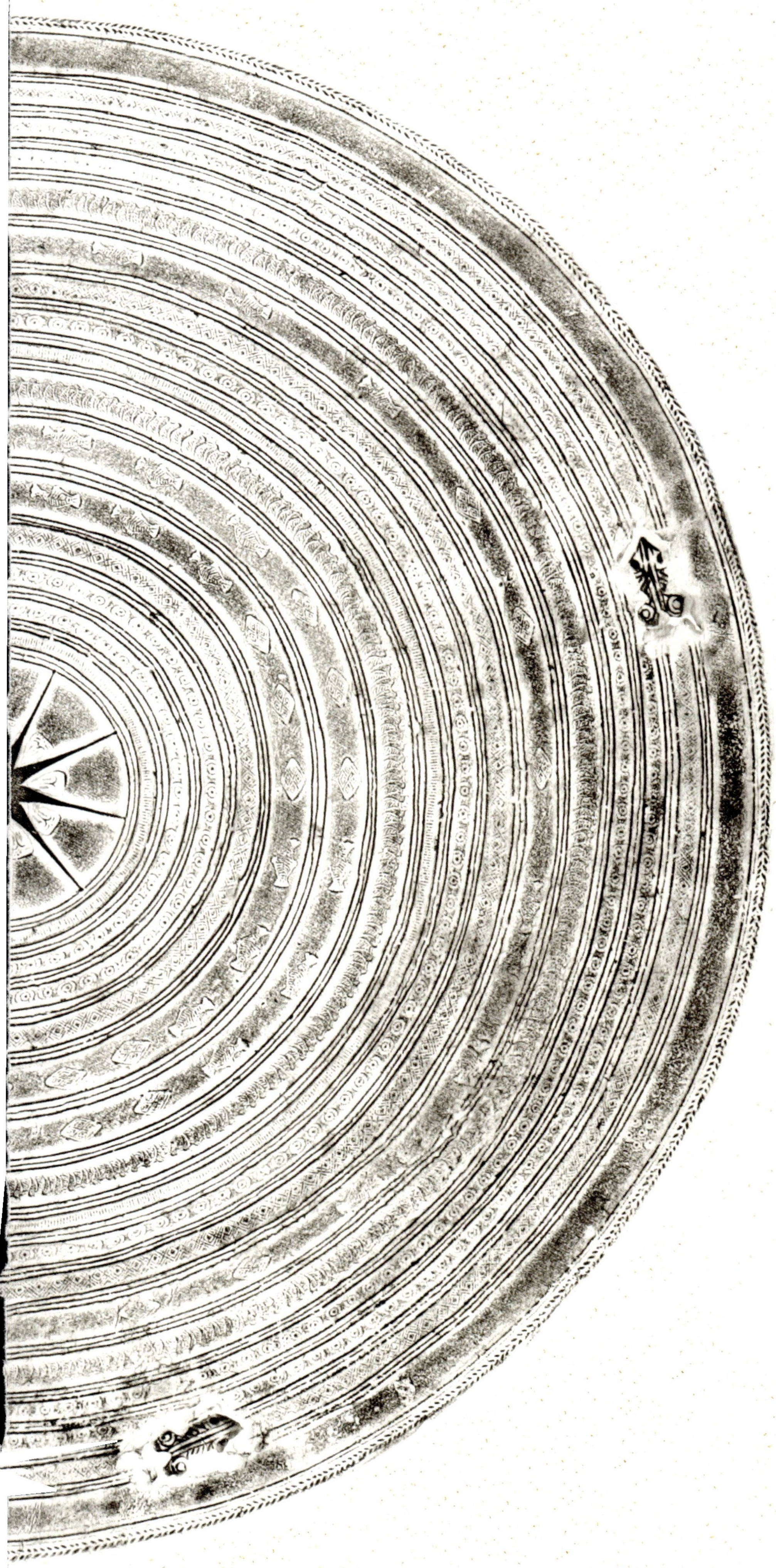

漢代銅鼓拓序

古之銅鼓據傳爲我國少數民族之名物，自公元前七世紀左右產生，流傳至今上下貫穿二千六百餘年之久，主要分布於雲南、貴州、廣西、廣東、海南、湖南、重慶、四川諸省區而及東南亞國家，且同樣顯示銅鼓文化，時至今日尚在使用銅鼓之民族屈指一數不貝中。此雄居人口最多者有壯，已銅鼓量最大，使用銅鼓歷史綿延最長者首推漢省豐厚之銅鼓文化，故據所見之鼓，即該族漢時之歷史見證之物。此由於古之銅鼓表徵權力與地位，非尋常百姓所之貝，鑄造銅鼓需要聚集大量人力財力，更需要很高技術資料，證於後所製銅鼓，其高深程度一與中原同時代之青銅禮器相較。更由於銅鼓乃實用之物，損壞與流失在所難免，故傳至今日完好者亦甚少。數十九世紀以來，中外學者對銅鼓研究投入大量精力，發生素維持十之歐洲學界掀起一陣狂熱，以銅鼓研究產生興趣，使古代中國之銅鼓研究成為一門學問。至於其收藏者，推行清溥儀爲光緒敘述存清名流載七四閣往耕古之邑中士大夫聽之寫軒齋之號，清末可總括古器物收藏大家陶齋吉金錄著錄一具，盤古錄之銅鼓之難掘，玉佣廬日記載江蘇儀征阮氏藏晉銅鼓以顯。據以李雖之閩當時從廣西吳清軒一銅鼓收藏，又金石家吳大澂嘗以銅鼓贈之汪鳴鑾，出漱合肥劉傳紹陳氏，白清大藏家均有藏鼓，愛鼓之記錄，但約大的藏家西東，麗堂閣之陳氏一件漢代之銅鼓，此銅鼓原藏日本皇室某處，真代明清交劉愛予收藏銅鼓之藏有廿六拓其鼓面，嘗爲人趣題之，與同有此緣也。已亥於海上崇建記

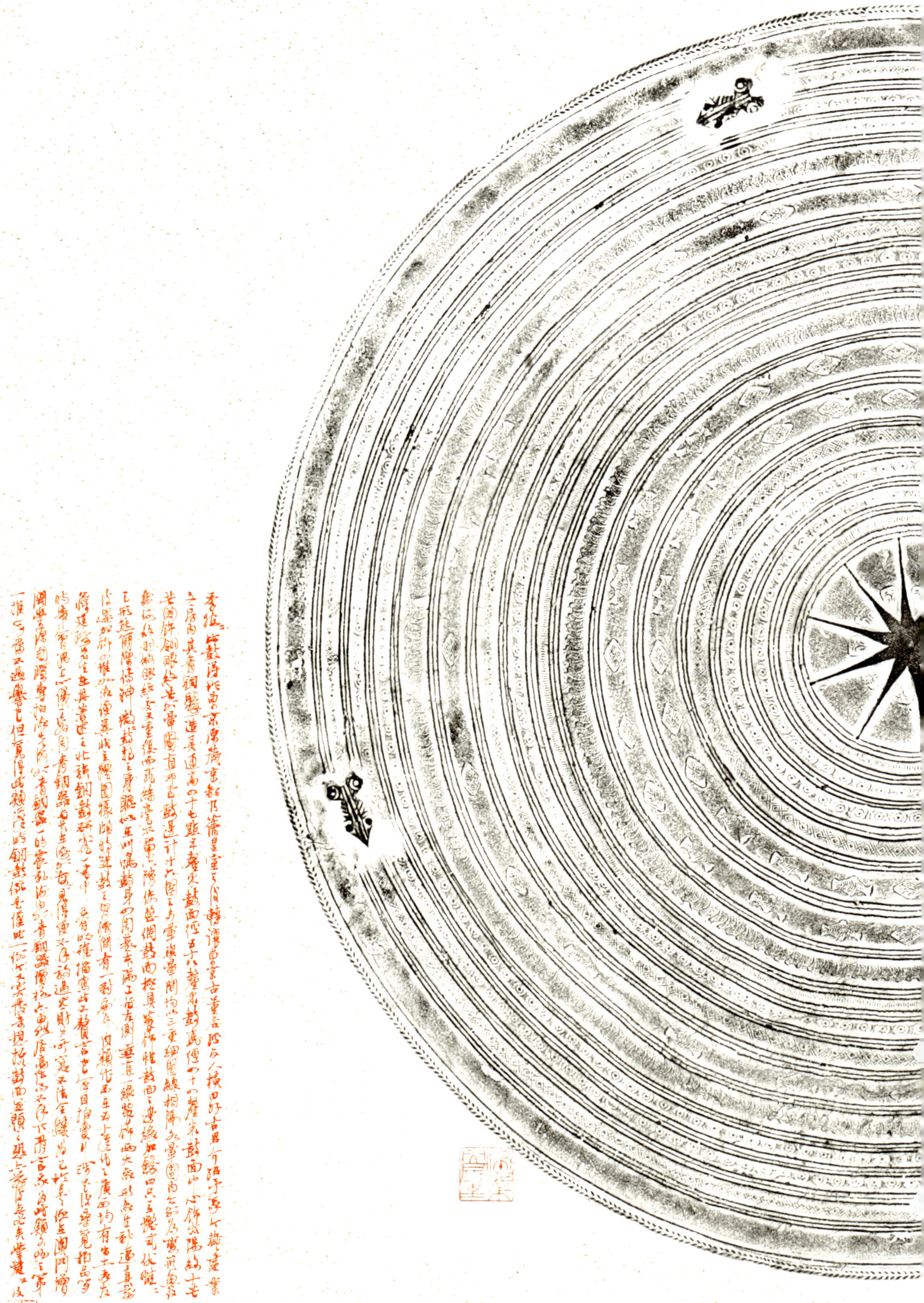

059 拓鐵器朱拓片

Iron vessel (rubbing in red)

北宋慶曆二年

縱 115.5 釐米 橫 105.5 釐米

題簽　朱拓宋慶曆二年鐵器銘軸，壬寅元月海上崇建題。

題　朱拓北宋慶曆二年鐵器之銘

此舊本朱拓鐵器之沿邊及底二銘，記“慶曆二年”（即公元一〇四二年）紀年，並“冶坊主人郭大父”等姓名幾十者，稀見之品。辛丑年冬至後海上崇建書並識。

案：此拓縱一一五點五，橫一零五點五釐米，以朱拓器沿鑄銘，見有“慶曆二年七月二十一日冶坊主人郭大父大監”等三十餘字，又存器底之“本街”人名數十之朱拓居中間。如此舊拓存世甚少彌足珍貴，且有“慶曆二年”明確紀年，難得矣。去歲得於上海工美古籍專場，雖損缺嚴重，經修復重裱仍不甚理想，卻已顯出基本面貌，實屬不易也。海上慎堂季崇建。

鈐印　慎堂藏拓
季崇建印
修綆汲古
崇建印信
別部將軍
海上崇建所見所鑒所拓所攷所跋之印
慎堂藏拓
心賞
別部將軍
季氏
崇建印信
大吉祥
慎堂
別部將軍

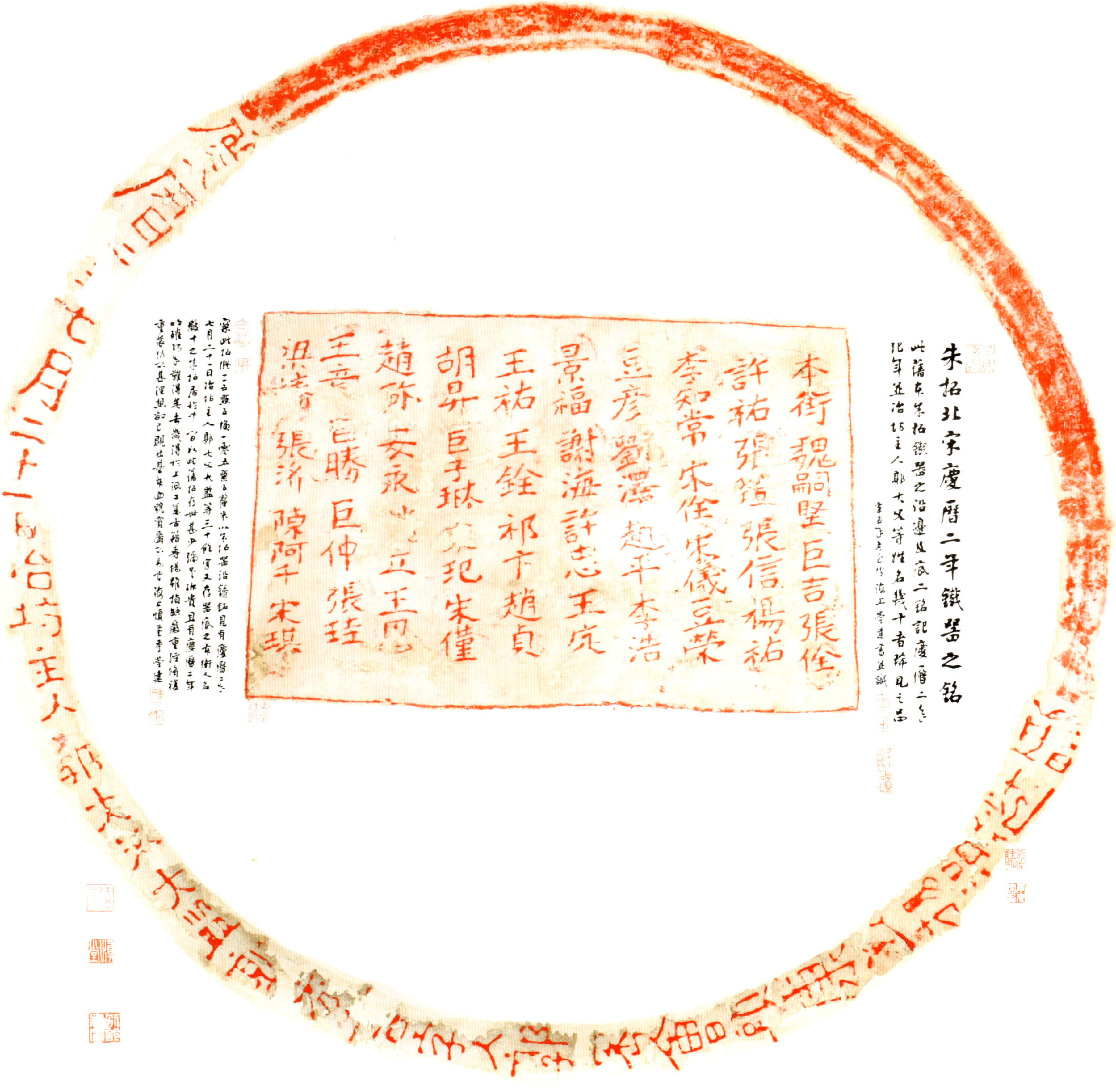

宋拓北宋慶曆二年鐵器之銘

此舊本宋拓鐵器之沿邊及底二銘記慶曆二年紀年並治坊主人郭大文等姓名幾十者稀見之品

[illegible]滬上李建書並識

案此拓縱一二五釐五橫一零五釐五屬宋以宋拓器沿鑄銘見有慶曆二年七月二十一日治坊主人郭大文大監等三十餘字又存器底之本街人名數十之宋拓唐於廿八以此舊拓存世甚少彌足珍貴且有慶曆二年時確切年號難得矣去歲得於上海工藝古籍專場雖損缺嚴重經修復重裝仍不甚理想却已現出其本面貌實屬不易也滬上慎堂李建

060 幾何紋銅鏡拓片

Bronze mirror with geometric pattern (rubbing)

齊家文化
直徑 14.2 釐米

題一 幾何紋鏡，齊家文化。
此拓原物今藏滬上私家。其鏡背中心作弓形小鈕，無鈕座，鈕外圈平素無紋飾，外圈滿飾如山形紋樣，無甚規律但連貫有序，似連綿之山脈，又如重疊之光芒，更若層層波紋。雖稱其幾何之紋，或因其等邊等腰而得名，然先民之圖設計絕非憑空而來，當取源於大自然，抑或生活所見及與生活息息相關。若以山紋鏡謂之，豈不更妥？目前可知同期銅鏡除本者外另見兩面，一是一九七六年青海尕馬台出土之七角紋鏡，一是傳甘肅出土、今藏國家博物館之三角紋鏡；民間所藏唯此且最精也。今初拓之並題，以予同道共嚮（饗）。辛丑年海上慎堂崇建。

題二 此鏡直徑十四點二釐米，表面鏽色漂亮，同類者不可比也。崇建題。

鈐印 慎堂藏拓
心賞
慎堂
崇建
季
別部将军
海上崇建所見所鑒所拓所攷所跋之印

此鏡直徑十六點二釐米春西鎮邑徵集
同類者更少比也學達題

幾何紋鏡 齊家文化

此拓原物今藏隴上私家其鏡背中心作弓形小鈕無鈕座鈕外內圈中素無
紋飾外圈滿飾以山型紋樣無甚規律但連貫有序似連綿之山脈又以重疊
之尖芒更各層層疏紋雖稱爲幾何之紋或因其等邊等腰而得名然先民之圖
設計稍作漫次不成而取諸於大自然抑或生活所見及與生活息息相關者以
山紋鏡謂之豈不更妥目前可知同期銅鏡除本省已見二面一是一九七六年青
海尕馬臺出土七角紋鏡一是傳甘肅出土今藏國家博物館之三角紋鏡民間所
藏唯此目前稀也今初拓之並題以予同道共饗辛丑年隴上慎思堂學達

061 四龍紋銅鏡拓片
Bronze mirror with four dragons motif (rubbing)

戰國
直徑 18 釐米

題 戰國四龍紋銅鏡
此鏡圓形三弦鈕，鈕座外有一周寬面凹帶，將紋飾分為內外兩區：內區紋飾僅見雲雷地紋，圈帶外飾四扁葉紋，亦有雲雷地紋。主紋為四個互不相連之蟠螭龍紋。龍首居中，埋於軀體，然利齒顯露，極具威嚴感。整個身軀呈C形捲曲，短尾上揚，兩翼突出對稱，朝左右張開，翼端卷勾，肢爪一上一下屈伸，作勢銳利。十六連弧紋緣之工藝精度極高，整個鏡背顯黑漆古狀，模版一流。其表面光澤怡人，溫潤如玉，美輪美奐，此神功妙造之作，存世者可謂上上品也。庚子年海上慎堂崇建。

鈐印 慎堂藏拓
季
慎堂
崇建

戰國四龍紋銅鏡

此鏡圓形三弦鈕鈕座外有一周寬曲凹帶將紋飾分為內外兩區內區紋飾僅見雲雷地紋圈帶外飾四扁葉紋亦有雲雷地紋主紋為四個互不相連之蟠螭龍紋龍首居中埋於軀體裝利齒顯露極具威嚴感整個身軀呈C形卷曲短尾尾揚兩翼突出對稱朝左右張開翼端卷向腹爪一上一下屈伸作勢銳點十六連弧紋緣之工藝精度極高整個鏡背呈黑漆古狀模版一流其表面光澤怡人溫潤似玉美輪美奐與此神功妙造之作存世者可謂上上品也

庚子年海上慎堂建

062 四葉四花紋銅鏡拓片

Bronze mirror with design of four leaves and flowers (rubbing)

戰國

直徑 36.8 釐米

題一 戰國四葉四花紋銅鏡拓片

此拓原物曾流傳海外，又歸港地，滬上張蘇陽十數年前重金覓得，回歸之舉大贊也。又經上博修復保護，更顯精彩。其尺寸之大可謂鏡王，今允我初拓，實是大幸矣。海上慎堂崇建題。

題二 此拓乃初拓之本，藏家張曙陽字蘇陽，允我為之，大收穫也。海上慎堂又及。

《戰國鏡王說》

古銅鏡源於史前，至戰國不僅已成規範，且備體系，紋樣亦豐富，極具裝飾性。如此戰國後期四葉四花紋鏡，圖案簡潔規範，對稱均衡，題材源于自然又抽象優雅，有較強裝飾效果。同類紋樣不在少數，卻未見如此碩大者，直徑達三十六厘米之多也，可謂古銅鏡之王，實是難能可貴。考古資料表明，此類鏡流傳于長江流域之楚文化地區。此鏡無底紋且光平，恐有彼時漆藝裝飾之可能，僅以推斷，待攷矣。崇建撰。

鈐印 慎堂藏拓

季崇建印

大吉祥

慎堂

崇建

辛丑

季

季

季氏

崇建印信

別部將軍

海上崇建所見所鑒所拓所攷所跋之印

戰國四葉四花紋銅鏡拓片

此拓原物曾流轉海外又歸港地滬上張曉陽十數年前重金覓得回歸之舉大贊也又隨上博倩[illegible]傳獲更顯難得其尺寸之大可謂鏡王之先處初拓實是大幸矣滬上慎堂學建題

此拓乃初拓之本藏家張曉陽先生為之大收獲也滬上慎堂又及

戰國鏡王說

古銅鏡源於史前至戰國工藝已成規範且形體互[illegible]樣式豐富極具裝飾如此戰國時期四葉四花紋鏡爲業[illegible]鑒規範精湛均衡題材源於自然又抽象優雅有較强裝飾效果同類紋樣不在少數而未見如此碩大者直徑達三十六點五公分也可謂古銅鏡之王寶是難能可貴考古資料表明此類鏡流行於長江流域之楚文化地區此鏡質底紋且光平既有彼時漆藝裝飾之可能僅以推斷待證矣學建撰

063 八連弧蟠螭鳳鳥紋銅鏡拓片

Bronze mirror with eight curves, dragons and phoenixes (rubbing)

戰國晚期
直徑 23 釐米

題一 八連弧蟠螭鳳鳥紋銅鏡，戰國晚期。

此拓原物今歸海上藏家張曙陽。二十年前上海崇源首拍張兄捧場，悉數將劉體智善齋舊藏之古銅器具收入囊中，成為一時佳話。由此其酷愛銅器，尤鑽古之銅鏡，上起齊家文化，以迄清宮內府製品，全且精，其中不乏孤品也。若此戰國連弧紋鏡，直徑達二十三者恐唯此不二，而蟠螭配以鳳鳥更稀見，值得賞鑒之。

案：此鏡圓形，三弦鈕，鈕座最外為一圈凹面環帶，環帶內外側各一周綯索紋，鈕座內圈為一周雲雷紋。鏡背之主紋區由凹面寬帶組成的八個內勾連弧紋分割為內外兩段紋樣。先看外段，又被連弧紋分作八組，看似獨立，卻互為對稱呼應之圖案。其中一種蟠螭紋是龍頭部明顯，瞪雙目，口張開，且整個頭部微微抬起而突出於鏡平面，這是戰國鏡裝飾圖案中新穎的表現手法；龍之身軀彎曲連貫，線條流轉圓潤，極富裝飾性，滿地雲雷紋。另一種變體蟠螭紋雙軀相盤，不見首只見足尾，亦有雲雷紋底，此兩種間隔各一而為之。再看內段，對角各一鳳鳥共四羽，鳳鳥間又飾變體龍紋，形成四鳳四龍組合，這在同類戰國後期連弧紋鏡圖案設計上亦具有獨創性。值得一提的那組鳳鳥形態優雅，鳳首凸現作回視狀，鳳翅展揚，鳳尾捲曲與龍體勾連，鳳爪著地有力，而變體龍紋不僅串聯鳳紋，且與外段之龍軀合為一體。這真是一組巧妙精美之圖案。此鏡與湖南長沙益陽等戰國墓所出者同類，但優於他，當寶之。海上崇建記。

題二 此為初拓，張公允我藏之，不忍獨賞，裝之題之共賞之。辛丑中秋前二日，海上崇建。

鈐印 慎堂藏拓
愛不釋手
慎堂
崇建
季
季崇建印
慎獨齋印

此為初拓張公允家藏之不忍獨賞裝之題之共賞之
辛丑中秋前二日滬上崇建

八連弧蟠螭鳳鳥紋鏡　戰國晚期

此拓原物已歸滬上藏家張耀陽二十年前上海崇源首拍張允偉據悉數件劉體智善齋舊藏之古銅器具收入囊中成為一時佳話由此其酷愛銅器尤鍾古之銅鏡上溯齊家文化以迄清宮內府製品全且精其中不乏孤品也若此戰國連弧紋鏡直徑達二十三釐米者恐唯此又二不蟠螭配以鳳鳥更稀見值得賞鑑之

案此鏡圓形三弦鈕鈕座外為一圈凹面環帶帶內外為一周綯索紋鈕座內圈為一周雲雷紋鏡背之主紋區由凹面寬帶組成的八個內向連弧紋分割為內外兩區紋樣先看外區又被連弧紋分作八組各似獨立卻互為對稱呼應之圖案其中一種蟠螭紋是龍頭部的顯睛雙目口張開且每個頭部微微捲起而突出於鏡中這是戰國銅鏡裝飾圖案中新穎的表現手法龍之身軀彎曲連貫線條流暢圓潤極富裝飾性深地雲雷紋為一種變體蟠螭紋雙軀相盤又見首祇見尾亦有雲雷底紋此兩種間隔為一而為之區分內容對角為一鳳鳥共四羽鳳鳥首又飾變體龍紋形成四鳳四龍組合這在同類戰國後期連弧段鏡圖案設計上亦具有獨創性值得一提的那組鳳鳥形態優雅鳳首突現作回視狀鳳翅展揚鳳尾卷曲與龍體的連鳳爪著地有力而變體龍紋不僅作連通紋且與外區之龍軀合為一體這真是一組巧妙精美之圖案此鏡與湖南長沙益陽等戰國墓所出者同類但優於他者當寶之滬上崇建記

《戰國十景》卷

是卷集戰國古鏡名品拓片十幀，含引首拖尾，總長782釐米，乃鉅制也，並與《兩漢十鑒圖卷》《隋唐十影圖卷》合為姊妹三卷。

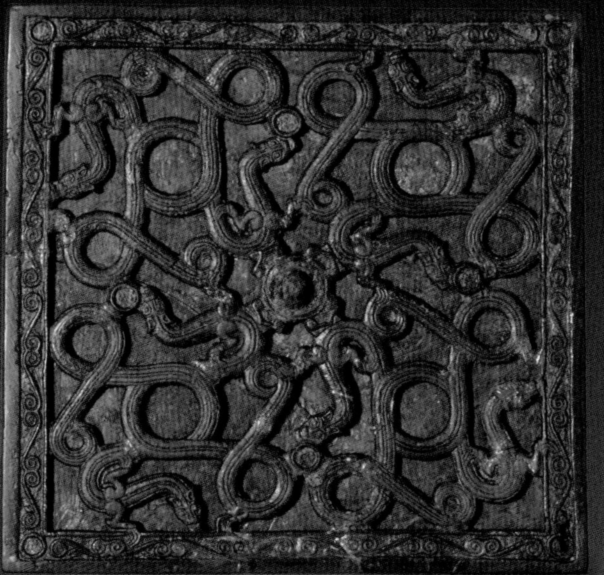

鑲嵌透雕複合式龍紋鏡

戰國

私家藏

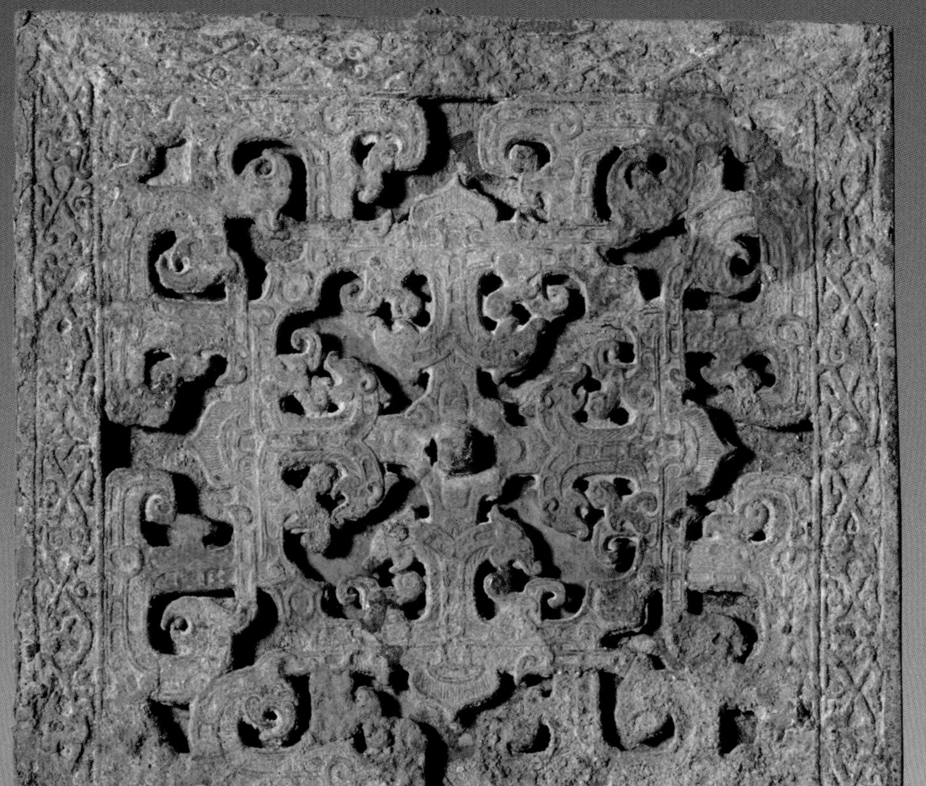

透雕複合式龍紋方鏡

戰國

私家藏

此類戰國方鏡存世頗少，中國青銅器全集亦未曾錄。呂氏曾返臺偶然發現，今見得拓之以作留念。滄上道

戰國鑲嵌透雕復合式龍紋鏡

方形鈕，橫背十三點三釐米，作橋鈕，方底為柿蒂紋，鏡背主體為盤龍紋樣，八龍相盤身軀隱伏，暢自八龍頭刻劃具體，一目有鑲嵌，惜之久而不存也

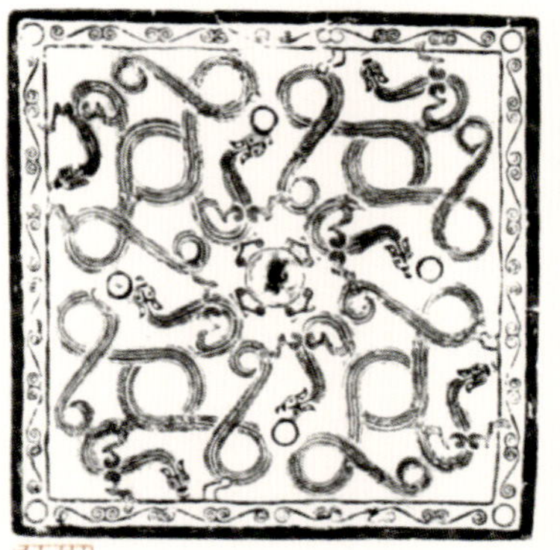

值得注意的是龍之兩爪張開有力，龍爪刻劃細膩，尤為以雲雷紋運欄，不出此生動細膩，實為令人驚嘆其珍

辛丑九月廿五日滄上道人蒼波

戰國透雕復合式龍紋方鏡

鏡作方形，橫十九點二釐米，圓鈕，方鈕座，以柿蒂紋，鏡背透雕淺刻，陪百工滿且精，內區八龍合體，外區八龍單體相背對稱，整個圖案組合極具裝飾性，乃戰國時期透雕之佳作，且形制頗大，屬方鏡之上品，不可多得也。傳世僅此而已。辛丑深秋滄上道人蒼崖書

戰國銅鏡賞析

古銅鏡源於史前，目前可知的鑒者為齊家文化時期之物，其鏡背上面現的裝飾性圖案均以幾何圖形為主。至戰國時期銅鏡突飛猛進，不僅有了較規範化的完整體系，而且出現了鏤空透雕復合式品類，如本卷拓本一所示之透雕復合式龍紋鏡。鏡背透雕十分醒目，靈動極具立體感，其形制得以見底面淺刻龍紋，這種源於春秋青銅禮器之紋樣的運用，可知彼時青銅鏡雖獨立成體系，卻仍與青銅器關係緊密。從此鏡鑄造的年代來看，應在戰國初至三四十年，本卷拓本所間知紛紛收藏中出現了不少頗具特色的戰國時期套鏡，上取本書之復合鏡道是一種鏡面鏡背分鑄然後扣合為一的特殊鏡式，鏡背為透雕的鳳鳥龍獸紋樣，以龍紋居多，如本書拓本二之鑲嵌透雕復合式龍紋鏡即為一例。其紋樣在設計思路上更注重於裝飾韻味，龍身的變體呈現出整個畫面更具想象力，鑄造工藝亦日臻精湛，而拓本一所示與我們的是一面更有特色的鑲嵌透雕復合式龍紋方鏡，主體為盤繞扭曲而為向連的八龍圖案，線條所描繪龍首刻劃具體，瞪目亢龍，一對有形，表現得十分自然有緻。龍爪還搭攫接而出，如此細緻的刻畫處理是一個極以裝作者巧思與精工，又比如拓本之為戰國透雕復合式龍紋方鏡，其尺寸之大，在今所見方鏡目前可知戰國方鏡中亦謂寬大者也。主體紋樣亦為龍紋，然此方鏡更具特色，內區八龍合體，外區八龍單體，又相背呼應，龍首一致低垂張口呈怒吼狀，使整個鏡面圖案十分生動，從藝術之表現與鑄造之精良，此類透雕復合鏡究竟產於何地已不可詳知，如果僅就出土的銅鏡分析，可能大部出於黃土地帶。一九八八年河南洛陽曾出土有同類透雕復合式方鏡，日本藏家中亦唯有若干面透雕復合鏡，皆不如本卷所示之鏡，於此得顯古與精美也。

戰國時期的戰國鏡品類較多，如本卷拓本之五戰國三山紋鏡、拓本七之四山紋方鏡，山紋鏡是戰國時期頗為流行的鏡式，這種戰國時期鏡背紋樣通常以所飾山字的數量多少命名，有見的有三山、四山至六山，其中以四山紋鏡居多，三山和六山紋鏡偏少，而三山者實稀。拓本六之三山紋鏡乃私家所藏，僅約十一釐米，三弦鈕式鈕座外一周凹面帶狀帶，山字圖案外佈鏡背，滿地羽狀紋，這是山字紋鏡常見的圖樣，亦有類似拓本六之山紋圖案，即在底紋羽狀紋增加一些紋飾裝飾的花形圖案，以豐富其畫面。但值得一提的是，那些山字都是凹弧的寬條帶，上下不飾圖樣，而且所有山字都是斜向排列，懸旋讀之，禮紋飾的產生，不會憑空而來，如果說山字紋之源出一個，此紋由東周青銅器上勾連雷紋移植而來，我們若以勾連雷紋截取一小段，除去雷紋，便是斜形之山字紋了。

當然除了上述之復合特殊鏡與山字紋特色鏡，這些僅見於戰國時期的，更多的戰國鏡還是本卷拓本九之龍紋鏡、拓本十之圓框蟠虺紋鏡以及各類動物紋鏡，這些戰國鏡的特點就是圖案新穎，裝飾性強，極且滿地滿工，紋樣細膩，固形講究，對稱有序，鑄造工藝之精，且普遍鏡體輕薄，足見其製鏡工藝之高超。這以說戰國鏡為中國古鏡首度奠下了重要基礎，並由此開啟了中國銅鏡藝術的燦爛歷程。辛丑深秋滄上道人蒼崖撰

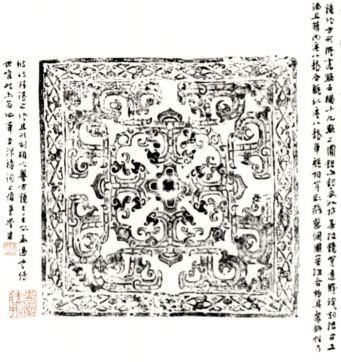

064 戰國十景（鏡）圖卷

Ten mirrors of The Warring States period (rubbing in scroll)

戰國

畫心　拓片一　上直徑 21 釐米　下直徑 11.5 釐米
　　　拓片二　直徑 11 釐米
　　　拓片三　縱 11 釐米　橫 11 釐米
　　　拓片四　縱 13 釐米　橫 13.5 釐米
　　　拓片五　縱 19 釐米　橫 19 釐米
　　　拓片六　直徑 11 釐米
　　　拓片七　縱 11.5 釐米　橫 11.5 釐米
　　　拓片八　直徑 17 釐米
　　　拓片九　直徑 17 釐米
　　　拓片十　直徑 21 釐米

題簽　戰國十景圖卷，海上慎堂題。

引首　戰國十景
集戰國古銅鏡十枚名品為一卷，歲在辛丑九月廿三日海上慎堂季崇建並識。

畫心　戰國十景卷
景即鏡。說文曰：鏡，景也。景乃古字，段玉裁釋鏡為光線之意，金屬遇光可反射物象，是為鏡之原理，故鏡之本義即鏡子也。古代之鏡皆以青銅製，實物可證者當以齊家文化為最早，至戰國得到長足發展而且有著較規範化之體系，成為收藏價值頗高的工藝美術門類，深受海內外重要收藏機構及私家關注。其市場價格亦不斷攀高，成為人們追寵之具也。今集海內外藏家所藏戰國鏡，品相上乘、價值甚高者拓之而裝為一卷，以與同好共嚮（饗）之。辛丑九月崇建。

題一　戰國早期透雕複合式龍紋鏡
圓形，徑十二釐米，無鈕，鏡背透雕十條盤龍，鏡面之背內刻龍紋，外刻波紋，頗特殊。
此鏡之工藝圖像源於春秋青銅器風格，存世甚稀，難得，難得。辛丑慎堂。

題二　戰國鑲嵌透雕複合式龍鳳紋鏡
圓形，徑十點八釐米，圓鈕，而鈕底作雙圈四通式樣。整個鏡背透雕作連環變體龍鳳紋樣，繁麗且不亂，線條流暢，互有關照，類春秋晚期至戰國初銅器圖案，故應鑄成至晚在戰國之初也。惜鏡面不存，但絲毫不影響其收藏價值。
此鏡鑄造工藝上頗具特色，雖鑲嵌之物皆年久而不再，卻仍可想見彼時之優雅。辛丑崇建。

題三　戰國四龍紋方鏡
鏡作方形，縱橫皆十一釐米，三弦鈕，鈕外為八角圓弧紋，整個鏡背以對角等腰線格為四區，每區中央是變體龍紋，以羽紋滿底，外區寬帶無紋樣，保存完好，難得，難得。
此類戰國方鏡存世頗少，《中國青銅器全集》亦未曾提及，民間近年則偶有發現，余見得拓之，以作留念，海上建。

題四　戰國鑲嵌透雕複合式龍紋鏡
方形，縱橫皆十三點三釐米，作橋鈕，鈕底為柿蒂紋，鏡背主體為盤龍紋樣，八龍相纏，身軀線條流暢自如，龍頭刻劃具體，間有鑲嵌，惜年久而不存也。
值得注意的是龍之兩前肢表現有力，龍爪刻劃細膩，尤其外層龍之爪還跨欄而出，如此生動細節實在令人驚歎矣。辛丑九月廿五日海上慎堂並識。

題五　戰國透雕複合式龍紋方鏡
鏡作方形，縱十九點五，橫十九點二釐米。圓鈕，而鈕底如柿蒂紋，鏡背透雕淺刻結合，工滿且精，內區八龍合軀，外區八龍單軀相背對稱，整個圖案組合極具裝飾性，乃彼時精湛之作，且形制碩大，譽方鏡之王不為過也。傳世唯此而無他。辛丑深秋海上慎堂崇建。

題六　戰國三山紋鏡
圓形，徑十點八釐米，三弦鈕，鈕座外一周凹面帶，鏡背主題為三個山字形圖案，滿地淺雕羽狀紋，外緣亦作較寬凹面之帶。
傳世之三山紋鏡較山字文鏡中最少，以法國巴黎所藏三山紋鏡為最精，此鏡亦稀，當寶之。辛丑年九月崇建並識。

題七　戰國四山紋方鏡
鏡作方形，縱橫皆十一點六釐米。三弦鈕，鈕底作方格，主題圖案即四山字紋樣，字形堅挺生辣，四角綴花蕾一枝，地紋為深峻之羽狀紋。

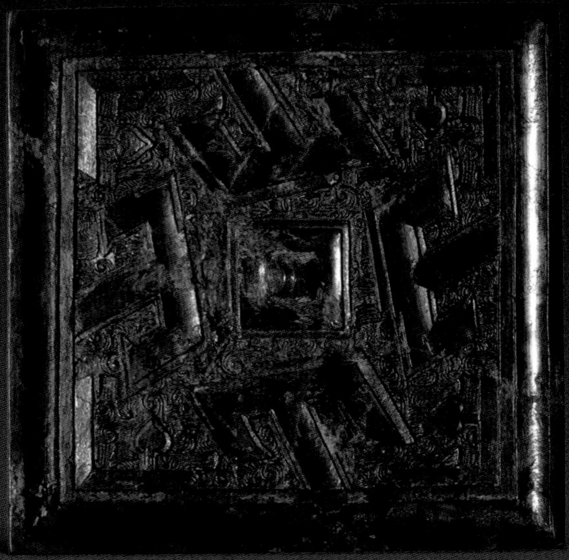

三山紋鏡

戰國

私家藏

四山紋方鏡

戰國

私家藏

龍紋鏡

戰國

私家藏

五山紋鏡

戰國

私家藏

鳳鳥菱紋鏡

戰國

私家藏

戰國十景

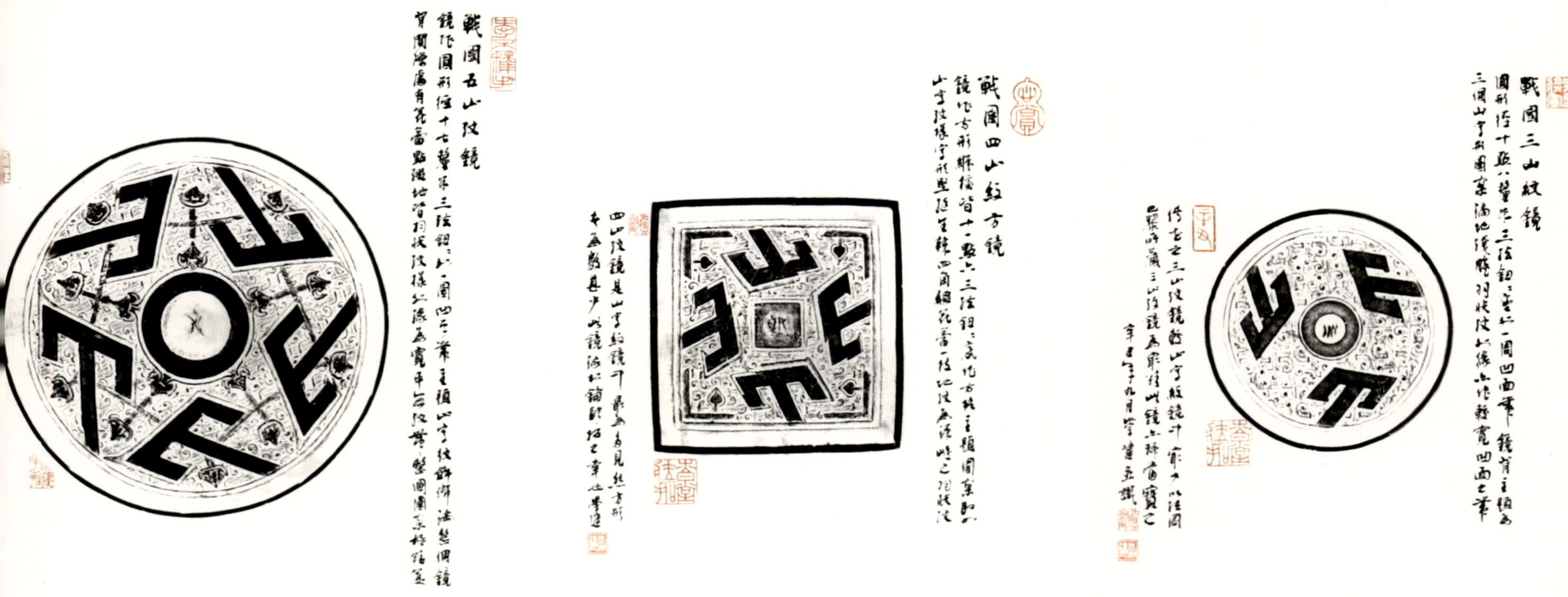
戰國五山紋鏡
戰國四山紋方鏡
戰國三山紋鏡

藏戰國古銅鏡十枚名品爲一卷藏之

辛丑九月廿三日滬上慎堂學建丑識

戰國十景圖考

戰國早期透雕複合式龍紋鏡

圓形徑十二釐米無鈕鏡背透雕十條蟠龍

戰國鑲嵌透雕複合式龍鳳紋鏡

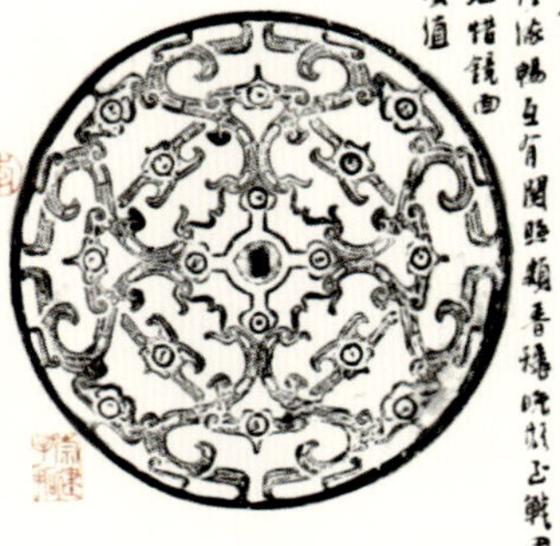

戰國四龍紋方鏡

戰國龍紋鏡

戰國鳳鳥菱紋鏡

四龍紋方鏡

戰國

私家藏

鑲嵌透雕複合式龍鳳紋鏡

戰國

私家藏

四山紋鏡是山字紋鏡中最多見，然方形者為數甚少，此鏡流於鋪肆，拓之幸也。崇建。

題八　戰國五山紋鏡

鏡作圓形，徑十七釐米，三弦鈕，鈕外一圈凹平帶，主題山字紋飾，佈滿整個鏡背，間隙處有花蕾點綴，地皆羽狀紋樣，外緣為寬平無紋帶，整個圖案極精美。

傳世五山紋鏡並不多見。一九五八年湖南常德德山出土同類五山文鏡，較此略大，今藏湖南省博。此鏡藏於民間，稀也。辛丑年海上崇建手拓並識。

題九　戰國龍紋鏡

圓形，徑十七釐米，獸鈕，鈕外層雙線同心圓帶，帶緣對稱四瓣柿葉形圖案。中區主題四條飛纏之龍，龍首高昂，龍身龍翼龍尾龍爪向兩側作弧圈狀展開，使之呈飛騰狀，仿佛顯現一種力量與速度，極其誇張又富有裝飾性，乃戰國鏡典範之作也。同類作品存世不多，且鑄造工藝精湛。鏡體輕薄，紋樣刻劃細膩，滿地雲雷紋，即可見得彼時製作者之態度也。辛丑崇建。

題十　戰國鳳鳥菱紋鏡

鏡作圓形，徑二十點八釐米。三弦鈕式，鈕底為柿蒂紋。有一圈凹面帶，帶緣飾柿葉裝飾紋樣。主題圖案為變形菱紋，間有四鳳鳥作棲息狀，滿地羽狀紋，甚精。

這種有規律且極具力量之變形菱紋，或應是山字紋演化而來。同類銅鏡在湖南已有出土，但如此尺寸則屬稀品也。崇建。

拖尾　《戰國銅鏡賞析》

古銅鏡源於史前，目前可知可鑒者為齊家文化時期之物，其鏡背上出現的裝飾性圖案均以幾何圖形為主。至戰國時期，銅鏡突飛猛進，不僅有了較規範化的完整體系，而且出現了鏤空透雕複合式品類。如本卷拓本一所示之透雕複合式龍紋鏡，鏡背透雕十條盤龍，龍軀靈動，極具立體之感，然取開後又見底面淺刻龍紋。這種源於春秋青銅禮器之紋樣的延用，可知彼時青銅鏡，雖獨立成體系，卻仍與青銅器關係緊密，故此鏡鑄造的年代應在春秋晚至戰國初。近三四十年來，在坊間和私家收藏中出現了不少頗具特色的戰國時期套鏡，亦即前述之複合鏡。這是一種鏡面鏡背分鑄，然後扣合為一的特殊鏡式，鏡背為透雕的鳳鳥龍獸紋，以龍紋居多。如本卷拓本二之鑲嵌透雕複合式龍鳳紋鏡即為一例。其紋樣在設計思路上更注重於裝飾趣味，龍鳳的變體呈現使整個畫面更具想象力，鑄造工藝亦日趨精湛。而拓本四示予我們的是一面更有特色的鑲嵌透雕複合式龍紋方鏡，主體為盤卷身軀互為勾連的八龍圖案，線條轉折流暢，龍首刻劃具體，豎耳瞪目，尤龍之一對前肢表現得十分自然有趣，龍爪還搭格欄而出，如此細微的動態處理足可證明彼時製作者巧思與精工。又比如拓片之五，戰國透雕複合式龍紋方鏡，鏡的尺寸遠遠大於前者，達二十釐米見方，就目前可知戰國方鏡中謂最大者也。主題紋樣亦是龍紋，然比之前者更具衝擊力，內區八龍合軀，外區八龍單軀又相背呼應對稱，龍首一致低垂，張口呈怒吼狀，使整個鏡面圖案平添一份莊嚴之感與獰厲之美。至於這些複合鏡究竟產於何地已不可詳知，如果僅就其表面銅銹分析，可能大都出於黃土地帶。一九八八年，河南洛陽西工區出土有同類透雕複合式方鏡，日本藏家千石唯司亦藏若干面透雕複合鏡，皆不如本卷所示之鏡來得碩大與精美也。

成熟期的戰國鏡品類較多。如本卷拓片六之戰國三山紋鏡、拓片七之四山紋方鏡，以及拓本八之五山紋鏡是彼時頗為流行的鏡式。這種戰國時期特有的鏡背紋樣，通常以所飾山字的數量多少命名，慣見的是三山、四山、五山、六山，其中以四山紋鏡居多，三山、五山、六山紋鏡偏少，而三山者最稀。拓本六之三山紋鏡乃私家珍藏，徑約十一釐米，三弦鈕式鈕座，外一周凹面無紋帶，山字圖案分佈鏡背，滿地羽狀紋，這

透雕複合式龍紋鏡

戰國早期

私家藏

是山字紋鏡常見的圖樣。亦有類似拓本八之五山紋圖案，即在底紋羽狀紋增加一些對稱對應的花型圖案，以豐富其畫面感。值得一提的是那些山字都是凹弧的寬條帶，其間不飾圖樣，而且所有山字都是斜勾排列，應該說一種紋飾的產生不會憑空而來。如果究山字紋之源，當可推此紋由東周青銅器上勾連雷紋移植而來，我們若將勾連雷紋截取一小段除去雷紋，便是斜形之山字紋了。

當然除了上述之複合特色鏡與山字紋特色鏡這些僅見于戰國時期外，更多的戰國鏡便是本卷拓本九之龍紋鏡，或拓本十之鳳鳥菱紋鏡，以及各類動物紋鏡。這些戰國鏡的特點就是圖案新穎，裝飾性極強，且滿地滿工，紋樣細膩，圖形講究對稱有序，鑄造工藝不斷精進且普遍鏡體輕薄，足見其製鏡工藝手段之嫻熟。可以說戰國鏡為中國古鏡發展奠定了重要基礎，並由此開啟了中國銅鏡藝術的燦爛歷程。辛丑深秋海上慎堂撰。

鈐印
崇建
慎堂藏拓
季崇建印
愛不釋手
季
崇建印信
別部將軍
心賞
崇建
慎堂
慎堂藏拓
愛不釋手
崇建
崇建手拓
心血來潮
季
崇建
崇建手拓
別部將軍
崇建
慎堂藏拓
心賞
慎堂
崇建
慎堂藏拓
愛不釋手
崇建
慎堂藏拓
別部將軍
辛丑
慎堂
崇建
慎堂藏拓
心賞
慎堂
崇建
崇建手拓
愛不釋手
別部將軍
慎堂
崇建
慎堂藏拓
季
別部將軍
慎堂
崇建
慎堂
慎堂藏拓
心血來潮
辛丑
崇建
別部將軍
季氏
崇建印信
別部將軍
季
海上崇建所見所鑒所拓所攷所跋之印

065 四靈博局紋銅鏡拓片

Bronze mirror with design of TLV and four animals (rubbing)

新莽時期
直徑 22 釐米

題 四靈博局紋銅鏡，新莽時期。
漢鏡乃中國古代銅鏡傳承至今之大類，大抵在武帝后大有發展，且紋飾多樣，其中所謂博局紋是重要一類，以前稱“規矩紋”，外國人稱為“TLV”紋樣。博局即兩人對弈之遊戲，各有六子，中有一骰，博局行子之界欄，分別繪有“TLV”條紋。河北平山中山王墓有一玉製博局盤，上雕精美龍紋與“TLV”博局界欄，可見此類紋飾戰國時期已經出現。而攷古資料表明，博局紋鏡西漢中期開始製作，至西漢及東漢間之新莽時期成為一種典型鏡式。此拓所見之具，即為代表之作，其間摻以青龍、白虎、朱雀、玄武四靈圖案，則成為新莽時期博局紋之重要標配，鈕座四周刻為十二地支銘及內區加一周銘文，成為彼時之流行樣式，精美無比，此鏡然也。海上崇建題。

季按：此鏡今藏滬上青銅器藏家處，其知我癡迷金石之具拓片，允我拓之賞玩也。同類鏡式亦見各博物館，但私家藏者恐又在多數，而類此精甚當稀也。前段時期銅鏡收藏蔚然成風，拍賣紀錄頻頻創高，高到離譜，更有甚者狂聲市肆，言孤品鏡式可比繪畫中《石渠寶笈》之類宋元作品。“過譽”！“過譽”！銅鏡一族畢竟金石中之小門類，不可言過其實，當然如此鏡精美者可藏之賞之，價格亦不菲，拓之題之當可滿足矣。己亥年崇建。

鈐印 建業文房主
海上崇建所見所鑒所拓所攷所跋之印
崇建印信
季氏
別部將軍

四靈博局紋銅鏡 · 新莽時期

漢鏡是中國古代銅鏡發展史上之一大類，大概自武帝時代大有發展，且紋飾多樣，其中所謂博局紋是重要一類，以其錯規矩紋，國人稱為TLV紋樣。博局即兩人對弈之游戲，今有六子中有一般博局列子之界欄，與此鏡有TLV條紋，以上所述，中山王墓有一玉製博局盤，上雕刻兕龍紋，與TLV博局界欄可見，此類紋飾戰國時期已經出現，於古資料表明博局紋鏡西漢中期開始製作，至西漢至東漢間之新莽時期成為一種典型鏡式，此時所見之其地為代表之作，其圖繪以青龍白虎朱雀玄武四靈圖案，形成為新莽期博局紋之重要標配，紐座四周刻有十二地支銘及內區加一周銘文，成為當時之典型樣式，精美無比。此鏡即其中之上品。寬頤

季振此鏡之藏處上有銅器藏家齋其知名家瘦習金石之其拓片名家拓之貴珍中同類鏡式亦見於博物館但私家藏者恐又甚多數此類出土甚富精也新莽時期銅鏡收藏亦時見拍賣亦錄類劍之記錄譜系有甚多拓片背部錄書版其鏡式可此博界中之名器寶貴之類等元作品過譽之銅鏡一流畢竟屬名中之所類不可言過其實當然如此鏡精彩者可識之貴之價格亦不變故之類之當可滿足矣己亥年世安題

066 “昭是明鏡”四靈紋博局銅鏡拓片

'Zhao Shi Ming Jing' bronze mirror with design of TLV and four animals (rubbing)

新莽時期
直徑 18.5 釐米

題一　新莽昭是銘四靈紋博局鏡拓片，己亥年冬月半海上慎堂季崇建署。

題二　此拓原物乃海上藏家舊藏多年，觀其品相完好，上品也。圓形之鏡，鈕圓，雙線之凹面方格內十二紋乳釘間隔十二地支銘。四“T”紋兩側有圓鈕座八乳釘，與博局紋將主紋飾分為四方八區，其間飾四靈羽人禽獸紋：青龍與騎獸奔跑之羽人均回首相對；白虎與雙角山羊回首相望；二朱雀振翅卷尾，一回首顧盼，一邁步向前，中隔停歇小鳥；玄武與瑞獸背向而立，以雲氣紋填白。圈帶銘文云：“昭是明鏡知人請，左龍右虎得天菁，朱爵玄武法列星，八子十二孫居安寧，常宜酒食樂長生。”通常四靈博局鏡中多為“東青龍，西白虎，南朱雀，北玄武”的四方配置，此鏡則反位，這種模式是因為漢代人使用兩種不同之空間方位體系構圖所致，至隋才統一為左龍右虎之模式了。此鏡直徑為十八點五釐米，製作工藝精致，改模具生辣，設計圖案典雅，是新莽鏡之佼佼者也。崇建寫於寓中。

季按：新莽時期是一個非常特殊並有意思之時期，比如銅鏡，如右所示之具，形則規範，紋樣特殊，而且製作之精到非衆漢鏡所能及也。比如新莽期制幣亦極講究，比如彼時所鑄之官方頒發之銅印同樣精妙絕倫，漢之前後朝都不可與之同日而語，我甚喜。這固然與西漢武帝繁榮延至新莽、使技藝保持優良有關，但設計思路與創新面貌的精進實在讓人難以解讀。這一歷史時期竟會出現如此令人折服之作品，這又使我聯想起隋時之金銅佛像，如果拿出土或傳世之歷朝金銅佛像作一客觀比照，可以大膽地講，是沒有一件任何時期之金銅佛像隋像那麼地精致華麗和優秀的，這包括其設計製作工藝及創新意識，甚至內容、佈局都是無法想象的好。恰恰比之新莽亦時期短暫，卻給我們留下諸多美之享受，猶如一次美的噴發。照理新莽後的東漢應在此基礎上更好，隋後之大唐金銅佛亦會更好，二者卻都沒有前者令人興奮之作，妙哉！怪哉！再看清際之康、雍、乾三代官瓷，向被藏家追捧，但價值最高者正是最短期之雍正器，其精其美前後二者難比也，費解！費解！崇建又及。

鈐印　海上崇建所見所鑒所拓所攷所跋之印
季氏
別部將軍
崇建印信

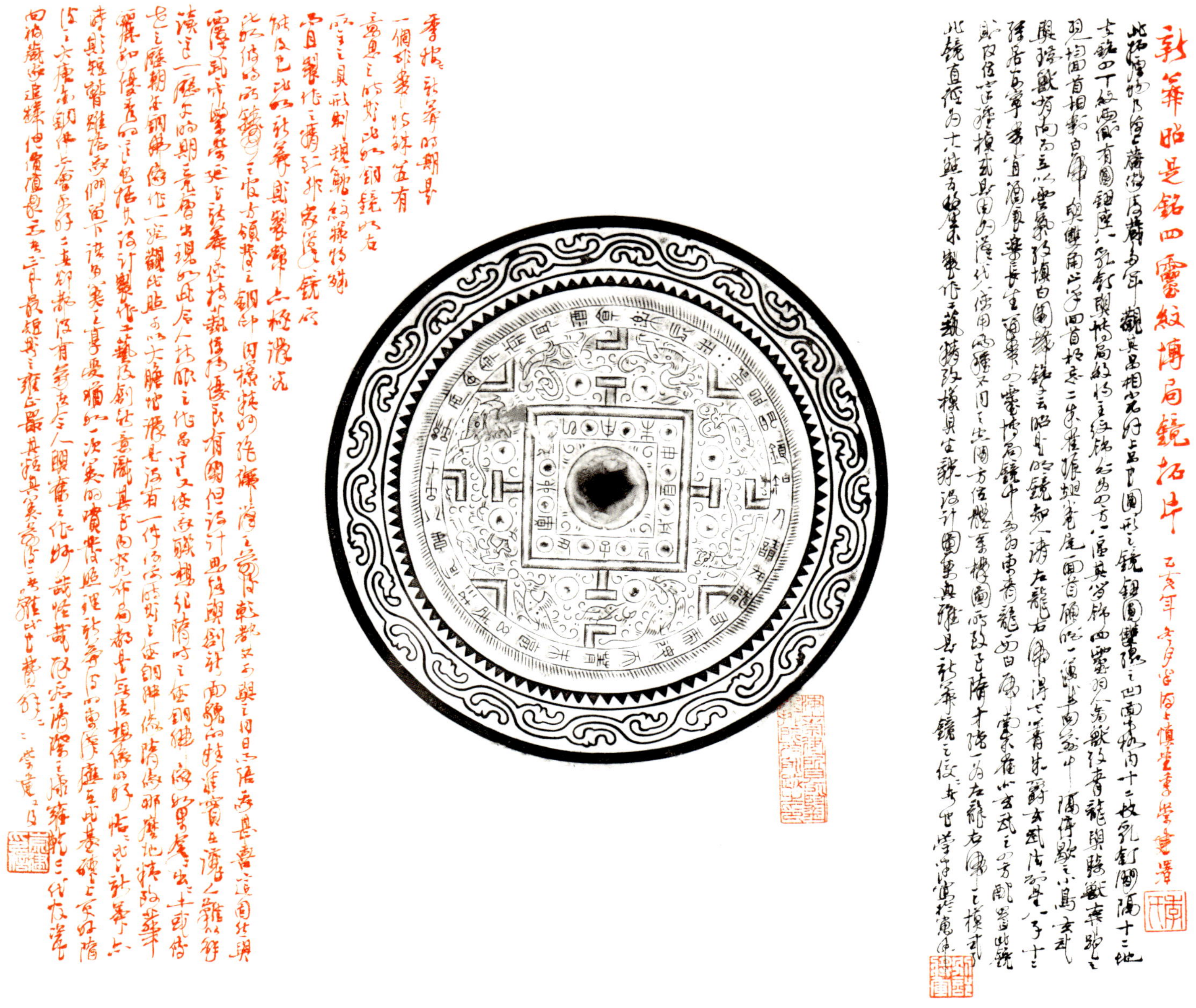
新莽昭是銘四靈紋博局鏡拓片

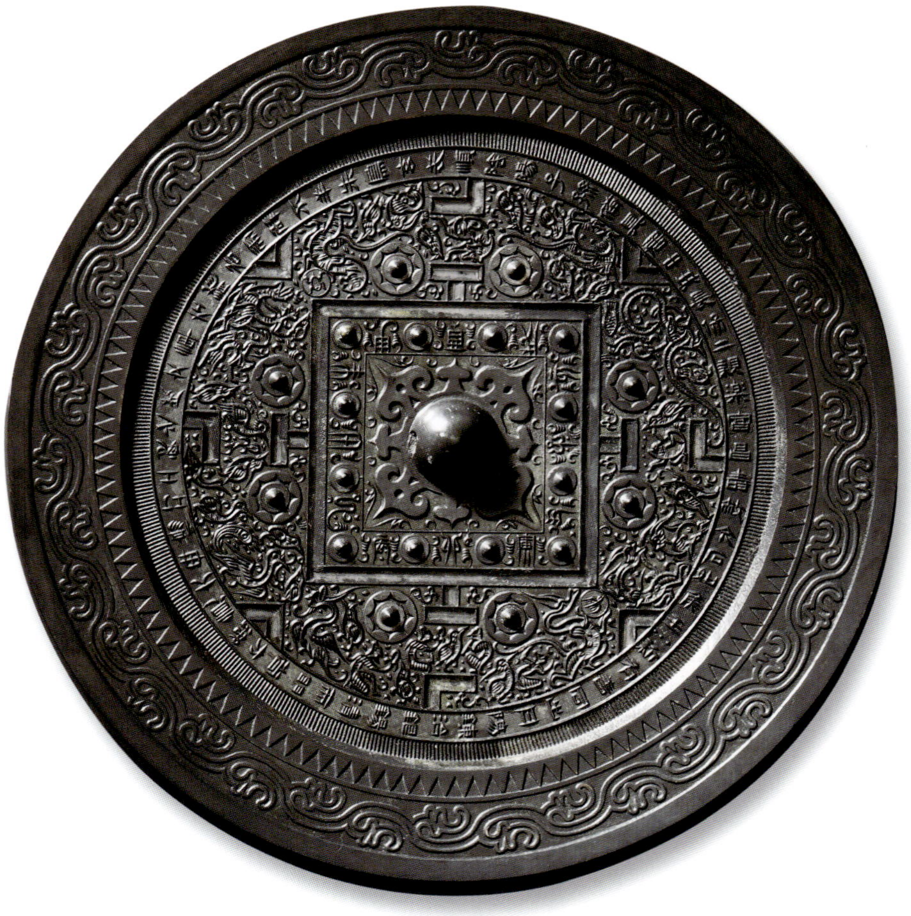

067 尚方御鏡四靈博局紋銅鏡拓片

'Shang Fang Yu Jing' with design of TLV and four animals (rubbing)

新莽時期
直徑 22.5 釐米

題一 新莽期尚方御竟四靈博局紋銅鏡拓片，己亥年冬月初海上崇建題。

題二 此拓原物曾送拍至上海匡時拍賣行，余幸獲拓片，並觀此新莽鏡，極標準之具。其徑二十三釐米，重約一千四百四十克，圓鏡，圓鈕，變形之柿蒂紋鈕座，外層有雙線凹面方格，內飾幾何紋，四邊均置十二枚圓座乳釘，篆書十二地支銘文分列其間。四"T"紋兩側有連弧紋座八乳釘與博局紋將主紋飾分為四方八區。東青龍捧日配置神鳥與羽人、雛鳥，西白虎捧月配置獨角獸與瑞獸、雛鳥，北玄武配置獨角獸與蟾蜍、雛鳥，南朱雀配置仙人騎鹿與羽人、雛鳥。主紋外飾一圈銘文及櫛齒紋，寬厚平緣上飾一周鋸齒和一周雙線水波紋。整個鏡背紋樣充滿，呈黑漆古，版模清晰，光氣極佳，乃新莽期銅鏡之上上品也。此尚方御竟博局紋鏡圖文並重呼應，尤其將四靈構成了空間位置，同時形成了陰陽格局，凸顯了銘文中所提到的"子孫備具居中央"之觀念。今查遍傳世與出土同類新莽文字鏡，可與其比者稀也，彌足珍貴。季崇建再題於慎獨齋。

季按：此鏡作長銘曰"新有善銅出丹陽，煉冶銅錫清而明。尚方御竟大毋傷，巧工刻之成文章。左龍右虎辟不佯，朱鳥玄武順陰陽。子孫備具居中央，長保二親樂富昌，壽敝金石如侯王。"這類鏡中長銘乃新莽鏡之特色，而且句中都如此鏡一般在行文時加入其國號新字，諸如"新有善銅出丹陽""新興辟雍建明堂"等，此其一；其二為祈福富貴升遷，如"上保二親大樂富貴遷位共卿"；其三稱讚銅鏡質地，如"漢有"或"新有"善銅出丹陽，煉冶銅錫清而明；還有稱讚紋飾內容及稱讚國家安寧、人民得以生息等等。故新莽文字鏡無愧中國銅鏡之另類也。

鈐印 海上崇建所見所鑒所拓所孜所跋之印
季氏
崇建印信
別部將軍

新莽期尚方御竟四靈博局紋銅鏡拓片

乙亥年冬月於海上棠建題

此拓原物曾經陷於子函在時拍賣行之乙亥年獲拓片並觀此新莽鏡，極標準之真品，徑二十三釐米，重約一千六百四十克，圓鈕，圓鈕覆斗形之柿蒂紋鈕座，外層有雙線四面方格，內飾幾何紋，四邊均置十二枚圓座乳釘，篆書十二地支銘，其外以T紋兩側有連弧紋，以乳釘博局紋將主紋飾分為四方八區，東方青龍配置獨角獸與羽人、鵜鳥，西方白虎配置獨角獸與瑞獸、鵜鳥，北方玄武配置獨角獸與蟾蜍、鵜鳥，南方朱雀配置儒人騎鹿與羽人、鵜鳥，主紋外飾一圈銘文，文隸書，寬厚平緣，上飾一周鋸齒紋，一周雙線紋，波紋，整個鏡背紋飾布滿黑漆古，板橫清晰，光氣極佳，乃新莽期銅鏡之上品也。此尚方御竟博局紋鏡圖文並茂，呼應四靈，空間位置同時表明以陰陽格局顯示銘文中所提之子孫俱具居中央之觀念，可見此鏡可與莫比者歸也。漢之珍貴。李棠建記於慎獨齋

考據：此鏡作長銘曰：新有善銅出丹陽，煉冶銅錫清而明，尚方御鏡大毋傷，巧工刻之成文章，左龍右虎辟不祥，朱鳥玄武順陰陽，子孫備具居中央，長保二親樂富昌，壽敝金石如侯王。這類鏡中長銘乃新莽鏡之特色，而且內中都如此鏡一般生動有加，尤其歸於新字，說明新有善銅出丹陽，新興辟雍建明堂，寧此其一，真二為所說富貴平安，以上億二親六畜富貴遷位不限，真三說贊銅鏡質地，以從有新有善銅出丹陽，煉冶銅錫清而明，果遂有說贊說鏡內容，說贊國家安寧，人民得以生息繁衍之故，新莽文字鏡為中國銅鏡之另類也。

068 變形四葉獸紋銅鏡拓片
Bronze mirror with design of leaves and animals (rubbing)

東漢延熹八年
直徑 19 釐米

題一 東漢延熹八年變形四葉獸首紋鏡
此拓原物藏於私家，頗稀，不論其紋飾刻劃、形式佈局及文字內容之表述，皆未見可比照者，是謂東漢銅鏡中之上上品也。慎堂崇建題。

題二 此鏡徑十九點七釐米，頗厚實，圓鈕座。座外為變形四葉向外呈放射狀，佔據鏡背中心位置，並將內區分為四區，四葉內各有篆書銘文二字，順時針旋讀兩周，為“長宜子孫位至公矦”，葉外四區各置一正面之獸首，其毛髮之捲曲極具尊貴威嚴感，神采奕奕而各有所異。外區為銘文帶及內向連孤紋各一周，銘文釋讀為“延熹八年三月二十日上方作字有已佘去非祥外古市為吏高遷車内位至三公保孫子壽如東王父西王母矣”共四十四字，其鏡緣裝飾尤見特殊，瑞獸九隻，間隔圖騰造型生動，神態各異，呈回首凝望或匍匐休息，僅有似神牛者與眾不同，使觀者聯想翩翩……東漢之鏡鑄成此般景象實屬稀見也，有如此特徵之造作無不與彼時製鏡工藝相關。從已知攷古資料發現，東漢時普遍以滑石為鏡模，因為滑石宜於雕刻，更宜將紋樣線刻得十分細膩，以陰線起刀猶如治印一般運刀可以自如，刻竣後翻製成蠟模，然後敷範土，待乾後焙燒成型，蠟胎流失，再灌注銅液，冷卻後剖範取鏡，故可有如此流暢精美之線條，延至隋唐更見高峰也。庚子年四月初海上慎堂崇建寫于建業文房之窗下。

鈐印 海上崇建所見所鑒所拓所攷所跋之印
季氏
崇建印信
別部將軍

東漢延熹八年夔形四葉獸首紋鏡

此拓為友人藏於私家頗稀，不論其紋飾刻劃形式布局以及文字內容之義亦皆未見，可以照亮吾湯東澤銅鏡中之上品也。慎思堂澤題

此鏡徑十九點七釐米，鈕厚實圓鈕，鈕座為夔形如葉向四方呈放射狀，與緣鏡背中心位置并均勻座分以座以篆為四方有篆書銘文二字，順時針旋讀為長宜子孫、位至公侯等，於四座之外置一正面之獸首，亦毛髮之卷曲極具尊貴威儀，威神采奕奕，有奇異於座內銘文帶及內向連弧紋之一周銘文，釋讀為延熹八年三月二十日上方作自有己，宜去非祥，宜古市，為吏高遷車內位至三公，保孫子，壽如東王父西王母兮，共四十八字。其鏡緣裝飾尤見精緻，瑞獸九隻，間隔圖案，造型生動，其離奇異式，四首凝神，或前或後，休息任有一似神牛奔騰，無不同俊觀者驚歎，嗣嗣東漢之鏡，鑄此般景象寶屬罕見也。有以此精緻之造作，無不與彼時製鏡工藝相關，從已知古資料發現東漢時普遍以滑石為鏡模，因為滑石易於雕刻，又直將紋樣細刻渭十分細膩，以張線紋刀猶如治印，工艇渾刀而以自如刻繪，從翻製未燬模，其後鑄範土倚乾後焙燒，成型，燬胎後，澆注銅液，然後剖範取鏡，故可有如此流暢精美之線條。延至隋唐方見高浮之作。
庚子年五月初海上慎思堂建寫於寓齋之燈下

069 四靈博局紋銅鏡拓片

Bronze mirror with design of TLV and four animals (rubbing)

東漢

直徑 17 釐米

題 東漢四靈博局紋銅鏡拓片

此拓原物私家所藏。鏡為圓形，作圓鈕，鈕座外雙線凹面方格，內飾一周凸弦紋帶，間有環繞圓鈕八枚圓座乳釘及簡潔之幾何紋樣，精緻可愛。四“T”紋兩側有幾何紋圓圈裝飾之圓座八乳釘，與博局紋將主紋飾分為四方八區，分別為青龍配人首獸身之神獸白虎一隻，玄武配瑞獸，朱雀配神鳥，內容豐富而相映成趣。空白處填以圓鈎紋，主紋外飾一圈銘文及櫛齒紋。其銘曰：“漢有善銅出堂浪，和已銀錫清而明，左龍右虎主四彭，八九孫治中央，朱爵玄武順陰陽，宏激茲郵辟五嶽，延年益壽樂未央，毋極正息辟不陽。”東漢銅鏡出現長篇銘文者不在少數，較多者為四十字左右，鑄有超過五十字則為稀見，此鏡銘過五十，當其特色之一。特色之二，其內容有“善銅出堂浪”，雖未知“堂浪”古為何地，但至少可知彼地出優質銅材。一九五四年，安徽壽縣牛尾崗出土同類之鏡，其銘曰：“漢有善銅出丹陽，和以銀錫清且明，左龍右虎主四彭，朱爵玄武順陰陽，八子九孫治中央，屬母自給起漢陽，家常大富宜侯”，共四十八字，亦有善銅之地名也。此鏡今藏安徽省博物館內，私家所藏恐此堂浪銘一例也，彌足珍貴。又銘內提到“茲郵”，即“蚩龍”。蚩龍者乃上古時期九黎部落聯盟之酋長、華夏文明之初祖、漢文化之戰神，後世為其建廟祭祀，可辟兵災、去不祥。此銘提及蚩龍大帝，對於研究上古文明之原始崇拜具有重要意義。今小邱持拓贈我，欣喜之餘，題此以為同好共賞。庚子年五月梅雨季宅家，海上慎堂崇建並識。

鈐印 慎堂藏拓

季

崇建

慎堂

東漢四靈博局紋銅鏡拓片

此拓原物私家所藏鏡為圓形作圓鈕鈕座外變形四葉方格內飾
一周凸弦紋葉間有環繞圓鈕八枚圓座乳釘及簡潔之綫條
紋樣精致可愛四T紋兩邊有綫條紋圓圈裝飾之圓座八乳
釘與博局紋將主紋飾分為四方八區分别為青龍配人首獸
身之神獸白虎配一獨角獸玄武配瑞獸朱雀配神鳥內容豐富與
相映成趣空白處填以圓點勾勒主紋外飾一圈銘文及櫛齒紋其銘
曰漢有善銅出堂狼和已銀錫清且明左龍右虎主四彭八九
孫治中央朱爵玄武順陰陽去激邪辟不祥延年益壽
壽未央毋極止息兆太陽東漢銅鏡出現長篇銘文者不乏少
數數文字為四十字左右鏤有銘過五十字以為稀見此鏡銘過五十
當尤特色之一特色之二為內容有善銅出堂狼雖未知堂狼古為何
地但正如今知係地出優質銅材一九五四年安徽壽縣牛尾崗出土
同類之鏡其銘曰漢有善銅出丹陽和以銀錫清且明左龍右
虎主四彭朱爵玄武順陰陽八子九孫治中央毋自洽訊義陽
家常大富宜侯王其四十八字亦有善銅之地名也此鏡今藏安徽
省博物館而私家所藏恐此堂狼銘一例也猶足珍貴又銘內提
到蚩尤蚩尤為上古時期九黎部落聯盟之首長華夏
文明之初祖溯其化之戰神後世有建廟祭祀可辟兵災去不祥
此銘提及蚩尤大帝對於研究上古時代之原始崇拜具有重要
意義今山卿持拓贈我欣喜之餘題此以為同好共賞
庚子年吉月梅山學宗後上慎墨堂建孟識

《兩漢十鑒》卷

是卷集兩漢古鏡名品拓片十幀，含引首拖尾，總長853.5釐米，乃鉅制也，並與《戰國十景圖卷》《隋唐十影圖卷》合為姊妹三卷。

吳向里柏氏作伍子胥畫像對鏡

東漢

私家藏

東漢　吾作明鏡神獸鏡

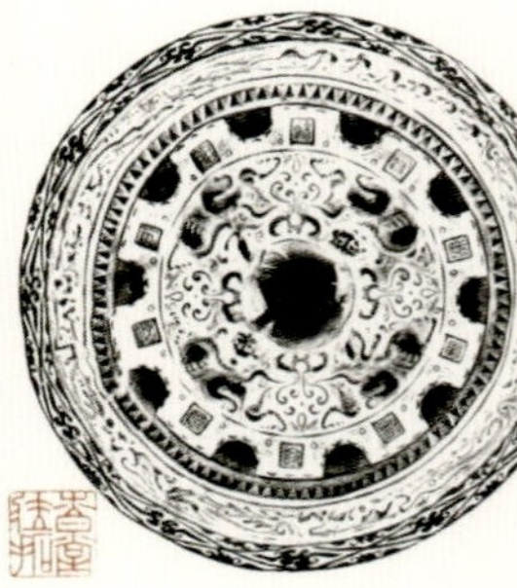

鏡作圓形徑十三釐米圓鈕內區紋飾為四組神獸皆作博
髻狀身軀刻劃細膩生動間飾花形紐樣其外一周有半圓方枚
紋帶方枚內各鑄一字曰吾作明鏡幽湅三商命長⋯外區內層
飾龍虎紋樣外作雲氣紋整個鏡背內容豐富製作精良
品相保存完好傳世亦不多見當寶之滬上李學建藏拓

東漢　君宜官重列式神人神獸鏡

此鏡外區有一圈紀年銘文常頌於鏡曰吾作明竟幽湅宮商周羅容象
五帝天皇白牙彈琴黃帝除凶朱鳥玄武白虎青龍君宜高官
子孫番昌建安十年造作　大吉羊此為吉祥語亦多見也

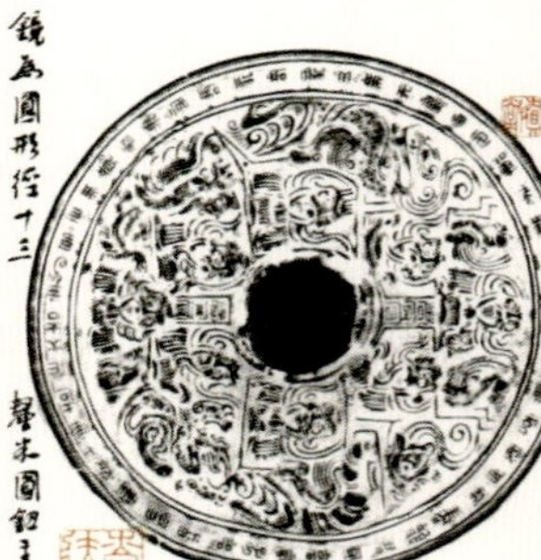

鏡為圓形徑十三釐米圓鈕主體紋樣作重
列式高浮雕共五層外一層是神人神獸組合第二層是神
人一組外三層是神人配青龍白虎第四層是神人與東
王公第五層以神人與朱雀玄武內容豐富形式多樣
實乃東漢建安鏡中之極美品也　辛丑九月學建又識

東漢　四靈鏡

此鏡為圓形徑二十公分紋飾精美圖案生動乃漢鏡之上品
辛丑十月初一滬上學建題

李按鏡作圓鈕座邊線框為方形內區以四乳釘分隔四區
見有青龍白虎天馬神獸各居一方皆以氣勢為天靈之
物其形體生動靈神之流暢傳神之極見也

人像皆以單線勾勒以白描加減線刻其線條流暢
優美形象生動且有韻味性光彩奪目古人對宇宙
陰陽的直觀體現可以直觀地展示是一道
銘文在中作鏡居陽當陰天地日月光上有仙人事國
並有四十二字鏡之外緣飾一週銘文及一圈雲紋
雙鈎空心變體雲龍紋同類者至近年拍賣會上出現
價格頗高屢創新高之具也
此鏡保存完好尺寸亦大為難得品相一流內容豐
富文化內涵充實紋飾典雅流暢製作工藝上乘可謂
天工之物也乃漢代神獸博局紋鏡之巔峰之作
辛丑十月初一滬上頃坐李學建

漢鏡賞析

歷史上漢代承秦制故漢初的銅鏡亦沿戰國鏡模式如
廣西南越王墓中隨葬之六山紋鏡同戰國同類鏡無甚差異由
此可以說是戰國鑄品之沿用由於秦漢之際戰爭頻仍銅料缺
乏大一統後鑄鏡業當甚緩慢之漢人無法興舊銅業
至武帝時世道甚好鑄鏡業亦隨之興盛首先是文字鏡的出
現使古鏡具有了更多的文化內涵以草葉紋作一的清白文字鏡
是西漢銅鏡的常用典型樣式紋飾簡單的明鏡體較為厚實一
個文字顯現出它特有的形式不僅出現了帶有文字的鏡式變得更
加精緻細膩且具文氣性如此者尾才九傾指本時之日有喜草葉
紋鏡是西漢後期之精品鏡面尺寸較大近二十四公分優雅簡潔的草
葉紋與規整端麗的文字書體仍是裝飾雅致似極其裝飾性卻充
盈了更多文化內涵承載著更多人們對美好生活的企盼
漢鏡的鑄藝最巔峰期當在東漢但不能忽視兩漢之際的新莽
時期的銅鏡鑄藝如以草葉紋之十之替作鏡神獸博局紋鏡是以
典型也首先作文字排列上層既有篆書的十二地支銘文又有隸書的四
十二個的吉語文字常伴配上四方神靈以及蟠螭天禽羽人等形態亦
且皆以白描式勾勒顯得極為清麗典雅這種製作的精準細膩度堪新
莽鏡所特有
東漢鏡是整個兩漢時代鑄造技藝最精彩部分藝術紋飾承東
西漢之延續是動物鏡和人物故事鏡或畫像鏡其代朝所不及也如畫十拓
本之五四靈鏡主體圖案是青龍白虎天馬神鹿九一靈動飄逸神
采飛揚這種圖像在同時期的畫像石磚像磚上時常得見如此前者更
具藝術性又若之拓本之東漢君宜官重列式神人神獸鏡高浮雕共
五重有重居中或一或二數稱端座形如太上老君像旁配青龍白虎朱
雀玄武及東王公西王母像整個畫面飽滿豐富極具神話色彩且人物與
動物的刻劃非常之適於色生動有趣那些眩顯誇張的形態令人見之不
心悅也又第六拓本內第六第七拓本之吳向里伯氏作畫像鏡雖得出
土出現具主題圖像描繪的是吳越戰爭這段歷史典故不僅人物
車騎皆刻劃得栩栩如生而且四大物以及細節都得遍真如此高超的鑄
鏡技藝加上極具文藝性的情景表現使東漢人物故事鏡達到了巔峰
之態實在令人一唱三嘆因此當今精品漢鏡通過近幾十年收藏價格攀
升自在情理之中今能觀得漢鏡精良拓之裝此一卷亦是萬幸矣
辛丑十月初六滬上學建寫於值獨齋燈下

070 兩漢十鑒（鏡）圖卷

Ten mirrors of The Western and Eastern Han (rubbing in scroll)

兩漢

畫心 拓片一 直徑 18.5 釐米
拓片二 直徑 14 釐米
拓片三 直徑 13 釐米
拓片四 直徑 13 釐米
拓片五 直徑 20 釐米
拓片六 直徑 20.5 釐米
拓片七 直徑 20 釐米
拓片八 直徑 19 釐米
拓片九 直徑 23 釐米
拓片十 直徑 19 釐米

題簽 兩漢十鑒圖卷，辛丑九月海上慎堂題。

引首 兩漢十鑒，集西漢與東漢青銅鏡精品十枚之拓成一卷，辛丑年九月廿九海上慎堂崇建題。

畫心 兩漢十鑒圖卷
鑒，鏡也。《左傳·莊二十一年》曰："王以後鞶鑒予之"；注云："鑒，工暫反，鏡也"。《文子·符書篇》："人舉其疵則怨，鑒見其醜則自善，以鑒無心故也。"又《說文》："鑒諸，可以取明水於月"；《周禮·秋官·司烜氏》："以鑒取明水於月"，注云"鑒，鏡屬"。此卷集以兩漢古銅鏡精湛者計十，拓成一卷，名曰兩漢十鏡為"十鑒"，以為雅稱也，並各拓皆釋讀攷證，與諸同好共嚮（饗）也。
辛丑深秋海上慎堂季崇建並識。

題一 西漢潔清白文字鏡
此鏡為圓形，徑十九釐米。圓鈕，鈕座為連珠紋樣，內區為內向八連弧紋，外區作文字帶，言"潔清白事君志驩之合時級玄錫之澤而恐疏遠日忘懷美之窮皚承驩之可說慕景之亡而母絕"共三十八字，同類者尚存不少，但字句略有出入矣。海上崇建。

題二 西漢君宜高官鳳紋鏡
此鏡圓形，鏡十四點三釐米。龍形鈕，鈕座外弧形弦紋，內繞鈕有"君宜高官"四字銘。座外四寶珠形葉向外呈放射狀，將主紋分為四區，區內各一對鳳鳥，外緣裝飾一周十六連弧紋，間隔三紋刻以同銘"夫王日月"四字，如此佈局之特殊存世難見也。辛丑年海上慎堂崇建識。

題三 東漢吾作明鏡神獸鏡
鏡作圓形，徑十三釐米。圓鈕，內區紋飾為四軀神獸，皆作蹲踞狀，身軀刻劃細膩生動，間飾花形紋樣。其外一周有半圓方格紋帶，方格內各鑄一字，曰"吾作明鏡幽湅三剛命長"；邊緣內層飾龍鳳諸紋樣，外作雲氣紋。整個鏡背內容豐富，製作精美，品相保存完好，傳世亦不多見，當寶之。海上季崇建藏拓。

題四 東漢君宜高官重列式神人神獸鏡
此鏡外區有一圈紀年銘文帶，頗特殊。曰："吾作明竟幽湅宮商羅容象五帝天皇白牙彈琴黃帝除兇朱鳥玄武白虎青龍君宜高官子孫番昌建安十年造作大吉羊"，如此明確，未多見也。
鏡為圓形，鏡十三釐米。圓鈕。主題紋樣作重列式。高浮雕共五層：第一層是神人神鳥組合，第二層是神人一對，第三層是神人配青龍白虎，第四層是神人與東王公、西王母，第五層神人與朱雀玄武。內容豐富形式多樣，實乃東漢建安鏡中之極美品也。辛丑九月崇建並識。

題五 東漢四靈鏡
此鏡為圓形，徑二十釐米。其製作精美，圖案特殊乃漢鏡之上品。辛丑十月初一海上慎堂題。

季按：鏡作圓鈕，鈕座雙線框為方形，內區以四乳釘分成四段，見有青龍白虎天馬神獸各居一方，皆有翼，故為天靈之物也。其形體生動誇張，神奇又優雅，線條之流暢，傳世稀見也。

題六 東漢吳向里柏氏作伍子胥畫像鏡
鏡為一對，極難得。作圓形，鏡一徑二十釐米，鏡二徑二十點三釐米。
此兩面畫像鏡主題圖像描繪的是吳越戰爭這一歷史事件中的主要情節，人物及局部場景再現，有越王勾踐與臣子范蠡設計謀吳，獻美入寶器，吳王拒諫納賄，賜死伍子胥以及伍子胥自刎等生動畫面。從這畫像對鏡上，我們可以看到漢代鑄鏡工匠所具有的深厚文化素養與高超工藝技巧，其在內容選擇和構圖上做到既突出重點又互為照應，並以強烈的對

角王巨虛神獸樂舞紋鏡

東漢

私家藏

四靈鏡

東漢

私家藏

吾作明鏡神獸鏡

東漢

私家藏

日有憙草葉紋鏡

西漢

私家藏

集西漢與東漢之銅鏡精品十枚之
拓本一套
辛丑年九月廿九海上愼念堂建頩識

兩漢十鑒

東漢 四乳禽獸神獸羣蚊鏡

東漢 甲午盍神獸羣蚊鏡

伍子胥畫像鏡銘文釋讀
吳向里柏氏作竟，四夷服，多賀國家人民息，胡虜
滅，天下復，風雨時節，五穀熟，長保二親得天力，
壽如金石宜官秩兮。

東漢 吳向里柏氏作竟子胥畫像鏡

代兩面畫像鏡主相間為層為...

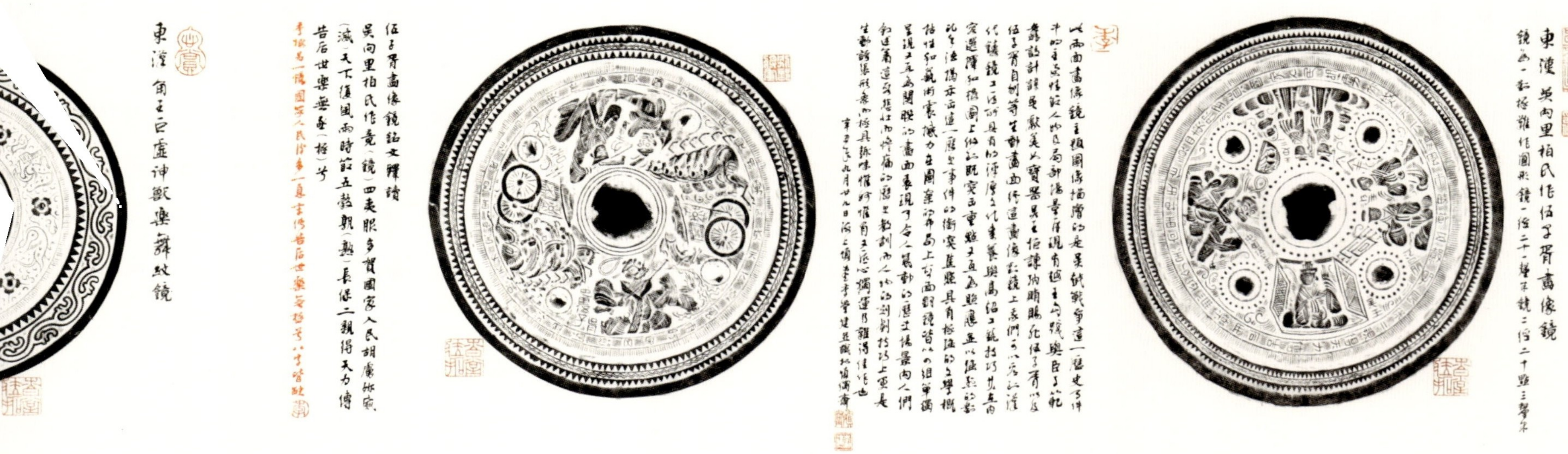

西漢十鑒圖卷

鑒，鏡也。左傳莊二十一年曰：王以后之鞶鑒予之。注云：鑒，鏡也。文子符言篇：人舉其疵則怨，鑒見其丑則自善。以鑒喻心者也。又說文：鑒，許云以取明水於月，周禮秋官司烜氏以鑒取明水，皆注云：鑒，鏡屬。此著錄以西漢古銅鏡拓本計十枚，一一審辨，曰西漢十鏡，為十鑒。以為雅稱，古墨與拓皆見雅韻，敢以鑒與諸同好共賞也。

辛丑海上慎堂李建國識

西漢湅清白文字鏡

此鏡為圓形，徑十九釐米，圓鈕，連珠紋鈕座，內區為內向八連弧紋，外區作文字帶，言湅清白事君志驩之合明伋玄錫之流澤而恐疏遠日忘懷美之窮皚承歡之可說慕窔之靈而毋絕，共三十八字，內頗有省字，但字句略有出入矣。滬上李建

西漢見宜高官鳳紋鏡

此鏡圓形，徑十四點三釐米，龍形鈕，鈕座外環形紋，內區銘有見宜高官四字銘，座外四寶珠形葉，內外呈放射狀，和主紋分為四區，內各一鳳，填以雲紋，緣飾一周十六連弧紋，字體三段刻以銘文，與日月同輝，錯落有致，難見也。

辛丑冬滬上慎堂李建國識

新莽 尚方作鏡神獸博局紋鏡

辛丑十月 李建國

鏡作圓形，徑十九點三釐米，圓鈕，柿蒂紋鈕座，外層有細線雙方框，外框內十二乳釘間列篆書十二地支銘文，框外正中各向外伸出一T形紋，與L形、V形紋構成博局紋，內區主紋飾分為四方八區，青龍、白虎、朱雀、玄武等四神及禽獸紋，書法遒勁，是新莽時期博局紋鏡的精品，與此相應者尚少見。

西漢日有憙草葉紋鏡

辛丑十月初一日滬上慎堂李建國

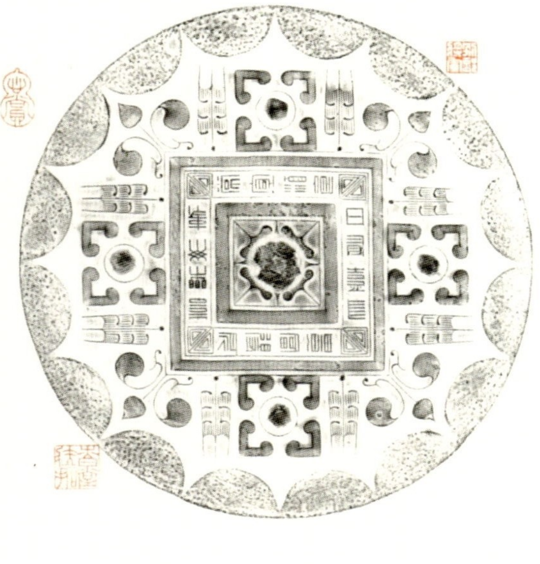

此鏡為圓形，徑廿三釐米，圓鈕，座外方框，框內篆銘文：日有憙，長貴富，得所喜，樂毋事，常宜酒食。其銘文字體端莊，具溫雅之氣也，配以外區之柿葉紋飾，興味之草葉紋樣更加經典，僅存實難得之，其古早歲滿溢漢墓中出土，故定西漢有據可信。滬上慎堂記

鏡作圓形，徑十八點八釐米，圓鈕，以環繞九枚乳釘間有草紋與宜子孫三字，配搭座外是一週角至四虛日，得喜上有龍虎四時置常，保二親，樂毋事，子孫息，字七字，中座主紋樣以七枚帶柿蒂座之小乳釘，區隔七組畫面，分別是羽人、獸、白虎、雙鏡、白虎、神獸、青龍、瑞獸、朱雀，鑿刻，畫面生動，緣飾錯圖紋一週，以圈帶雙龍紋，其通體黑漆古，光亮如鏡，作精美，內容豐富，保存流暢，品相極佳，乃漢之最具七慎堂

秦中作鏡神獸博局紋鏡

新莽
私家藏

君宜高官重列式神人神獸鏡

東漢
私家藏

比手法揭示出這一歷史事件的衝突焦點，具有極強的文學概括性和藝術震撼力。在圖案的佈局上，每面銅鏡皆以四組單獨呈現又互為關聯的畫面，表現了令人感動的歷史場景，向人們敘述著這段悲壯而慘痛的歷史教訓，而人物的刻劃技巧上更是生動誇張，形象而極具趣味，惟妙惟肖又匠心獨運，乃難得佳作也。辛丑年九月廿九日海上慎堂季崇建並識於慎獨齋。

題七　伍子胥畫像鏡銘文釋讀

吳向里柏氏作竟（鏡）。四夷服，多賀國家人民，胡虜殄威（滅），天下復。風雨時節，五穀孰（熟），長保二親，得天力，傳告後世，樂無亟（極）兮。

季按：另一鏡“國家人民”後多一“息”，末“傳告後世樂無極兮”八字皆缺。

題八　東漢角王巨虛神獸樂舞紋鏡

鏡作圓形，徑十八點八釐米。圓鈕，鈕外環繞九枚乳釘，間有草紋與“宜子孫”三字配搭，再外是一周“角王巨虛日得憙上有龍虎四時置常保二親樂毋事子孫息家大富兮”，中區主紋樣以七枚帶柿蒂座之小乳釘區隔七組畫面，分別是羽人起舞、白虎擊鐃、白虎撫琴、青龍撥琴、朱雀翩翩、鸞鳥展翅等。緣區飾鋸齒紋一周及一圈夔體龍紋。其通體黑漆古，光氣灼爍，鑄作精美，內容豐富，線條流暢，品相極佳，乃漢之豪具也。慎堂。

題九　西漢日有憙草葉紋鏡，辛丑十月初一海上慎堂崇建題。

此鏡為圓形，徑廿三釐米。圓鈕，鈕座柿蒂紋，鈕外雙重等邊方框，內鑄銘文，曰：“日有憙長貴富得所喜樂毋事常宜酒食”。篆書體，句雅美，字端莊，具溫麗之感也。再配以外區之極有裝飾興味之草葉紋樣，更加經典優秀，實難得之具也。早歲滿城漢墓有同類出土，故定西漢有據可依。海上慎堂記。

題十　新莽秦中作鏡神獸博局紋鏡，辛丑十月崇建題。

鏡作圓形，徑十九點三釐米。圓鈕，鈕座作柿蒂紋，外層有細寬雙方框，中設十二同心圓乳釘，間刻篆書十二地支銘文，框外亦即中區部分有四“Ｔ”紋樣，其兩側是連弧紋，底之八乳釘正與對應之博局紋將主紋飾分為四方八區，這是新莽時期博局紋鏡的特徵與特色。區內見有青龍白虎朱雀玄武四方神靈以及蟾蜍天鹿鳳鳥羽人，形體變化多端，身軀極富靈動之感，所有動植物及人像皆以單線勾勒，猶如白描抑或線刻，其線條流暢優美，形象生動且有趣味性，充滿著時空想象，是古人對宇宙陰陽的直觀體現。而在這些主紋外是一周銘文“秦中作鏡居咸陽當法天地日月光上有仙人予鳳鳥”等四十二字，鏡之外緣飾一周鋸齒紋及一圈醒目的雙鉤空心變體雲龍紋。同類者在今年拍賣會上出現，價格頗高，應是藏家追捧之具也。

此鏡保存完好，尺寸亦大，烏光耀眼，品相一流，內容豐富，文化內涵充足，紋飾典雅優美，製作工藝上乘，可謂天工之物也，乃漢際神獸博局紋鏡之巔峰之作。辛丑十月初一海上慎堂季崇建。

拖尾　《漢鏡賞析》

歷史上漢滅秦卻承秦制，故漢初的銅鏡亦沿戰國鏡模式。如廣州南越王墓中隨葬之六山紋鏡，同戰國同類鏡無甚差異。當然這也可能是戰國鑄品之沿用。由於秦漢之際戰爭頻仍，銅料的緊缺大大地影響鑄鏡業發展，故彼時之鏡讓人無法興奮起來。至武帝時，世道甚好，鑄鏡業亦隨之興盛起來，首先是文字鏡的出現使古鏡具有了更多的文化內涵。如本卷拓片一的“潔清白文字鏡”，是西漢銅鏡的前期典型樣式，紋飾簡單明朗，鏡體較為厚實，一周的文字顯現出它特有的形式。而後出現的帶有文字的鏡式變得更加精緻細膩，且具文藝性。如卷尾第九幀拓本所示之“日有憙草葉紋鏡”是西漢後期之精品。鏡面尺寸較大，近二十四釐米，優雅精美的草葉紋與規整端麗的文字書體乃是絕配，雖看似極具裝

君宜高官鳳紋鏡

西漢

私家藏

潔清白文字鏡

西漢

私家藏

飾性，卻充盈了更多文化內容，承載著更多人們對美好生活的企盼。漢鏡的鑄藝巔峰期當在東漢，但不能忽視兩漢之際的新莽時期的銅鏡鑄藝，如本卷拓片之十之“秦中作鏡神獸博局紋鏡”是乃典型也。首先從文字佈局上看，（它）既有篆書的十二地支銘文，又有隸書的四十二為一圈的吉語文字帶，再配上四方神靈以及蟾蜍天鹿羽人諸形象，而且如白描式勾勒，顯得格外清麗典雅，這種製作的精准細緻度唯新莽鏡特有。東漢鏡是整個兩漢時期鑄造技藝最精彩部分。歸納起來，其主要特色是動物鏡和人物故事鏡，成果斐然，乃他朝所不及也。如卷中拓本之五“四靈鏡”，主體圖案是青龍白虎天馬神鹿，各各靈動優雅，神采飛揚，這種圖樣在同時期畫像石畫像磚上時有發見，卻比後者更具藝術性。又卷之拓本四“東漢君宜高官重列式神人神獸鏡”，高浮雕，共五重，每重居中或一或二對稱端座形，如太上老君之像，旁配青龍白虎朱雀玄武及東王公西王母像，整個畫面飽滿豐富，極具神話色彩，且人物與動物的刻劃賦予卡通特色，生動有趣，那些略顯誇張的形態令人見之而心悅也。又卷內第六、第七拓本之“吳向里柏氏作伍子胥畫像鏡”，難得成對出現，其主題圖像描繪的是吳越戰爭這樁歷史典故，不僅人體車騎皆刻劃得栩栩如生，而且將人物的表情亦傳達深刻逼真。如此高超的鑄鏡技藝加上極有文藝性的情景再現，使東漢人物故事鏡達到了巔峰之態，實在令人一唱三歎。因此當今精品漢鏡過百近仟地不斷價格攀升自在情理之中。余能集漢鏡精甚者拓之裝此一卷亦是萬幸矣。辛丑十月初海上慎堂崇建寫於慎獨齋窗下。

鈐印

慎堂
慎堂藏拓
季崇建印
慎堂齋主
辛丑
季氏
崇建印信

心賞
別部將軍
慎堂藏拓
慎堂
崇建
心血來潮
慎堂藏拓

辛丑
慎堂
崇建
愛不釋手
慎堂藏拓
別部將軍
崇建
心賞
慎堂
慎堂藏拓
崇建
心血來潮
慎堂
慎堂藏拓
崇建手拓
季
崇建
愛不釋手
崇建印信
慎堂藏拓
季
慎堂
崇建
別部將軍
慎堂藏拓
季
心賞
慎堂藏拓
別部將軍

辛丑
慎堂
崇建
愛不釋手
慎堂
崇建
別部將軍
慎堂藏拓
心賞
慎堂
辛丑
崇建
季
慎堂藏拓
崇建手拓
別部將軍
慎堂
崇建
季
崇建印信
別部將軍
海上崇建所見所鑒所拓所攷所跋之印

071 淮南起照神獸銅鏡拓片

'Huai Nan Qi Zhao' bronze mirror with design of animals (rubbing)

隋仁壽年間
直徑 24.5 釐米

題一 隋仁壽年造淮南起照神獸銅鏡拓片，己亥年冬月初二海上崇建題。

題二 左示之隋鏡乃傳世上上品，徑二十五釐米，圓鈕，其邊勾劃六角形，雙線內飾二獸，身軀伸展圍鈕一周並相連，頗稀見。鏡之內區亦以雙線框，分六格，內各鑄一獸，姿態靈動各異，並輔以雲石，使畫面如仙境一般。外區四重，由裡向外依秩為鋸齒紋一圈，銘文一圈，曰："淮南起照，仁壽傳名，琢玉斯表，熔金勒成，時雍炎晉，節茂朱明，爰模鑒徹，用凝流清，光無虧滿，葉不枯榮"。後二點內見"四言"二字，則與河南洛陽市博物館所藏淮南起照鏡銘相比，略去"圓形覽質，千載為貞"八字，多"四言"二字。外圈界欄十二生肖圖樣生動寫實，最外層是夔體之羽翅紋。由此可見，銅鏡之制至隋已經是空前精美，比之漢鏡，不論內容、工藝都大有進步，這為唐鏡之繁榮奠定了基礎。而銘文以詩賦歌誦般的出現，則是受到南北朝時期流行之詠鏡詩的影響。並據銘文可知，此鏡造于隋仁壽年間之淮南地區。海上崇建題于建業文房。

季按：此拓原物乃海上藏家庋藏，允我拓之賞玩，幸也。此類鏡式中原地區皆有出土，如河南洛陽所出淮南起照八獸鏡及一九七八年陝西永壽出土之八神獸鏡都是明證，然紋飾略顯不同，銘文亦有異藏於博物館者。民間嘗不多見，且此拓之原物保存完美，品相一流，彌足珍貴也。今傳世藏鏡已成風氣，傳拓鏡背紋飾亦大有人材，欣哉。

鈐印 建業文房主
海上崇建所見所鑒所拓所攷所跋之印
季氏
崇建印信
別部將軍

隋仁壽年造淮南起照神獸銅鏡拓片

072 打馬毬菱花銅鏡拓片

Bronze mirror with lobed edges and scene of polo players (rubbing)

唐
直徑 17.5 釐米

題一　唐打馬毬菱花銅鏡拓片，己亥年大雪日海上季崇建題。

題二　此鏡直徑一九點三釐米，是存世同類鏡之最大尺寸者。鏡作八瓣菱花形，圓鈕，質地晶瑩鋥亮，鏡面微凸，背飾凸連弧紋一周，鏡緣與連弧紋之間有等距之花蝶紋。中區便是打馬毬圖案，有四馬毬手分別駕馭奔馬搶擊二球，其間飾有花草、山峰等紋飾：一馬四蹄騰空，騎士高舉球杖奮力奪球；一馬前蹄騰空，後蹄著地，騎士肩荷球杖伺機擊球；一馬前蹄著地，後蹄騰空，騎士持杖身向前斜，似欲搶球；一馬若被緊勒韁繩，昂首嘶鳴，騎士側身向後用球杖鈎球。整個場面生動激烈，極具畫面感，堪稱唐代人物鏡之絕佳之品。其不僅真實記錄了唐時宮廷娛樂之事，更顯現彼時歡悅之社會面貌，似可視之為唐代宮廷畫，亦不為過也。崇建。

季按：唐代盛世之重要標識，就是給後人留下無數令人目不暇接之藝術佳作，彼時之銅鏡亦無處不在地呈現其繁麗並歡快之景。此鏡所示圖案即是明證。唐人酷愛養馬、馴馬，以馬為題材的作品不勝枚舉，從繪畫雕塑乃至小件飾品上的紋樣，不論宮廷陳設還是民間用器，皆可常見，而體現在這種鏡背紋樣更是不足為奇也。然傳世與出土資料可鑒，同類者有，但尺寸如此則稀也。一九八三年安徽懷寧雷埠鄉出土一件唐打馬毬菱花鏡與此拓原件完全一致，應為同模之具，今藏安徽省懷寧縣文物管理所。故宮、揚州、河南諸館亦有，然尺寸偏小。慎堂主崇建又及。

鈐印　建業文房主
海上崇建所見所鑒所拓所攷所跋之印
季氏
別部將軍
崇建印信

唐打馬毬菱花銅鏡拓片

乙亥年大雪日滬上李學建題

[illegible]

[illegible]

073 舞鸞躍獸菱花銅鏡拓片

Bronze mirror with lobed edges and motifs of phoenixes and beasts (rubbing)

唐

直徑 15 釐米

題 舞鸞躍獸菱花銅鏡拓片，己亥年冬月初三海上崇建題。

《說唐鏡》

《舊唐書・玄宗本紀》“開元十八年……以千秋節，百官獻賀，賜四品以上金鏡”等之記載，可知彼時宮中常用上好青銅鏡作為對下屬賞賜之用，其需求量之大，似可推知也。故其質定當長足進步，尤其在紋飾圖樣方面更注重繁麗典雅。又《異聞錄》云：“唐天寶三載五月十五日，揚州進水心鏡一面，縱横九寸，青瑩耀日，背有盤龍長，三尺四寸五分，勢如生動，玄宗覽而異之。”又《朝野僉載》：“中宗令揚州造方丈鏡，鑄銅為桂樹，金花銀葉，帝每騎馬自照，人馬並在鏡中。”足見揚州乃唐代鑄鏡中心，更可知唐鏡之好源於宮廷，故唐鏡之製，實為古鏡巔峰也。此舞鸞躍獸菱花鏡紋樣之美，絕非尋常人所擁有，其宮廷氣息之足，可謂皇家貴族之具也。鏡背之四靈加上狻猊之鈕，使整個畫面如僊境呈現，美哉，美哉！崇建記。

季按：此鏡拓片由匡時拍賣行邱元久提供，並持原物示我，頓覺極好。其品相之佳，時所少見，此其一。其二，依傳世或出土之唐鏡觀察，類狻猊鈕者大多為狻猊葡萄圓形鏡、菱花鏡，其他唐鏡皆圓鈕為主，如此寫實而靈動之神獸鈕表現實為稀見也。其三，整個圖紋精心設計，佈局極具動態，如仙境一般。加之邱君托高手濃墨精拓，頓使此傳拓之品亦屬藝術再創造也。我甚喜，賞之題之，以為同道者共嚮（饗）。海上崇建記于建業文房慎獨齋之窗下。

鈐印 海上崇建所見所鑒所拓所孜所跋之印
別部將軍
季氏
崇建印信

舞鸞躍獸菱花銅鏡拓片　己亥年冬月于三河上蒙安題

說唐鏡　據唐書：玄宗本紀開元十八年以千秋節百官獻賀賜四品以上金鏡等之記載可知彼時宮中常用上好青銅鏡作為對下屬賞賜之用，其需求量之大似可推知也，故其質量尚屬上乘，尤其年紋飾最稱方圓之漂亮繁麗典雅工巧。異聞錄云：唐天寶三載五月十五日，揚州進水心鏡一面，縱橫九寸，青瑩耀日，背有盤龍，長三尺四寸五分，勢如生動，元宗覽異之。又朝野僉載：中宗令揚州造方丈鏡，鑄銅為桂樹，金花銀葉，帝每騎馬自照，人馬並在鏡中。足見揚州乃唐代鑄鏡中心，更可知唐鏡之好，源於宮廷，故唐鏡之製審為古鏡翹楚也。此舞鸞躍獸菱花鏡，紋樣之美，絕非尋常人所能有，其宮廷氣息之足，實可謂皇家貴族之具也。鏡背之雲墨加上銹蝕之鈕，使整個畫面如幻境呈現矣哉。蒙安記

季陵之：此鏡拓片由匡時拍賣行郵之，見之後欣喜非常，頗覺極好，真品相之好時所少見，此其一；其二依傳統所出土之唐鏡觀察，類於樣貌紐者大多為葵花、菱花、圓形鏡，菱花鏡或其他唐鏡皆圓鈕為主，如此真實而靈動之神獸，表現實為稀見。此真之整個圖紋構思設計布局極具動態，如儼境一般，加之印象托高之濃墨線條，橫使此傳拓之品之藝術性創造也。是甚喜賞之，題之以為同有者共鑑。丙子蒙安記於塵夢軒之唐鎮獨齋之燈下

074 狻猊葡萄銅鏡拓片

Bronze mirror with design of lions and grapes (rubbing)

唐
直徑 16.5 釐米

題 狻猊葡萄銅鏡，唐代。
徑十七釐米，狻猊鈕，鈕內區六隻狻猊各作姿態，隙間飾葡萄紋樣，外區飛禽走獸相間十數隻，鏡緣飾瓣花，極富精奇神麗之感，實乃唐時期銅鏡上上品也。庚子年慎堂崇建題。

季按：狻猊葡萄鏡俗稱海獸葡萄、海獅葡萄、海馬葡萄、瑞獸葡萄、鳥獸葡萄。諸鏡之主要紋飾即為狻猊與葡萄。狻猊者，獅子也，入漢即由印度西域傳入中土，且與佛家經典傳播有關，如釋主之護法獅是為明證。唐代佛教盛行，狻猊作為護法之神獸，又是文殊菩薩之坐騎，自然出現在裝飾圖案領域。狻猊銅鏡之出現自在情理之中，亦是彼時最具特色之品。此類銅鏡之精湛者大多庋藏於各大博物館及重要收藏機構內，如此拓所示之狻猊葡萄唐鏡已屬難得矣。近年之拍賣時可覓得，大多為海外回流之具，價格極高，如此則需數百萬，若徑過二十釐米恐需逾千也。今友人送來賞之拓之題之，喜極。海上崇建又題。

鈐印 海上崇建所見所鑒所拓所攷所跋之印
季氏
崇建印信
別部將軍

狻猊葡萄銅鏡 唐代

徑十七釐米狻猊鈕內區六隻狻猊交作索態陰刻飾葡萄紋綠外區飛禽走獸相間十數長鏡緣飾瓣花極富韓秦神麗之感實乃唐時銅鏡上上品也 庚子季夏譽堂建題

季按：狻猊葡萄鏡俗稱海獸葡萄、海獅葡萄、海馬葡萄、瑞獸葡萄、鳥獸葡萄諸鏡。之所以紋飾取為狻猊與葡萄，狻猊者獅子也，譯取由印度自西域傳入中土，且與佛家經典傳播有關，如釋迦之獅吼。是以隋唐代佛教盛行，狻猊作為護法之神獸，又是文殊菩薩之座騎，自然會出現在裝飾圖案領域，狻猊銅鏡之出現自在情理之中，亦是彼時最具特色之品。此類銅鏡之精湛者，大多庋藏於各大博物館及重要收藏機構內，如此拓所示之狻猊葡萄唐鏡已屬難得矣。近年之拍賣時可覓得大多為海外回流之真品，價格極高，如此品需數百萬若經過二十餘年光陰墨家舊逍遙之也。今古人流逸賞之拓之題之。書樵海上譽堂建又題

075 僊乘鸞鳳葵花銅鏡拓片

Bronze mirror with lobed edges and scene of immortal riding on phoenix (rubbing)

唐
直徑 28 釐米

題 唐僊乘鸞鳳葵花鏡拓本

此鏡原物初流散海外，今歸海上實業家稻房張氏所藏。鏡作葵花形，最大直徑為二十六釐米，乃同類者之鉅製也。圓鈕突起，鈕底作山巒起伏之紋樣，更見四組山林圖案向四個方位延伸，山峰高聳，上有茂林點綴，與此相呼，遠端即鏡緣內側亦有同樣四組山巒聳疊茂密豐林圖像。整個鏡背主題紋樣俗稱"四騎圖案"，細審之，余以為言其"仙人乘坐鸞鳳"更切題些。"騎"改"乘"適用於仙人，頗雅，此其一。其二，鳳有冠，鸞無冠，圖中正是雙鳳與雙鸞真實寫照，兩兩相對，上乘之仙人髮髻高聳，或持拂塵揚起，若有風動之感，或束結於鸞鳥頸部，依乘於鳥背。尤其是鸞鳳之刻畫十分精緻細膩，羽翼舒展，羽毛纖細，絲絲清晰，鳳首與頸部呈小S形，而鸞鳥之頸則為大S形，又見鸞鳳之雙爪皆後展有力，與飄拂綬帶有呼應對稱互補之感，再配以間隙處諸多大小雲朵，使整個畫面極具動感，仙氣十足也。加上鸞鳳呈飛馳之狀，仙人作淩空逍遙之狀，怎不令人觀之神往，而嘆服盛唐鑄鏡者之技藝矣。唐代的鑄鏡業十分發達，工藝逾益精進，是我國古銅鏡創作的巔峰期。其品類繁多，形式多樣，圖案內容豐富，如此鏡即是明證，且尺寸碩大，同類無出其右，當寶之。惜其有裂痕，銹蝕嚴重，後經上博修繕，略見好轉。此拓則是初拓，更是未剔之本，彌足珍貴。海上崇建撰。

《說唐鏡》

《舊唐書·玄宗本紀》載："開元十八年……以千秋節，百官獻賀，賜四品以上金鏡珠囊縑彩。"可見古代鑄鏡之工不僅在唐代有著極高地位，且製品被用以宮廷賜物，故彼時鑄鏡業飛速發展，制鏡技藝不斷精進，以至成為我國古銅鏡之巔峰期事所必然也。存世唐鏡之量及質皆足以證明這一點。史料可攷，唐時曾設進鏡官一職，且專設皇家鑄鏡之所，如揚州是也。《異聞錄》云："唐天寶三載五月十五日，揚州進水心鏡一面，縱橫九寸，青瑩耀日，背有盤龍，長三尺四寸五分，勢如生動，元宗覽異之。"又《朝野僉載》："中宗令揚州造方丈鏡，鑄銅為桂樹，金花銀葉，帝每騎馬自照，人馬並在鏡中。"又白居易《新樂府·百煉鏡》更曰："百煉鏡，熔規非常規，日辰處所靈且奇，江心波上舟中鑄，五月五日午時，瓊粉金膏磨瑩已，化為一片秋潭水，鏡成將獻蓬萊宮，揚州長吏手自封。"綜上可知，鏡在唐時頗受皇家珍視，則鏡上圖案紋樣應符合持者身份與寓意興味。諸如此類鸞鳳佩綬之景便被寓以吉祥與官秩祿位，深得唐人喜好，可謂唐鏡中佼佼者也。慎堂撰。

季按：藏家張燊，收藏古鏡頗多心得，初涉則源起崇源首拍劉體智善齋舊藏古銅器中得唐海獸葡萄鏡一枚。後在港地結識古董商陳氏並日本藏家千石先生，藏鏡之緣逾益充分。此鏡雖其冰山一角，然頗奇特，存世僅見，余幸獲初拓，一題再跋，甚愛也。崇建。

鈐印

慎堂藏拓	季氏
愛不釋手	崇建印信
慎堂	心賞
崇建	崇建
季	大吉祥
別部將軍	慎堂

說唐鏡

舊唐書玄宗本紀載開元十八年……以千秋節百官獻賀賜四品以上金鏡珠囊縑彩……可見古代鑄鏡之工不僅在唐代有著極高地位且製品被用以宮廷賜於將從吟鑄鏡業已遠其展製鏡技藝不斷精進以至

亦為我國古銅鏡之巔峯期

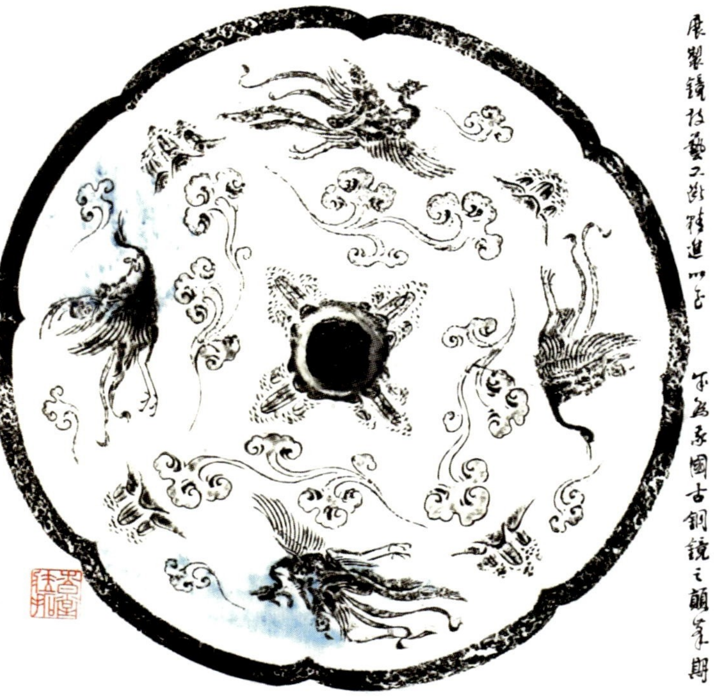

香港藏家張參將所藏古鏡約有心得初識此鏡照片當時首推劉體智善齋舊藏古銅器中唐海獸葡萄鏡一枚得其謹地結識古董商陳氏並日本藏家了解其生前藏鏡之緣邀為先生此鏡難見於此一角其題李明存世僅見此拓章羅初拓一頁存照其處也李建

唐僊乘鸞鳳菱花鏡拓本

此鏡原和初藏散海外今歸海上實業家稻居張氏所藏

鏡作菱花形宋大直徑為二十八釐米乃同類中之鉅製也圓鈕突起鈕底作山巒起伏之紋樣更見四組以花圍兩兩四個方位延伸山峯高聳上有花點綴與北相呼應迎端知鏡緣內側六有同樣四組山巒聳疊花簇紛團緣懸個鏡背主題紋樣是被作精心雕圖案細富之含以為言如佛人乘雙鸞鳳與更加顯此鏡乃乘鸞用於仙人頭頂此其一也其二處有對鸞與鳳圖中正是雙鸞與雙鸞真實寫照兩兩相對上乘之僊人髮髻高聳或持拂塵揚起若有風動之袁或束結於鸞鳥頭部作乘於鳥背尤其是鸞鳥之刻劃十分精緻細膩羽翼舒展羽毛纖細絲絲清晰圓首與頸部呈小S型而鸞鳥之頸則為大S型又見鸞鳥之雙爪皆作展翅之與飄拂隨帶有呼應對稱互補之感再配以四條雲繞多大小雲朵使整個畫面極具動感仙氣十足也加上鸞鳳呈飛馳之狀似人作凌雲直逼之狀態不令人觀之神往不暇脈盛唐鑄鏡者之技藝矣

唐代的鑄鏡業十分發達工藝高超精進是我國古銅鏡創作的巔峯期其品類繁多形式多樣圖案內容豐富此此鏡即是以證且尺寸碩大同類罕出其右當寶之惜其有鋸痕鏡鈕處重修經上博倫語所見其翻此拓則是初拓更是未剔之本彌足珍貴 海上李建撰

事皆不能去作于世唐鏡之量證 賢皆尼以證明道一覽史料可證唐時曾設進鏡官一職且專設皇家鑄鏡之所江揚州是也異聞錄云唐天寶三載五月十五日揚州進水心鏡一面縱橫九寸青瑩耀日背有盤龍長三尺四寸五分勢如生動元宗覽異之又於野僉載中寶令揚州造方丈鏡鑄銅為桂樹金花銀葉帝每騎馬自照人馬併在鏡中又白居易新樂府百煉鏡曰百煉鏡鎔規非常規日辰置處靈且奇江心波上舟中鑄五月五日午時鑄金膏磨瑩已化為一片繞潭以鏡先以獻蓬萊宮揚州長史手自封人間知鏡出唐時係曼皇家深祈視則鏡上圖案紋樣理應符合持身修與寓意與味詩人比類鸞鳳佩綬之景便寓以吉祥與官秩祿位從得唐人喜好一可謂唐鏡中優優者也慎堂撰

《隋唐十影》卷

是卷集隋唐古鏡名品拓片十幀，含引首拖尾，總長862釐米，乃鉅制也，並與《戰國十景圖卷》《兩漢十鑒圖卷》合為姊妹三卷。

龍鳳葡萄紋八棱鏡

唐

私家藏

四靈方鏡

唐

私家藏

龍盤五瑞神獸鏡

隋

私家藏

隋淮南起照六靈十二生肖鏡

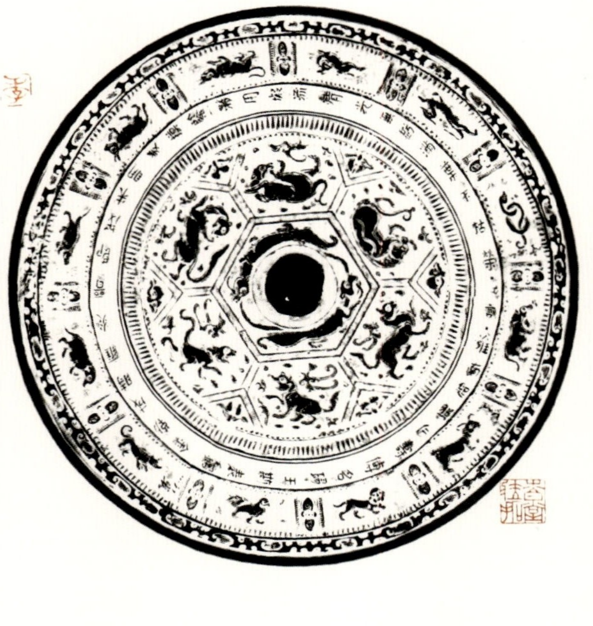

鏡作圓形，徑二十五釐米，圓鈕，座外隱現獸紋，花紋繞一週。其鏡背內區格欄內各見一獸，姿態各一，活靈活現，而外區圍之以重內字為銘文：淮南起照，仁壽傳名，琢玉斯擬，鑄金是呈，時耀突背，歡（?）花（?）映（?）水，傳光寫影，…… 不怯榮辱，四言共計六十二言，外層分佈為十二生肖圖案，寓生動逼真，有趣。此鏡鏡工精湛，詩計隨其獲此名品，當寶之。得此傳拓，亦是隨俗，滬上常建

潛通積靈，應態影逐，神精驚代代流傳。共四十言，外見四周又三環，寓意十二生肖，獸作追逐之狀，極富靈動之感。其製作精美，且體量碩大，久存世而同類少，傳之也。辛丑十月滬上常建撰

隋龍盤五瑞神獸鏡

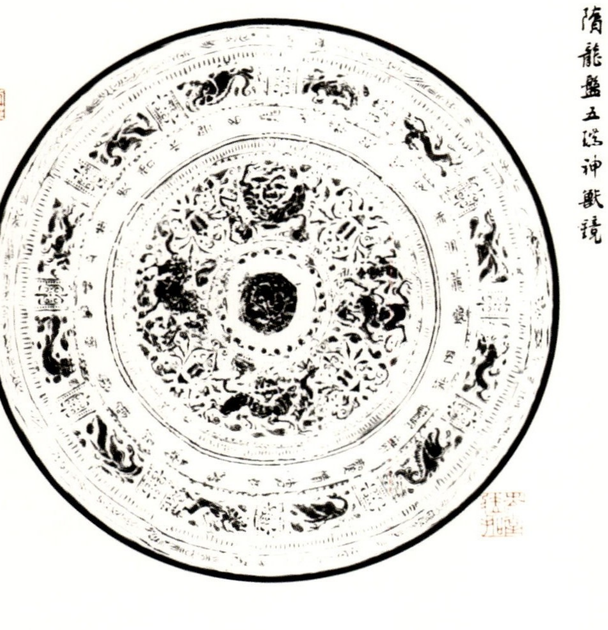

此鏡作圓形，徑二十五公分，應是隋鏡碩大者也。圓鈕，座紋廣以蓮瓣紋圍飾一週。鏡背分內外區設計，內區以花葉圖案分割四豐圖像，其中之靈獸形態各異，生動且有天然具。外是一圈銘文，紫曰：龍盤五瑞，鸞舞雙情，傳聞仁壽，始驗銷兵，仙山並照，智水齊名，花朝艷采，月夜流明，共三十二言。銘紋外以楷飾以十二瑞禽異獸，構思精巧，意如天人，波仙氣，十分罕見。難得保其顯赫者也。鏡屬私家收藏，確是珍貴寶物之一。滬上煩惠常建五識

唐龍紋葵花鏡

辛丑十月常建題

此鏡為葵花形，直徑約二十四點五公分，圓鈕，整個鏡背圖案為單體龍紋。其龍首向鈕，龍口大開似銜鏡鈕，若銜銀含珠一般，自成特有氣韻之巧思也。龍角上揚，盤體龍身盤曲，四肢左右開張，龍爪有力，龍尾與龍鱗雕刻細膩，具體細節可以窺見雕鑄者詳細。雲紋生動，使整個畫面更具靈動之感。此亦為通常之鏡，以圖畫般呈現，唯盛唐氣象。鳳世滬上煩生記

隋唐銅鏡賞析

隋代的銅鏡雖然在鑄造時期雖然日子不長，但較之兩漢及南北朝有長足的發展，主要體現在其製作的精細設計的精準以及圖形文字的精美等方面。以下筆者介紹一下的隋鏡皆是難得一見的佳品。首先這些銅鏡背上的紋飾皆為圖文並茂的，首先是鏡銘均是隋朝規範之楷書，而且是極具文學色彩的四言駢文，頗鏡古語足見當時的人們視銅鏡為祥物，有具有配神靈之獸並十二生肖既作照面的鏡銘文字寫得圓瑩如玉，其三所示的淮南起照六靈十二生肖鏡和是隋鏡之典範，而後面一之龍盤五瑞神獸鏡更是製作工藝精良的隋鏡精品，堪作真可謂是美哉靈慧的精神之也。

從現有信息可知，唐鏡的存世量非常大，可謂是我國古代鑄鏡業的又一高峰期，且形式多樣，工藝高超，圖紋形式內容多彩，總體來看皆具典型性的首推瑞獸葡萄鏡，亦稱狻猊葡萄鏡。狻猊即獅子的別稱，這種以貌動物形象廣泛出現在唐鏡的主體圖案上，說明……文化思想已經深入人心了。本卷所見之五之六雖然不是典型的瑞獸葡萄鏡圖案，但亦可以歸為受其影響的延伸之品，與瑞形紋樣同樣值得注視。本卷中最值得一提的是之雙鸞銜綬葵花鏡，可以說代表了唐鏡鑄造業的最高水準，不僅圖案精美，工藝精湛，而且設計思路獨特，具有深遠意義。是極時尚和極具文化內涵的，而且唐代是崇尚佛教文化的時期，鸞鳥在佛典中被視作釋迦牟尼的乘世，因此這種被唐人尤其是宮廷所看重的瑞獸便被上了深厚的宗教色彩，而此鏡當作宮中御具更是理所當然了。總的說此鏡為皇家造作，亦不為過。我們可以從中體會出唐鏡獨特的藝術之美和唐人的審美取向。滬上常建撰

076 隋唐十影（鏡）圖卷
Ten mirrors of The Sui and Tang Dynasty (rubbing in scroll)

隋唐

畫心 拓片一 直徑 21 釐米
拓片二 直徑 25 釐米
拓片三 直徑 25 釐米
拓片四 直徑 25 釐米
拓片五 縱 12 釐米 橫 12 釐米
拓片六 直徑 10 釐米
拓片七 直徑 20.5 釐米
拓片八 直徑 27.5 釐米
拓片九 直徑 31 釐米
拓片十 直徑 24.5 釐米

題簽 隋唐十影圖卷，辛丑十月海上慎堂題。

引首 隋唐十影

集隋唐古銅鏡之精湛者拓本於一卷。古稱“鏡”為“景”，即“影”之古字，故言十鏡為十影也。辛丑十月十二海上慎堂季崇建題於慎獨齋。

畫心 隋唐十影圖卷

本卷集隋唐時期之青銅鏡名品墨影凡十枚，甚是精湛與難得也。歷史上的隋朝雖然時間較短，但鑄鏡工藝卻是異常優秀，存在現今的隋鏡無論圖案紋樣、內容佈局，皆獨具特色而令人讚歎。由此引導了唐朝鑄鏡業的飛躍，成為中國古代銅鏡藝術的又一巔峰期。其工藝之精湛，形式之多樣、圖案之美妙、內容之豐富無可比擬，真可謂“美哉靈鑒，妙極神工”，且存世量頗大，加上上好銅鏡用作宮廷賜品或御用，自然愈加精到也。崇建記。

題一 隋盤龍麗畫神獸鏡

鏡作圓形，徑二十一點三釐米。其保存完好，表層呈瑩亮水銀沁，乃隋鏡之上品也。辛丑年海上崇建題。

題二 隋明逾滿月神獸鏡

鏡作圓形，徑二十五點五釐米。圓鈕，鈕座外緣為蓮瓣紋一週，其鏡背紋樣設計內外兩區。內區是由八狻猊圖案組成，或昂首或回顧或低吟或高吼，形態生動，神情各異。外區圖文各一重，內作銘文“明逾滿月，玉潤珠圓，鷩鸞鈿後，鳳舞臺前，生菱上壁，倒並澄蓮，精靈應態，影逐粧妍，清神鑒物，代代流傳”，共四十言，外見四組各三飛禽走獸作追逐之狀，極富靈動之感。其製作精美且體量頗大，乃存世者同類中佼佼也。辛丑十月海上崇建撰。

題三 隋淮南起照六靈十二生肖鏡

鏡作圓形，徑二十五釐米。圓鈕，鈕座外緣雙獸咬尾伏繞一週。其鏡背內區格欄內各見一獸，姿態各一，活靈活現。而外區圖文二重：內重為銘文“淮南起照，仁壽傳名，琢玉斯表，鎔金勒成，時雍炎晉，節茂成明，爰摸鑒澈，用擬流清，光無虧滿，葉不枯榮，四言”，共計四十二言；外層分割為十二生肖圖，寫實生動，逼真有趣。此鏡鑄工精湛，設計優秀。獲此名品當寶之，得其傳拓亦是緣分。海上崇建。

題四 隋龍盤五瑞神獸鏡

此鏡作圓形，徑二十五釐米，應是隋鏡碩大者也。圓鈕，鈕座外層以蓮瓣紋圍飾一週，鏡背分內外區設計。內區以花籃圖案分割四靈圖像，其中之靈獸，形態各異，生動富有天趣。其外是一圈銘文帶，曰：“龍盤五瑞，鸞舞雙情，傳聞仁壽，始驗銷氏，仙山竝照，智永齊名，花朝艷采，月夜流明”，共三十二言。最外層分檔飾以十二珍禽異獸遊魚種種，若上天入海，儼氣十足，同類中優於其恐未多也。鏡屬私家庋藏，彌足珍貴，當寶之。海上慎堂季崇建並識。

題五 唐四靈方鏡

此鏡作方形，縱橫皆十二點三釐米，品質上乘，保存完好，實乃存世稀物也。整個鏡背主題圖案是雙鳳與麒麟天馬，前者作翔起狀，後為追逐之態，造型生動，極具靈氣。中間是伏獸為鈕，四角以花枝點綴，整個畫面僅此而不多裝飾，簡約又高雅，這是盛唐期之佳品。然以方形制式呈現則為珍貴，更有一方抵過百圓之說，當寶之。辛丑海上慎堂崇建。

題六 唐龍鳳葡萄紋八棱鏡

此鏡形作八棱，最大直徑僅十點二釐米，乃唐鏡中微型者，存世量甚稀，實乃珍貴也。辛丑崇建並識。

仙禽鸾凤葵花镜

唐

私家藏

雙鸚鵡銜綬葵花鏡

唐

私家藏

隋唐十影

唐雙鸞銜綬花鏡

唐瑞獸葡萄紋八棱鏡

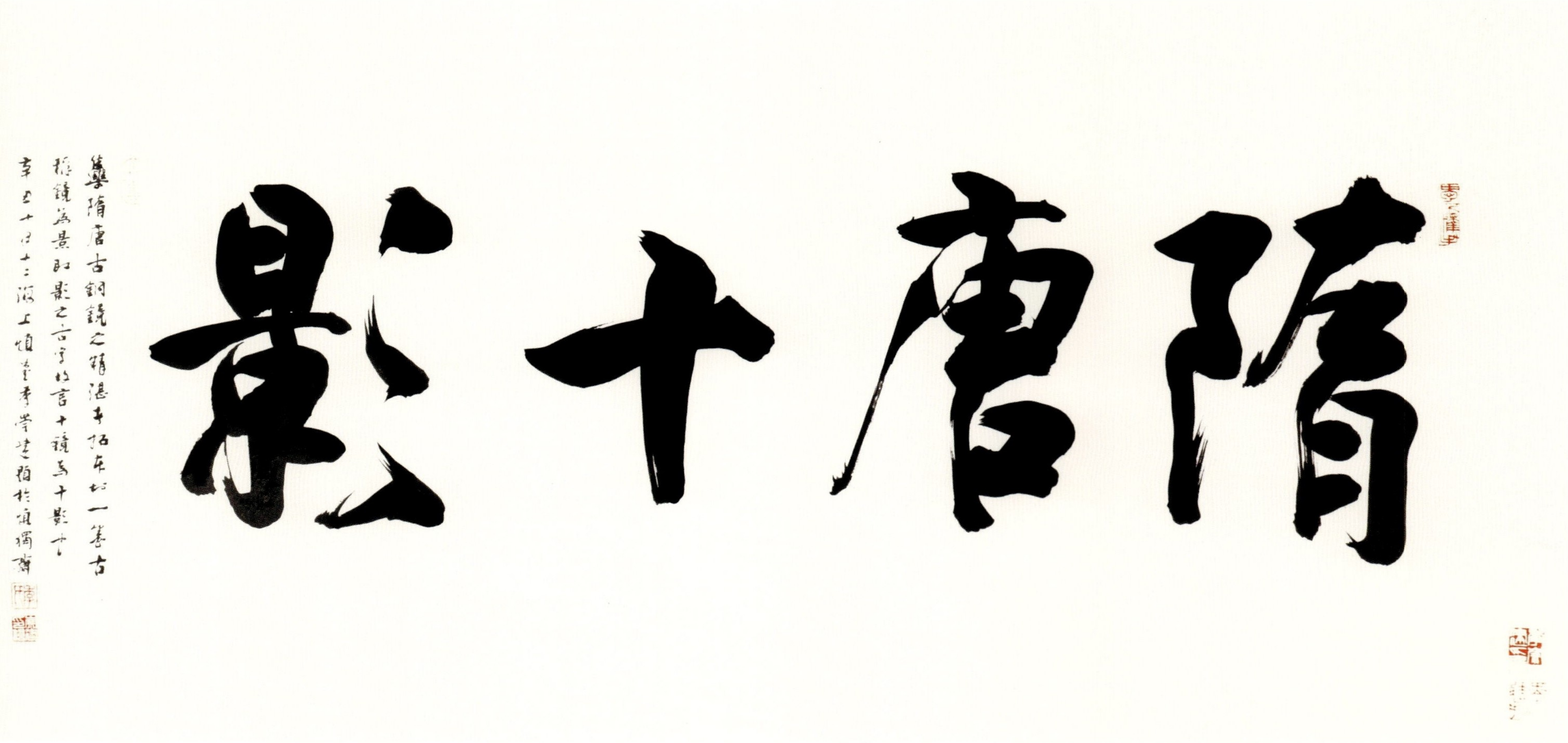

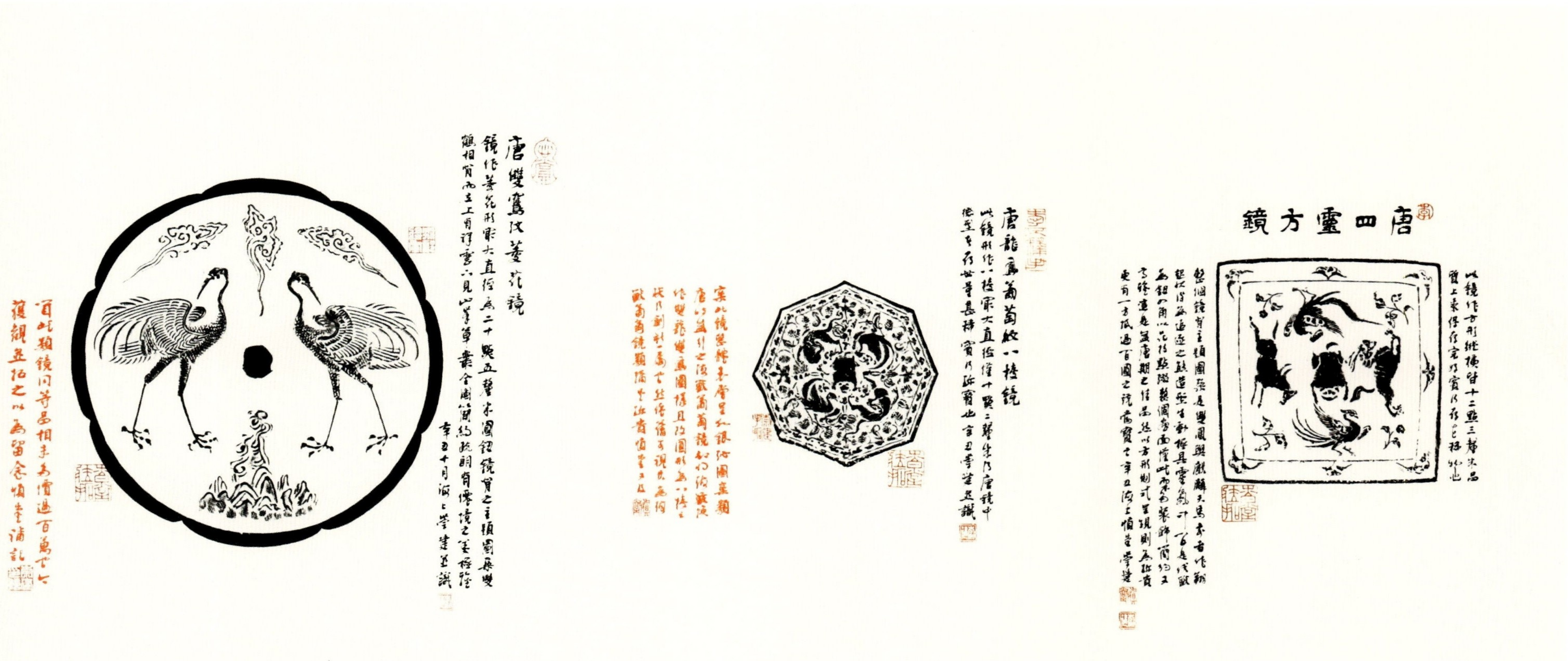

唐四靈方鏡

隋唐十影圖卷

本卷集隋唐時期之青銅鏡名品墨影凡十枚甚是精湛與難得也
歷史上的隋朝雖然時間較短但鑄鏡工藝卻是異常優秀存至現今的
隋鏡無論圖案紋樣內容佈局皆獨具特色而令人贊嘆由此引導了唐代
鑄鏡業的飛躍發展為中國古代銅鏡藝術的又一巔峰期其工藝之精湛
形式之多樣圖案之美妙內容之豐富等可說衝真可謂美哉靈巧妙極神
工且存世量頗大加之此時銅鏡用作宮廷賜品或御用自然要加精致也 崇建記

隋盤龍鸞鳳神獸鏡

鏡作圓形徑二十一點三釐米見得於宮門東倉呈紫亮如銀亦乃隋鏡之上品也
辛丑夏於海上崇建題

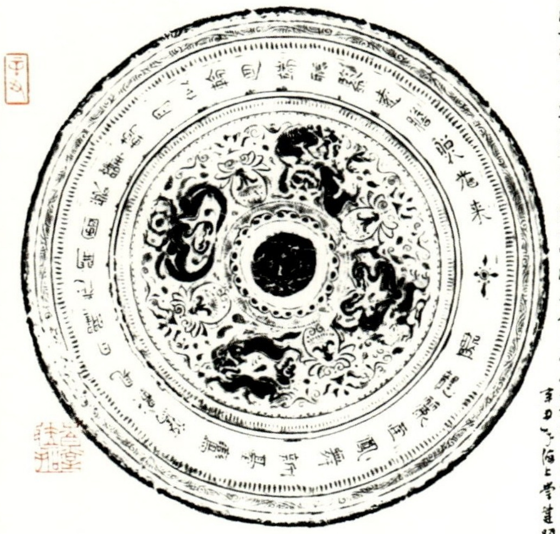

此鏡作圓鈕鈕座外繞飾連珠紋一圈整個鏡背用雙線將紋飾分為
內區和外區內區四瑞神獸圖案計有雙龍雙鳳和四獸相對排列
為典型隋陣相互戲上下呼應紋飾優美活潑生活現如意亭圖
銘文曰盤龍鸞鳳舞影是鸞影見日照花開團圓欲
鏡轉月似輪迴環形鑒遠照照見美人惜嬋娟飛鸞作情良也
偶於崇建又及

隋明逾滿月神獸鏡

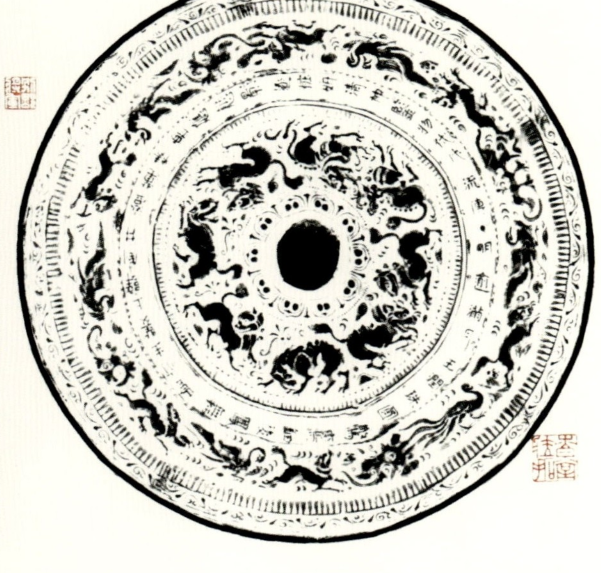

鏡作圓形徑二十一點五釐米圓鈕鈕座外繞為蓮瓣紋一週其
鏡背紋樣設計以外兩層內區是由八組瑞獸圖案組合成具特色

唐雙鸞葡銜綬葵花鏡

此鏡作葵花樣式寬大直徑為三十點六釐米重三六〇三克圓鈕鈕
座飾以紋整個鏡背圖案是一對環曲優美的鸞鳥其一是口銜枝
葡萄藤枝上花葉茂盛果實纍纍其二則雙爪抓緊綬帶而鸞鳥之
隨帶飄逸亦用雙鸞鵲嘴上壯碩姿態修美頸戴珠佩雙翅張開展尾
揚其一無不體現出盛唐時期宮廷皇室的富貴氣息若視之為皇家御品
亦不為過也其保存完好品相一流乃實於東河上崇建

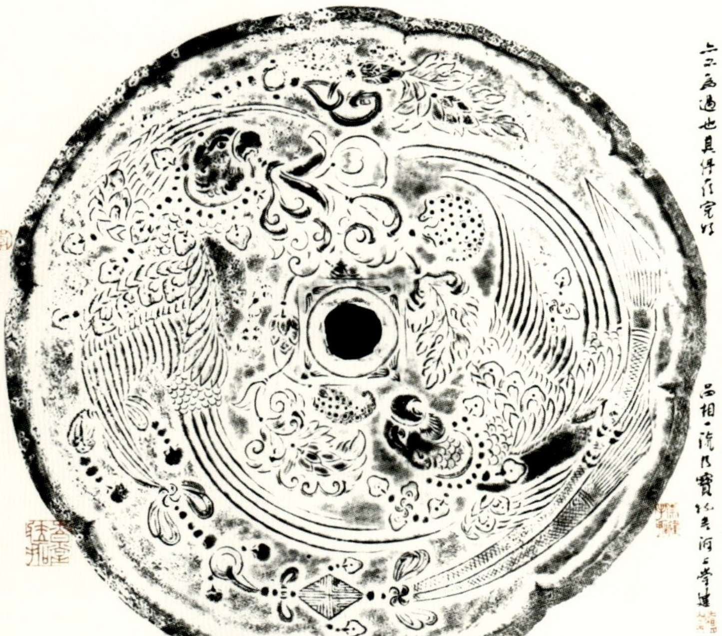

塞同類此雙鸞唐鏡上博洲等以五日月正宮院等宮
見收藏以上博鏡為最大然其法是安作此鏡也
唐人極愛鸞鳥一是可言聽鸞二是象徵富貴三是
常有濃重的佛教色彩如此神靈之鳥讀書人
在唐之代廣泛應用和美的傳統自在情理之中

唐傳乘鸞鳳菱花鏡

鏡作菱花形寬大直徑為二十七點五釐米圓鈕鈕座為起伏之山巒
其上是向四方高舉的山峰上有振飛如帝是四阻仙鶴之連飄浮優雅以
花枝的祥雲圖案從而烘托出全鏡之仙人乘鶴浪高神鳥細膩之
取自祥之雙鳳與其兩之雙鸞且乘有六首異或持枝庭而持或來花結
而寓妙不可言吉祥隱處之諸以心懸祥雲繞個個飄而仙氣濃乃月桂之彩也
且尺寸頗大品此者 崇寶之河上慎崇記

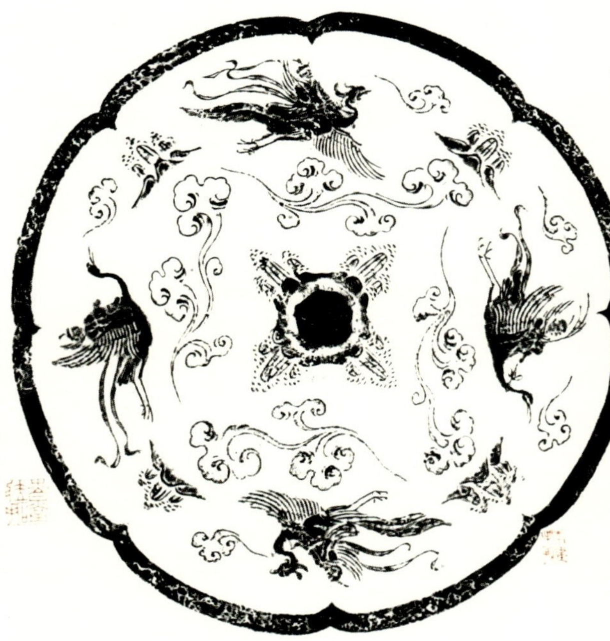

此鏡自歐宮鍊鈔精電已經上博倫理
物拓片印給大家欣賞為昕貴崇建又及

淮南起照六靈十二生肖鏡

隋

私家藏

案：此鏡整體表層呈水銀沁，圖案類唐時盛行之海獸葡萄鏡，卻將海獸換作雙龍雙鳳圖樣，且改圓形為八棱之狀，乃創新一屬也。然依舊可視其為海獸葡萄鏡類，彌足珍貴。慎堂又及。

題七　唐雙鶴紋菱花鏡

鏡作菱花形，最大直徑為二十點五釐米。圓鈕，鏡背之主題圖案雙鶴，相背而立，上有祥雲，下見山峰草叢。全圖簡約疏朗，有仙境之美，極雅。辛丑十月海上崇建並識。

聞此類鏡同等品相未多，價過百萬也。今獲觀並拓之，以為留念。慎堂補記。

題八　唐僊乘鸞鳳葵花鏡

鏡作葵花形，最大直徑為二十七點五釐米。圓鈕，鈕座為起伏之山脈。其上是向四方高聳的山峰，峰上有樹林，外層是四組似斷又連、漂浮優雅如花般的祥雲圖案，從而烘托出全鏡。主紋仙人乘御飛禽神鳥。細審之，即有冠之雙鳳與無冠之雙鸞，且乘者亦有異，或持拂塵而騎，或束花結而駕，妙不可言也。間隙處又補以山巒祥雲，整個畫面仙氣滿滿，乃同類之最也。且尺寸碩大，幾無可比者，當寶之。海上慎堂記。

此鏡有斷痕，鏽蝕嚴重，已經上博修理。此拓乃初拓之本，頗為珍貴。崇建又及。

題九　唐雙鸚鵡銜綬葵花鏡

此鏡作葵花樣式，最大直徑為三十點六釐米，重三六四三克。圓鈕，鈕座略飾小紋。整個鏡背圖案是一對環曲優雅的鸚鵡。其一是口銜折枝葡萄藤，枝上花葉柔蔓，果實累累；其二則雙爪抓緊綬帶，而繁麗之綬帶繞近半周。雙鸚鵡體形壯實，姿態俊美，頸戴珍珠，雙翅振起，長尾揚曳，無不體現出盛唐時期富麗堂皇的宮廷氣息，若視之為皇家御品亦不為過也。其保存完好、品相一流，乃寶物矣。海上崇建。

案：同類雙鸚鵡唐鏡，上博、浙博以及日本正倉院等皆見收藏，以上博鏡為最大。然，精湛者當推此鏡也。唐人極愛鸚鵡，一是巧言聰慧，二是象徵富貴，三是帶有濃重的佛教色彩，如此神靈之鳥被唐人及唐文化廣泛應用和美的優化自在情理之中，尤其體現日常鑒人美妝器具上正合適。崇建。

題十　唐龍紋葵花鏡，辛丑十月崇建題。

此鏡為葵花形，最大直徑約二十四點五釐米。圓鈕，整個鏡背圖案為單體龍紋。其龍首內顧，龍口大開于鏡鈕上，若銜鈕含珠一般，乃彼時藝匠之巧思也。龍角上揚，整體龍身盤曲，四肢支開四方，龍爪有力，龍尾飄曳，龍鱗龍翅刻劃具體細膩，間隙處有祥雲填空，故使整個畫面更具靈動之感。如此大氣優美之鏡如圖畫般呈現，唯盛唐莫屬也。海上慎堂記。

拖尾《隋唐銅鏡賞析》

隋代的鑄鏡業如該朝的統治期，雖然日子不長，但較之兩漢及南北朝有長足的發展，主要體現在其製作的精細、設計的精准以及圖形文字的精美等方方面面。如本卷拓片一至四的隋鏡皆是難得一見的佼佼者，這些精美鏡背上的紋飾皆為圖文並茂的。首先是鏡銘，均是標準規範之楷書，而且是極具文學色彩的四言美文頌鏡吉語，足見彼時人們視銅鏡為祥物貢具；再配神靈之獸並十二生肖，既企盼神的護佑又寄予了美好願望，如拓本三所示的淮南起照六靈十二生肖鏡即是隋鏡之典範；而拓本四之龍盤五瑞神獸鏡更是製作工藝精良的隋鏡美品佳作，真可謂是美哉靈鑒，妙極神工也。

從現有信息可知，唐鏡的存世量非常大，可謂是我國古代鑄鏡業的又一高峰期，且形式多樣、工藝多變、圖文多式、內容多彩。總體來看，最

明逾滿月神獸鏡

隋

私家藏

盤龍麗畫神獸鏡

隋

私家藏

具典型性的首推海獸葡萄鏡，亦稱狻猊葡萄鏡。狻猊或即獅子的別稱，這種外來動物形象廣泛出現在唐鏡的主體圖案上，説明彼時中外文化交流已經深入人心了。本卷拓片之五之六雖然不是典型的海獸葡萄鏡圖案，但可以歸為受其影響的延伸之品與變形紋樣，同樣值得珍視。本卷中最值得一提的是拓片九之雙鸚鵡銜綬葵花鏡，可以說代表了唐鏡鑄造業的最高水準，不僅圖案精美，工藝精到，而且設計思路獨特，其創作意義是極時尚和極具文化內涵的。而且唐朝是崇尚佛教文化的時期，鸚鵡在佛典中被視作釋迦牟尼的前世，因此這種被唐人尤其是宮廷寵養之鳥便披上了濃厚的宗教色彩。而將此鏡當作宮中御具更是理所當然了，故視此鏡為皇家造作亦不為過，我們可以從之體會到唐鏡獨特的藝術之美和唐人的審美取向。海上崇建撰。

鈐印 慎堂
崇建
季崇建印
慎堂藏拓
愛不釋手
心賞
季氏
崇建印信
心血來潮
崇建印信
別部將軍
崇建
慎堂藏拓
辛丑
慎堂
崇建
心賞
慎堂藏拓
別部將軍
慎堂
崇建
愛不釋手
慎堂藏拓
季
慎堂
崇建
心血來潮
慎堂藏拓
別部將軍
慎堂
崇建
季
慎堂藏拓
慎堂
崇建
愛不釋手
崇建
慎堂藏拓
崇建手拓
慎堂
心賞
崇建
別部將軍
慎堂藏拓
崇建印信
別部將軍
慎堂
崇建手拓
慎堂藏拓
崇建
愛不釋手
別部將軍
慎堂
崇建
崇建手拓
慎堂藏拓
季
崇建
心賞
崇建
慎堂藏拓
辛丑
慎堂
崇建
季
崇建印信
海上崇建所見所鑒所拓所攷所跋之印

077 “齊大化”刀幣拓片

'Qi Da Hua' knife-shaped Dao coin (rubbing)

戰國時期
正　縱 18.5 釐米　橫 3.5 釐米
反　縱 18.5 釐米　橫 3.5 釐米

題　齊大化刀幣，戰國時期。

跋　齊大化舊時稱“齊法化”，是戰國後期齊國境內統一之貨幣樣式。一般通長在十八釐米左右，背呈外凸，弧形刃部內凹，邊廓隆起，身柄接頭處雙線貫穿，正面齊大化，或釋齊法化三字，背面上端三道平行橫紋，下端往往鑄一字或一符號，此拓所見乃匕字。因彼時鑄行較久，流通甚廣，齊境山東各地均有大量出土，故傳世頗豐。舊時之這類三字刀常被用來翻刻，偽作它種刀幣。庚子年立秋前三日海上慎堂崇建題于建業文房窗下。

季按：古之泉學，余雖門外之漢，然供職上海博物館之青銅部，目濡目染，既與前輩張公午、馬定祥熟識，亦同後起之孫仲匯、施新彪、周祥交往甚密，並參與編纂上海博物館藏錢幣八卷本鉅製，傳拓之技亦由此始也。今獲此齊大化拓片頗多聯想，故再識於慎獨齋。

鈐印　慎堂
崇建
海上崇建所見所鑒所拓所攷所跋之印
崇建印信

齊大化刀幣 戰國時期

齊大化舊時稱齊法化是戰國後期齊國境內流通之貨幣樣式一般通長在
十八釐米左右背呈弧形弧形刀部內凹邊廓隆起柄身柄接頭處斷很貨幣正
面齊大化或釋齊法化三字背面上端三道平行橫線下緣往往鑄一字或一符
號此拓所見乃匕字因彼時鑄行較久流通甚廣齊境山東之地均有大量
出土故傳世頗豐舊時之近類三字刀幣被用來翻砂偽作它種刀幣
庚子年立穗前三日隴上慎齋學建彤於建業文房燈下

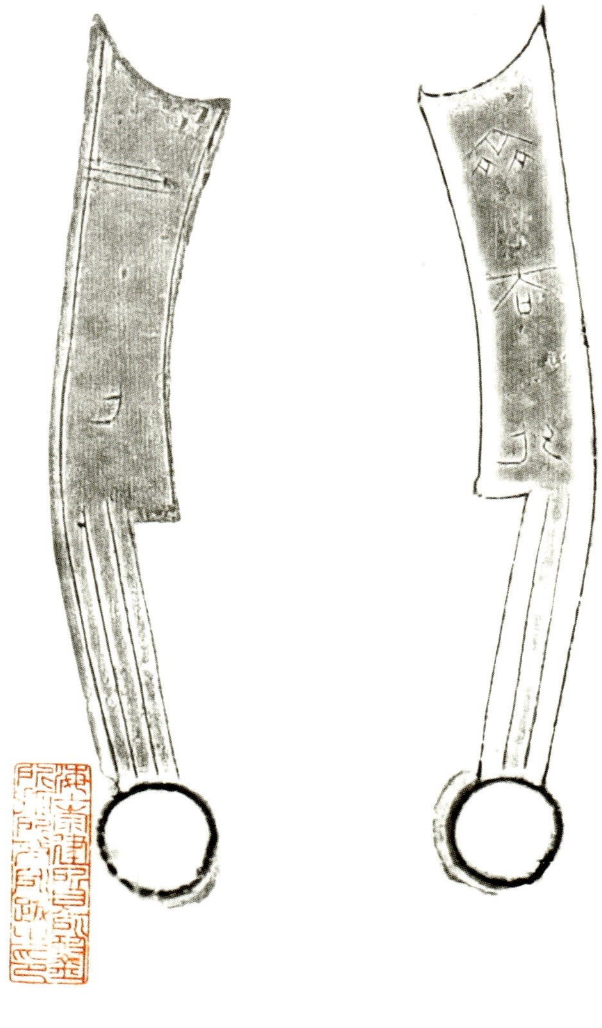

季按古之泉學實雖門外之漢然從職上海博物館之
青銅部目濡耳染既與前輩張公午馬公承祥熟識
亦向此二位之深仲灑施教尤周詳今往其家並參與編
纂上海博物館藏錢幣一書本館製作拓之技亦由此
始也今獲此齊大化拓片頗為聯想故作識於慎獨齋

半兩　秦國·戰國早期

此半兩徑約三叁點柒釐米其鑄法粗拙未作修整半兩二字甚覺隨意粗放中孔見圓廓是戰國早期秦之半兩錢亦是與其後所現之秦朝半兩及漢初承秦制所出半兩有別之標準器更因其尺寸較大且厚實在存世之早期半兩錢中有錄為上品今獲此拓全貌斟寧尺上述藏古錢可稱半壁江山六十年間頗為屬珍貴也海上慎余堂建並識

安陽方足布　戰國時期

此拓原物通長四點七肩寬二點八釐米皆有方足斜肩平首面背皆有周郭面飾直線段居中上通於首面文安陽二字分鑄於直線紋左右背見直線一條占中左右各一斜紋線時當是方足布盛行於晉地鄭衛宋諸國亦開始鑄造新幣以方足大布為其錢家譜稱宋國鑄大錢此類安陽布也有邑之方足布以安陽布居多也庚子冬海上慎余堂建藏並拓並識

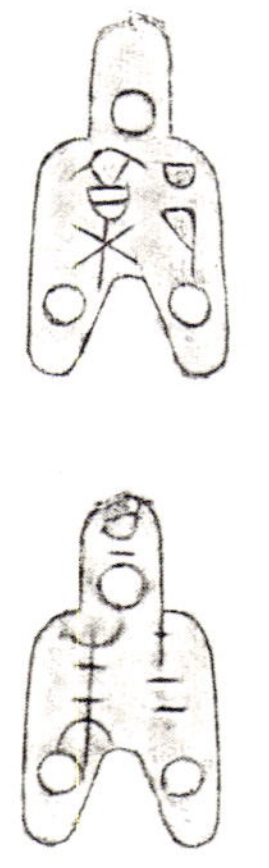

三孔布　戰國時期

此拓原物高五點三寬二點八釐米重六點九二克其正面鑄郭字背見廿一及十二朱銘故知應為彼時趙國屬地今邯鄲境內之物文字優遠極動諸生辨是佩也之古氣保存完美迄今僅此一枚極為珍貴三孔布由圓足布發展演變而來首部及足部兩側各見一圓孔故名被泉界公認為三晉布幣中最稀少一種清際出土數十大多流於日本國內屢屢此甚稀也海上慎余堂建記

《古幣名珍》十屏

此十枚自戰國至清際之古幣皆泉界公認之珍奇名品，其拓本更是難得。今有幸覓得重裝並題，集此一堂十屏，以為共賞。

至道元寶　遼代

此至道元寶大錢直徑約四點八釐米形制規整字口深峻立體感甚強字體雄渾古樸隸中見楷於早年出土自內蒙古戴傳琛舊拓本於錢幣珍品一書嘗見同類著錄傳有三枚今僅知二枚另一枚藏於彭紹坡至道元寶原為北宋錢名至道元年鑄幣流通此大錢則爲遼人或賞賜或慶典或祈福時特鑄之供養錢彌足珍貴　庚子年隆冬慎余堂建幸獲並識

西王賞功　明代末期

一六四四年張獻忠在成都稱帝時鑄西王賞功金銀銅質紀念幣以獎勵功將士其存世極稀近年雖出土亦不過十數據說金質西王賞功僅二枚一枚初藏蔣伯壎處後歸上海博物館另一枚已知者燒毀銀質西王賞功舊說亦僅二枚一枚由申硯丞秘藏今不知所蹤其二原藏羅伯昭後歸中國國家博物館此拓原物亦為銀質乃後出世余早歲訪得偶獲此拓彌珍貴之重編以予同道共賞　庚子年慎余堂建並識

同治重寶　清同治年代

此清代同治重寶當十雕母直徑為三點五九釐米乃精選銅錢中珍品也雕母者亦稱祖錢即製錢之祖凡古時鑄錢之法先以精煉淨銅或鉛錫手工雕鑿成祖錢並翻砂鑄母錢以用此製錢同治之雕母存世極罕爲傳譜雕母中最難得之品原為日本藏家舊藏其銅質精純爍若真金雕工精湛亦爲其幸獲此拓亦一幸也

庚子年六月第三日滬上慎余堂建並藏

莒治口卅 戰國時期

上見戰國博山刀莒治口卅一枚長約十三點八釐米極美極稀之品乃張叔馴舊藏金石室古泉匯皆著錄之嘉慶年間出土於博山香峪村字跡古文亦難辨故泉家以此命名博山刀世共傳者達二百年來餘海內有諸著錄詳明經歷代名家之手考證收藏摩挲把玩包漿已溫潤玉極實為先秦古錢之頂級珍品予獲此拓亦是大幸也

庚子年滬上慎齋李學建並識

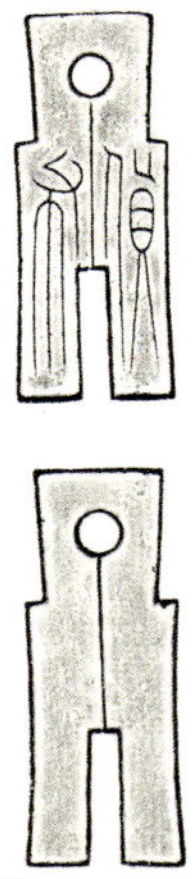

貨布 王莽時期

貨布一枚乃漢除王莽時第四次貨幣改制所鑄與另一枚貨泉併發一布當貨泉二十五與當時所用之大泉五十錢二十五枚此類貨布製作厚實工藝兩面及穿孔皆有廓中豎線出於穿心貨布二字作垂針篆至於兩側書體瀟灑俊逸貨布自亡鳳元年至王莽滅亡鑄行十餘年之久與故時之大泉五十貨泉合稱王莽三大長命錢

庚子年慎齋李學建獲此拓並識

天策府寶 五代十國時期

此天策府寶銅錢直徑四點三釐米包漿溫潤醇美文字古樸典雅乃中國古泉之名珍極稀見此錢由五代十國時楚王馬殷紀念開府置署所鑄有銅鐵兩種尤以銅錢罕見早在北宋錢譜即有記載民國泉學大家丁福保古錢大辭典之載天策府寶普通錢當價三百元而六字刀僅當價四十元三孔布定價二三百元其珍貴程度不言而喻此錢海外徵得拍賣易主大陸幸獲此拓獨具珍貴也庚子滬上慎齋李學建記

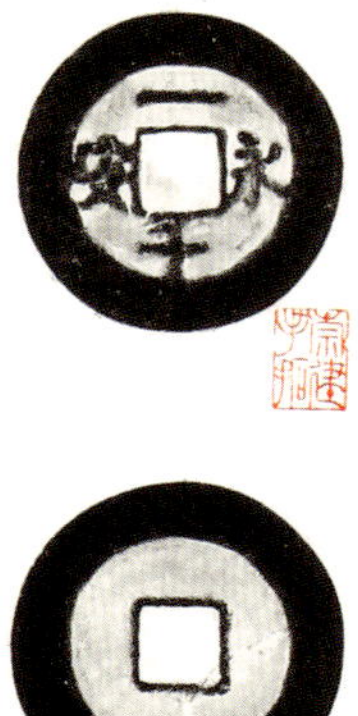

永安一千 五代時期

永安一千銅錢乃傳世古泉五十名珍之一史載五代時期盤踞幽州之劉仁恭劉守光父子所鑄者有銅鐵兩種及銅錢存世量極少其直徑為四點七八釐米錢文字形雅粗拙鑄為薄厚之譜為歷代藏家所重也目前存世有永安一十永安一百永安五百與永安一千四種此品極美日人平尾贊平舊藏昭和泉譜著錄為同類傳世品之最佳者

庚子年春滬上李學建並識於慎獨齋

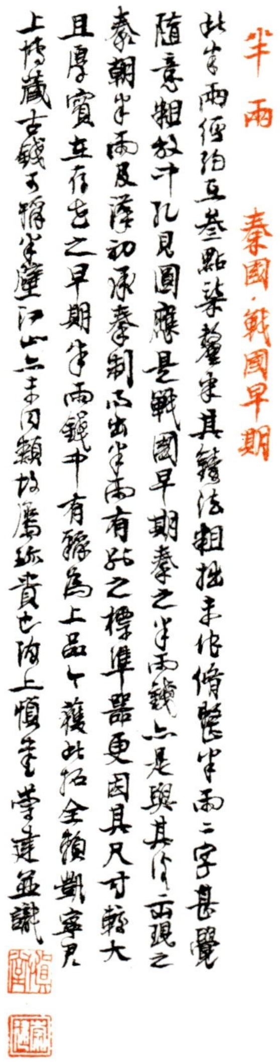

078 “半兩”圜錢拓片

'Ban Liang' Huan coin (rubbing)

戰國早期
正　縱 3.5 釐米　橫 3.5 釐米
反　縱 3.5 釐米　橫 3.5 釐米

題　半兩，秦國戰國早期。

跋　此半兩徑約在三點柒釐米，其鑄法粗拙，未作修整。“半兩”二字甚覺隨意粗放。中孔見圓，應是戰國早期秦之半兩錢，亦是與其後出現之秦朝半兩及漢初承秦制而出半兩有別之標準器。更因其尺寸較大且厚實，在存世之早期半兩錢中可稱為上品。今獲此拓全賴凱寧君，上博藏古錢可稱半壁江山，亦未同類，故屬珍貴也。海上慎堂崇建並識。

鈐印　慎堂藏拓
慎堂
崇建

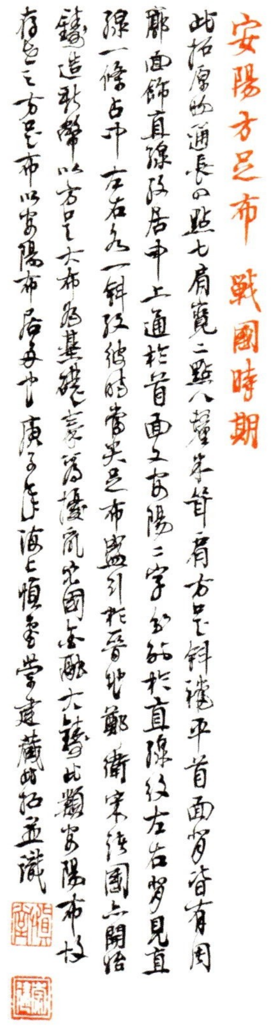

079 “安陽”方足布拓片

'An Yang' square-foot Bu coin (rubbing)

戰國時期
正　縱 4 釐米 橫 2.5 釐米
反　縱 4 釐米 橫 2.5 釐米

題　安陽方足布，戰國時期。

跋　此拓原物通長四點七，肩寬二點八釐米，聳肩，方足，斜襠，平首。面背皆有周廊，面飾直線紋居中，上通于首，面文“安陽”二字，分別於直線紋左右，背見直線一條占中，左右各一斜紋。彼時當尖足布盛行於晉地，鄭衛宋諸國亦開始鑄造新幣，以方足大布為基礎。秦為擾亂他國金融，大鑄此類安陽布，故存世之方足布以安陽布居多也。庚子年海上慎堂崇建藏此拓並識。

鈐印　慎堂藏拓
慎堂
崇建

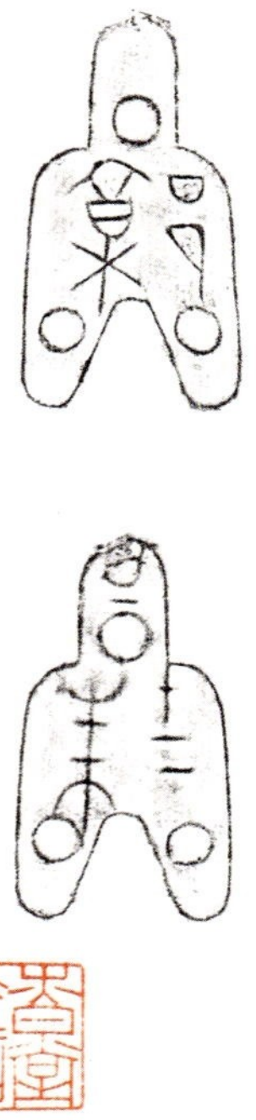

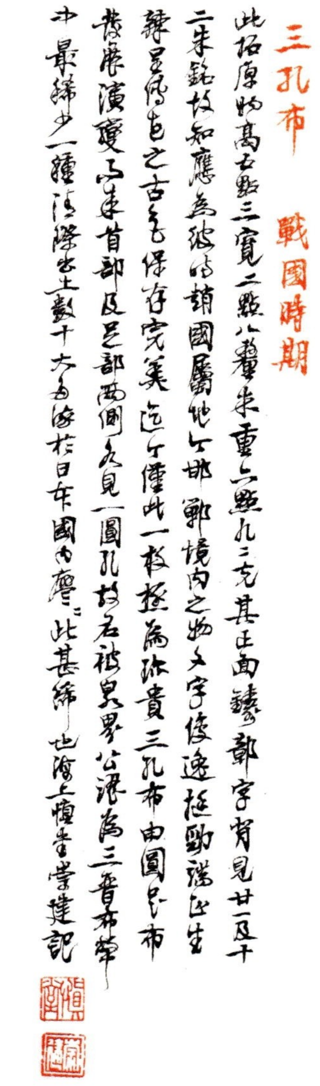

080 “鄣”三孔圓足布拓片

'Zhang' round-foot Bu coin with three holes (rubbing)

戰國時期
正　縱5釐米 橫3釐米
反　縱5釐米 橫3釐米

題　三孔布，戰國時期。

跋　此拓原物高五點三，寬二點八釐米，重六點九二克。其正面鑄“鄣”字，背見“廿一”及“十二朱”銘，故知應為彼時趙國屬地今邯鄲境內之物。文字俊逸挺勁，端正生辣，呈傳世之古色，保存完美，迄今僅此一枚，極為珍貴。三孔布由圓足布發展演變而來，首部及足部兩側各見一圓孔，故名，被泉界公認為三晉布幣中最稀少一種。清際出土數十，大多流於日本，國內寥寥，此甚稀也。海上愼堂崇建記。

鈐印　愼堂藏拓
愼堂
崇建

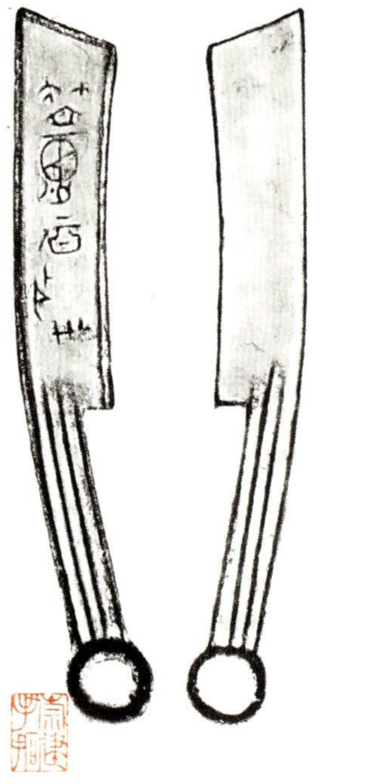

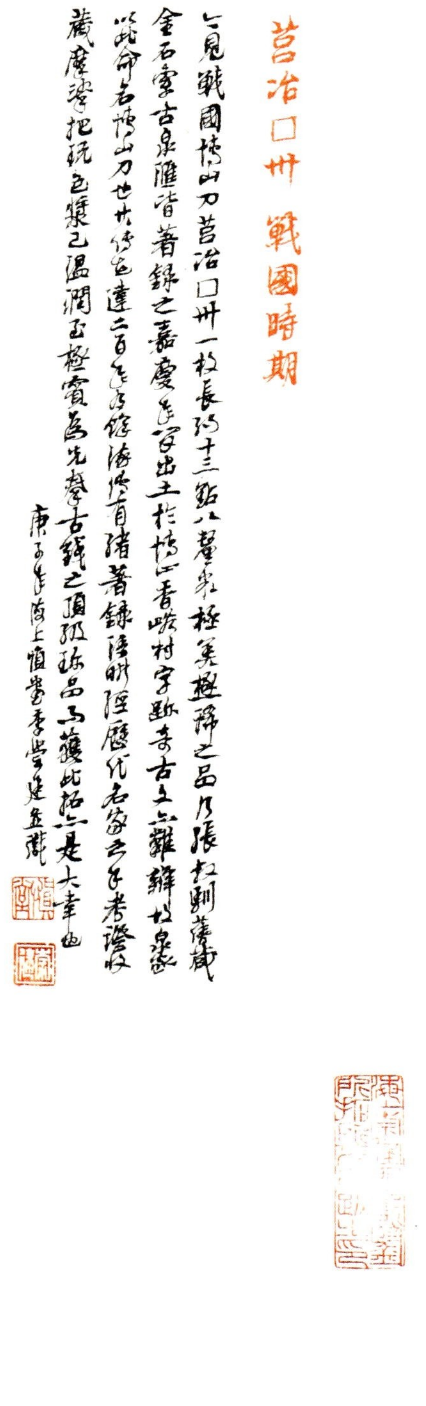

081 “莒冶□卌”刀幣拓片

'Ju Ye □ Sa' knife-shaped Dao coin (rubbing)

戰國時期
正　縱 13.3 釐米 橫 2 釐米
反　縱 13.3 釐米 橫 2 釐米

題　莒冶□卌，戰國時期。

跋　今見戰國博山刀莒冶□卌一枚，長約十三點八釐米，極美極稀之品，乃張叔馴舊藏。《金石索》《古泉匯》皆著錄之，嘉慶年間出土於博山香峪村，字跡奇古，文亦難辨，故泉家以此命名“博山刀”也。其傳世達二百年有餘，流傳有緒，著錄清晰，經歷代名家之手考證收藏，摩挲把玩，包漿已溫潤至極，實為先秦古錢之頂級珍品。而獲此拓亦是大幸也。庚子年海上慎堂崇建並識。

鈐印　崇建手拓
慎堂
崇建
海上崇建所見所鑒所拓所攷所跋之印

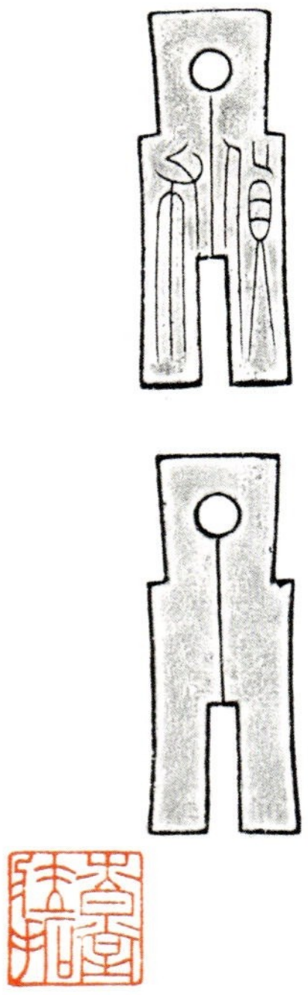

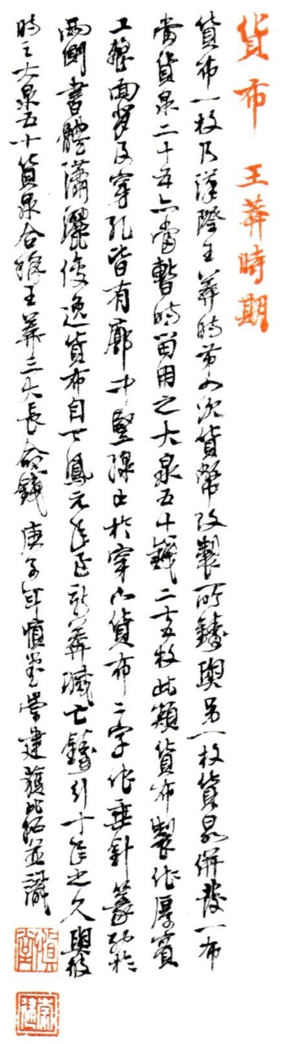

082 “貨布”方足布拓片

'Huo Bu' square-foot Bu coin (rubbing)

漢王莽時期
正　縱 5.6 釐米 橫 2.3 釐米
反　縱 5.6 釐米 橫 2.3 釐米

題　貨布，王莽時期。

跋　貨布一枚，乃漢際王莽時第四次貨幣改制所鑄，與另一枚貨泉併發，一布當貨泉二十五，亦暫時留用之大泉五十錢二十五枚。此類貨布製作厚實工整，面背及穿孔皆有廓，中堅線止於穿下。“貨布”二字作垂針篆列於兩側，書體瀟灑俊逸。貨布自天鳳元年至新莽滅亡，鑄行十年之久，與彼時之“大泉五十”“貨泉”合稱“王莽三大長命錢”。庚子年慎堂崇建獲此拓並識。

鈐印　慎堂藏拓
慎堂
崇建

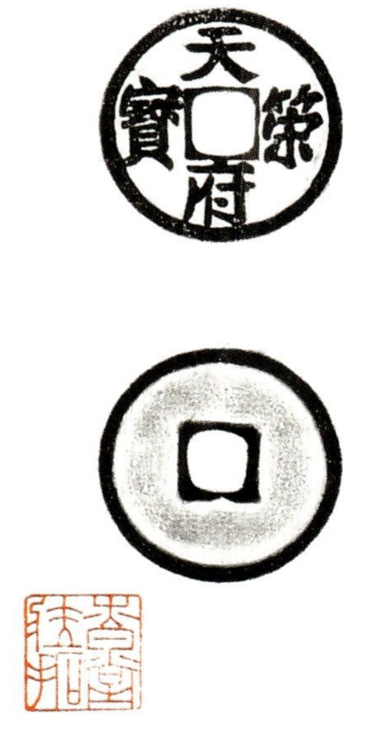

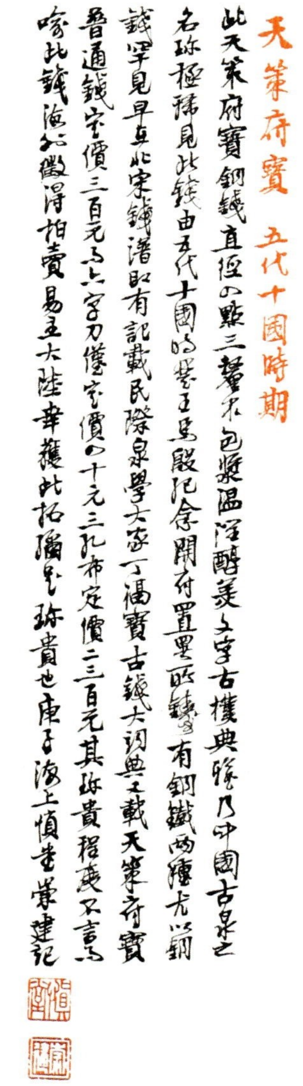

083 “天策府寶”圓錢拓片

'Tian Ce Fu Bao' Yuan coin (rubbing)

五代十國時期
正　縱 4 釐米 橫 4 釐米
反　縱 4 釐米 橫 4 釐米

題　天策府寶，五代十國時期。

跋　此天策府寶銅錢直徑四點三釐米，包漿溫潤醇美，文字古樸典雅，乃中國古泉之名珍，極稀見。此錢由五代十國時楚王馬殷紀念開府置署所鑄，有銅鐵兩種，尤以銅錢罕見，早在北宋錢譜即有記載。民際泉學大家丁福寶《古錢大詞典》又載“天策府寶”普通錢定價三百元，而六字刀僅定價四十元，三孔布定價二三百元，其珍貴程度不言而喻。此錢海外徵得，拍賣易主，大陸幸獲。此拓彌足珍貴也。庚子海上慎堂崇建記。

鈐印　慎堂藏拓
慎堂
崇建

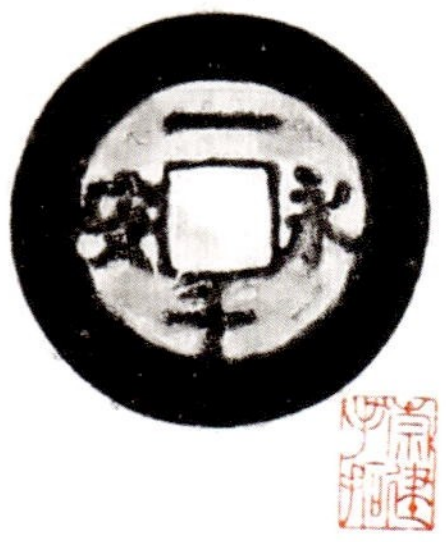

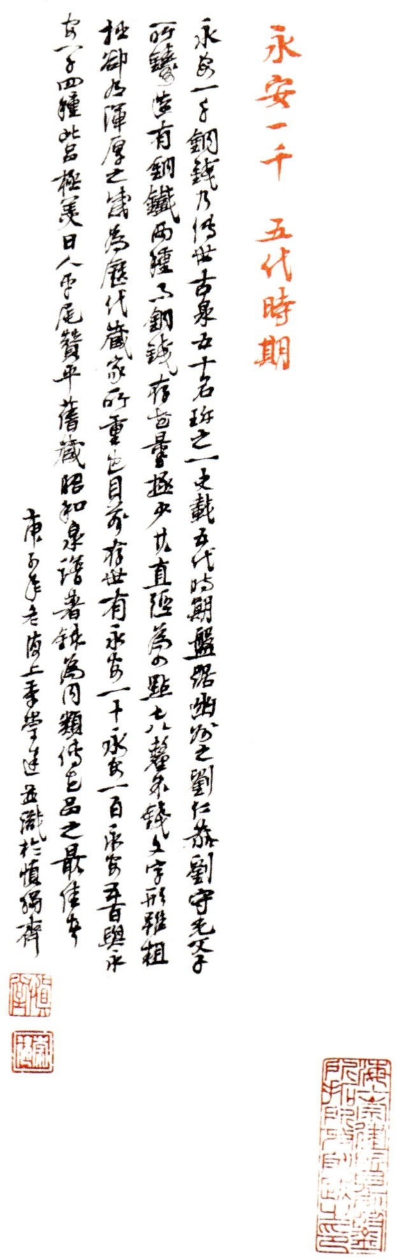

084 “永安一千”圓錢拓片

'Yong An Yi Qian' Yuan coin (rubbing)

五代時期
正　縱 4.5 釐米 橫 4.5 釐米
反　縱 4.5 釐米 橫 4.5 釐米

題　永安一千，五代時期。

跋　永安一千銅錢乃傳世古泉五十名珍之一，史載五代時期盤踞幽州之劉仁恭、劉守光父子所鑄造，有銅鐵兩種，而銅錢存世量極少。其直徑為四點七八釐米，錢文字形雖粗拙卻有渾厚之感，為歷代藏家所重也。目前存世有永安一十、永安一百、永安五百與永安一千四種。此品極美，日人平尾贊平舊藏，《昭和泉譜》著錄，為同類傳世品之最佳者。庚子年冬海上季崇建並識於慎獨齋。

鈐印　崇建手拓
崇建手拓
慎堂
崇建
海上崇建所見所鑒所拓所攷所跋之印

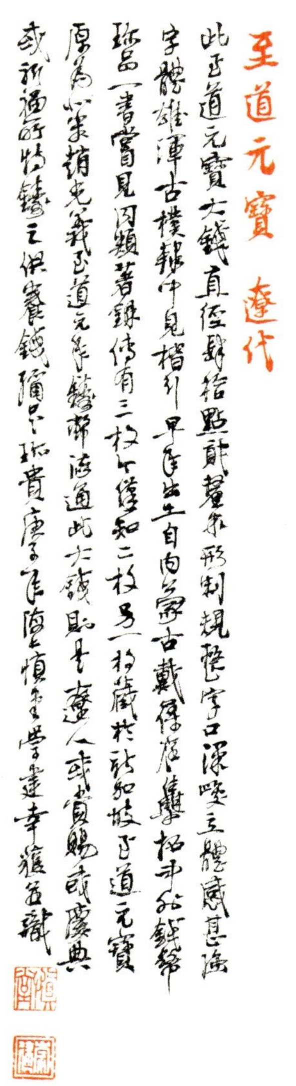

085 “至道元寶”圓錢拓片

'Zhi Dao Yuan Bao' Yuan coin (rubbing)

遼代時期

正　縱 4 釐米 橫 3.5 釐米

反　縱 4 釐米 橫 3.5 釐米

題　至道元寶，遼代。

跋　此至道元寶大錢直徑肆點貳釐米，形制規整，字口深峻，立體感甚強，字體雄渾古樸，隸中見楷行。早年出土自內蒙古。戴葆庭《集拓中外錢幣珍品》一書嘗見同類著錄。傳有三枚，今僅知二枚，另一枚藏於新加坡。至道元寶原為北宋趙光義至道元年鑄幣，流通此大錢則是遼人或賞賜或慶典或祈福所特鑄之供養錢，彌足珍貴。庚子年海上慎堂崇建辛獲並識。

鈐印　慎堂藏拓

慎堂

崇建

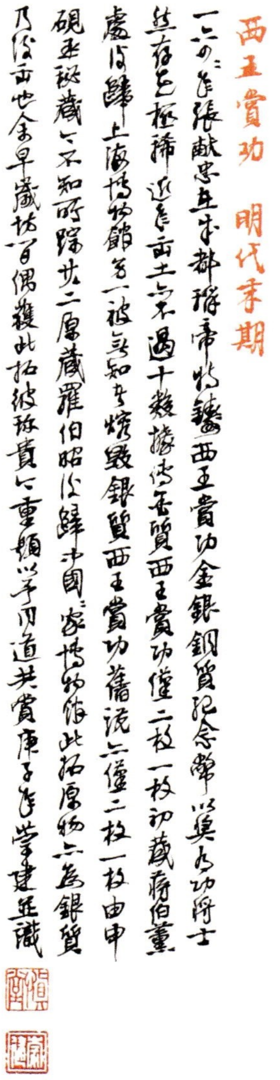

086 “西王賞功”圓錢拓片

'Xi Wang Shang Gong' Yuan coin (rubbing)

明代末期
正　縱 4.8 釐米 橫 4.8 釐米
反　縱 4.8 釐米 橫 4.8 釐米

題　西王賞功，明代末期。

跋　一六四四年張獻忠在成都稱帝，特鑄西王賞功金銀銅質紀念幣，以獎有功將士。然存世極稀，近年出土亦不過十数。據傳金質西王賞功僅二枚，一枚初藏蔣伯薰處，後歸上海博物館，另一被無知者熔毁。銀質西王賞功舊説亦僅二枚，一枚由申硯丞秘藏，今不知所踪，其二原藏羅伯昭，後歸中國國家博物館。此拓原物亦為銀質，乃後出也。余早歲坊間偶獲此拓，彼珍貴，今重題，以予同道共賞。庚子年崇建並識。

鈐印　慎堂藏拓
慎堂
崇建

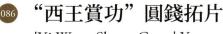

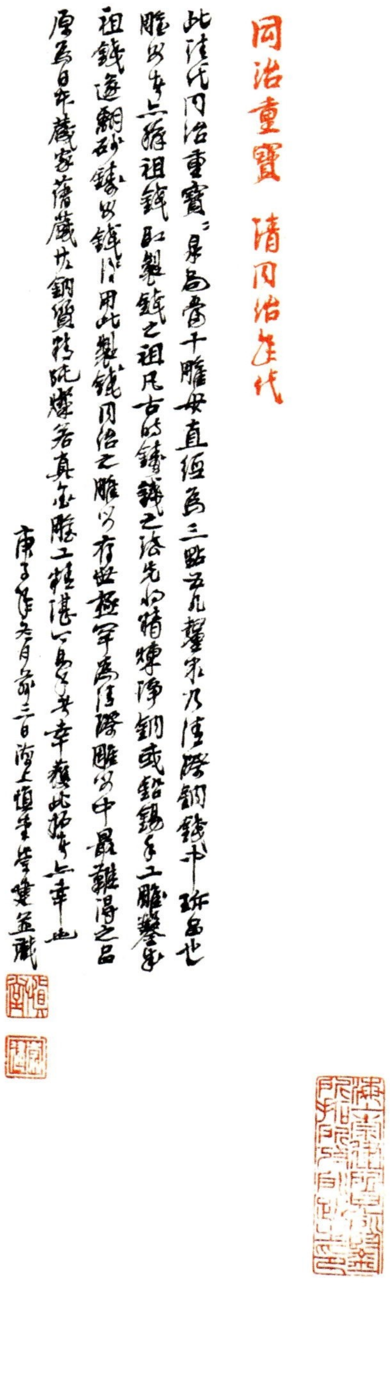

087 “同治重寶”圓錢拓片

'Tong Zhi Zhong Bao' Yuan coin (rubbing)

清同治年代
正　縱 3.3 釐米 橫 3.3 釐米
反　縱 3.3 釐米 橫 3.3 釐米

題　同治重寶，清同治年代。

跋　此清代“同治重寶”寶泉局當十雕母，直徑為三點五九釐米，乃清際銅錢中珍品也。雕母者，亦稱祖錢，即製錢之祖。凡古時鑄錢之法，先將精煉淨銅或鉛錫手工雕鑿成祖錢，遂翻砂鑄母錢，後用此製錢。同治之雕母存世極罕，為清際雕母中最難得之品。原為日本藏家舊藏，其銅質精純，燦爛若真金，雕工精湛。今易手者幸，獲此拓者亦幸也。庚子年冬日前三日，海上慎堂崇建並識。

鈐印　崇建手拓
崇建手拓
慎堂
崇建
海上崇建所見所鑒所拓所攷所跋之印

[illegible]

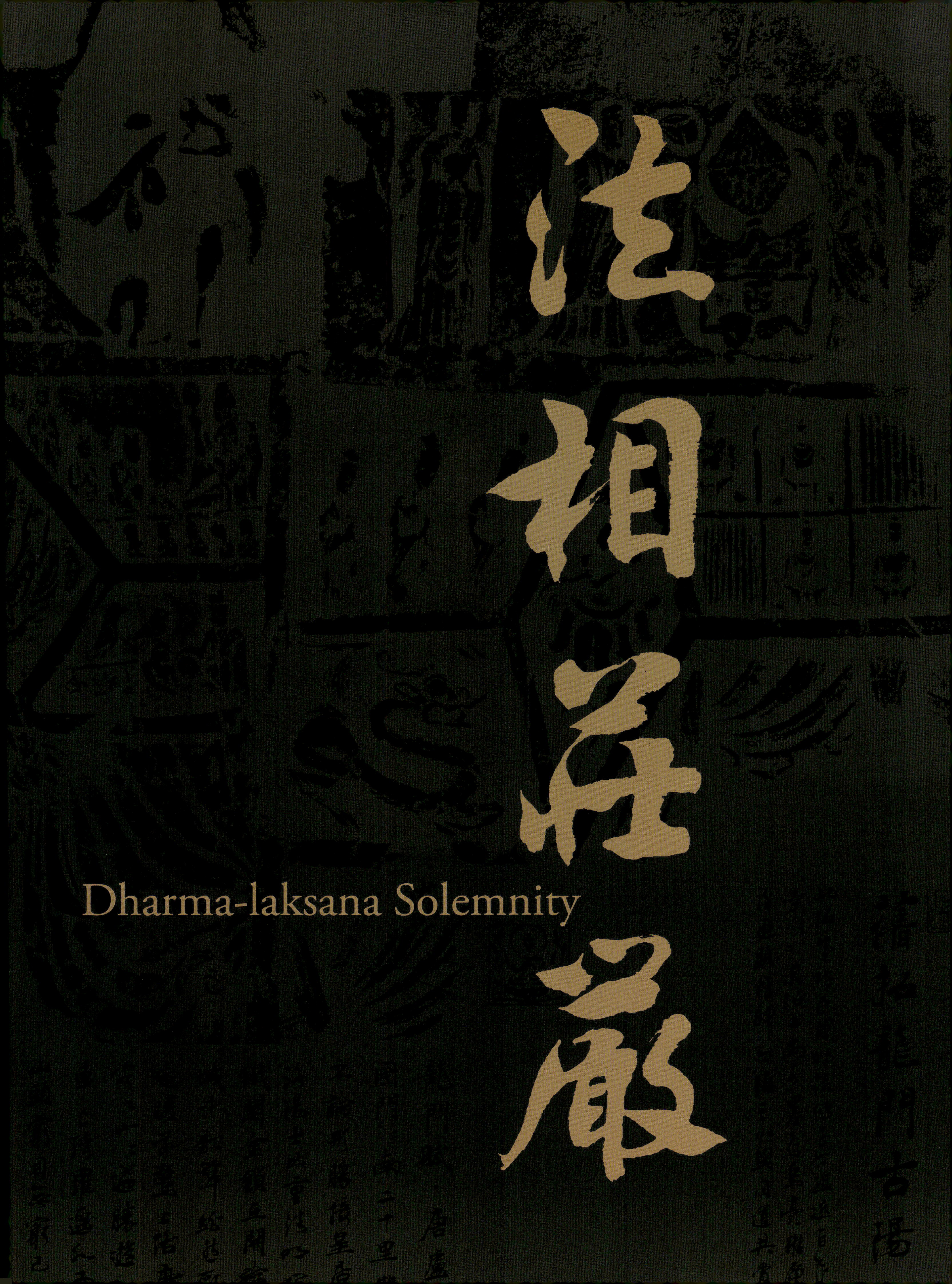

法相莊嚴

Dharma-laksana Solemnity

釋迦牟尼佛鎏金銅造像

五胡十六國

建業文房藏

088 釋迦牟尼佛鎏金銅造像拓片

Gilt-bronze Figure of Sakyamuni Buddha (rubbing)

五胡十六國
縱 17 釐米 橫 10 釐米

題一 釋迦牟尼鎏金銅造像，五胡十六國時期中國銅造像精品，癸卯年立秋日，海上慎堂季崇建敬題。

題二 余酷金石，尤嗜造像，以金銅佛像最有心得。二千年後往海外覓得此像，極喜。如此完美者，國內僅此，海外同期同類亦屈指可數，實乃珍品也。阿彌陀佛，好久未見此等造像，而能歸慎堂三生之幸。今拓之，並三D造型，豈不更具特色，方家以為如何？癸卯伏月慎堂再題。

季按：此像通高十五，座縱五，橫八點四釐米。整體鎏金保存基本完好，佛作高髮髻，呈螺旋狀，蛋形臉，略見下傾，五官刻劃清晰，高鼻小嘴，長眉通樑，留鬚呈八字狀，肩部寬圓，著圓領通肩大衣，褶襞重疊，線條勻稱流轉如流水，疏密有序。下襬垂至座前，遮滿須彌之座。其下承方座基，兩側浮雕護法雙獅，中間以十字連珠紋樣相飾，十分稀見，乃同時期同類金銅佛造像之僅見一例也。佛以雙手合十於前胸，結跏趺端坐之姿表現出釋迦主尊之端莊與神聖，是彼時金銅佛小像之典型，考古與傳世之金銅釋尊造像至十六國時期已逐成熟，形式上亦基本有如此等定式，除主尊外，還有四足方牀及頭光與華蓋，此尊原亦有此般配置，佚矣，然其主像能保存如此完好，製作又如此精湛乃目前存世同期同類之最佳之作。慎堂獲之萬幸也。

鈐印 慎堂藏拓
慎堂藏拓
愛不釋手
季氏
崇建
慎堂
崇建
季氏
崇建印信
別部將軍
慎堂
大吉祥

五胡十六國時期中國銅造像精品

釋迦牟尼佛鎏金銅造像

癸卯年五穗日滬上慎堂李學廷敬題

李按此像通高十五厘縱五橫一點四釐米整體鎏金保存甚爲完好佛作高髻髻呈螺旋狀蛋形臉略見八頭五官刻劃清晰高鼻小嘴長眉通耳留鬚呈八字狀肩部寬圓着圓領通肩大衣褶襞重疊線條勻稱流暢如流水疏密有序下擺垂於座前遮滿須彌之座其下承方座基兩側浮雕護法雙獅中間以十字連珠紋樣相飾十分稀見乃同時期同類金銅佛造像之僅見一例也佛以雙手合十於前胸結跏趺端坐之姿表現出釋迦世尊之端莊與神聖是彼時金銅佛小像之典型參古與傳世之金銅釋尊造像五胡十六國時期已逐成熟形式上亦基本有此此等樣式然至菩薩還有四足方座及頭光與華蓋此尊原亦有此能配置俱失然其主像能保存如此完好難能可貴如此精湛乃目前存世同期同類之最佳之作慎堂藏之篤幸也

余酷愛金石尤嗜造像此尊銅佛像寫有心得二十年來於拍場之中覓得此像極喜如此完美者國內僅此尚無同期同類之座階下獸實乃珍品也隨緣佛緣久未見此等造像而能歸慎堂三生之幸以論之且三D造型豈不更具特色方家以爲如何癸卯伏月慎堂李題

089 張匡造觀世音菩薩銅像拓片

'Zhang Kuang' bronze figure of Guanyin Bodhisattva (rubbing)

北魏神龜元年
右　纵 5 釐米　横 9 釐米
中　纵 5 釐米　横 9 釐米
左　纵 5 釐米　横 9 釐米

釋文　神龜元年[1]七月甲/申/朔/十/五/日/戊/戌/湯/陰[2]/縣民張匡為現存/父母小弟客生內外/眷/屬/壽/命/延/康/無[3]/諸患難所願如是又/為使多饒財寶用/之/旡[4]/盡/所/求/如/是/恒與佛善居

朱批　1. 神龜元年：即公元五一八年。2. 湯陰：即今河南湯陰縣。3. 無：此無原寫作无。4. 旡：此旡即繁體字無，佛經中無皆用此旡字寫法。

《張匡造觀世音菩薩銅像記》
此拓所見之原件全稱為"張匡造觀世音菩薩銅立像"，未鎏金，今藏上海博物館內，未展陳，乃该馆北魏間銅佛像中精品，存世僅見其一，無可比也。其通高二十四釐米，青銅鑄就，觀世音立於覆蓮座上，蓮瓣尖反翹向上呈烘托之狀。頭戴寶冠，上飾一對寶相花，冠繒左右對稱烘托呈直角形垂落至肩，再穿過圓環式髮飾隨臂飄展開來，面相清癯，神態莊重，臉龐及五官之刻劃具龍門初期風格特徵。上身稍長，頸飾項圈、懸鈴、帔帛交叉於腹間串環後再翻懸肘外，垂於體側，若燕尾狀手掌頗大，作施無畏與願印。有蓮瓣形背光，頂端過於尖銳，這種樣式至隋最為流行。其外層飾火焰紋，狀若漩渦流轉，左右均匀，內有浮雕之荷蓮紋頭光。此像蓮座上下多重，下為四足牀，牀足修長，上窄下寬，似呈內八狀。正面右足插配一獅，雕鑄生硬，豎耳展鬃，張口吐舌，具威懾狀，手法頗為誇張而極具力量。另有二插孔，飾物已佚，應為一獅及博山爐也。牀背側作長銘（見拓片）。此像之清癯，突出俊健之氣質，顯然是一種漢化之表現，這正是北魏神龜期佛像藝術之創作共性。但其尖銳之背光、翻卷之蓮座、修長之牀足，則表現出不同地域佛像鑄造之獨特性，這恐怕在現存眾多北朝金銅佛像中算是一個特例也。己亥年海上崇建記。

季按：上海博物館長期以來一直重視對中國古代佛教造像之徵集與收藏。據我工作掌握，此門類之當時統計共有藏品七百余件，現今恐亦增加不多，好東西實在難覓也。上博藏品之特點是時間跨度大，上起十六國以迄明清，基本體現了中國佛像藝術之發展脈絡，形式豐富，品類齊全，既有石窟寺之遺存、寺院式之單體造像與造像碑，更有製作精美之金銅佛像，比較完整地反映出中國佛像藝術之創作輪廓。由於這些作品來源於收購徵集以及諸多藏家之捐贈，因此多為傳世之物，缺乏科學發掘與考古工作原始檔案，再加上古董商經手，轉售于收藏家之文物大多為取其美觀，往往會做些表面美觀處理，使原有之歷史痕跡相對損失許多，故有些觀賞者在參觀完上博之展陳後，常常有會發出"上博藏品如此之新"之疑問，連外省博物館同仁對上博諸多傳世品亦發出不少質疑聲。究竟傳世之品如何辨識與看待，一直是包括我當年在內之上博研究者面前之難題。好在有如左所示之神龜元年張匡造觀世音菩薩銅像這類紀年造像作為標準器作參考，加上不斷之考古資料豐富地證明，才使上博之佛像研究始終處於同行中之佼佼者，余為此中一重要出力者也。

鈐印　佛像肖形印
季氏
別部將軍
崇建印信

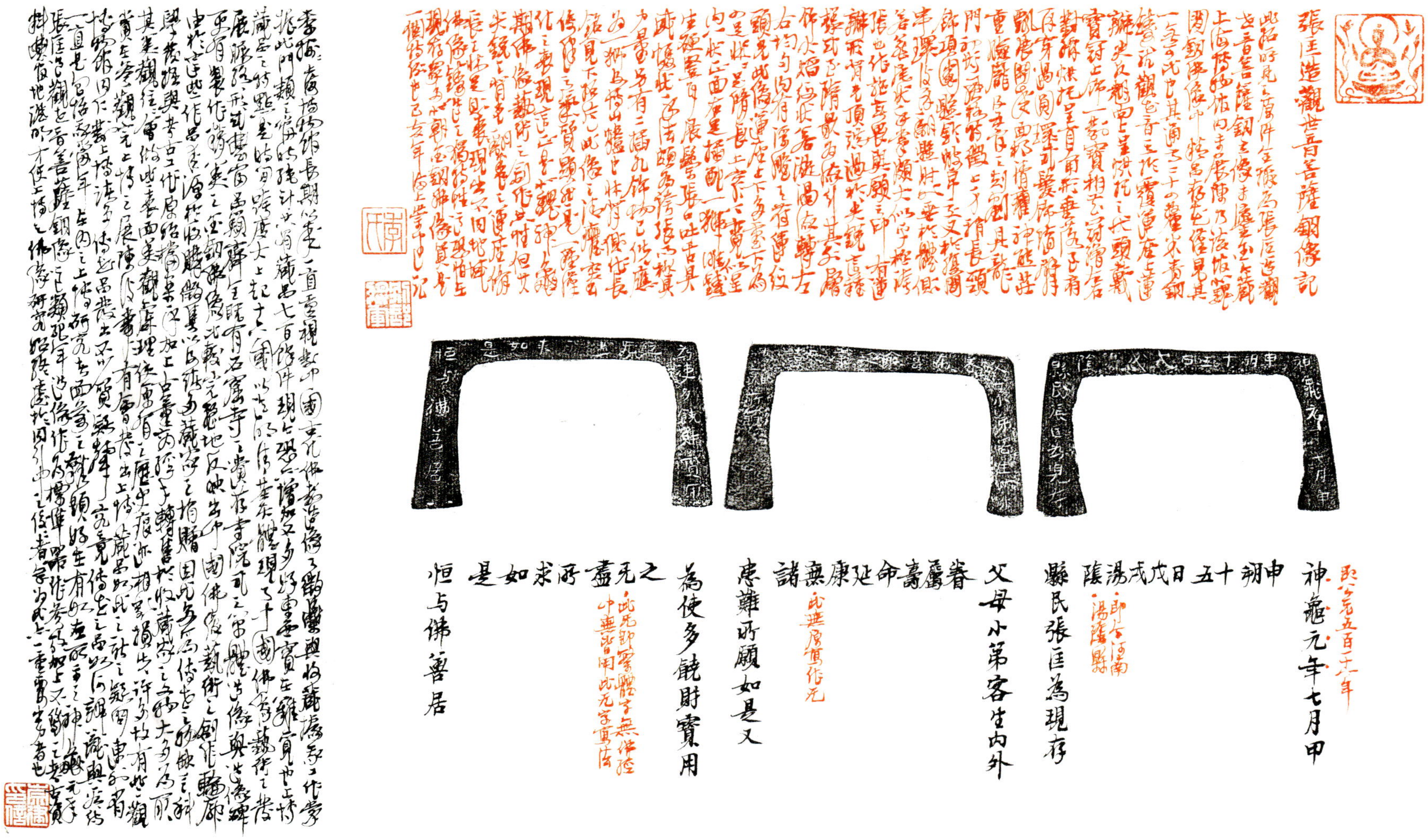
張匡造觀世音菩薩銅像記
神龜元年七月甲申朔十五日戊戌湯陰縣民張匡為現存父母小弟客生內外眷屬壽命延康無諸患難所願如是又為使多饒財寶用之元盡所求如是恒与佛會居

090 盧邊之造觀世音菩薩鎏金銅像拓片

'Lu Bian Zhi' gilt-bronze figure of Guanyin Bodhisattva (rubbing)

北魏神𪚩元年
右　縱 4.6 釐米 橫 5.2 釐米
左　縱 4.5 釐米 橫 4.9 釐米

釋文　神龜元年四月八／日佛／弟子盧／邊之先為水厄／願造觀世音／像一軀願從今／後／居／豢／大小須遇諸佛

題　盧邊之造觀世音菩薩鎏金銅像拓片，己亥年崇建題。

季按：此拓原物今藏上海博物館。通高壹拾捌點捌釐米，其正面觀世音頭戴高寶冠，繒帶垂肩至臂側，面相清癯，五官刻劃傳神；著交領廣袖式漢裝，衣褶飄垂自然，紋理舒暢流轉，質感頗強。帔巾自肩兩側下沉交於腹前，又上懸肘部後外展呈波曲狀；長裙覆足背，足蹬漢人之雲頭屐站於覆蓮座，下為四足方牀，牀框鐫刻發願文："神龜元年四月八日佛弟子盧邊之先為水厄願造觀世音像一區願從今後居眷大小須遇諸佛"，共三十八字。像之背面作蓮瓣背光，共分三層：外層飾火焰紋，中層僅露瓣尖，飾直線紋光芒，內層外緣飾一圈幾何形圖案，頭光呈寶珠狀，外緣為蓮花紋。這種背光多層重疊之樣式，初見於北魏早期，至此已十分規範，具有濃重的裝飾趣味。整個造像形體清瘦，乃現實中取得的典型，其衣著的表現形式已逐步脫離佛教造像儀軌之束縛，沒有通常僧衹支貼體之情形，而飾之以中土流行的漢裝衣裙。這種形象的發展變化，尤其在麥積山石窟北魏造像中得到印證，如第一七二號窟正壁左側脅侍菩薩像，即與之有共通之處，這便是北魏遷洛漢化出現之新風貌也。崇建記。

鈐印　佛像肖形印
季氏
海上崇建所見所鑒所拓所攷所跋之印
季氏
崇建印信
別部將軍

盧邊之造觀世音菩薩鎏金銅像拓片

神龜元年四月八
日佛
弟子
盧
邊之先為水厄
願造觀世音
像一軀願從今
後
居
家
大小須遇諸佛

蒙氏造佛銅像

北魏中期

建業文房藏

091 蒙氏造佛銅像拓片

'Meng' bronze figure of Buddha (rubbing)

北魏中期
縱 16 釐米 橫 7 釐米

釋文 蒙王□□[1]/造/像一區[2]供養

朱批 1. □□，二字不辨。2. 區，即軀。

題一 蒙氏造銅佛像拓片，海上崇建乙亥年題。

題二 余六十作壽著《建業文房藏珍》二集以與同好共饗。其中初集中將右見銅像拓片之原物收入其中，並將其圖像全貌作為封面，圖案設計深得褒譽，還因此獲市年度設計金獎。然此像在眾古銅佛小像中未可最善者，只因其刻劃之特殊深得我愛。事實上，同類之作存在亦未多見。此像無見有紀年，但風格定在北魏中期即太和之年後無誤也。北魏太和期銅造像在中國古代金銅佛像體系中地位至關重要，尤以日人新田棟一即原臺灣梁楷棟氏所藏太和元年釋迦牟尼銅鎏金佛像為最佳，後歸臺北“故宮博物院”。傳該院遷往孤島後絕無一件銅佛像，亦怪事一樁。新田所藏銅鎏金佛像海內外著名，久居東瀛而廣集之，並大有心得，（二十世纪）八十年代末邀我拜觀並助其集輯成冊，數百之巨，連上博都不及其量也。余竭力為之，並因此成為摯友。每每赴日，新田年事已高，仍與我並夫人同進餐食。後其將此批銅佛像以太和元年精品之像領銜，以新臺幣近貳億悉數歸於臺北“故宮博物院”。該院由此籌造一佛像館。落成之日，時任院長杜氏邀我前往參觀並作主旨演講。然驚訝發現此尊太和像已被修復，因技術不盡人意，使該像歷史印記淡盡而不再，古老包漿不見，韻味失去，可嘆可嘆！回想當年，親見於新田家此像之原貌，實在痛心矣。北魏之時所造銅鎏金佛像是中國金銅佛像造像系列之重中之重，他朝皆不可比擬也。太和期造像初受雲岡石窟風格影響，不僅注重於主尊像之莊嚴神聖，以小見大，氣勢上更不因像小而見弱，講究整體佈局及背景安排有序，猶如石窟壁龕之琳瑯滿目。若此像主尊端坐其中，頭作高肉髻，面物清癯，乃北魏造像之常見之狀。五官之刻畫簡括，神態則顯得十分端莊，身著圓領通肩大衣，衣紋線條對稱均勻，雙手合前呈禪定印相，結跏趺坐於束腰佛座上。下為四足方床，床正前刻蒙王□□造像一區供養十字發願文，其中二字不可辨也。然其背光極具特徵，作蓮瓣形，內層是蓮花紋頭光，並見光環重重。上為化佛三尊，作高頭髻，衣紋刻畫對稱，坐姿皆與主尊同，有舉身大背光，亦見蓮花瓣式，且左右者有側傾之態，生動氣息油然而起。主尊兩側各刻一供養人，站姿端正，其左者雙手合十，右者持三枝蓮枝。整體背光皆滿地淺刻火焰紋，一片佛國繁華之景也。同類作品有出土資料可比照者，以一九八三年九月山東博興地區大批出土銅佛像為有力佐證。上海博物館有一尊北魏正始元年任廷造佛銅像，無論形象坐姿刀法佈局及背光座床都有相似之處，定其為同時期物，當也。由此可見，這批小像雖然不如前述之太和期鎏金銅佛像那般光鮮奪目，但其刀法上之簡潔明快、拙中見優、簡中見雅之風，倒是給彼時佛界造像之嚴謹吹帶着一股設計新風尚。故此類小像一直深受後世藏家追捧。現時之藝術品市場僅追明代造像之風可以休矣。若庋藏銅佛像應可追北魏之作也，其古韻之趣乃其他任何一期佛家造像難以與此可比。非危言，實乃真情。乙亥年初七日海上崇建新年首跋也。

季按：此像通高十五釐米，乃北魏中期銅造像之小品也。十年前與友人赴日，過大阪古玩市肆，見小鋪而入即有此像入目，甚喜，卻不敢表露，假裝言他而不顧此。店主以為我初入古玩之行，極薦此像可也。我與友人暗喜，幾番論價得之，店主熱忱叩謝至門前，陽光下見我，突然驚呼“識得！”急急回鋪捧出我之拙作，定當簽名留念，但欣喜間亦露出些許遺憾，實是後悔。越一年，再赴該鋪尋覓時，物可得，然已無漏也。原來店主覺得我會演戲。記此以為一笑！崇建又題。

鈐印 海上崇建所見所鑒所拓所攷所跋之印
別部將軍
季氏
崇建印信

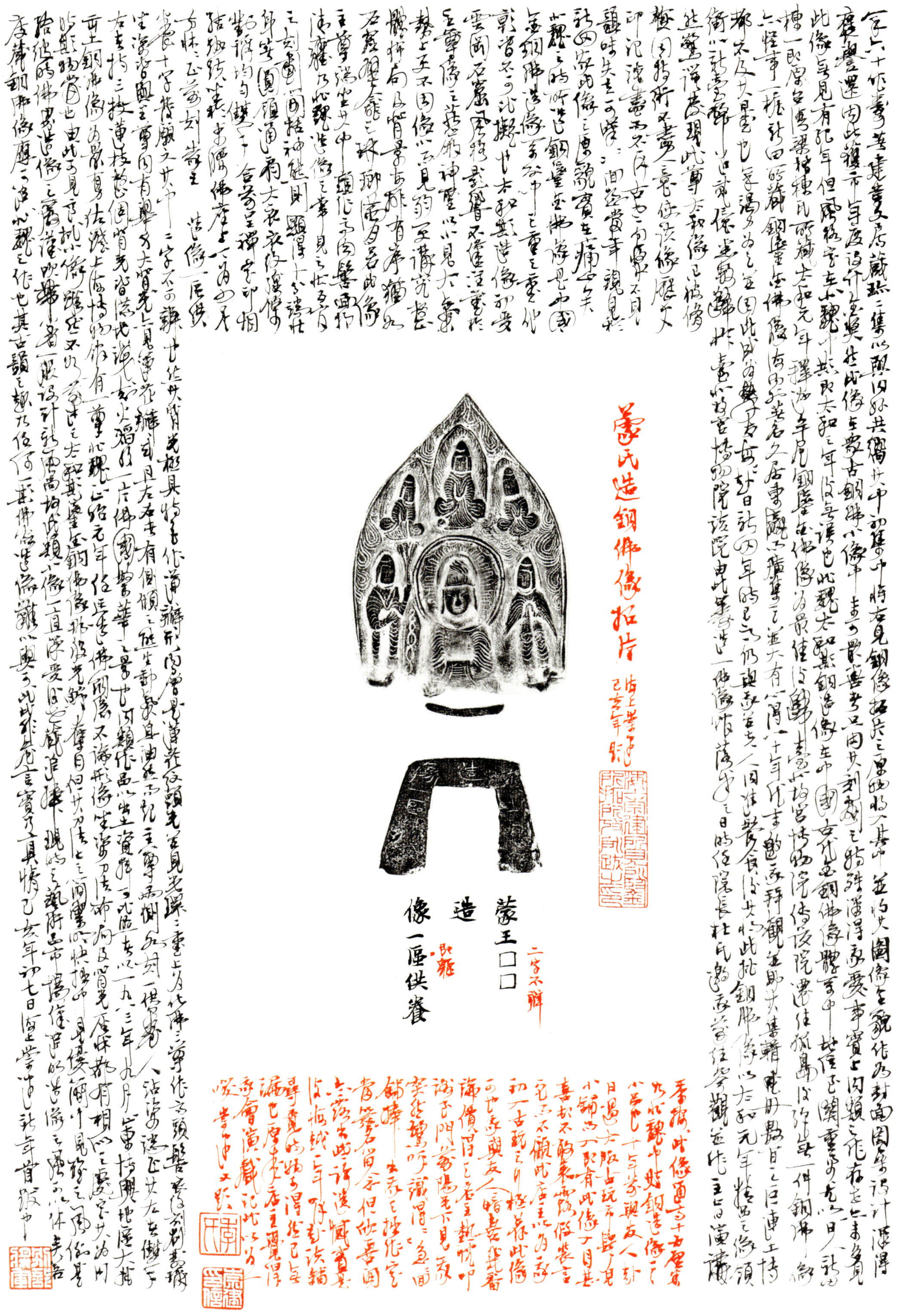
蒙氏造銅佛像拓片
蒙王□□
造
像一區供養
二字不辨

伯養造釋迦牟尼佛銅像

北魏熙平元年

建業文房藏

092 伯養造釋迦牟尼佛銅像拓片

'Bo Yang' bronze figure of Sakyamuni Buddha (rubbing)

北魏熙平元年
正　縱 11 釐米 橫 6.5 釐米
反　縱 11 釐米 橫 6.5 釐米

釋文　熙平元年六月/二日成道□為上/造□像一區/伯養一心共養佛

季按：此發願文鑄造甚粗劣，行文亦亂，非精緻之作，故數字未識未確。又原藏家因未識得紀年，故誤辨其六朝造像，今正之。

題一　伯養造釋迦牟尼佛銅像拓片
此像通高壹拾壹釐米，有銘，可識貳拾陸字，知為北魏熙平元年，伯養氏所供養，其座殘缺。原藏海上孫家，“文革”查抄後還，今歸建業文房。乙亥年初十海上崇建題於建業文房之慎獨齋燈下。

題二　此拓所示之釋迦牟尼佛銅像，頭作高髻，髮紋刻畫簡潔清晰，面龐稍顯豐滿，表情安詳，身材壯碩。袒右肩斜披袈裟，內著僧祇支，即佛教僧尼五衣之一，亦譯作僧卻琦。據大唐西域記載：僧卻崎，覆左肩，掩兩腋，左開右合，長裁過腰。此像之僧祇支即依之而作也，並褶紋刻畫均勻，富有層次感。其右手上舉施無畏印，右手握裙尾，結跏趺坐於須彌座上。座前織物紋呈水波紋樣，下端原有之四足方床殘缺不見。原藏者為補其所缺，以老料硬木配以仰覆式蓮花座，將銅佛像嵌入其中，亦算穩妥也。釋尊有大型周身蓮瓣形背光，內層作蓮花形頭光，雙肩後見有熊熊燃燒之火焰紋，外圈為多重身光，紋理刻畫清晰。背光最外層亦作連環式火焰紋，圖樣極富裝飾性，且線條流轉，動感頗強。而其大背光頂部兩端各飾一背光式化佛，左右對稱，中置一佛亦作高髻，面相偏清癯，坐姿端正，著通肩圓領大衣，衣紋刻劃均衡具體，紋理排列整齊，富有韻律感。雙手拱前藏於袖內結跏趺而坐，因形體偏小而座式不夠明顯。其背面分五行刻發願文曰：“熙平元年六月二日成道，□□為上，造佛像一區，伯養一心共養佛”等，間有若干不識也。整個作品屬彼時銅佛像之簡率一路，且年久如黑漆，包漿厚重，亦屬傳世不多見者。同類作品可資比較，但背光上對配兩小化佛，倒是不多見之作例也。傳世並出土之實物數據證明，北魏以降，尤進入太和時期，金銅佛像造作進入高峰期，其深受雲岡大窟二期之雕鑿風格影響，尤其如此像之形態與著裝，皆可與雲岡如第二十窟主尊等找到對應點。而同類銅佛像之最善者，則首推原日人新田棟一所藏，後歸“臺北博物院”之太和元年釋迦牟尼鎏金銅像。此像作高髻，髮紋刻劃細膩，額際寬廣，臉龐飽滿，慈目修眉，鼻挺嘴小，大耳垂肩，表情溫和，身披袈裟，袒右，內著僧祇支，作說法狀，結跏趺坐於須彌座上。有圈形頭光，上端左右各飾一蓮花紋樣，頂端各飾一化佛。在大型舟形背光上分飾內外二層，內層飾四化佛，外層作火焰紋。背光之背面滿刻佛典圖像。整個背光猶如一幅佛國景象寫生畫。這是一件極其珍貴之北魏太和期金銅佛像，受其影響，稍後所現之正始神龜並熙平諸年皆有此類作品出品。雖然後者形式和製作工藝上遠不能與其相比，但基本特徵及佈局與配置倒依然有共通之處，完全可能找出一些可資比對之各個方面。因此我們通常將這類銅佛像統稱為太和式金銅佛像。此像即其之列也。對此我有專論研究發表，而其問題之提出與歸納恐亦我之首創。記得（二十世纪）九十年代初，臺灣渡假出版社邀我著述《金銅佛像》一書，即首提此觀點並研究成果，頗受褒譽。該書還獲得臺灣地區金鼎獎並連續數年列誠品書店暢銷書而不衰也。今獲觀此品並拓而記之以為念矣。崇建又記。

鈐印　季氏
別部將軍
崇建印信
海上崇建所見所鑒所拓所攷所跋之印

伯養造釋迦牟尼佛銅像拓片

[illegible]

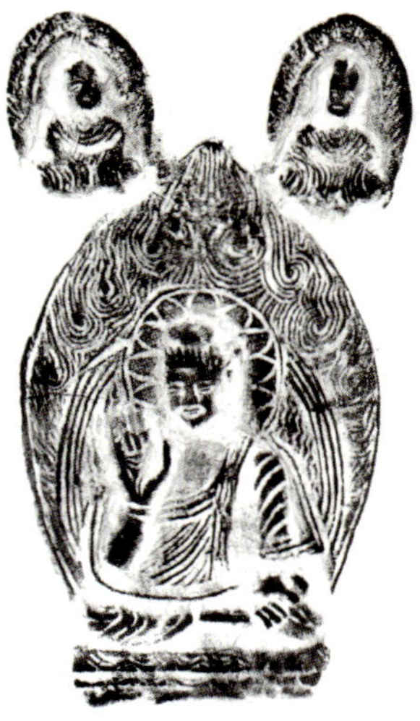

釋文：

興平元年六月二日成道 為上

造 像一區

伯養一心共養佛

[illegible]

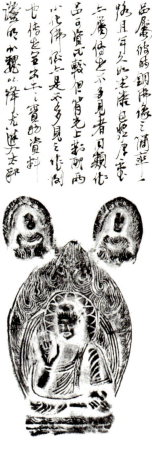

093 丁氏造佛銅像拓片

'Ding' bronze figure of Buddha (rubbing)

北魏延昌五年

縱 10 釐米 橫 7.5 釐米

《北魏延昌五年丁氏造佛銅像攷》

間見之原拓發願文之實物今藏上海博物館內。其通高十四點三釐米，銅鑄而未鎏金，保存基本完好。此像正面佛作高髻，面部豐腴，神態端詳，身披袈裟，袒右肩，右手揚起狀若說法，結跏趺坐於須彌座上，下為四足方牀，牀表刻以連珠紋裝飾帶和抽象圖案。有舟形大背光，外層刻火焰紋，內刻蓮花紋，頭光間飾多條連珠紋帶。背光後鑿刻發願文四行約三十字。由於此篇發願文以粗略簡括之刀法鑿刻而成，其中大多簡筆省劃多痕，不在少數，故給辨識工作帶來困難，但還能依稀明白一些。初見延昌五年紀年，查曆表未五年，延昌僅四年，過往以為乃五年之誤刻，有案例可證。民間造像確有改年號而百姓當年未知，仍沿用舊皇號者，故我之前文記敘此像以為五年即熙平元年所制此像也。今重揀此拓細辨之，識出後有乙未六月二日之記，干支乙未即延昌四年，故可斷此像鑿造於延昌四年，五年之銘乃誤刻也。後有某某人，應是供養人之籍貫之記。再後數字筆劃混亂不清，未可辨矣。後識得“供養佛”三字，並末見清信女丁田某，馬承源先生曾將此“畓”字識作“界”，余嘗沿用至今，再審，恐未妥也。如此發願文雖難辨識，但意義卻又不一般。首先，有紀年銘銅佛像存世不多，上博所藏不過二三十件，亦有後刻之嫌；其二，延昌四年乙未誤作五年可列為一案例；其三，此類鑿刻法又可為一案例，青銅所鑄之佛像有將發願文一次鑄就者或鑄成後再鎏金者，亦有如此像先鑄主體再補刻發願文。這種情景出現，可以推想當時確有作坊式造作，先鑄成以待需求者，即時請供，即時加刻供養人所述發願文。故此類急就式發願文之鑿痕往往粗略，筆道亦不按照正常方式，全以奏刀方便為之，更不講究起筆收筆之規矩，佈局更亂，故不可辨也。如戰時頒發將軍之印亦如此，暫時鑿刻而就，故稱急就之章。但往往有些學者不知此所以然，誤將此像認為偽者，以為銘文後刻，文理不通，書寫又如此淩亂，差也，我亦只能笑而無語。關於中國之金銅佛像，以我數十年研究心得而言，著實可有官民之分，猶如瓷器之類亦分官窯民窯，此處可言之官造民造，更有地區造，作質量優劣之分。如河北河南陝西山西及山東諸地，考古與文獻資料表明，這些地區隨著帝王篤信佛教而使造像之業極為盛行。盛行之果就是使造像工藝愈益精彩，成就斐然，精美之作層出不窮。清際民國間大量精湛者面世，而因國力衰落使之流出海外，現如今能見到幾尊精美之作，大多在歐美及日本博物館及私家重要機構內。（二十世纪）九十年代赴日見得新田棟一所藏中國鎏金銅像百餘尊，其中不乏精品，惜新田作故，蒐集之品亦逐一散出，雖其大部留存於臺北“故宮”，仍有數尊重要之品不知所跡，我一直關注這些作品會否流入市場，望眼欲穿矣。當然上博所藏金銅佛像亦名聞海內外，其中亦有不少絕世之品，藏品之數量亦夠，可謂當今海內外庋藏中國金銅佛像之重鎮也，學術地位亦無可搖動。回看此延昌期小像，雖製作工藝上欠美，但亦頗具典型性。除前述之發願文特殊意義外，其造作方面在整體上仍保持著北魏造像高峰期太和式之藝術特徵，出現了以浮雕與直平刀法相結合之創作方式，使造像更具立體感，這顯然是北魏金銅佛像發展到永平延昌年間出現的一種新風尚。它為以後神龜、正光之年北魏佛教造像再度輝煌開啟了一個重要改革之道，就此一點，此類小像便不可謂不重要了。故小像雖拙，卻不可以貌取優劣高下也。己亥年三月海上崇建寫於慎獨齋窗下。

跋　又此拓藏於私室已逾三十年，今揀得重鑒重考重題重跋重見天日，實在是心血來潮。今上博有柏華兄鑒掌一方，亦屬成就者，聞其以科技手段測得當時造像鑄造工藝，已有突破性成果，可喜也。時下鑒定隨時代進步可有賴新技術，然目測與經驗還是無法所代，終究五千年文明成果靠得全是手工活，題之一笑。崇建再跋。

鈐印　佛像肖形印

海上崇建所見所鑒所拓所攷所跋之印

季氏

崇建印信

北魏延昌五年丁氏造佛銅像攷

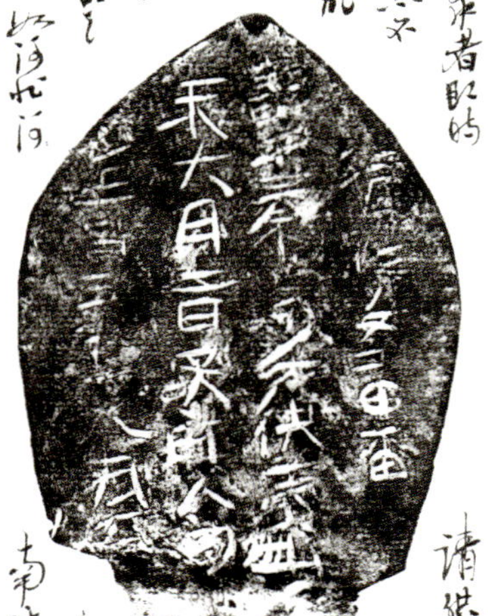

094 毛思慶造觀世音菩薩鎏金銅像拓片

'Mao Si Qing' gilt-bronze figure of Guanyin Bodhisattva (rubbing)

北齊天保二年
右　縱 4.7 釐米　橫 5 釐米
中　縱 4.7 釐米　橫 6.3 釐米
左　縱 5 釐米　橫 5.5 釐米

釋文　天保二年四月/十/六日佛弟子毛思/慶上為七世師僧/父/母/因/緣/眷屬法界象/生造觀世/音像一區

題一　毛思慶造觀世音菩薩鎏金銅像銘文拓片

題二　此佛像高僅十八點九釐米，乃傳世金銅佛像中之小宗。然今日之市肆已不甚見得。又，若拍賣中見之價格亦不低也，過百萬亦不為過，足見此類小像頗受青睞，覓之難得，藏之欣慰。然以拓片把玩亦是幸事也。崇建又記。

題三　此拓原件今藏於上海博物館內，其主尊頭戴高寶冠，天衣飄垂長裙覆足，右手掌心向前作施無畏印，左手下垂作與願印，赤足立於覆蓮座上，有蓮瓣形舉身之光，飾火焰紋，頭光為蓮花紋狀，左右兩脅侍菩薩，足下以雲氣狀之忍冬紋相依託，下有四足方牀，牀框鐫刻發願文共三十八字。此類造像在風格上同山東博興地區製作之北齊觀世音銅像大率相合，其整體風格結構更與該地區出土之北齊武平二年劉樹珽造觀世音三尊像如出一轍，說明這是同一地區流行樣式。戊戌年十月海上崇建揀舊拓重題於建業文房之慎獨齋。

鈐印　佛像肖形印
崇建印信
季氏
別部將軍

毛思慶造觀世音菩薩鎏金銅像銘文拓片

天保二年四月
十六日佛弟子毛思
慶上為七世師僧
父母因緣眷屬法界家
生造觀世
音像一區

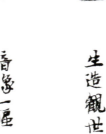

095 崔氏女張華造菩薩銅像拓片

'Zhang Hua' bronze figure of Bodhisattva (rubbing)

北齊天保二年
陽面　縱 9.5 釐米 橫 3.5 釐米
陰面　縱 8 釐米 橫 4 釐米

釋文　天保二年二/月十九日崔氏女/張華為父母敬/造象一區

題一　盒蓋刻“北齊崔氏女張華造象天保二年”銘，並“悲翁審定金石”印文，海上慎堂崇建記。

題二　傳趙之謙藏張華造銅菩薩像

此像通高九點二釐米。菩薩赤足端立於仰覆式蓮花座上，高髮髻，面瘦修，著袒左衣裳，右手上抬，左手下垂握淨瓶。有蓮瓣形頭光，背刻發願文“天保二年二月十九日崔氏女張華造像”之字共二十二，據外盒刻記，經悲翁趙之謙藏後傳至臺灣翦淞閣，今歸逸齋劉氏。其允我拓之並攷來源，應是早翦淞閣前由滬上藏家高氏收藏，後查抄入藏上博，又發還流出云云。海上慎堂崇建。

季按：此像背見五四零九四上博入藏編號，白漆書之竟是本人而為。然不知何故發還並流入市肆？今托人查核上博入藏檔案，一九七九年收購高澤球銅佛若干，此其一也，未知何故再度流出。翦淞閣主黃玄龍（二十世紀）八十年代即來滬覓寶，其獲之後經西泠拍賣，今移主逸齋，可使本人再拜觀也。

鈐印　崇建手拓
愛不釋手
崇建
別部將軍
慎堂
崇建
季
慎堂
佛像肖形印

盒蓋刻北齊崔氏女張華造象天保二年銘並悲翁審定金石印文
海上慎堂學建記

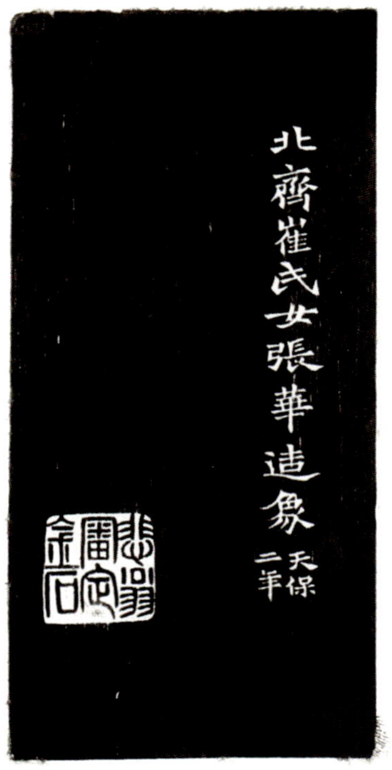

釋文：天保二年二月十九日崔氏女張華為父母敬造象一區

季按此像背見刻雲九○上博入藏編
白梁書之竟是本人所為然不知何故曾遷
並海入市肆後經人查核上博入藏檔案
一九七九年收購高澤球銅佛像若干此
其一也未知何故得療海出翁淞家主黃云
龍以千元代收承德覓寶其難之後海西
洛伯書以稿主逸齋可得本人得釋觀也

傳趙之謙藏張華造銅菩薩像

此像通高九點二釐米菩薩赤足端立於仰覆式蓮花
座上高髮髻面容清秀袒右衣裳右手上揚左手下垂提
淨瓶有蓮瓣形頭光背刻楷隸題文天保二年二月十九日
崔氏女張華造像之字共二十二據此盒刻紀證此為趙
之謙藏件後至台灣翁游家後歸逸齋劉氏其兄弟
拓之並附來源標籤早為游家亦由海上藏家高氏
收藏件查訪大藏上博之常選海出云云　海上慎堂學建

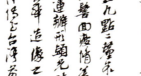

096 楊照基造佛鎏金銅像拓片

'Yang Zhao Ji' gilt-bronze figure of Buddha (rubbing)

北周天和二年
右一　縱 3 釐米　橫 6 釐米
右二　縱 3 釐米　橫 4.5 釐米
左二　縱 2.5 釐米　橫 6 釐米
左一　縱 2.5 釐米　橫 4 釐米

釋文　天和二/年三月/四日/佛弟/子楊/照基/為七世/父母/所生父/母因緣/眷屬/造/銅/像一/區等/成/正/覺

題一　楊照基造佛鎏金銅像記。己亥年崇建

題二　下見所拓乃余數十年前製於上博，今重揀之重題也。此像今藏於上海博物館深庫之內，未曾展陳，卻是難得之品。因其發願文所記有天和二年年號，查魏晉南北朝存世資料，恐怕此乃唯一北周時有明確紀年之物也，彌足珍貴。其通高二十一點五釐米，頭作高髻，髮紋直梳，似今人謂之劉海也。面相頗豐腴，五官刻劃簡括，寬肩，體健碩，雙手合前作禪定印相，袒右肩，內著僧祇支，外披袈裟，褶紋細密，刀法略見拙樸。身後有蓮瓣狀背光，中有蓮瓣紋頭光，外飾火焰紋，主尊作結跏趺坐式，下有四足方牀，牀表四側連刻發願之文曰："天和二年三月四日佛弟子楊照基為七世父母，所生父母，因緣眷屬，造銅像一區，等成正覺"，共三十六字。依整個造型觀之，製作較為拙樸，不甚精美，但頗具古味。比例上亦不太合理，但刀法並鑄造工藝則顯得細膩和老辣，頗多石刻效果，文字之痕跡也略見龍門二十品之遺韻。值得一提，其中數字有簡化筆劃之跡，如"照"字作"煦"，"屬"字作"属"，"軀"字略寫為"區"，亦極少在發願文特別寫明造為銅像也。凡此種種，皆此像特別之處，十分有趣，惜未展陳，讀者僅可依我之描述而聯想矣。上博有銘有明確紀年之造像，多達數十件，可見我之《上博藏紀年佛教造像考證》一文也。

季按：北周時期之金銅佛像，承北魏瘦勁挺拔之餘緒，開隋代略顯豐腴之新風。雖然石製造像勢頭不減，但金銅佛造像卻一度處於低迷而不再興盛，直至入隋才顯現強勁之勢。上海博物館所藏之楊照基造北周天和二年佛鎏金銅像，可算是難得一見彼時有明確紀年之金銅佛像也。惜其金色基本褪卻，殘存之跡也不甚明顯，銅質偏深色，品相亦不太美觀，謂其歷史價值無可疑也，乃彼時一小件之標準之具。然以其作為北周金銅佛像之代表，或標識性文物看待，恐難勝任矣。記得今歲初赴東京觀東博所辦之顏真卿大展，余等一行看過顏先生後，轉訪鄰近之東京藝術大學藝術資料館。久聞該館藏有一尊北周時期菩薩鎏金銅立像，名氣頗大，多次著述，早年本人拙著《金銅佛像》（曾獲臺灣出版金鼎獎）亦轉引此像，實是因為彼時可資引用與比照之金銅佛像甚是稀少，當日可觀原物乃萬幸也。入館觀之，果然此像陳列其中，"極美"二字由衷而出。此像頭戴高冠，頂嵌寶珠，間飾唐草紋樣，繁華富麗，冠沿數珠連鑲，冠旁繒帶垂肩，面相腴長，眉纖細而呈半圓弧狀，眼瞼微開，鼻挺唇厚，嘴角上翹，含有一絲微笑，表情溫煦慈祥。頸長且粗壯，肩圓，飾以寶相花，帔帛自兩肩垂下搭肘飄落外展過足，形若羽翼，頗具裝飾性。體軀俊美，胸前滿飾串珠瓔珞，間有葡萄及花葉紋樣，腹前並嵌寶珠，製作极爲精細。下著大裙，裙襞刻劃均衡而顯得比較規範化。手作說法狀，指勢表達自然生動，赤足立於覆蓮座上。整個銅像製作極為精美，而且鎏金成色保存基本完好，真是一件難得之精品也。然問題是，何以見得其就是北周之像呢？它確實如西魏時期之婉麗，亦開隋時之潤

媚，是可以看出或可理解為介乎二者之間重要變革時期所產生之新樣。但其既無紀年，亦無可資比照之佐證依據，實在令人百思不得其解。查以往資料，可能只是日本學者有如此推斷，其他如我皆都引用而已，甚至有人都沒見原物而沿用舊說而已。恐怕這些都是需要認真加以研究，與重新隸定的。此像值得注意之點正是其帔帛與繒帶外展呈羽翼之狀，且有風動之感，這點是極為關鍵與重要的。我之觀點，如此類形態出現而且表現得如此成熟，應該不會出現在北朝，而是在隋；加上整個身軀刻劃得這般富麗堂皇、精美顯眼，至少不會在處於相對低潮之北周時期。尤其此像從製作工藝上講，更是有可能是入隋後才出現之新風格。這種猶如官窯一般之造作，亦只有入隋後才能出現。當然，我們不能拿上博所藏之楊照基造鎏金銅佛像來作比較，因為它不能與如此精美之官造像類比。一件文物之鑒定需要有一個不斷認識，甚至重新認知的過程。我曾經在佛像研究方面撰寫三十餘部著作，有些引用之資料著實未見原物，但若如那尊東京藝術大學藝術資料館所藏之傳北周時期鎏金銅菩薩之像一樣，未見原貌而引用之，這其實是一種誤讀。過去一年我重新寫了一本《重讀佛像雕刻史》，除去在時期分割上將隋代拉到了魏晉南北朝以後，統稱為魏晉南北朝至隋，而且將一些以往鐵定為真之造像進行了重新認識與辨識，尤其是一些重要博物館收藏、被世人公認之作品，亦不留情面地予以重新評估，甚至說其為假像。我在近期重要講演中，多次提及此類作品之真偽問題，引起譁然一片，但亦得到諸多學者認同與重視，並由此引出了一個重新看待館藏佛像造像之新課題，使我倍感欣慰。因為人們將會對已知佛像進行新的梳理，這大大推動中國佛像雕刻之研究進程，我由衷高興，寫此小文，以予同仁分享。崇建於家中。

鈐印　崇建印信
佛像肖形印
海上崇建所見所鑒所拓所攷所跋之印
季崇建印
慎獨齋主

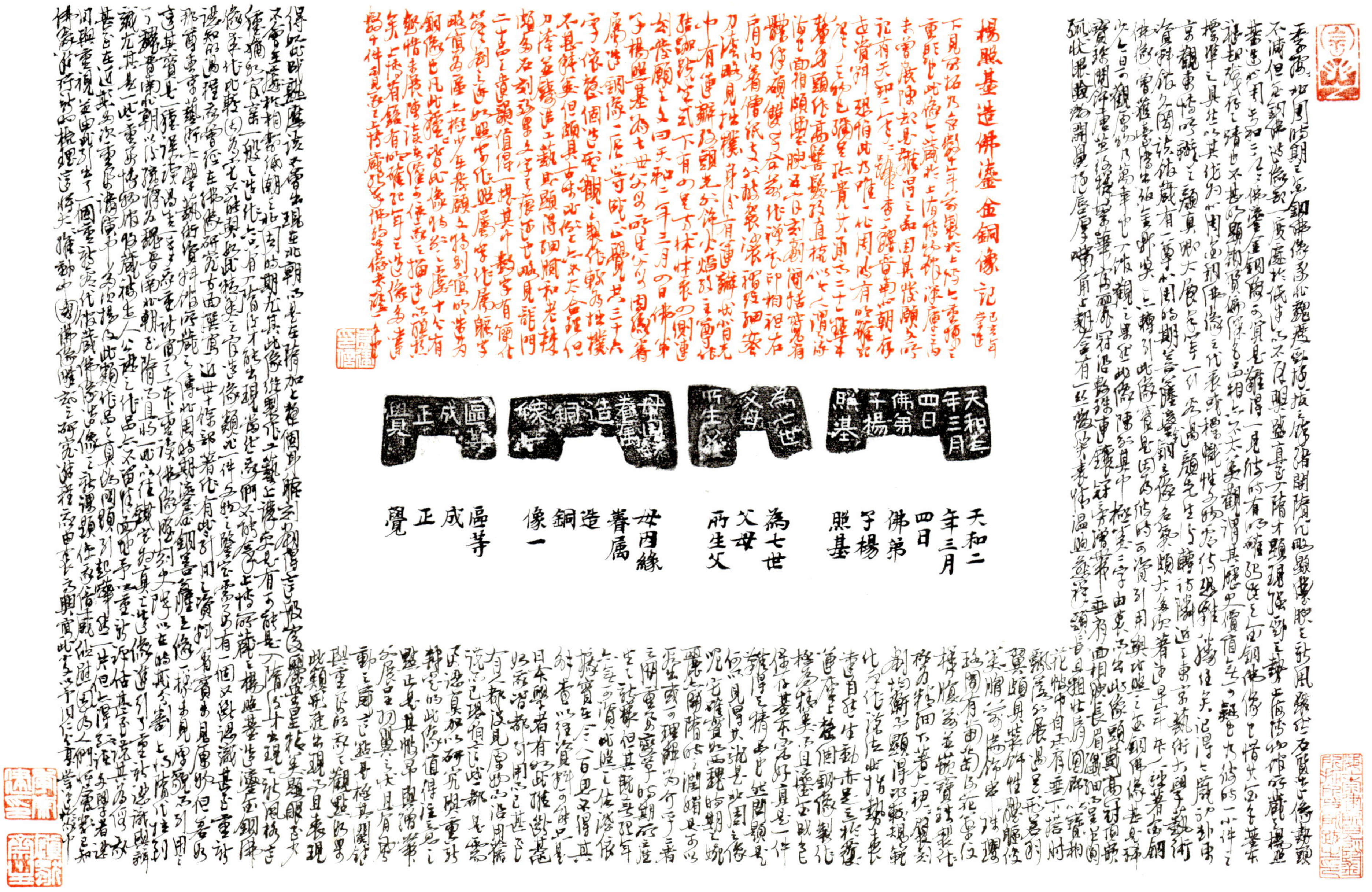
楊暎基造佛盦金銅像記
天和二年三月四日佛弟子楊暎基為七世父母所生父母因緣眷屬造銅像一區普成正覺

097 陳法珍造觀世音菩薩銅像拓片

'Chen Fa Zhen' bronze figure of Guanyin Bodhisattva (rubbing)

南朝梁大同七年
縱 11 釐米 橫 6 釐米

釋文 大同七年歲在辛酉十二月二十二日/佛弟子陳法珎[1]為二弟/家口眷屬浴難願得/相見一處造像一軀[2]所願/從心

朱批 1. 珎，即珍。2. 軀，或為區，發願文習稱。

題一 陳法珎造觀世音菩薩銅像銘文拓片

題二 上海博物館所藏金銅佛造像於國內外皆可數前。余嘗供職其間二十餘年，主理該項收藏鑒別，頗有收益。閑時習拓其銘若干，今揀得舊拓，觀之賞之攷之題之，亦頗有一番可玩味處。海上崇建。

題三 右示此像乃上博所藏。其主尊高冠，體態修長，右手作施無畏印，左手下垂呈與願印，通體天衣飄垂，下著大裙覆足，赤足立於覆蓮座上。有蓮花狀頭光，其旁二脅侍菩薩，雙手合十，立於蓮座上。三像身後合鑄一蓮瓣形火焰紋背光，刻法甚為細密，乃典型南朝梁式雕刻特徵，下有四足方牀，背光後即右側所見之刻銘五行四十三字。

季按：南朝單體佛像難覓難得。此尊簡率型銅鑄小像雖工藝不甚精準，做工亦顯粗劣，但存世有紀年之南朝銅佛像屈指可數也。戊戌年立冬後四天，海上崇建持舊拓重題於慎獨齋窗下。

鈐印 佛像肖形印
別部將軍
季氏
崇建印信

上海博物館所藏金銅佛造像於國內公為第一數量之多年前曾供職其間二十餘年主理該項收藏登錄頗有收益其時曾拓其銘若干七種偶檢拓觀之賞之玩之於是之上題首一番再玩味處西上樵

陳法珎造觀世音菩薩銅像銘文拓片

大同七年歲在辛酉十二月廿二日

佛弟子陳法珎（即珍）為二弟

家口眷屬浴難願得

相見一處造像一軀所願

從心

或為座上所願之省稱

右為此像乃上博所藏其主尊為舒體健美修長右足作跪坐姿長衣左手上垂置頭頸中面部飄衣飄垂下著大裙覆足垂足于覆蓮座上有蓮花狀頭光其旁二脅侍菩薩雙手合十立于蓮座上三像身后合鑄一蓮瓣形火焰紋背光刻法甚為細密乃典型南朝梁武帝刻時徵以有日之是為林背光後以右側所見之刻銘年月如十三字考梁之南朝金銅佛像雖見難得此尊簡率而其鑄工小像雖工藝不甚精準作工亦頗粗為但存世有紀年之南朝銅佛像屈指可數也戊戌年三月廿二日於上海於舊拓重見於慎獨齋燈下

098 喬遵生造阿彌陀佛銅像拓片

'Qiao Zun Sheng' bronze figure of Amitabha Buddha (rubbing)

隋大業五年
右一　縱 2.4 釐米 橫 2.8 釐米
右二　縱 2.5 釐米 橫 3.9 釐米
左二　縱 2.5 釐米 橫 3 釐米
左一　縱 2.6 釐米 橫 4 釐米

釋文　大業五年/正月十五日/佛弟子/喬遵生/願造阿彌/陀像一區/今得來

題　上示隋代大業五年喬氏造阿彌陀佛銅像拓片。此物（二十世紀）五十年代由古董商介紹上海文管會收購，未果，今未知歸去何處。據彼時檔案，知其原藏家乃著名鑒賞家喬有聲也。作價為彼時幣值一百萬正，故可推知為（一九）五五年前。海上崇建記。

《關於隋代佛教造像之重新認識》
在以往之時代分期方面，隋代佛像皆歷史學習慣之劃分方式，與唐代佛教造像聯繫一起，統稱為隋唐佛像。然而隨著考古與傳世作品之遴選與比照排列歸納，研究發現，隋代佛像並非如前所云有著承前啟後之作用，接前南北朝而未必對唐代佛像風格有開啟作用。尤其是金銅佛小像作品，幾乎如北朝而無多變化。如此拓所知，佛像與上博藏大業三年信僧延造觀世音銅像同類，皆未鎏金，表面因年久氧化而呈黑漆沾狀，又經多人盤摸，色漿甚厚，其沉舊之感實在別有情趣也。這類作品存世可見若干，但大體與北朝金銅小像風格不變，祇是在四足方床上略作變化，即足體比較垂直呆板，但其背光倒是有個較大變異，這就是頂端較多誇張地尖銳，而且特別地拉長，有衝天之感。其本意是背光之火焰沒簡括，代之以將背光之形表現出如火焰熊熊燃起之意圖，故使整個作品富有動感，這恐怕是隋代金銅佛小像與北朝時期之造像風格唯一區別，但在總體上皆保存了前朝基本面貌。如果我們在細心比照其後出現之唐時造像，可以說很難找出與隋代佛像有多少共通之處。再從人像雕造方面論，隋代之人體造型亦基本沿前，如纖長而略帶前側之姿態，都是北魏以降一直保持而略有變化的風格特徵；在服飾方面雖然些許華麗，但總體裝飾效果和美之品位無多變化。當然隋代最值得一提的是那三尊阿彌陀佛一鋪多尊佛像，即上海博物館所藏阿彌陀佛一鋪銅像、波士頓博物館所藏阿彌陀佛一鋪鎏金銅像，以及（二十世紀）七十年代陝西出土之董欽造阿彌陀佛一鋪多尊鎏金銅像，今藏西安市文物管理委員會內。此三鋪像皆屬隋開皇之年作品，是為貴族抑或皇家供奉之作，只可言其特殊性，並不代表普遍性。但即便是如此精美華麗之曠世之作，亦未能比對出有哪些方面可以認為是開啟了有唐一代在人體造型上的肥腴豐滿、在姿態上的屈曲扭動以及服飾上的世俗表達。所以一九九五年上海博物館新館成立，雕塑館內的陳列體系就已經將余之研究成果體現出來，即展陳之第二部分就是魏晉南北朝至隋，第三部才是唐五代。雖然以前我之著述基本以隋唐時作品為一個發展階段，但隨著對隋代佛像之不斷認識，往後之著述與講學基本按魏晉南北隋這樣的分期去闡述中國金銅佛像乃至所有佛像造像風格及其發展軌跡也。己亥年端午節，余閒暇時揀得舊拓，有所思而記之。一晃離開上博研究崗位已是彈指一揮二十年矣，雖然入海從商而又所獲，然學問至上乃我之最愛也，嘆嘆嘆嘆！

鈐印　別部將軍
季氏
崇建印信
海上崇建所見所鑒所拓所攷所跋之印
季崇建印
慎獨齋主

關於隋代佛教造像之重新認識

在以往之時代分期方面隋代佛像皆從歷史學習慣之劃分方式與唐代佛教造像聯系一起既將隋唐佛像并列隋唐看考古與傳世作品之斷代與比照排列歸納研究發現隋代佛像並非如前所云有承前啟後之作用據前輩專家文獻唐代佛像風格有開啟作用其影響至銅佛小像作品特乎如北齊北周多與隋代造像所知佛像與上博所藏大業三年僧遵造鎏金銅像同類皆為鎏金長面肉髻火焰光背之樣式多人鑑賞之後其流傳之寶實在於有情趣也這類作品存世可見若干但大體與北朝造銅小像風格不變後世之學者之略作隋代則是體形較垂直并板但其背光似是有個較大安與說是頂端較為誇張地與鏡不宜特別地擔長有沖天之感其本意是有光之火焰其間搭付之小佛背光之形表現出火焰態之燃燒之意圖

如今這個作品有刻銘之時期伯是隋代金銅佛小像與北朝時期之造像風格唯一區別但在體態上皆保存了北齊東西魏的果我們去理解其造其段所現之風貌造像而以流傳難於出與隋代佛像有多少出面之處何從一像雕造方面論隋代之人體造型亦其本沿襲北魏長而瘦削筆直之姿態都是一種北齊以降一直保持的有北魏代的風格特徵在服飾方面雖然也延續了纖麗但通體裝飾程式所宮秀之嫵媚高要代流

隋代最值得一提的是那三尊阿彌陀佛一鋪鎏金寶佛像即上海博物館所藏阿彌陀佛一鋪銅像坡士頓博物館所藏阿彌陀佛一鋪還有銅像以及七十年代陝西出土之董欽造阿彌陀佛一鋪多寶鎏金銅像今藏西安市文物保管委員會内此三鋪佛像皆屬隋開皇之年作品皆為貴族所造皇家供奉之作品而言其特殊性並不代表普遍性但既是如此精美華麗之作也是一代之宗能說出隋代佛像個別東西方面所謂有是開啟有唐一代之人體造型上的那種肥腴豐滿在這些上的風貌細節以及服飾上的表現裝飾之五十年上海博物館所展之雕塑彌陀像持載形容之研究成果體現出來的展陳之第二部分說是我們要在北朝之隋第二部分者是唐至代雕塑以來之看由北魏東至隋唐的作品為一個背展館但隋代鎏金佛像之文獻認識往往之著述與譜系學業來探討魏晉南北隋之樣的分期來源于中國金銅佛像乃至所有佛教造像發展的裝飾軌跡十之五年前學習時的樣子有相關所寫所記之一是鑑賞研究之意俾指一揮二十餘年矣雖然已有所獲然學問之上乃取之者甚慶也嘯 二二

譯文

大業五年正月十五日佛弟子喬遵生願造阿彌陀像一區合得來

上手隋代大業五年喬氏造阿彌陀佛一鋪銅像拓片此物五十六年代由古董商介紹上海文物商店收購其果之未知其出土何處據傳說的精華知其原藏於乃著名鑒賞家處有幾年七代價為鄰的鄰值一百萬元故謹知為五七年李海上紫東記

龍門石窟佛造像

北魏

建業文房藏

099 龍門石窟佛造像拓片

Stone figures of Buddha from Longmen Grottoes (rubbing)

北魏
縱 10.8 釐米 橫 6 釐米

題一 龍門佛造像
北魏時期洛陽龍門石窟佛造像殘件，癸卯年伏月廿二海上慎堂崇建敬題。

題二 八年前攜友人赴巴黎一知名古董行私洽頤和園流失文物，未果,卻意外發現此龍門石窟盜鑿之佛像，雖為殘片之狀，卻已極為珍貴，三番討價，如願，獲之，今入藏建業文房，又心血來潮拓之，再以三D打印拓之呈立體之狀，以與同道佛者共饗之。癸卯年伏月，海上慎堂季崇建再記於慎獨齋。

季按：是像乃洛陽龍門石窟被盜鑿之品，上世紀初流出海外，余經巴黎偶獲。大悅也，購回，入藏建業文房。其殘高二十六點九，下裳最寬處十六釐米。佛作低髮髻，臉部稍大左側，細眉通外鼻樑，眼瞼微開，刻劃纖細如線，大耳垂肩，小嘴角含露一絲笑意，整個臉龐頗為豐滿，神態端莊安然。其粗頸寬肩，前胸平坦，內著僧祇支，外披袈裟，開襟垂於胸下，褶紋表現自然，具厚實之感。下裳重疊多層，曲折流轉如水波之紋，又顯出風動之感，垂遮整個座前，自然而富有質感。這種曲折線型是北魏中晚期最具典型性的衣褶表現手法，亦是斷其時代之重要依據。佛結跏趺坐於須彌座上，左手下垂，右手抬起至胸前，作無畏與願印。整個作品雖因盜鑿而呈片狀，後又加拼合，乃殘存之軀，但基本面貌保存尚好，龍門造像風貌依舊，今能得之，實屬萬幸也。今之國際市場凡如此等龍門殘件皆被極度追捧，價格不菲，余覓此純是揀漏，甚悅！甚悅！癸卯年伏月廿四日巳時供養。

鈐印 慎堂藏拓
慎堂藏拓
慎堂藏拓
愛不釋手
季氏
崇建印信
心血來潮
慎堂
崇建
佛像印
季氏
崇建

龍門佛造像

北魏時期洛陽龍門石窟佛造像殘件

癸卯年伏日廿二滬上慎堂學廷敬題

李按：是像乃洛陽龍門石窟被盜鑿之品，上世紀初流出海外，今經已裝偶獲大悅也，購回入藏建業文房史。殘高二十六點九公分，寬窄十六釐米。佛作低髮髻，臉部稍內方圓，細眉通於鼻樑，眼瞼微開，刻劃纖細如線，大耳垂肩，小嘴角含露一絲笑意，整個臉龐顯為豐滿，神態端莊安然，具粗頸寬肩，前胸平坦，內着僧祇支，外披袈裟，開襟垂於胸，衣褶紋表現自然，具厚實之感，衣裳重疊多層曲折流轉，如水波之狀，又顯出飄動之感，垂遮整個座前，自然而富有質感。這種曲折線型是北魏中晚期最具典型性的衣褶表現手法，亦是斷其時代之重要依據。佛結跏趺坐於須彌座上，左手下垂，右手撩起至胸前，作無畏與願印。整個作品雖因盜鑿而呈殘缺，後又加拼合，乃殘存之軀，但基本面貌保存尚好，龍門造像風貌依舊，不能得之實屬萬幸也。亡國際市場凡此等龍門殘件皆被極度追捧，價格不菲，今覓此殘是填漏甚快。癸卯年伏月廿四日巳時供養

一年前，偶去人於巴黎一知名古董行，扯洽頗和，閑談之中於其畢卻看以前發現此龍門石窟盜鑿之佛造像殘存品之收藏已極為珍貴，三番討價始願讓之，今入藏建業文房，又以西方慣招之存以三方打印抗之並立體之收，以與同道共著共饗之。癸卯年伏月滬上慎堂學廷記於慎獨齋

100 佛造像殘石拓片

A fragment from stone figure of Buddha (rubbing)

北魏
縱 16.5 釐米 橫 13 釐米

題 北魏佛造像殘石
此拓原石今藏山東諸城博物館，一九八八年出土，同時發掘約上百件，多未正式發表。此為初拓頗珍貴。海上慎堂崇建。

季按：諸城所出石佛造像與同省青州佛造像相比，雖在規模內容形式及保存狀態諸方面無法同比，但其特色的存在亦讓研究者收穫良多。此石造像殘件是背光式造像之一角，應是背光之左上部分。觀原物，其壁較厚，就佈局言，圖案設計乃多層表現，如石窟寺之樣式，應是北魏佛造像仿以石窟寺形式之典型。上有化佛兩尊，下層是騎象菩薩，手握如鏡之法器，頭戴高冠，著袒左之法衣，這些皆是北魏中期佛造像之特徵與風格。有學者定其為北齊之作，非也。且其厚實之質感、樸拙中帶有幾分趣味之鑿刻手法，祇有在北魏時期造像中才會出現，東魏更至北齊這種北魏時之厚重感幾乎不見矣。
我以為諸城佛造像是山東系寺院佛像雕刻中值得關注並需特別研究之一支，萬不可忽視也。此拓所示之原石雖屬小題，亦未嘗不可大作也。庚子年臘月初二，避疫情居家，揀舊拓題之。季崇建于建業文房窗前。

鈐印 佛像肖形印
慎堂藏拓
慎堂
崇建
季
海上崇建所見所鑒所拓所攷所跋之印
慎堂

北魏 佛造像殘石

此拓原石今藏山東諸城博物館一九八二年出土見時即經約上百件為本區式樣表此為初拓頗珍貴海上慎思堂述

李跋：

諸城所出石佛造像與同省青州佛造像相比雖在規模內容形式及保存狀態諸方面多遜同比但其特色的存在亦讓研究者收獲良多此石造像殘件是背光式造像之一角應是背光之左上部份觀原拓其壁較厚就布局言圖案設計為多層表現如石屋寺之樣式應是北魏佛造像仿以石屋寺形式之典型上為化佛兩尊下層是騎象菩薩手捻如鏡之法器頭戴高冠着袒右之法衣這些皆是北魏中期佛造像之特徵與有校者學者定其為北齊之作非也且其厚實之質感樸拙中常有幾份秀嫵之鑒刻手法祇有在北魏時期造像中才會出現東魏更至北齊這種北魏時之厚重感幾乎不見矣

前以為諸城佛造像是山東系寺院佛像雕刻中值得關注並需特別研究之一支萬不可忽視也此拓所示之原石雖屬小類亦未嘗不可大作也

庚子年臘月初二避疫住居家讀舊拓題之季崇建於建華文房燈前

101 復知法造彌勒佛石像拓片
'Fu Zhi Fa' stone figure of Mile Buddha (rubbing)

北魏皇興五年
主尊　縱 23 釐米 橫 18 釐米
尊身　縱 15 釐米 橫 17 釐米
底座　縱 6.5 釐米 橫 30 釐米

釋文　皇興五年六月卅/日清信女復知法為/亡夫母造彌勒□願/亡人上生□□□過/諸佛□□□□□識/宿命容□□□□身常/見佛聞法不達苦難/願之縱心所求知音

題一　北魏皇興五年清信女復知法造像
原石已不知所蹤，然清際多有著錄，僅存其拓。此拓乃正、背、底座俱見，彌足珍貴。辛丑牛年正月廿六日海上慎堂季崇建題。

題二　此為像背之拓，上端已缺，下端發願文基本可識。慎堂季崇建又題。

題三　此發願文八行，行約八字，部分磕損不辨，但基本仍可讀順也，應是為彌勒佛造像。崇建識。

題四　此為像正面連底座之拓，像殘又損，未知真容也。崇建再題。

題五　化佛應有七尊

題六　護法獅

題七　博山爐

題八　稀見單體造像有此纏枝紋樣

跋　北魏復知法造彌勒佛造像拓片，辛丑正月海上季崇建撰。
此拓得於去歲之上海工美古籍善本專場上，真是一漏也。攷之此拓，其原石曾著錄于《陶齋藏石記》，應是清際端方藏石之一，又見《日本支那美術雕塑篇》著錄，亦見魯迅輯《校石刻手稿》，然今已不知歸於何處。據發願文可知，此造像供奉於北魏皇興五年即公元四七一年，史載皇興乃北魏獻文帝拓跋弘年號，僅用四年，五年是孝文帝登位元年，沿用之故，應視其為孝文帝時期造像也。又其行文第二行第五字多不識，有曰“趙”，細審之，未妥，仿佛可讀作“復知法”者；又第三行第五字亦都未辨，余識得其一部首“弓”，故可推知“彌”字無誤，故可知此造像應為彌勒佛供養也。見有發願文上端作思維菩薩雙身像，亦理應是彌勒思惟，而非太子思惟也。兩像身材修美，坐姿優雅，側身相向，外置兩供養菩薩立像，站姿曲折扭轉，十分生動。如此形象猶似早期壁畫之飛天一般。再觀正面，雖主尊殘損而不見真容，但蓮瓣式背光上可見之化佛形象與外緣之火焰紋帶，皆是孝文帝遷洛前雲岡風格之縮影，故此拓甚有諸多可玩味處矣。

鈐印　愛不釋手
慎堂
崇建
崇建
季
崇建印信
崇建
佛像肖形印
慎堂藏拓
季
崇建
別部將軍
海上崇建所見所鑒所拓所攷所跋之印

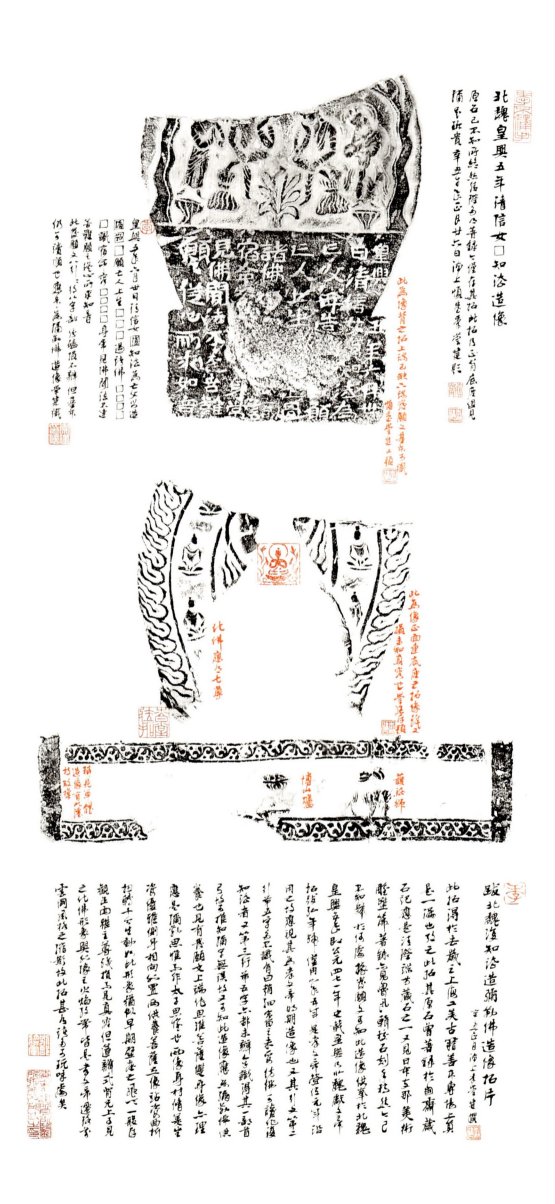

北魏皇興五年清信女□知洛造像

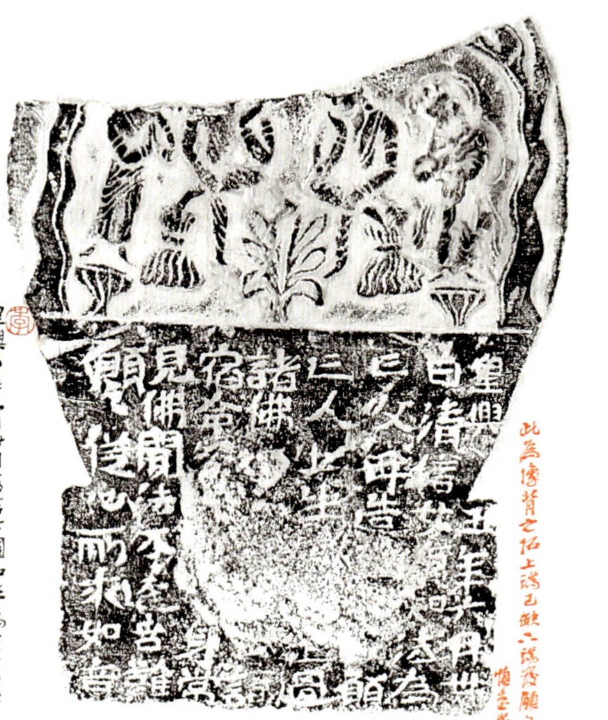

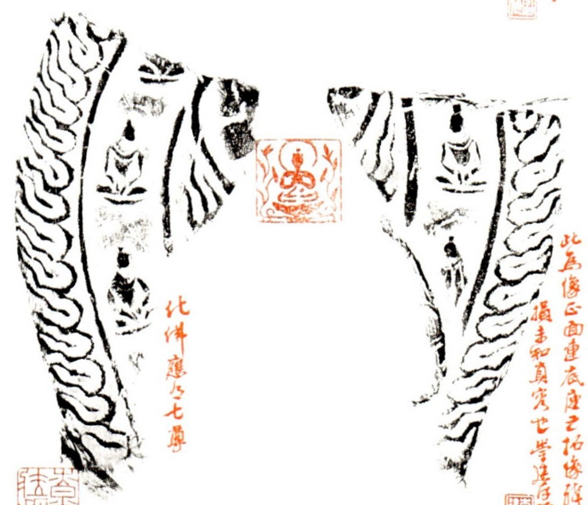

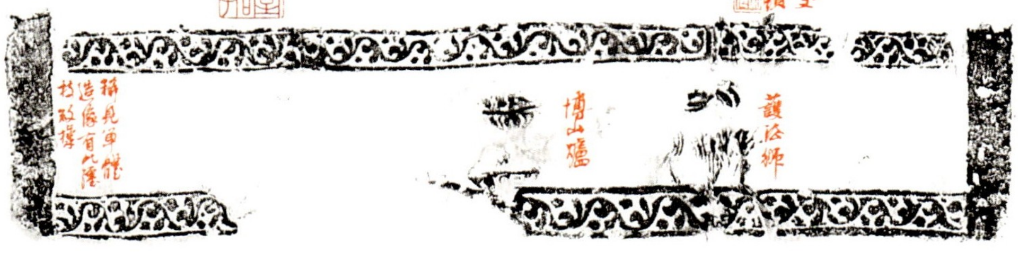

跋北魏清信女□知洛造彌勒佛造像拓片

皇帝並北海王母子造。”

文中盛讚孝文帝與北海王元詳崇信佛教之功德。然史載元祥其人雖為皇親國戚，身作大官但貪婪腐敗，生活墮落又妄圖政變，被宣武帝投入大牢，不明慘死。而刻石造像者比丘法生乃北海王府奉養之人，後受元祥案牽涉，逃往天水麥積山洞窟謀生。後又發現麥積山石窟亦留有同名之法生造像，有專家推定應是同一人所為也。

當然就“法生造像題記”之書法論，乃上品也，被評龍門二十品之一，有評曰“其字體通篆隸兼行草備方圓，用筆頓挫沉著，筋血俱露，筆鋒難驗，大開隋唐真書之先河”。康有為《廣藝舟雙楫》謂之“濃華麗美，並祖鍾風即承鍾繇一路書體也”。近人亦言“其用筆柔軟極調和”，又說其“神情悠閒，氣象和平，章法自然”云云，卻再言其“筆劃薄弱，結構松疏”，或與龍門二十品中《北海王國太妃高為孫保造像》《北海王元詳造像記》《優填王造像》等屬軟弱單薄一路，故在二十品最後，似可不予重視之。嗚呼！此言差矣。我觀《法生造像題記》頗賞其書風大度，筆道從容，結體自如，點畫嫻雅，姿態俊美，章法平和，與其他被刀鑿斧削而遮掩用筆之銘刻題記相比，倒是多了許多紙上的筆性墨趣，更是透過刀鋒見筆鋒之典範之作，乃龍門二十品之上上品也。

書法之高不僅在於是否點線外形的藝術張力，更在於是否具有筆性墨趣。反觀所謂龍門二十品，大多具魏碑特徵，以方筆為主，行筆斬釘截鐵，如怒目金剛一般，給人以威猛雄壯之感，加上濃重的鑿刻痕跡，實在是難以捕捉到書法原有的筆性墨韻與藝術興味，那種傳統意義上的豐富筆法、變幻多姿、生動活潑的點線關係亦多不再矣。我曾經寫過一篇《間接書法論》，正是對碑版刻銘書法之新解。凡書法者，乃用筆書寫漢字形體之技藝也。它雖然經歷幾千年，由繁至簡，由慢至疾，以及不同字體之變化發展，但始終沒有改變書寫的形式與書寫工具的運用。它一直保持著用彈性獸毛紮制的毛筆，能夠使點線的幅度在控制上有很大伸縮性，因此這種被稱之為用筆的要素，同間架行氣共同構成了中國書法三要素，形成了書法藝術的規矩。如果我們以文字和詞句為對象來討論書法法則的話，那麼點和線就是本質的法，同樣屬於用筆的範疇。在世界上，凡是可以稱為藝術的都離不開結構與節奏。中國書法是由點線來表現字詞句對象的結構和節奏的藝術美，西方繪畫的創作不強調點和線，它只要求表現對象能夠達到正確生動，像意大利佛羅稜（倫）薩派畫家善蒂徹利、文藝復興期的達·芬奇都可以說是這方面登峰造極的人物。但中國書法對點線的要求有本質上的不同，它不僅要求表現上的正確生動，更重要的是強調點線自身的規矩。唐代以前的書論如《九勢筆陣圖》《永字八法》等，已經提出了點線自身形象要求，這就引申出一個十分具體的運筆問題，當然還包括執筆問題，因為人們可以憑藉它來達到書寫表現上的骨力形勢。運筆的好壞，除了點線的規矩要求外，還很大程度上同筆性墨趣有關，因此看待評論一件書法作品之優劣，點線的配合和用筆墨韻的表現同樣重要。例如書法中的點線有藏鋒側鋒的不同運用，而在紙上只有通過用筆和墨韻表達才能判斷，一件直接見到墨

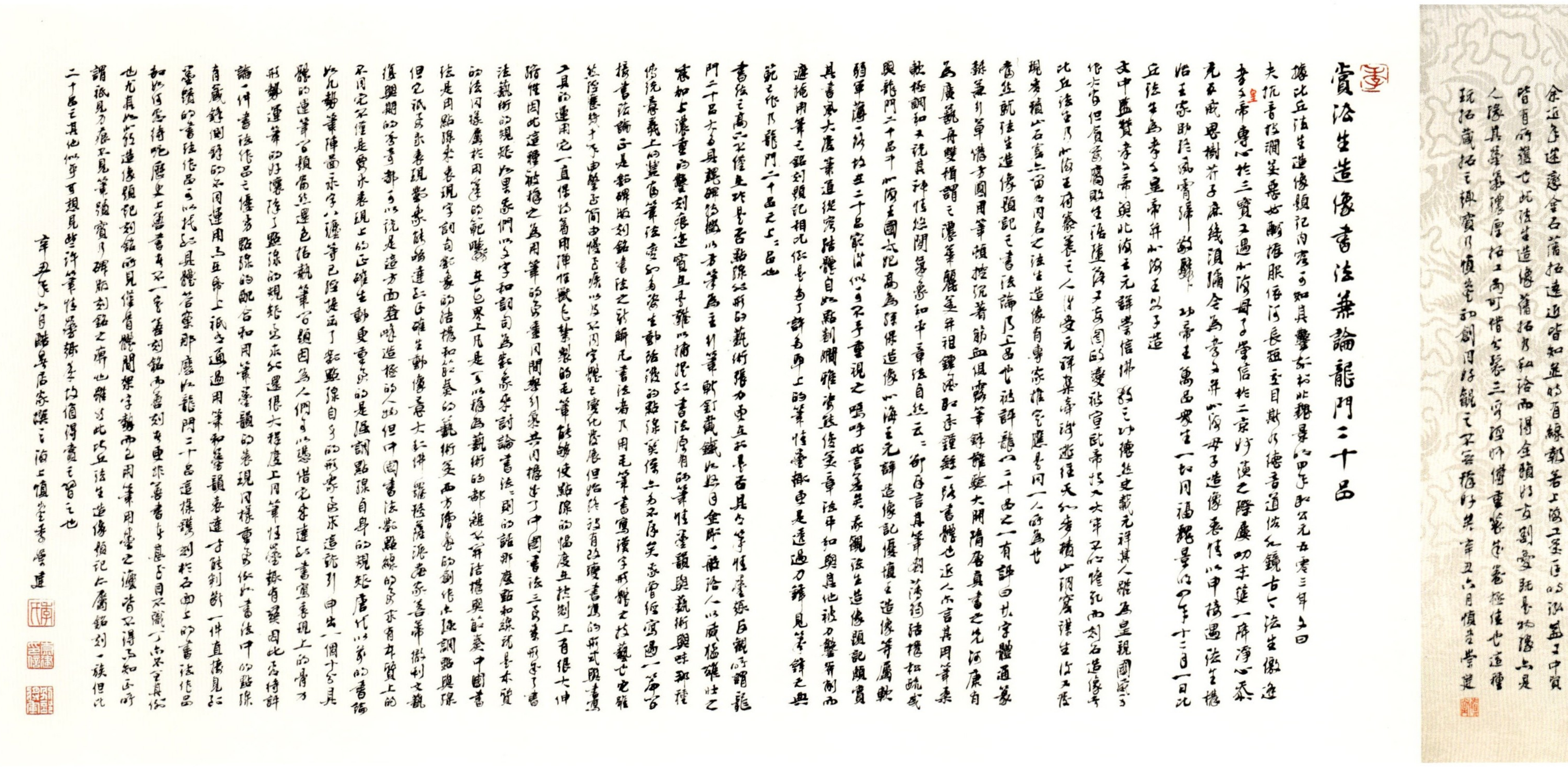

102 龍門石窟比丘法生造像題記拓片卷

Monk 'Fa Sheng' stone stele dedicated to ancestors from Longmen Grottoes (rubbing in scorll)

北魏景明四年

畫心拓片　縱 33 釐米 橫 144 釐米

題簽　北魏景明四年比丘法生為孝文帝並北海王母子造像記

引首　龍門風塵

海上慎堂季崇建題，辛丑年六月初十。

隔水一古陽留痕

《比丘法生造像記》全稱《比丘法生為孝文帝並北海王母子造像記碑》，乃龍門二十品之一，位在古陽洞南壁，刻于北魏景明四年。海上崇建題。

隔水二慎堂筆記

余近年迷戀金石舊拓，遠近皆知，並時有“線報”，若上海工美、匡時、泓盛，又中貿皆有所獲也。此法生造像舊拓乃私洽而得，全賴好友割愛，既是物緣亦是人緣。其墨氣濃厚、拓工尚可，惜分裂三段，經師傅重裝成卷，極佳也。這種玩拓藏拓之趣實乃慎堂初創，同好觀之不無稱好矣。辛丑六月慎堂崇建。

畫心

題一　比丘法生為孝文帝並北海王母子造像記碑拓本

此拓源自河南洛陽龍門石窟重要洞窟古陽洞之南壁，屬皇家造像，由比丘法生為孝文帝並北海王母子于北魏景明四年所刊。整個佛龕高二四九，寬二四九，深五四釐米，裝飾頗具藝術性，有濃重之皇家風範。題記鐫於佛座上端居中位置，面積為高三十三，寬三十四釐米，近似正方；共十三行，行最多十一字，計一百四十二言，楷書體，字字端莊有力，穠華麗美，被評為並祖鍾風，即宗鍾繇一路遒美書風也，更列其為龍門二十品之一。此為民國舊拓之本，彌足珍貴。辛丑六月海上慎堂季崇建並識於寓中。

題二　案：法生造像題記被視為龍門二十品之一固然重要，但題記兩側對稱鑿以供養人像亦頗具特色。其左側由三位比丘僧作為引導，後有若北海王母子形象，在數位侍者持傘簇擁下前行；而右側則以三位比丘尼為先行者，後若帝后禮佛圖一般：主像高大，隨行者略小，持華蓋遮扇，好不熱鬧，且人物形象生動逼真，衣褶刻畫流暢，佈局疏密有序，極富繪畫性和藝術感染力。崇建記。

拖尾《賞法生造像書法兼論龍門二十品》

據《比丘法生造像題記》內容可知，其鑿刻于北魏景明四年即公元五〇三年。文曰：“夫抗音投澗美惡必酬，振服依河長短交目，斯乃德音道俗水鏡古今。法生僥逢孝文皇帝專心於三寶，又遇北海母子崇信於二京，妙演之際屢叨末筵，一降淨心忝充五戒，思樹芥子庶幾須彌。今為孝文並北海母子造像，表情以申接遇，法生構始王家助終。夙霄締敬歸功帝王，萬品眾生一切同福。魏景明四年十二月一日，比丘法生為孝文

《龍門風塵》卷

是卷畫心為比丘法生為孝文帝並北海王母子造像記碑舊拓，乃龍門二十品之一。其引首至拖尾總長580釐米。

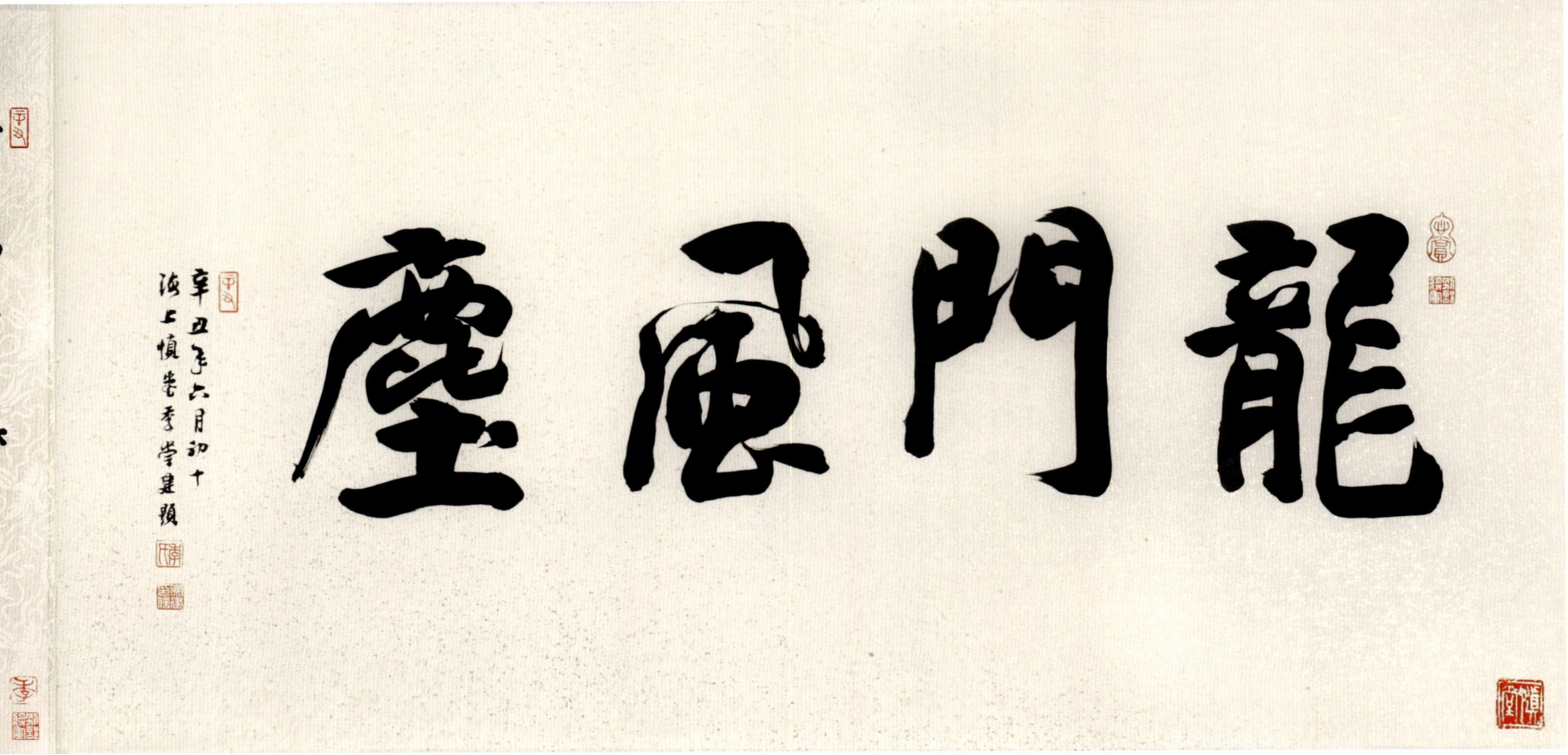
龍門風塵
辛丑年六月初十
法上慎堂李學建題

北魏景明四年比丘法生為孝文帝并北海王母子造像記

蹟的書法作品才可以找到具體答案。那麼如龍門二十品這樣鐫刻于石面上的書法作品卻如何看待呢？歷史上善書者不一定善刻銘，而善刻者更非善書者，甚至目不識丁亦不乏其例也。尤其如北朝造像題記刻銘所見僅骨體間架字勢而已，用筆用墨之法皆不得而知，正所謂只見刀痕不見筆跡，實乃碑版刻銘之瘵（弊）也。雖然此《比丘法生造像題記》亦屬銘刻一族，但比二十品之其他似乎更可見些許筆性墨趣來，故值得賞之習之也。辛丑年六月酷暑居家撰之。海上慎堂季崇建。

鈐印
崇建印信
心賞
別部將軍
辛丑
季氏
崇建印信
慎堂
辛丑
崇建
季
別部將軍
愛不釋手
慎堂
崇建
慎堂藏拓
季
崇建
海上崇建所見所鑒所拓所攷所跋之印
辛丑
慎堂
崇建
心血來潮
季
季氏
崇建印信
別部將軍

103 龍門石窟古陽洞龕楣裝飾拓片（一）

Decorative lintel of a niche in the Guyang Cave from Longmen Grottoes (rubbing 1)

北魏

縱 29.3 釐米 橫 66.4 釐米

題 北魏造像龕楣拓片

此拓得自海上一藏家，應是民國時所拓，迄今亦近百年或有餘矣，能割愛歸慎堂乃萬幸。據其佈局並刻工辨之，當是洛陽龍門古陽洞之跡也，雖處何龕待攷，但屬古陽洞已可不爭。觀此拓，可知其乃某大龕之旁一小龕，龕楣呈盝拱之形，分格成為六段式，每段欄內刻一飛天，或側或正或略斜，表情生動，所戴帔帛似仙女之天衣，飄揚而極具風動感。楣下沿高浮雕鋪首七具，口銜華繩，天幕敞開，龕楣左右兩角滿刻佛像，毫無空隙，足見此龕雖小，卻依然造作精緻華麗，藝術價值甚高，由此更可推見古陽無愧為龍門石窟中最美之處也，故此拓彌足珍貴。辛丑年四月海上慎堂崇建沐手敬題。

《伊闕漫記》

三十七年前，我隻身前往中原地區考察，第一次來到龍門石窟，至此我心中便有了對中國石窟尤其是佛像雕刻藝術之最初印象。其實這印象很模糊，因為眼前的一切是那麼的陌生、那麼的神秘、那麼的深奧，難解而無法親近。不是說一切眾生本來是佛嗎？我怎麼也找不到這種感覺。洞窟一個接一個，我似乎在強迫自己流覽完這一切，因為我不想枉此難得的一遊。然而洞窟內的光線很暗，透過這昏暗的光線，眼前盡是些殘缺不全、斑剝開裂、傷痕累累的佛像身軀，我突然感到一陣愴痛。洞外下起了雨，我只得半途而廢，但這雨聲始終在我身邊回蕩，像是有人在哭泣。我帶著一絲傷感回到住處，那斑斑斧痕、滿目瘡痍，讓人徹夜難眠。然而我突然感到，不正是因為它的美才遭此劫難嗎？不正是因為它美得讓人愛不釋手才會招來如此厄運嗎？於是我決定再上龍門古道，尋找那本該有的石窟之美、佛像之美。第二天，我終於來到奉先寺盧舍那大佛跟前，舉頭仰望，面對這豐腴秀美的面龐、奪人心魄的眼神、健康魁偉的身軀和雍容大度的氣派，我的心靈在瞬那間被震撼了。此時此刻我才驚奇地發現，中國的石窟藝術有一種獨特的魅力，它蘊含著難以用筆墨形容的聖淨之美，人若置身其間，除了得到心緒的安寧和美感的快慰，更使人與佛之間產生出性靈的默契與感情的極樂和昇華。今天當我再度帶著我的學生踏上古稱"伊闕"的龍門古道時，舊時的感受越發強烈。幾十年佛像雕刻研究，使我深愛著這伊闕道上留存著的殘缺之美，那種理想的、親善的、富有人性的，以及充滿精神美感的造型藝術，不僅僅在於奉先寺，而是石窟的每一處。就如此拓所現龕楣裝飾之局部，已是美得讓人五體投地了。辛丑年四月廿五日海上慎堂季崇建寫於寓中。

鈐印 心賞

慎堂藏拓

季

慎堂

崇建

崇建印信

海上崇建所見所鑒所拓所攷所跋之印

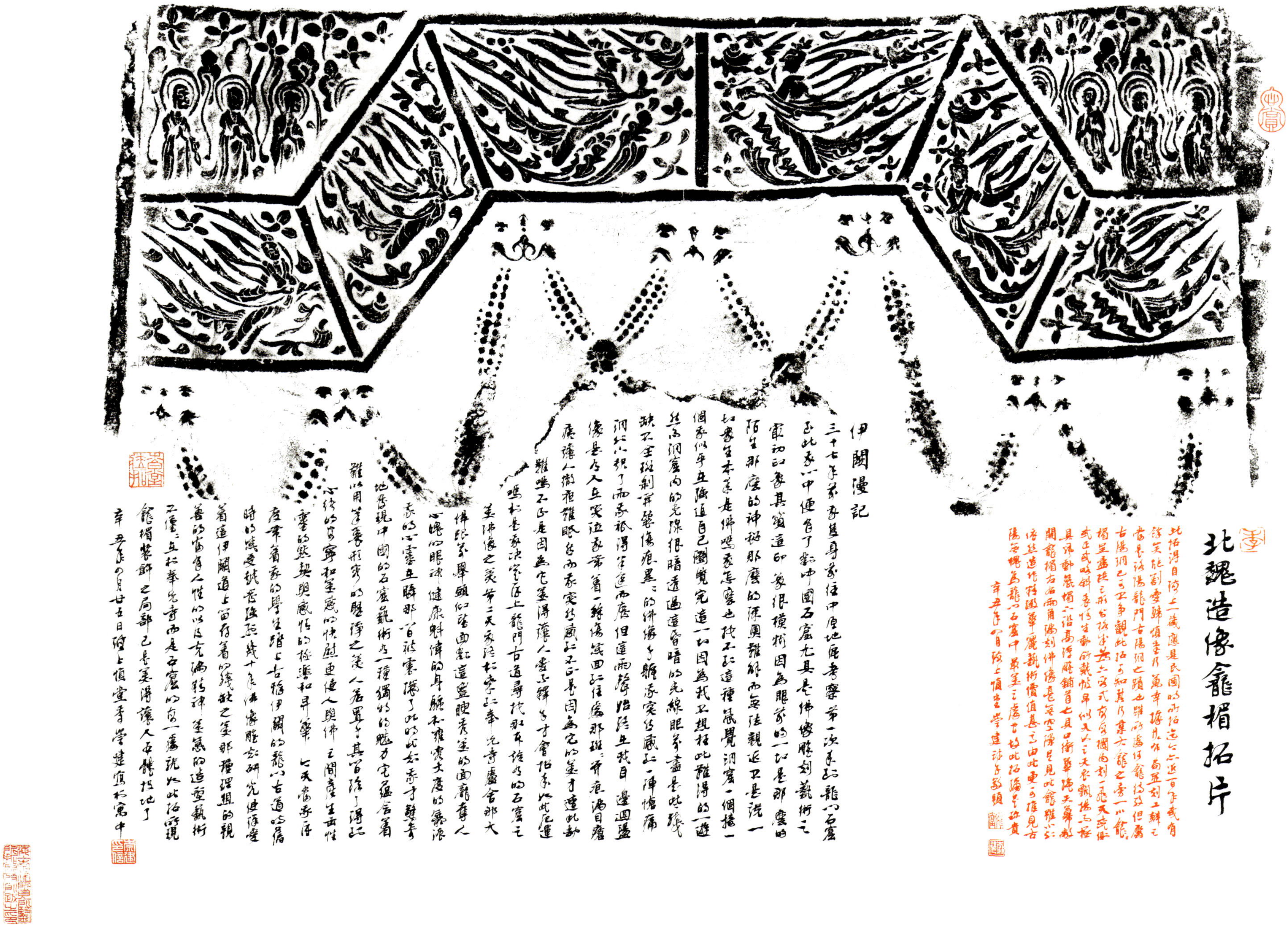
北魏造像龕楣拓片
伊闕漫記

104 龍門石窟古陽洞龕楣裝飾拓片（二）

Decorative lintel of a niche in the Guyang Cave from Longmen Grottoes (rubbing 2)

北魏

縱 36.6 釐米 橫 64.5 釐米

題一 舊拓龍門古陽洞龕楣裝飾

此拓成於民國時，流傳至今恐近百年，上海工美拍賣行覓得，讓我甚幸，甚幸！其拓工尚可，墨色烏亮，雖層次表達欠佳，然圖樣清晰。經重裱後更顯精神，今題之以與同道共賞。辛丑四月海上慎堂崇建題。

題二 《龍門賦》· 唐盧竩撰

國門門南二十里，雙闕峨峨夾伊水。不論形勝接皇居，遠澤靈僊亦飛擬。洛陽士女重清明，聞向龍門更著情。鐵關金鎖在開鑰，寶馬香車透出城。城中歌舞紛然亂，俠客驕矜仙結伴。晻曖前驚上路塵，崩騰角赴長津岸。谷谷山山遍勝遊，紅紅綠綠採芳舟。車上綺羅遙水面，舩中鼓笛應山頭。山頭極目無窮已，咫尺分明見城裡。南瞻草樹塞野春，北望樓台半天起。赤縣英寮愛水嬉，清泫鼓棹弄河湄。妙管繁弦聽舊曲，花牋彩筆賦新詩。弱柳偏宜驕舞態，芳梅併入艷歌詞。貪遊戀賞嫌舟疾，惜景憐春行酒遲。王子晉，浮丘伯，昔日伊川迎羽客，曷若今晨宴芳陌。李元禮，郭林宗，昔時洛水泛僊舸，何如今日會禪宮。石為龕，金為佛，半隱半見遙相望。下有水，上有山，一登一弄不能還。莫怪河邊馬躞蹀，都由樹裏鳥關關。嚴城暗暗映相摧，車騎紛紛盡欲回。隱隱山河拔地出，雄雄鐘鼓自天來。來辭綠水泛紅塵，朱顏施兮驕上春。踏錦筵，圻綺幕，綠野嚑兮悵餘樂。歸騎遙排定鼎門，看人半在香山閣。香山閣上採雲飛，彩閣香山望轉微。嫩柳高花隨意擿，金鞍繡轂當頭歸。可憐寒食風光好，光景不留人漸老。勿謂行樂長若思，盛衰恰似河邊草。

右錄《龍門賦》，足可見彼時龍門石窟如花似景般美麗，龕楣之拓即是明證。其內容豐富，刀法精湛，藝術價值極高，彌足珍貴。崇建再題。

鈐印 佛像肖形印

慎堂藏拓

別部將軍

慎堂

崇建

季

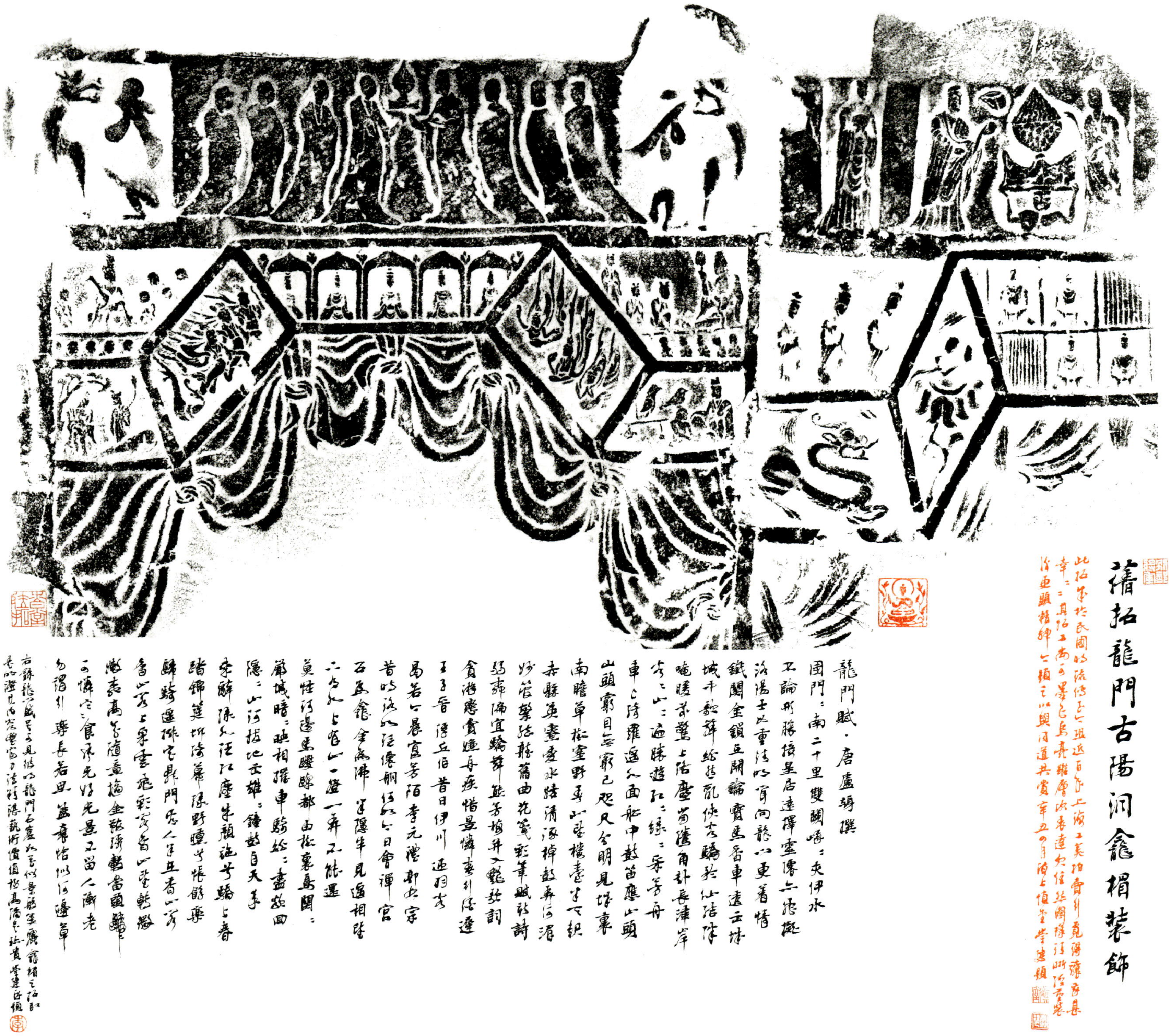
舊拓龍門古陽洞龕楣裝飾
龍門賦 · 唐盧鐏撰

105 龍門石窟古陽洞瞿氏等造彌勒佛石像拓片
'Qu' stone figure of Mile Buddha in the Guyang Cave from Longmen Grottoes (rubbing)

北魏永平三年
縱 33 釐米 橫 58 釐米

題一 北魏永平三年彌勒造像拓片，崇建題。

題二 傳此拓原石乃河南洛陽龍門石窟古陽洞内。該窟開鑿於公元四九三年，是龍門石刻群中開鑿最早、佛教内容最豐富及題記書法藝術水準頗高之一個洞窟，其中大小佛龕多達數百。此拓原石鑿於何處？待攷。
古陽洞流出之造像拓片不少，然今已難見。此拓偶得，雖文字及拓工不屬上乘，卻亦彌足珍貴也。海上慎堂崇建又及。

《跋舊拓北魏瞿氏等造彌勒像》
去歲瘟疫泛濫，藝術品拍賣波及行情，眾行以網拍補其闕。上海工美廉總威武，竟徵得一批古籍舊拓舉辦專場拍賣，可謂有“頂風作案”之嫌也。吾與其交情頗深，自然捧場，並持一號牌，一舉奪得十數件心儀之舊拓，雖皆支離破碎、千瘡百孔，經裝裱師傅妙手回春完好如初，此拓即為明證也，幸甚，幸甚。
見此拓，居中陰刻三供養菩薩，間有一大型博山爐，下蹲一力士托之；其上身赤露，肌肉發達，著短裙，裙褶簡括，整個形體亦甚粗拙，然兩側站立之供養人像則頗感修美矣。其頭戴高冠，五官雖因墨拓過濃未可見其原樣，但俊美之輪廓已可推想其貌也。三者皆著寬衣長裙，大袖飄展，外側與裙襬類同，皆具燕尾之狀，且褶紋刻劃生辣有勁，應是北魏遷都洛陽中國佛教造像漢化之典型風格，是可謂“修骨清像”也。像之左右並下刻有多處多組供養人姓名，如最右見“唯那王方訓”“邑主遊始光”，三供養人間隙處見“邑師慧敢”“政邑主魏僧通”“唯那瞿僧樹”，像下再刻郭氏張氏等十一供養人名。整塊刻石之最左側是有紀年之發願文，云“永平三年閏月五日瞿僧□邑子等卌□上為相遙□□十世父母所生父母邑張法達□宜兄弟敬造彌勒”，後又追刻姓名若干，故可知此拓原石應是彌勒像之造作，此其一也。其二，製作年代是北魏永平三年，時已遷都洛陽，漢化之相明顯。其三見得發願文，似可推斷此拓原石部位當是彌勒大像基座正面，上見博山爐，亦可佐證也。現時藏拓玩拓不在少數，然能覓得此等舊拓實屬不易。今托工美行之福競得，雖有人伏後頂我數口，終歸建業文房也。辛丑牛年正月初題海上慎堂崇建。

鈐印 佛像肖形印
別部將軍
慎堂藏拓
季
慎堂
崇建
崇建印信
季
海上崇建所見所鑒所拓所攷所跋之印
季

北魏永平三年彌勒造像拓片

學建題

跋舊拓北魏瞿氏等造彌勒像
去歲應邀往遊藝術品拍賣所友
外[illegible]家以[illegible]伯補丹廠上海工美廉
價購藏竟欲得一批古籍舊拓舉辦
專場拍賣予謂之值得[illegible]作筆之簿也
吾與其余悟頗深自然降揚並持一
舊碑一舉奪得十餘件心儀之舊拓
雖皆與離破損千瘡百孔陋蒙補綴
傳好多四季完好如初此拓即為明證
也幸甚幸甚
見此拓居中陰刻三供養菩薩百有一
大型博山爐六隅一方寸托之其上再求
露肌肉皆達着短裙裙間插飾個形
體上甚細微然兩側站立之供養人像頭
頗長稍美矣頭戴之冠古古雅因墨
拓過濃未可見其原樣但從是之醉郭
已可推想其貌也三者皆着寬衣長裙
大袖飄逸兩側與裙擺觸肉皆具篆底之
沈且褶紋刻劃生動乃顯北魏風韻
隱十國佛教造像漢化之典型風格是
可謂清骨清像之古老範例有為
處為阻供養人姓名如最右見唯那王方
副邑主游始光三供養人六日像處見邑師
慧敢政邑主魏僧通唯那瞿僧格像二
身刻郭氏張氏等十一供養人名號魏
刻石之最左側是為記錄之發願文云永平
三年閏月五日瞿僧□邑子等卅□上為
相從□□十七父母所生父母邑張法建□
宜兄弟敬造彌勒像之道刻姓名若干
故可知此石原名應為彌勒像之造作其
一也其二製作年代當北魏永平三年時已
遷都洛陽漢化之相以顯其三見得其願
文似可推斷此拓之原石部位當是碑龕大
像基座正面上見博山爐下方佐證也
現所藏拓乃拓於年前數然能覓得此等
舊拓實屬不易亦足見天之福竟得維
有人伏以消夜數口飲歸 是皆學之勝也
辛丑冬至日初題於上海寓齋 學建

傳此拓原石乃河南
洛陽龍門石窟古陽
洞內後窟開鑿於公元
四九三年是龍門石窟群
中開鑿最早佛教內
容最豐富及相記書
法藝術水準頗高之一個
洞窟其中大小佛龕
多達數百此拓原石疑
於洞窟崎壁
古陽洞佛龕之造像拓
片不少然亡已離見此
拓偶得類多字及拓工
不屬上乘然亦稀見珍
貴也
海上慎思堂學建又及

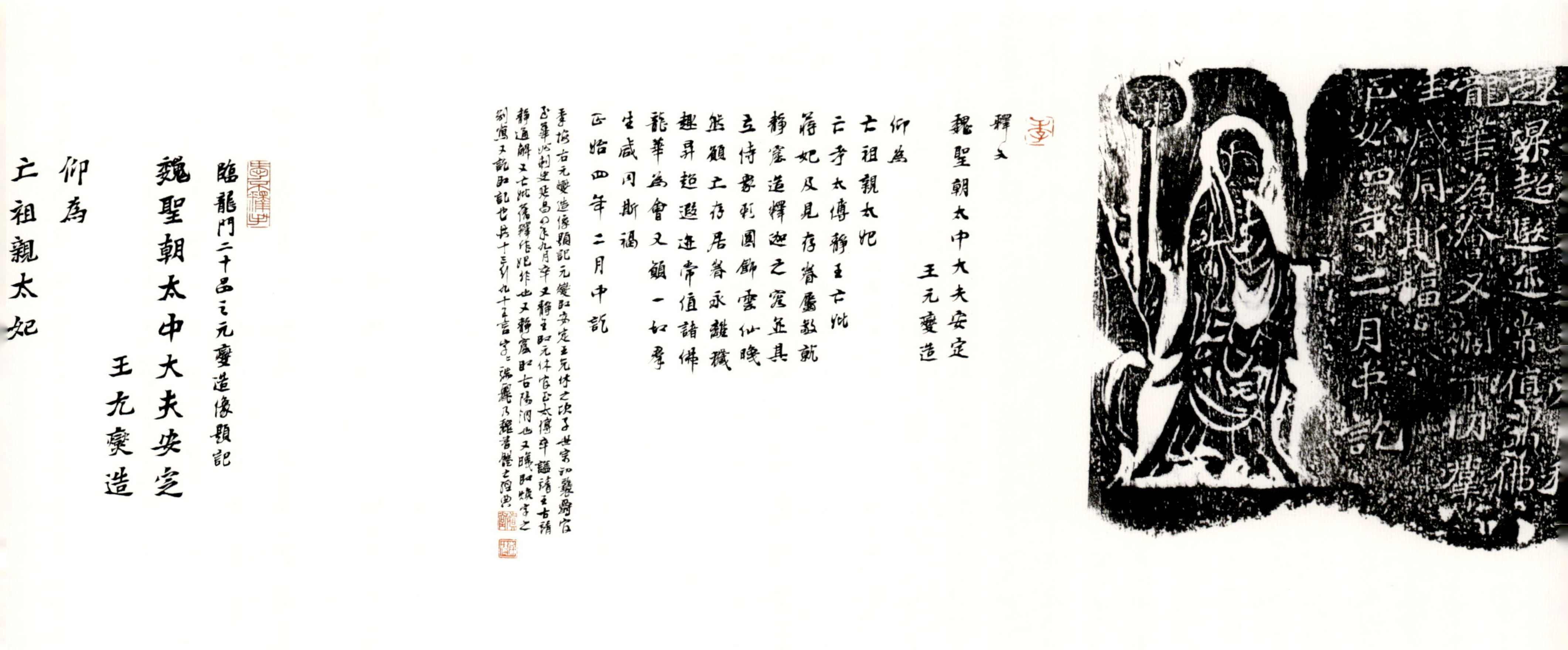
仰為
亡祖親太妃
魏聖朝太中大夫安定
王元燮造
臨龍門二十品之元燮造像題記
釋文
魏聖朝太中大夫安定
王元燮造
仰為
亡祖親太妃
正始四年二月中訖

《跋元燮造像題記》

元燮造像位在龍門石窟古陽洞之南壁。龕式如漢式樓閣，閣內鑿刻一佛二菩薩二弟子，主尊釋迦結跏端坐，雖面部至頸皆被盜去，然其基本輪廓依在，那種北魏遷洛後造像取以清癯之相似可推知。淺浮雕之大背光圖案，繁麗精彩，兩側弟子形象亦以淺雕手法為之，正身側面，形態端莊，其外側二菩薩則以高浮雕表現，面部亦被盜去不存，但優雅而似覺扭動之身軀，依然顯現出昔日之風彩，尤其身側飄起如羽翅般之披帛，使本來靜態之窟中人像變得富有動態感。而其下襬外展之樣式，我們更在龕下題記兩側禮佛圖中找到對應點，即人像長衣覆足，下襬亦外展呈燕尾之狀。這便是北魏造像前期藝術風格中最具特色之舉，優雅大方，飄逸瀟灑，魏晉風度由此可見一斑。

關於《元燮造像題記》之書法更是大有來頭，被譽"龍門二十品"之一，並是其中佼佼者也。清康有為《廣藝舟雙楫》中將"元燮造像"歸為"峻蕩奇偉"一路，言其如"長戟修矛，盤馬自喜"。所謂"峻蕩奇偉"可理解為此題記風格嚴峻中寓放縱，偉岸中見意趣；所謂"長戟修矛"是形容筆劃點線舒展自如，誇張有度；所謂"盤馬自喜"是評價結體字形，整體穩健又自我滿足，足見對其欣賞有加。誠然，綜觀龍門石窟中之刻銘字體，一般多為側勢左低右高，似見些許失重之感，有天真樸拙之趣。而元燮一品則方圓兼備，寓巧樸拙，更多的是勁健俊麗，有著獨特氣質。如在用筆上，方筆雄強硬朗，圓筆嫿媚娟秀，二者兼之，剛柔並濟；在結體上雖亦有左低右高之勢，但不甚突出之基本趨向平穩端莊。而在章法上更是自然舒暢、從容不迫。通常我們見到的北魏碑版文字大多有界格，而《元燮造像題記》則無界格所限，顯得寬達放肆隨心所欲，卻又不失中規中矩。而且細觀之，其第二三四五行均出現空格，這在龍門二十品乃至北魏其他造像碑發願文中都是極少出現的格式，故使其在章法上出現整齊中見參差、參差中寓平整之特色，自然跌宕，雄強棱峻，不愧為北朝造像題記中一件難得佳作。全書臨之更有體味，雖刀痕之跡難免有些做作之態，但其構架筆道與章法依然可以感受個中三味也。

辛丑七月初八海上慎堂季崇建撰於慎獨齋。

鈐印

崇建	季
佛像肖形印	慎堂
心賞	崇建
辛丑	愛不釋手
別部將軍	辛醜
佛像肖形印	崇建印信
慎堂	辛丑
崇建	慎堂
慎堂藏拓	崇建

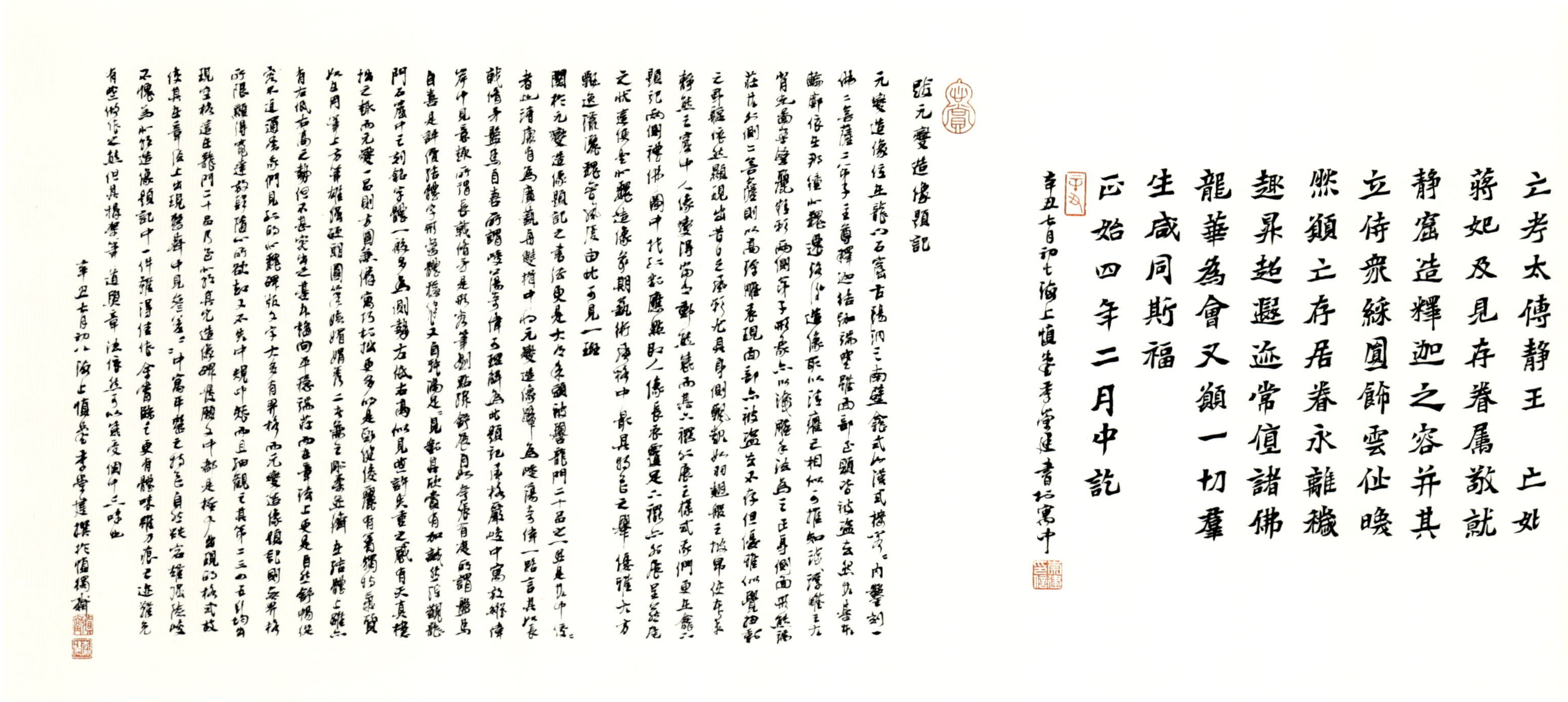

106 龍門石窟古陽洞王元燮造像題記拓片卷

King of An Ding'Yuan Xie' stone stele dedicated to ancestors in the Guyang Cave from Longmen Grottoes (rubbing in scroll)

北魏

畫心拓片　縱 26 釐米　橫 74 釐米

題簽　北魏安定王元燮造像題記拓本卷，辛丑七月崇建。

引首　古陽留痕，辛丑六月慎堂崇建。

畫心　北魏正始四年元燮造像題記拓本

此拓原跡在河南洛陽龍門石窟寺之著名古陽洞南壁，其全稱即“魏聖朝太中大夫安定王元燮為亡祖等造像題記”，正書共十三行，行最多見九字，計九十五言。其兩側對稱類帝后禮佛圖樣，列隊相向二行，前有高僧引領，中見主人緩行，有侍者持華蓋並高扇伺服， 後見隨從若干。人物雖不壯觀，但場面氣派已可見一斑也。整個雕鑿風格是北魏帝遷洛之典型，藝術形態十分成熟，且題記書法優秀，形姿峻美，結體古雅，筆劃剛柔並濟，被譽為龍門二十品之一。此乃舊拓，或在民國間，頗難得，當寶之。辛丑七月崇建。

釋文　魏聖朝太中大夫安定/王元燮造/仰為/亡祖親太妃/亡考太傅靜王 亡妣/蔣妃及見存眷屬敬就/靜窟造釋迦之容並其/立侍眾彩圓飾雲仙晻/然願亡存居眷永離穢/趣昇超遐跡常值諸佛/龍華為會又願一切群/生咸同斯福/正始四年二月中訖

季按：右元燮造像題記，“元燮”即安定王元休之次子，世宗初襲爵，官至華州刺史，延昌四年九月卒；又“靜王”即元休，官至太傅卒，謚靖王，古靖、靜通解。又“亡妣”，舊釋作妃，非也；又“靜窟”即古陽洞也；又“晻”即煥字之別寫；又“訖”即記也。共十三行九十五言，字字端麗，乃魏書體之經典。

拖尾　臨龍門二十品之元燮造像題記

魏聖朝太中大夫安定

王元燮造

仰為

亡祖親太妃

亡考太傅靜王□亡妣

蔣妃及見存眷屬敬就

靜窟造釋迦之容並其

立侍眾彩圓飾雲仙晻

然願亡存居眷永離穢

趣昇超遐跡常值諸佛

龍華為會又願一切群

生咸同斯福

正始四年二月中訖

辛丑七月初七海上慎堂季崇建書於寓中

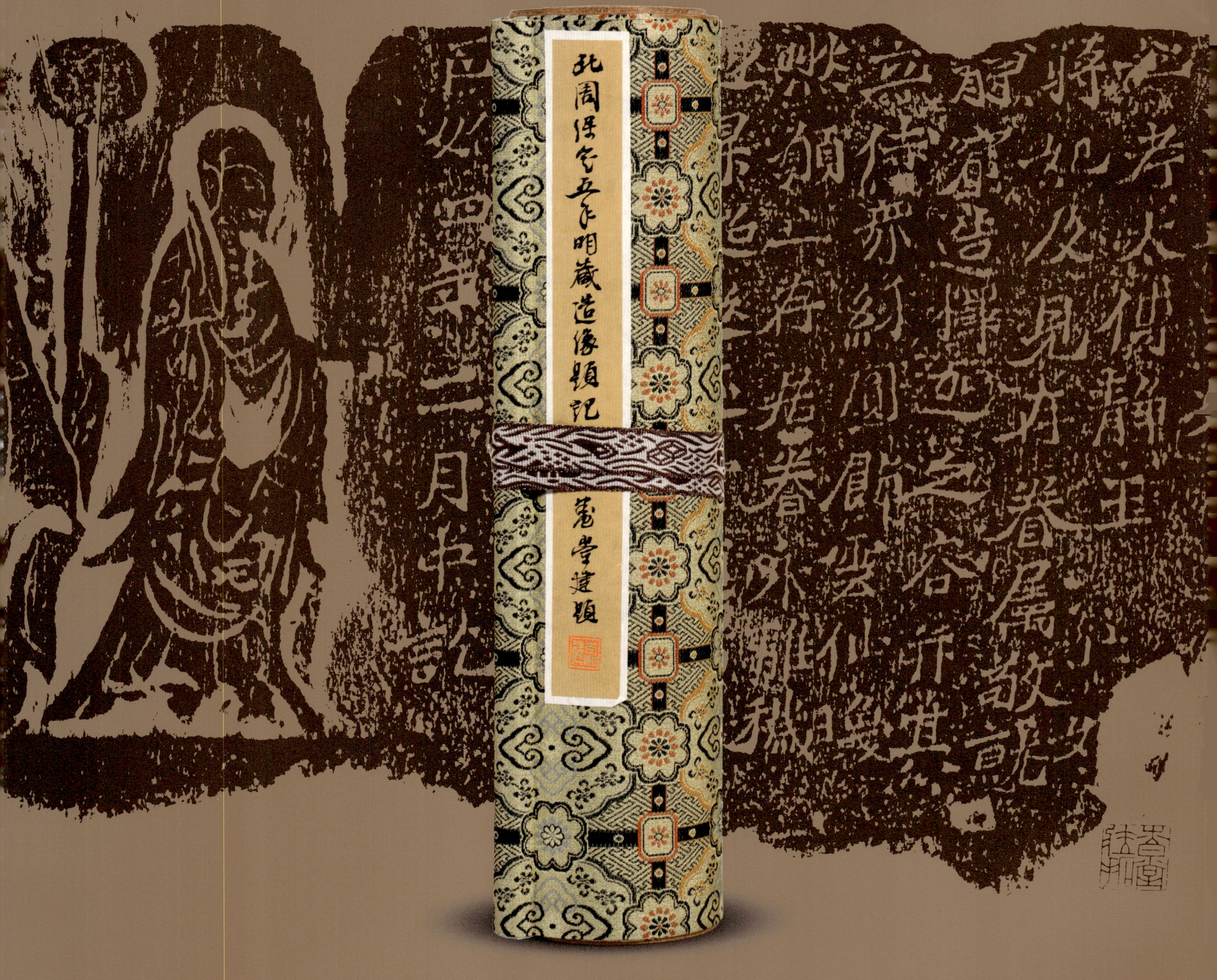

《古陽留痕》卷

是卷畫心為北魏正始四年元變造像題記舊拓，乃龍門二十品之一。其引首至拖尾總長544釐米。

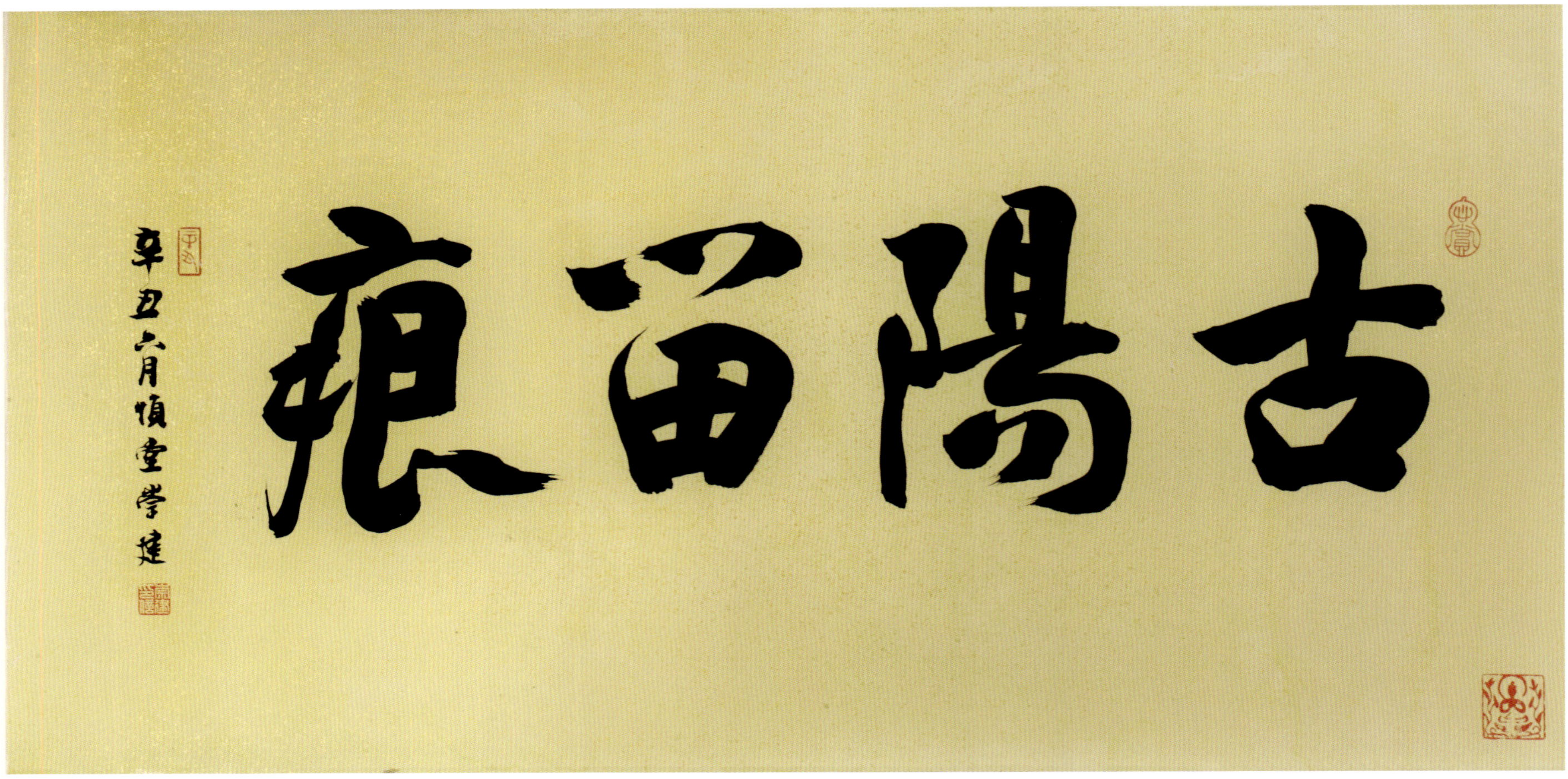
古陽留痕
辛丑六月

北魏安定王元燮造像題記拓本卷
辛丑七月

北魏正始四年元燮造像题记拓本

此拓原迹在河南洛阳龙门石窟寺之着名古阳洞南壁，其全称北魏
圣於太中大夫安定王元燮为亡祖等造像题记，正书，共十三行，行字
见九字，计九十五言。其两侧刻精类帝后礼佛图样，此像向相六行前有高僧
引领，中见王八随行有侍女持华盖迎高眉同服，皆见随侍若干人物，虽不甚
观，但场面气派已可见一斑。此题个体丰满，尤是北魏帝边陲王与书艺
术有极十分成熟，且题记书法优秀，形姿峻美，结体古雅，笔划刚柔并济
法，誉为龙门二十品之一。此乃旧拓，成在民国四日颇难得，当宝之。辛丑七月学进

107 道休造彌勒佛石像基座拓片卷

Inscriptions and images from 'Dao Xiu' stone pedestal of Mile (rubbing in scroll)

北魏孝昌三年

畫心拓片　縱 43 釐米 橫 164.5 釐米

題簽　北魏孝昌三年皆公寺道休造彌勒石像拓片卷，辛丑清明海上崇建題。

引首　淨土

去歲缘獲北魏孝昌三年皆公寺之比丘道休造彌勒石像佛座拓片，曾經簠齋陳介祺並毗陵吳元起收藏，故是清拓。又經上海工美拍賣行古籍善本專場上拍，余心儀，必得，乃一漏也。今歸慎堂所藏，裝池成卷，頗為有趣。辛丑年清明後一日，展卷自賞並題引首，海上慎堂崇建識。

隔水一北魏孝昌三年道休造像拓片

清際舊拓之品，曾經簠齋陳介祺毗陵吳元起收藏，今歸建業文房。辛丑年二月廿四日重裝成卷，海上慎堂季崇建再題。

畫心

題一　此拓側見“簠齋”白文印及“毗陵吳元起珍藏金石文字之印”。簠齋即清際金石學家陳介祺之號，其富收藏，尤多金石傳拓之善本。此拓原石出自其山東原籍，舊藏自在情理之中。後歸吳元起，其乃近代碑帖與藏書名家，晚年寓居上海。此拓經二家加持備書，自然添光。余亦補鈐“慎堂藏拓”“季崇建印”朱白二印、以為幸獲也。海上慎堂崇建並識。

題二　此為佛座正面之拓，並見北魏孝昌三年紀年雙款，一曰“奉詔建皆公寺”，一曰“比丘道休造彌勒石像”。此種刻銘方式尚不多見。崇建又及。

隔水二案：金石之學興盛，傳拓之技亦隨之益加流行與精進。余入上博初，見萬公育成、韋公志明拓工一流，於是拜學其皮毛，及參與馬承源先生主編《商周青銅器銘文選》，逐對收集銘文拓片頗多興致。後習佛教造像，更被刻石之傳拓留影所吸引，故自上世紀九十年代便有所得。再因上博銘文拓片展陳之需，凡注釋旁題皆由我書之，此種題拓樣式極有趣味。近二年將自藏諸拓一一整理重裝並題之跋之，又廣收金石之拓，樂此不疲。右見北魏孝昌三年皆公寺比丘道休造像拓片並一批造像舊拓，皆覓自上海工美拍賣行，以使慎堂藏拓增色不少，然將此以手卷形式呈現，恐怕亦不多也。辛丑牛年二月廿五日海上慎堂季崇建于建業文房窗前。

拖尾《跋北魏孝昌三年皆公寺比丘道休造彌勒石像佛座拓片》

去歲悉知上海工美拍賣行徵集到一批舊拓造像拓片歸於古籍善本，廉總邀我往觀，細審若干，則最喜此佛座之拓也。雖拓工一般，保存又差，破損嚴重，但邊見“簠齋”白文並“毗陵吳元起珍藏金石文字之印”朱文，又“元起”朱文，共三印蛻，另有吳元起題識文二行，曰：“廣饒縣弟區楊趙寺佛座比丘道休造彌勒像”，惜題字重裝時被割棄矣。故可知此拓曾經簠齋陳介祺收藏。陳氏山東濰縣即今山東濰坊人，清際著名金石學家，官至翰林院編修，嗜收藏精鑒賞，尤擅傳拓之技，其手拓銅器古璽石刻之器形銘文紋飾諸拓片享有盛名。凡其所見所拓所題，一經流出便追捧者無數，並著有《簠齋傳古別錄》專著，撰述傳拓之法。然坊間亦早有傳其作偽之技，非常人可辩能識，尤善以舊拓仿之，手段更

《淨土》卷

是卷書心為北魏孝昌三年皆公寺道休彌勒石像座銘舊拓。其引首至拖尾總長521釐米。

辛丑牛年二月廿八日重裝補闕並成卷而題之跋之，海上慎堂季崇建書于建業文房之慎獨齋燈下。

鈐印
季
崇建
佛像肖形印
愛不釋手
季崇建印
季
慎堂
崇建
心賞
崇建
毗陵吳元起珍藏金石文字之印
簠齋
慎堂藏拓
季崇建印
佛像肖形印
修綆汲古
辛丑
季
別部將軍
慎堂
崇建
心賞
別部將軍
海上崇建所見所鑒所拓所攷所跋之印
季
慎堂
崇建

甚。聞馬承源先生言：若依簠齋所拓銅器銘文佐證或認定某彝器，則極可能誤入歧途矣。話說前陣所現《兮甲盤》，僅有簠齋所藏銘文拓片作為“鐵證”而認其為真，恐要見牙醫求得新齒也。據說原藏者曾促上博購之，初斷其為寶，諸家讚不絕口；又請馬公培養之陳佩芬女史復審之，陳氏隨馬公五十年有餘，又初以蔣大沂為師，鑒別青銅器純承馬風，僅見簠齋拓片便言不可信，上博避於一丑矣。後成交於西泠拍賣行，行情過億，實在令人落脱眼鏡。話歸正題，此拓所見簠齋印倒是添色之舉。又見吳元起印蜕並題記。吳氏乃近代碑帖名家藏書家，見於其所藏皆鈐此二印，可確經手也，故此拓應是至晚清際所拓又由二大家遞藏之品。

攷此北魏孝昌皆公寺造像，原在山東省廣饒縣南楊趙寺村，其刻銘上所載皆公寺早已废圮，僅存石像；一九八三年被遷至山東濟南石刻藝術博物館內，然已殘泐不堪，僅存小塊。其拓本鮮有流傳。如此完好佛座拓片恐已稀物，再見流傳有緒，更是難得，彌足珍貴矣。觀之全圖，墨氣厚重，線與型皆清晰可辨。清陸增祥《八瓊室金石補正記》北魏皆公寺造象云：“佛坐蓮臺莖，直承盤，一人兩手仰托跪而載於首，右一人左手持盂右手作彈指狀，左一人合掌，旁有兩獅蹲列左右。北魏孝昌三年正月立寺，二月造像，故兩題年月。”此陸氏著錄頗重要，記敘亦甚詳，唯表述略與原石所現有些許誤讀並未盡之處。如圖之居中是一供養菩薩蹲坐作托舉狀，面目清楚，表情生動慈祥，頸飾寶珠，前珮項圈多重，上身裸露，修臂收腰，帔帛搭過雙肩垂展於身體兩側，似有風動之感。下著花瓣式大裙，褶紋線刻流轉若荷葉般飄動。上承一博山爐，山形重疊，下飾仰蓮紋莖直連盤，規整壯重，兩側是各一僧人形象，頭部圓潤，表情莊嚴，著寬袖袈裟，垂裳覆足，褶紋刻劃精緻細膩，筆筆整齊劃一，刀刀準確有勁。二者皆作胡跪坐姿，爐之左者一手持缽一手拈灑淨水，右者雙手十合，似傳誦經說。其外側所置兩護法雄獅，威武如戰神一般，且居於畫面過半，瞪目張口吐舌垂胸，鬃髮多重外揚，髮刻精細，刀刀生辣，整個軀體壯碩魄偉，粗尾上揚，前爪擡起，後爪作欲蹲狀，有蓄勢待發之態也。這種亦靜亦動之巧妙構思與佈局，是存世佛座中之奇品也，似與漢之畫像石風格有共通之處。

在刻銘方面計有六處之多，自左至右分別是一曰“比丘僧緒供養比丘僧援供養”，二至三殘泐不可辨，四曰“比丘惠攜供養佛”，五曰“大魏孝昌三年歲次丁未二月十五日比丘道体為一切眾生敬造彌勒石像”，六曰“大魏孝昌三年正月二日奉詔建立皆公寺”。其中得到若干信息：一是知道孝昌三年正月建成皆公寺，且奉詔而為，應有皇家情節之佛事也；又記同年二月十五日，為立像日，通常所見發願紀年僅一次表述，此番分別紀年記事，尚不多見；又知曉造以彌勒未來佛並選以二月十五釋迦涅槃日立像，故彼時定有法會之舉也。據載，此彌勒像高三點四六米，赤足立於蓮花座上，法相莊嚴慈藹，衣紋舒展流暢，其背光作舟形，周圍飾火焰紋，上部左右雕以飛天。座為方形，通高亦有六十六釐米，故拓片未出全貌也。

綜上所述，此拓原石為鉅制也，其座亦然。又見建寺立像之佳期明確，且是奉詔而就，故圖像優美，刀法嫻熟，製作精良，乃北魏時期寺院佛像雕刻之上上品。今能獲此墨拓，雖僅局部已屬難得矣。

108 王龍生等造佛像碑拓片

Inscriptions and images from 'Wang Long Sheng' stone stele of Buddha (rubbing)

北魏

縱 85.4 釐米 橫 79.5 釐米

題一 北魏王龍生等造佛像石碑拓本

題二 此拓為上海博物館典藏之北魏晚期王龍生等造佛像石碑之局部。其通高逾二米，是迄今所見寺院式佛像雕刻中之皇皇鉅制也。此碑為雙龍碑額樣式，四面皆刻，尤以正面三層圖案最具精彩性：上層乃《維摩詰與文殊菩薩相對說法圖》，維摩詰坐於榻上，牀榻底足呈內尖銳狀，與北魏晚期出現並流行之金銅佛四足方牀樣式一致。維摩詰高髻奮髯，執扇麈，悠閒自得，而無所謂“具清羸示病之容”，前來問病之文殊師利相對而立，高冠大裙，風姿綽約，抬臂揚手，表明二者正在往復激辯，說法論道，後有弟子多人，分層而立聽法，場面頗為熱烈。中層作一佛龕，內置一佛二菩薩，面部與身段因風化脫落而模糊不清，但依然能從半跏而坐之外輪廓感受到釋尊之端莊情態。其大衣下襬分層有序地垂承於座前，呈鱗片狀，間露一足，這種坐姿是北魏晚期半跏坐式佛像之一個特徵，至兩魏仍有流傳。此龕楣頂側各刻一供養人，並有侍從舉華蓋相配，中刻“襄陵令王龍生”“平陽令王虎仁”兩行楷書，整個造像碑便以此而命名。龕下有佛座高臺，兩側對稱刻護法獅與飛天形象，生動傳神，剛柔相間。下層有二組亭閣車騎、人物出行圖：上組左為名仕騎高馬出行，後有侍者持華蓋；右有亭閣，內見二人持扇對語，極具維摩詰風度。二像間刻文字，指左者為“開光明主王定洛”，右者是“天宮主王吳子”。下組右者與上組左者相對應，騎仕配侍者，刻文稱“像主王文玉”；左者則是貴族乘輦出行圖像，前有侍者拉輦而行，後見持華蓋侍者一人，像側有“衮主王龍刺”刻銘。此造像碑之背面上部有佛龕二重：上重一佛直立，作施無畏與願印，衣著飄垂外展，若燕尾狀，兩旁有脅侍菩薩；下重龕內佛主端坐，二菩薩拱手而立，龕楣左上角刻有圓月玉兔，龕柱左側刻為供養人像，像主寫為“恒能郡功曹王定洛”。佛龕以下共見六層供養人像，每像均刻供奉者姓名，部分姓名前還冠以“邑主”“邑政”，這些都是對民間信佛團體、邑社主持人之稱呼。碑之右側上段作一佛龕，龕楣蓮花相飾，下垂多重帷幕，褶紋有層次感。中置一坐佛，面相頗豐滿，神態安祥，旁有脅侍菩薩。下為四層供養人像，均為一主人、一持傘童子、一隨從，形式相同，碑之左側則見六層供養人像，人物與飾局亦與右側一致，像間有“邑子某某”字樣，可知此造像之碑當由同邑眾信集資供養，參與者竟達數十人之多。整個佛碑內容豐富，人物情節之表達簡練而生動。雖然說石碑之主角是來自天國之端麗神聖之釋尊，但與之相配之“維摩詰與文殊師利相對說辯圖”，以及“亭閣車騎人物出行圖”，卻給人一種源於凡間之生活情趣，其猶如一幅幅壁畫，或一塊塊畫像石之組合，充分顯示出中國傳統文化本質與藝術特色。值得一提是，碑中供養人物都擁有一種維摩詰風度，如果你將觀賞維摩詰形象之視線轉接到任何一位供養人身上，便會驚奇地發現，那眾多人物，不論形體服飾，甚至高髯之髮髻和奮起之鬍鬚，簡直與維摩詰像摹寫得一模一樣。這是值得思考與研究之問題。應該說由西天傳來之印度式佛像能演化成中國式模樣，主因即來自北魏拓跋統治者之漢化政策，與南方晉宋時期士大夫風範之交流與滲透。然從此碑所現內容形式以及人物刻劃之手法看，似乎更偏重於後者，整個碑中人物都被維摩詰風度所感染，甚至達到刻意模仿之程度。如果僅僅把這種表相看作是北魏孝文帝銳意漢化之結果，恐難说服彼此觀者。因為碑中人形象不是以漢化為目的，而是以模仿維摩詰風度為滿足，尤其是其中供養人都著維摩詰相似之服，留維摩詰類型之髯式。這種現象之發生，使我們不得不聯想到一九六五年在大同市東南石家寨村發現北魏琅琊王司馬金龍夫婦合葬墓出土之漆畫木屏風，其題材與人物形象服飾等絕不見鮮卑式樣，完全是江南顧愷之開創之畫風影響下產物，實是東晉文化之延伸。從歷史資料看，司馬一族是北奔之原東晉皇族勳貴，隨之遷徒親屬部屬竟達萬眾，盡管忍痛離開江南舊國，卻對故鄉文化生活與藝術創作十分依戀，所以當這些來自江南藝人在北魏控制之中原大地上繼續從事其創作時，即使要符合北朝之題材、內容與欣賞口吻，卻依然會自覺或不自覺地將他們熟悉並心領神會之人物特徵、輪廓及神態移植到北魏流行之作品中。故此塊王龍生等造佛像石碑不正是這種歷史背景及藝術創作氛圍的產物嗎？再者其整體佈局極具江南畫風，因為碑之創作深受南朝藝術影響已是不爭事實。海上崇建記。

季按：此碑無見紀年銘文，僅有數十施石主姓名，好在主人前冠以地名、職官，為碑之產地查攷提供可貴依據。碑前有“襄陵令王龍生”“平陽令王虎仁”。史載，襄陵在今山西襄陵縣東十五裡，北齊省，平陽在在今山西臨汾縣西南，北魏太和十一年後，兩地均屬平陽郡管轄。令即縣令，乃縣最高行政長官職位。此碑施主由二縣令領銜，其規格之高、規模之大可想而知也。碑前下層人物間隙處，刻有開光明主王定洛，又碑背側記恒能郡功會王定洛，應指同一人氏。查地理志無恒能郡，或為恒農郡之誤，今在河南三門峽西，其官功曹，郡之屬吏司書史之下官也。平陽與恒農二地相距甚遠，或為王定洛原籍平陽，在官恒農，此當與鄉里同道合資營造佛像石碑，而留於姓名。這足以說明，凡造像銘文中，姓名前冠地名者，不一定此像即在該地造作。因為有些地名之出現，只是表明施主之籍貫，所以不能以地名所示來武斷造像之產地，當應與造像風格通盤考察為要。據此種種，此王龍生等造佛像石碑可基本確定出自山西境內，其創作時間應在北魏晚期不誤。此石碑現展陳於上海博物館雕塑館內，彌足珍貴。

余入上博，司職古代佛像雕刻研究二十年，並在閒暇之餘傳拓部分以紀念。今揀選庋藏金石類拓片鑒之賞之攷之跋之，以為樂趣也。此拓雖為全碑之正面下端之局部，未可求全，但已十分難得。故先以拓片兩側評述，全碑正背並兩側實景細寫，又據所顯圖樣刻銘內容，攷其時代風貌等洋洋數千言，以與同好分享也。戊戌年冬日海上崇建寫于建業文房之慎獨齋窗下。

鈐印 崇建印信

季崇建印

慎獨齋主

北魏王龍生等造佛像石碑拓本

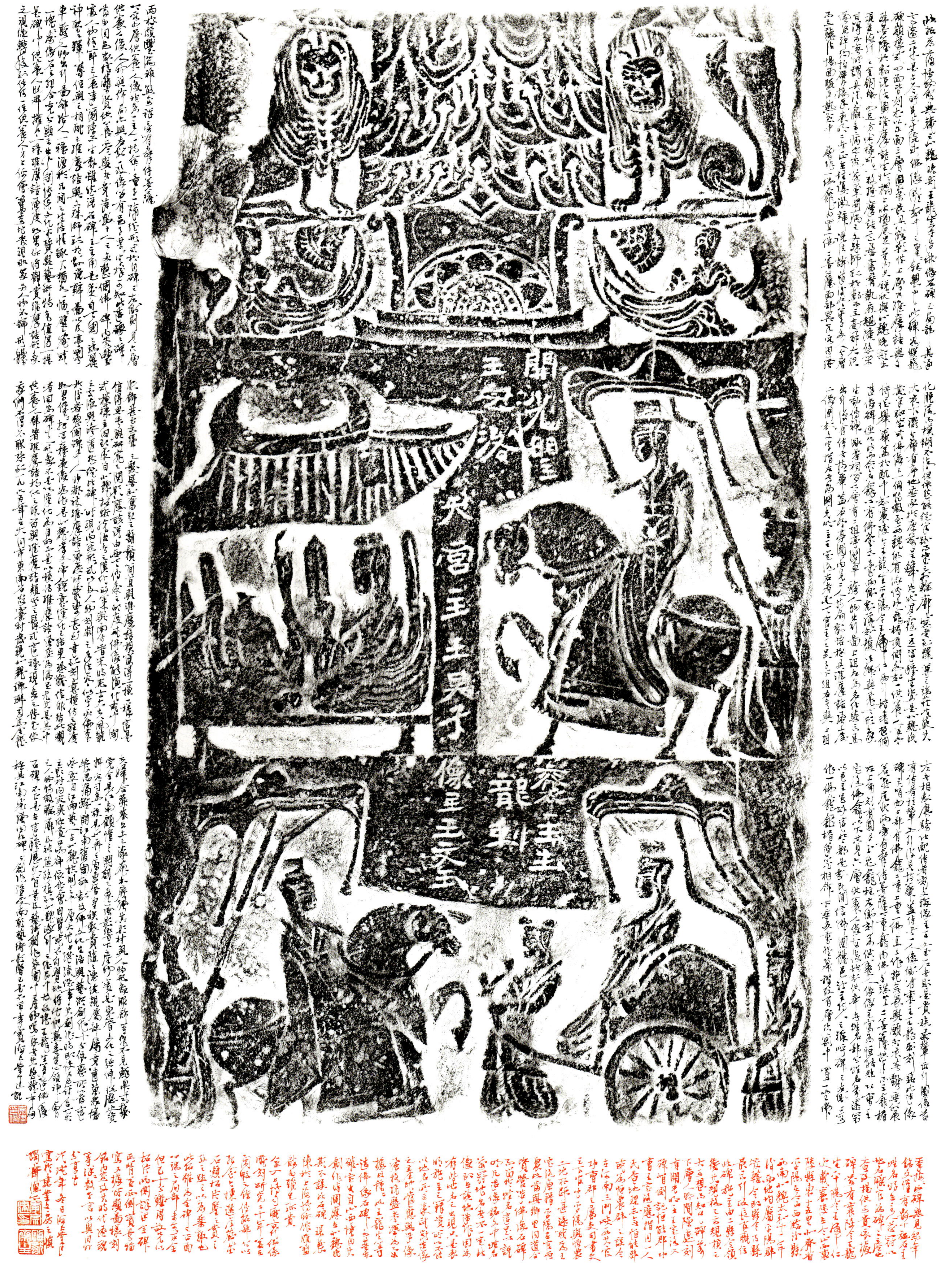

109 劉文朗造佛像碑拓片四條屏

Inscriptions and images from 'Liu Wen Lang' stone stele of Buddha (rubbings in four hanging scrolls)

北魏神龜元年
碑陽　縱 220 釐米 橫 87 釐米
碑陰　縱 222 釐米 橫 87 釐米
碑側（一）　縱 220 釐米 橫 24.5 釐米
碑側（二）　縱 220 釐米 橫 24.5 釐米

題簽
一　北魏神龜元年劉文朗造像碑陰拓片軸辛丑年四月重裝海上崇建題
二　北魏神龜元年劉文朗造像碑陽拓片軸辛丑年四月重裝海上崇建題
三　北魏劉文朗造像碑側拓片聯崇建題
四　北魏劉文朗造像碑側拓片聯海上慎堂藏

碑陽
題一　北魏劉文朗造像碑，崇建題。

題二　此乃造像碑陽之主尊形象，雖拓工頗拙，未盡全貌，然依稀可辨其大致輪廓與基本形態，尤其衣裙下裳飄垂若燕尾，乃彼時造像之典型特徵也。兩側脅侍菩薩更以纏繞之帔帛飄帶柔軟，具風動感，正與主佛之服裝達到互為呼應之美，是北魏遷洛漢化後出現的造像新風尚也。崇建再題。

題三　此造像碑在形式佈局上頗為特殊。其碑陽分為三段：上端作大背光，內置一佛二菩薩，背光圖案繁麗，以顯佛國之景，外緣二侍者高舉蓮花，佛下一博山爐，卻未刻護法獅；中段是三重供養人像，形象左右雷同，卻又變化；最下層是發願之文。整個造像碑內容豐富，層次交代清楚，但有些許隨意性，如未設護法獅與博山爐相配，主像不設佛龕，而像主在龕內，頗鮮見。海上慎堂崇建三題。

案：北魏石窟造像中出現屋形龕是常態，如雲岡、龍門等皇家造作皆見之。隨其風尚而彼時出現的民間造像碑上亦多仿之，如此碑。此處兩側各置一屋形龕，內見二者頭戴高冠，拱手端坐，大袖寬衣，襞褶粗疏而有厚重感，其形式如雙佛並坐，實是像主。這種表達方法似不多見，乃此碑特色之一也。辛丑年三月暮春海上慎堂季崇建。

鈐印		
	季	季
	別部將軍	季
	季崇建印	佛像肖形印
	心賞	慎堂
	崇建	崇建
	一時興起	慎堂藏拓
	季崇建印	慎堂

碑陰
題一　千佛一面
此北魏神龜元年劉文朗造像碑之碑陰。上半部分滿刻小佛龕，龕內各置一坐佛，高髻，臉部略見豐腴，寬衣，內著僧祇支，端莊而祥和。重點是其排列齊整，計十三行，行十四尊，近百八十左右，十分壯觀。北魏興佛造像，多有千佛碑出現，先是諸石窟寺內，之後沿至寺院造像碑上，北魏中晚期更甚；雖千佛皆一面，卻氣氛熱烈，猶如進入一佛國世界，其數量上不足千，但習稱“千佛”，極言其多也。
原碑此處殘缺，補以朱題。海上慎堂崇建。

題二　此龕雖鑿刻於碑陰，但比之碑陽主尊形式更隆重，內容更豐富。首先，佛龕樣式華美，頂見大鋪首龕楣，雙龍紋飾，龕內一佛二菩薩，下見力士頂博山爐，兩旁各一護法獅，最側還有二供養童子，龕外又設二天王形象，其佈局飽滿而頗多趣味。辛丑年三月暮春海上慎堂季崇建記。

題三　細觀此造像碑，佛龕內造像皆高浮雕，內鑿較深，而龕下則以剔地淺浮雕樣式表現。這不僅突出了佛龕的縱深感，而且將整個畫面賦予更多層次感。很顯然，這是吸取漢畫像石之藝術養料來創造一種新樣，營造一種新氛圍。崇建又及。

《跋北魏劉文朗造像碑》
原碑鑿刻於北魏神龜元年即公元五一八年時，後出土於陝西洛川縣，今歸洛川縣博物館收藏。去歲，在上海工美拍賣行之古籍善本專場覓得該碑舊拓四幀正背及兩側，雖有殘損，但經裝裱師傅悉心處理已完好如初，並將正背裝成中堂，兩側之拓裝為楹聯樣式，如此四幀合為一堂，甚是壯觀也。
觀碑陽之拓，其上端是一大舟形背光，內置一佛二菩薩，背光頂端有寶相花一朵，兩側刻滿飛天形象，雖各見其二，但飄舞之衣裙襞帶佈滿畫面，幾無隙處。這種創作圖樣似可聯想起龍門石窟等藻井上飛天之刻畫與佈置，有一脈之源，是北魏遷都洛陽後在佛造像佈局安排上出現的一種表現佛國世界的繁麗之景，以此烘托主尊之崇高至上。再觀三尊，在裝點漂亮的背光陪襯下顯得格外富華。主尊形態端莊、表情慈祥，尤其引人注目是其大衣的藝術性表達，襞褶的粗獷並帶有誇張之刻畫是彼時

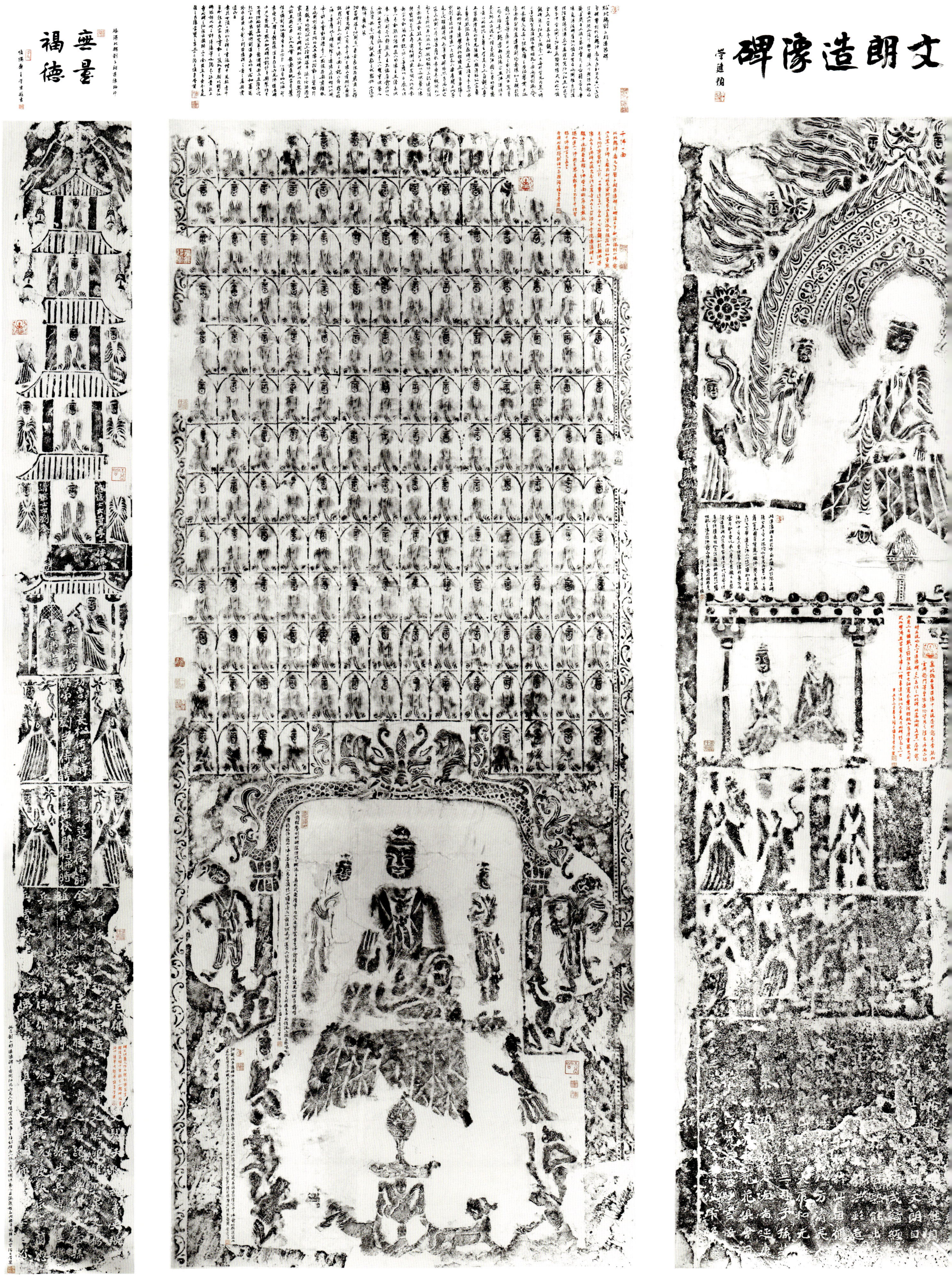
無量福德
文朗造像碑
学建题

110 郭氏造佛像碑拓片

Inscriptions and images from 'Guo' stone stele of Buddha (rubbing)

北魏晚期
縱 115.3 釐米 橫 74.5 釐米

題一 北魏郭氏造佛像石碑拓片，辛丑仲春海上慎堂崇建題。

題二 此龕內作一佛二菩薩像，雖能拓全，難辨真容，亦隱約可見主尊高髮髻，面相略顯豐腴，應若北魏遷洛後之雕鑿風格。兩旁脅侍菩薩服裝褶襞刻畫繁麗，初可斷為北魏晚期之造像。而龕楣形式簡約，不類東魏西魏造像龕楣與碑額那麼圖樣華奢，故亦是佐證也。龕下所見兩護法獅與博山爐則以線刻手法表現，似有拙樸之感，更具北魏晚期之佈局與樣式。此拓雖未拓出紀年銘，然其鑿制風格已可知為何時。慎堂崇建再題。

題三 龕內一鋪三尊像皆為站立之姿，尤在褶襞線刻上留下濃重的北魏晚期創作痕跡，繁而不亂，密而有序，拙而有趣也。崇建三題。

《跋北朝郭氏造像碑》

去歲，上海工美古籍善本之拍場推出若干舊拓，其中尤見心儀佛造像拓片十數枚可賞可藏者，舉牌落槌悉歸慎堂藏拓之列，雖有幾枚競得略貴，然甚滿足矣。又請修復師傅重新補闕裝池，取回題朱跋墨，自得其樂，實是美事一樁。

觀此拓未見發願之文，更不知何年造就，然製作風格當可初斷為北魏晚期或稍後未遠也。龕內置一鋪三尊立像，其僅見之衣褶線條密而不亂，但有粗拙，北魏遷洛後造作之跡顯見，此其一。其二，龕外下端排列四重小龕，龕內作供養菩薩像，雖龕內端坐，然其裙襞卻垂於並覆蓋在龕外之線刻之駿馬背上；這一陽雕一陰刻，一立體一平面，一外來釋尊之崇拜，一中土漢式之形態表白，唯北魏晚期可見。其三，龕外空隙並對應各龕刻有供養人姓名，如主龕左見清信士郭□□一心供養佛，右有忘（亡）父郭令鳳，下各小龕計有郭正興與兄郭松、兄郭文雅、息郭法賢、息郭法海、姪郭去權王興□等郭氏家眷姓名。重點在於，字數雖寥寥無幾，卻見字跡格外優秀，乃典型北魏以降由隸變楷又隸意甚濃，極具特色之北朝碑版書風也；更攷之，其中諸筆若《爨寶子》書風，故可信此造像碑制於北朝前端，至遲不過東魏也。辛丑年二月十九日，傳為觀世音菩薩誕日，崇建恭書並識。

鈐印 別部將軍
慎堂
崇建
季
崇建印信
季
佛像肖形印
心賞
季氏
慎堂藏拓
別部將軍
海上崇建所見所鑒所拓所攷所跋之印
別部將軍
季氏
崇建印信
季
慎堂

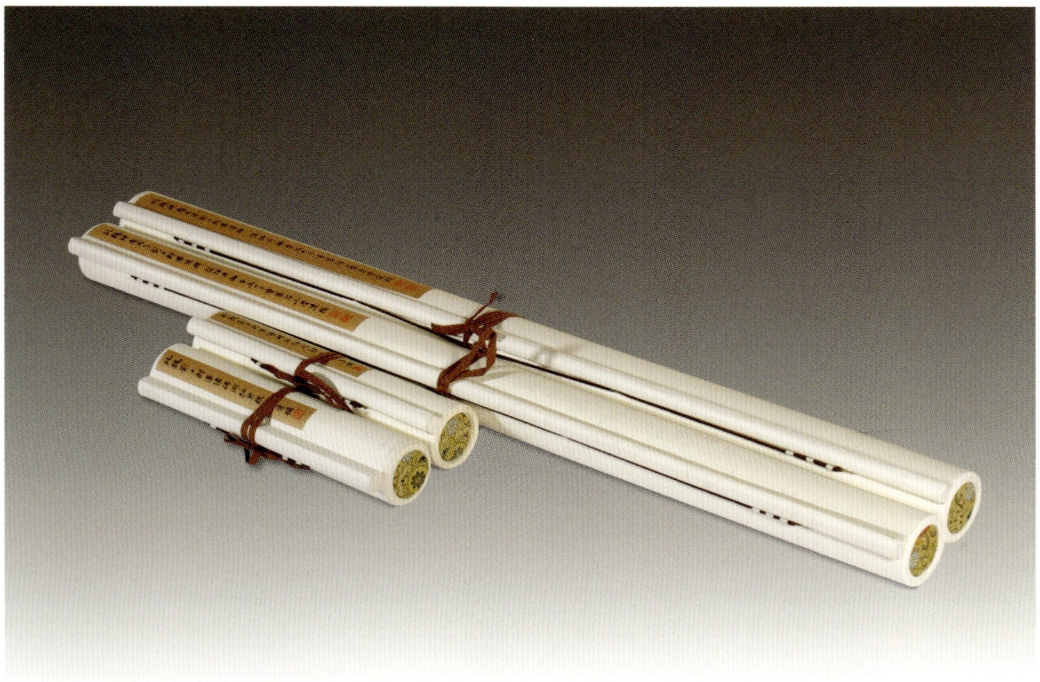

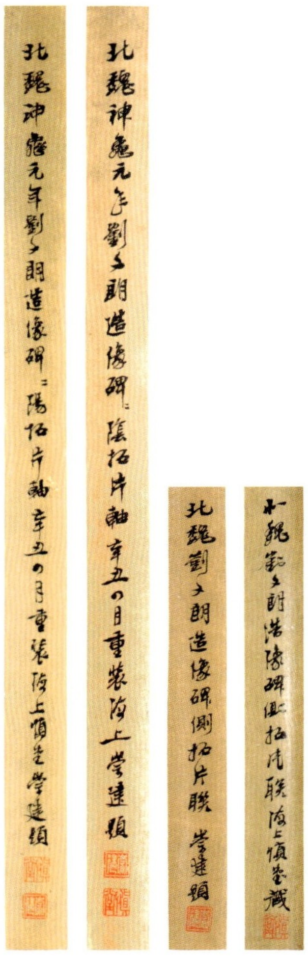

碑側（一）

詩堂 阿彌陀佛

獲觀北魏劉文朗造像拓片，辛丑立夏海上崇建題。

題一 此為北魏劉文朗造像碑之左側拓片。上設化佛如花環之中，下見一佛，有蓮瓣式大背光，外緣火焰纹，內置多重圖案。面相豐腴，表情慈祥，衣褶重疊有層次感；下裳外展有風動感，刀法硬朗，富質地感。其赤足立於蓮花臺上，下有力士頂托，神元氣足，整個形象極具北魏中晚期之特徵，雖鑿刻於碑側，但亦不遜于碑陽主像也。且有其上諸化佛圖案帶所呼應，整體上顯得格外熱烈，是北魏造像碑尤其碑側圖案表現形式之典範作品，十分難得。而獲此拓並右側裝池成聯，亦獨創之舉。海上崇建再題。

案：造像碑多見化佛形象，基本出現在主尊大背光上。此劉文朗造像頗具特色，不僅專刻於碑之一側，且極富裝飾性地如花串般呈現。共見上下重疊串連成一起，佛頭居中，由此花瓣烘托，外有束結裝飾帶，中段三佛並火焰紋，頭光甚奇特。崇建再題。

鈐印 別部將軍
辛丑
崇建
季
崇建
佛像肖形印
一時興起
季崇建印
慎堂藏拓
心賞
別部將軍
季氏
崇建印信

碑側（二）

詩堂 無量福德

緣得北魏劉文朗造像拓片，慎獨齋主季崇建敬書。

題一 此乃劉文朗造像碑右側拓片，所見六重樓閣，內置像主，柱刻姓名，下端三重格欄供養人，並滿鐫姓名，此般佈局稀見也。海上崇建。

題二 碑之供養人姓名鐫刻齊整，字體俊美，楷中帶隸，乃北魏碑版書法中優等者，難得。慎堂崇建。

鈐印 別部將軍
辛丑
慎堂
佛像肖形印
大吉祥
慎堂藏拓
季
崇建印信

佛造像一大特色，下垂展開又似燕尾之狀，雖顯得頗為厚重，卻依然有風動之感。而兩側的脅侍菩薩形象更是飄拂如仙，尤其是那帔帛似絲如柳般地飄拂而起，使整個畫面極具動態。在背光之外又配以兩供養人像，持寶相花而立，身姿略側，以使每個人物形象都富有動感。如果說一佛二菩薩以及飛天、供養人是動態的話，那其下的像主並諸多供養人像則是以靜態為主，不論屋龕內仿以兩佛並坐形象之施主，還是以下雙重供養人之站姿，都是一種虔誠恭敬之狀，服飾亦絕無飄拂舞動感。

細審碑陰之拓，則另一番景象，端莊、嚴肅、安靜、神聖。首先碑之上段是千佛之像，不僅排列齊整，設龕亦劃一不二，猶如千佛一面之說；下段龕內設一佛二菩薩，比之碑陽，除了造像風格相似外，減去了許多靈動活潑，多了一些端莊與肅穆，只是兩側刻意安排的天王像以扭動之姿吸引著觀者的眼球，同時亦給碑陰平添一份活潑。而最值得一提的是碑側那化佛形象以花型相伴而設，並與之串成如花帶般圖案，既富有裝飾性，又獨創性地讓原本不太引人注目的化佛形象變成一種主體紋樣，這在存世所見佛造像碑中少有發現。可想而知，此碑的設計者與製作者不僅細緻認真地完美了整個碑面，而且給予北朝間的佛像藝術創造更多的生命和審美提示，這便是劉文朗造像碑可貴之處與價值所在。

當然還必須一提的是碑之書法，楷中見隸，柔中有剛，端正而富有靈動之感，如果與北朝其他碑版相比，此可評得優等也，彌足珍貴。又查此碑之拓流出頗稀，而四面俱全者更是未見，獲之有緣，當寶之。辛丑四月海上慎堂崇建。

鈐印

季
季氏
崇建印信
海上崇建所見所鑒所拓所攷所跋之印
崇建
海上崇建所見所鑒所拓所攷所跋之印
佛像
別部將軍
慎堂藏拓
崇建

一時興起
季崇建印
愛不釋手
慎堂
大吉祥
崇建印信
季氏
季
別部將軍
崇建

北魏郭氏造佛像石碑拓片
跋北朝郭氏造像碑

111 王子悅造佛像碑拓片四條屏

Inscriptions and images from 'Wang Zi Yue' stone stele of Buddha (rubbings in four hanging scrolls)

北魏正光元年
碑陽　縱 152 釐米 橫 73 釐米
碑陰　縱 181 釐米 橫 71.5 釐米
碑側（一）縱 148 釐米 橫 26 釐米
碑側（二）縱 136 釐米 橫 26 釐米

題簽

一　北魏王子悅造像碑碑陽拓片軸辛丑三月重裝並題崇建
二　北魏王子悅造像碑碑陰拓片軸二〇二一年四月重裝海上愼堂藏
三　北魏王子悅造像碑側拓片联崇建題
四　北魏王子悅造像碑側拓片联崇建題

碑陽

題　北魏正光元年王子悅等造像碑，崇建題。

《跋北魏王子悅造像碑》

此拓為碑陽之拓，與碑陰碑兩側之拓本一併覓取，惜缺見碑陽之上端與碑陰之碑額部分。據出土資料顯示，此原石通高二米一，其中碑額高近零點八米，碑身寬零點七米，碑側高一點五米，碑厚有零點二五五米，因碑陽龕外之左側鐫刻像主“鎮南將軍光紫金祿大夫並州大中正行咸陽郡事晉陽子安定伯王子悅”者，乃碑上所見官位最高，故名“王子悅造像碑”也。

據何效義撰文《北魏王子悅等造像碑簡述》曰：此碑一九九八年在陝西涇陽文廟前約三百米處清理水渠時出土，彼時碑斷為兩截，後經黏合修復基本完整，今保存于涇陽文管所內。依圖可知，其碑額較大，有雙龍臥於額上，強勁威嚴；其下置一佛龕，龕楣若雲卷之火焰紋帶，又配以龍形紋樣與額上巨龍紋呼應。龕內主尊結趺端坐，高髮髻，面相豐腴，表情慈祥，作施無畏與願印，著圓肩開襟大衣，內穿僧祇支，衣紋刻劃均衡細膩，如波浪之痕，下裳覆座，線條流暢，且兩側外展呈燕尾狀，這種樣式在北魏中期造像中十分典型。佛之側各立一脅侍菩薩，頭帶高冠，形象端莊，站於蓮花座上。龕柱外兩側刻有像主頭銜官位及姓氏，下有人物圖像，左右對稱，基本雷同；其前一官吏形象，戴官帽，著大衣，樣式寬舒，這種服飾似在陝西臨潼所出之《北魏正始二年馮神育合邑二百二十人造像碑》中之供養人穿著特徵上可找到對應點。由於馮氏造像乃道民所為，是典型佛道合一產物，查考彼時彼地亦是禮佛崇道之風興盛，故在此佛之造像碑上見得崇道裝飾痕跡完全解釋得通，而其又留鬚，亦有道長之相也。其身後並三侍者，前持帶流蘇之華蓋，後者持扇持羽蔽，行動頗為莊嚴，若禮佛之圖。碑之中部並下端皆刻合資供養人姓名三為之，上兩段皆官吏之名，冠以職稱，下端則多邑子者也。再觀碑陰，則是另有一番佈局：龕楣作帷幕垂屏樣式，富麗堂皇，龕內一佛二菩薩，與碑陽佛龕一致。龕柱外兩側依然鐫刻像主官職並姓氏，最外面三重祥瑞神獸形象，或鳳鳥，或天鹿，或護法之獅，左右對稱，裝飾感甚強。其下亦見碑陽之禮佛人物，此處便是女性形象，頭戴高冠廣袖大衣，腹部似前鼓，下裳飄垂及履，整個形象如河南鞏縣《皇后禮佛圖》之人物造型。後見三侍者，或持華蓋，或持羽扇，人像甚小，以顯主人之高碩。碑陰之下端是多層供養人姓名，刻以界欄卻隨意鐫之，有多處空隙以備施願添加。碑兩側佈局一致，上見佛龕一重，內置一佛二菩薩，其一側分刻成八層，每層齊整鐫以供養人姓名，多為邑子，唯第八層留空以備添入供奉者，另一側滿刻發願文，內有“正光元年”之紀，並可知乃靈武池陽郡信眾捐資合造供養之。史載北魏時池陽郡轄今陝西涇陽縣與三原縣部分地區，這正與此碑出土地相吻合。

陝西地區所出造像碑之題記風格不盡雷同，此《王子悅造像碑》文字頗為規矩，亦與龍門上造像題記趨近，雖嚴格求以楷法，卻不時透露出揮灑生趣之風貌，是乃上品也。辛丑年暮春海上愼堂季崇建寫于建業文房之窗前。

鈐印

修綆汲古　別部將軍
愼堂藏拓　愼堂
季崇建印　崇建
佛像肖形印　季
季　愼堂
愼堂　崇建

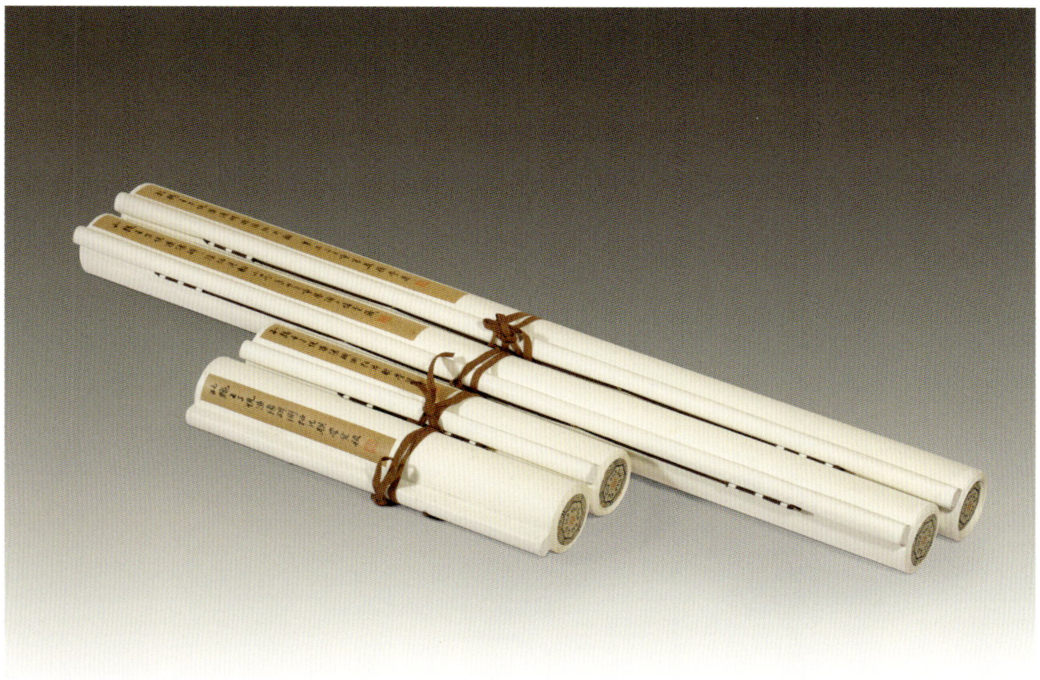

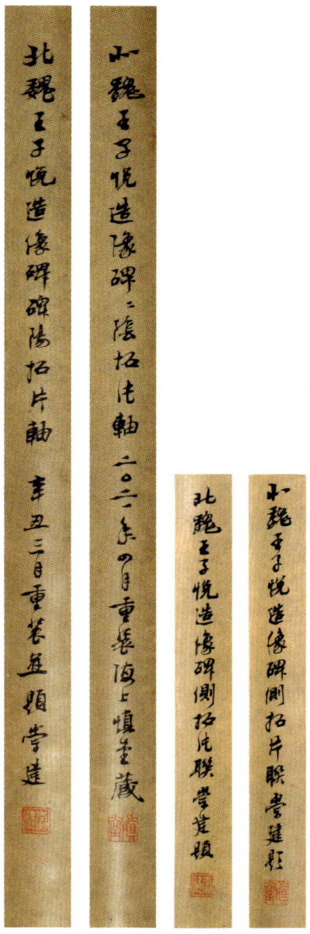

碑側（一）

詩堂　寶相放光

集上海博物館所藏北朝造像碑發願文之句，與法雨普潤正合，錄此王子悅造像碑側拓片裝幀成聯之上端。海上慎堂崇建焚香沐手敬書于建業文房燈下。

題　再論王子悅造像碑及其他

觀此拓，雖其拓工平平，有些亦未盡現原貌原狀，但大致可辨，加上較完整拓片流於市肆，對照可知此面上端之佛龕形式、屋簷樣式與碑陽、碑陰及碑之另一側皆異。龕內置一佛二菩薩形態，端莊表情慈祥，尤衣紋褶襞之刻畫十分精緻，線條流暢舒坦，如行雲流水，繁而有序，疊而不亂，是北魏之中期造像在衣飾刻畫表現手法上的典型特徵。關於佛像之衣著及其紋理的處理方式，自佛教文化及膜拜對象傳入中土不久，華夏藝人或稱之“造像創作者”，即以傳統造型理念與本土審美自我欣賞般地不按西來藍本再造出許多具有中土之美的佛家諸像，這就是中國式佛像之誕生。然歸納起來只有一點，即衣著之變化，甚至可以說衣著紋理之變化決定著中國佛像之精進發展與各發展時期之特徵。如此碑之佛衣紋如流水般排列，稍後便漸漸外展如燕展樣式，再後至隋更是褒衣薄帶，入唐乃吳帶當風之樣也。一路之變便勾劃出中國式佛造像之發展軌跡與基本輪廓。我一直強調的若要對中國佛造像進行鑒別，衣著紋樣之把握是關鍵。此王子悅碑即是正光期造像之典型矣。形之美，線之雅，北朝及它不多也。海上慎堂崇建撰。

鈐印　慎堂藏拓
別部將軍
佛像肖形印
別部將軍
辛丑
慎堂
崇建
季
慎堂
崇建

碑側（二）

詩堂　法雨普潤

語出上海博物館所藏之北齊武平三年馬仕悅等造佛像石碑發願文，凡此常見北朝造像用之。辛丑暮春海上慎堂季崇建題于建業文房之慎獨齋窗前。

題　此拓乃王子悅造像碑之側。上見一佛龕，龕楣紋飾如靈氣般之火焰，極具裝飾性。楣下有龍形沿口與正面龕楣裝飾一致。龕內為高浮雕一佛二菩薩像，雖未盡拓出，然查實其原石照片，見得佛與脅侍菩薩，不論相貌坐姿與服飾及刻劃衣著紋理，皆與碑陽主龕所示之佛像雷同。唯一不同是二菩薩足踏蓮花，非蓮座也。龕下是長篇發願文十一行，行三四十言不等，總三百餘言，少有損缺者，大多可辨，字跡端正，直逼龍門造像銘書風也。海上慎堂季崇建晨署。

鈐印　季
崇建印信
慎堂藏拓
佛像肖形印
海上崇建所見所鑒所拓所攷所跋之印
季
辛丑
慎堂
崇建
季
慎堂
崇建

碑陰

題　北魏王子悅造像碑拓片，崇建題。

季按：去歲，由上海工美拍賣行之古籍善本專場競得一批北朝時期造像拓片，雖不少殘損破碎不堪，然多舊拓老貨，市肆亦非能見，故經重新修繕裝池，終還其原貌也。此套“王子悅造像拓片”即其一，共四幀，包括碑陽、碑陰及兩側各一，雖已齊備，美中不足是碑陽之碑額並佛龕大部未被拓出，而碑陰之額部亦未見全貌，甚惜！唯以題之跋之，或可補其闕損矣。

昨在某地又見此王子悅全套拓本，碑陽及陰皆全顯面貌，烏金拓工，欲購再藏慎獨齋，然比之此拓，倒覺各呈千秋。此拓濃淡適中，非烏金之色，具逼人之氣，此其一；其二，全貌之呈現固然完備為好，但未留出想象之空間，亦無法予我一展用筆之地，現如今，可在此處隨心塗上若干心得豈不更好？雖是厚顏之舉，則可謂與古人對話，不亦樂乎？

玩拓賞拓古已有之，題字跋文更是一種金石雅翫之風氣，時下亦多有作例。然若我之自拓自題且多腹稿者恐不在多數，如此自得其樂，祗為將此類工作得以傳承也。辛丑暮春海上慎堂崇建。

鈐印

佛像肖形印	崇建
慎堂藏拓	海上崇建所見所鑒所拓所攷所跋之印
別部將軍	季
佛像肖形印	大吉祥
季	慎堂
慎堂	

法雨普润

北魏王子悦造像碑拓片

元年王子悦等造像碑

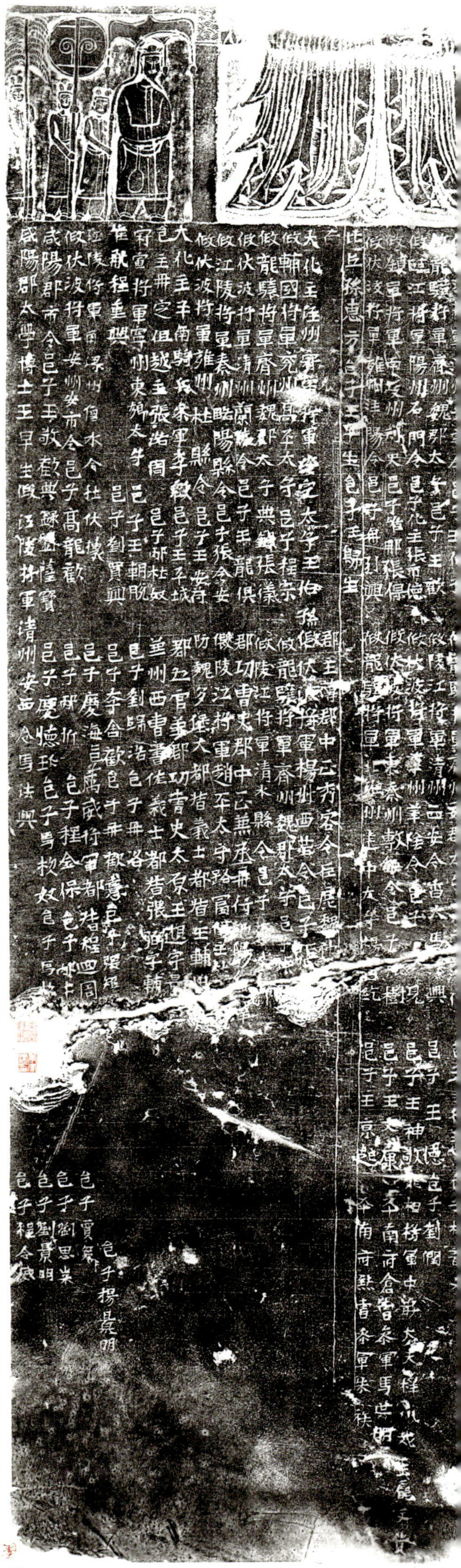

112 李道贊等造佛像碑拓片軸

Inscriptions and images from 'Li Dao Zan' stone stele of Buddha (rubbing in hanging scroll)

東魏武定元年
縱 126 釐米 橫 111 釐米

題簽 東魏武定元年李道贊等造像碑清同道前拓本軸海上慎堂

題一 東魏武定元年李道贊等造像碑，此乃北朝造像碑之冠也，海上崇建題。

題二 抱殘守缺
此拓本得來已是支離破碎，經重裝後依然精彩，實屬不易也。辛丑六月海上崇建題。

季按：今年初，上海工美拍賣行廉亮兄電告：“有一批舊拓覓得，可往一觀，不知有心儀之物否？”余久未入行競拍，然近期熱衷於過手傳拓之品，亦陸續在各拍賣行尋得若干重要者，故應允觀之。東西倒是不少，左觀右賞，提一疊舊拓，已是破爛不堪，細翻之有此一拓，但保存極差，支離破碎，簡實無法提起。然此拓之意義重要，使我激動不已。此碑早已歸於海外，再現此碑之拓恐是天方夜譚也，今日得見，實是緣分，且亦價廉，竟三千人民幣起拍，幾輪競爭，八千便落槌予我，欣喜欣喜。今日重裝，已非當初，樂哉，樂哉。崇建又及。

案二：能獲此拓甚幸。雖為碑之半截，但其重要之文字完整拓出，結體端莊遒美，筆劃沉穩，雖多具隸意，卻行之堅定，乃北朝碑版書法之佳品也。建。

案三：此碑舊在河南淇縣之浮山封崇寺內，同治道光間有傳其下端截斜斷裂一道，細審此拓本碑下端無截斜斷裂痕跡，當可推為同道前之拓本，而紙質泛黃之舊氣，亦可證乃清際之品也。此能保存一百五十年以上，實是珍貴，當寶之。崇建。

《跋東魏李道贊等造像碑》
此碑全稱《李道贊率邑義五百餘人造像碑》，據銘文，維大魏永熙二年歲在甲寅興建，至武定元年歲次癸亥八月功就，可知此碑歷九年竣工，足見其耗時用功之多之勤也。然查實年表，永熙二年言“歲在甲寅”，應是永熙三年即公元五三四年，誤也。彼時往往有一種情況，即皇帝改了年號，而依然沿用舊號有之，乃天高皇帝遠矣。然若此碑紀年與干支不合者似為稀也。
據載，此碑原在河南淇縣浮山封崇寺。一九二九年被軍人運至天津，因體積過大，便在像下記上鋸作兩段售與美國人，今在美國紐約大都會博物館薩克勒大廳展陳。其通高三米零八，寬一米一十二點四，厚為零點三米。頂部已殘缺，但仍可見蟠螭紋樣。四面滿覆造像。正面主體部分為“問疾品”題材，餘三面乃千佛題材。其煌煌钜制，雕刻之精、圖案之美、文字之夥被譽為碑中極品、魏碑之冠也。主尊為上，結跏坐姿，高肉髻，面相豐滿，細眉高鼻，小嘴厚唇，含露微笑，表情生動安詳，豐胸寬肩，內著僧衹支，外披大衣，衣紋刻畫舒朗流暢，且刀法多變，或雙線陰刻，或以淺浮雕法，使褶紋重疊不亂，極富立體感，尤其是垂於座前那層層下裳，紋理若水波紋般優雅，而具風動之美。如此一靜一動，更凸現出佛之神聖、佛之親切。而其側其下人物眾多，錯落有致，無一不在動態之中；若手持金剛杵之力士，千舞足蹈之骷髏仙；又若捧以蓮花之供養人，手持法器之護法者；又若雙獅高昂對著博山之爐，一派佛國繁麗又莊嚴之景也。然，佛像之下側是此碑雕刻精緻部分，一幅最具特色、最為生動、最為華麗之《問疾品圖》。所謂“問疾品”，乃《維摩詰經變》故事。此處的維摩詰高鬚寬容，執扇跷膝，悠然自得地在帷幕式帳內榻上端坐，全然沒有所謂“具清羸示病之容”；前來問病之文殊菩薩亦鄭重其事擺出辯說必勝之態，二者相映成趣，說法論道。滿堂的僧俗聽眾表情生動各異，或靜聽，或凝思，或拱手稱道，或交頭評判，場面極為熱烈，而遠近處那些搖曳之菩提樹和漫天飛舞的飛天更多了一份優美動感，這是存世所有維摩詰經變石刻作品中最優秀與最經典者。
碑之中間段是發願文，又其上有兩重共二十龕供養人像，龕內供養人手持蓮蕾作恭敬之狀，旁有侍者持華蓋以示供養者身份顯赫，各龕間隔處則刻以供養者姓名。碑之發願文以細線之欄格分之共三十行，行三十字，正書，帶隸意，極規整極精美，乃北朝碑版書體典範。若以製作之日算，此碑文屬北魏孝武帝時作品；如依照完成於東魏孝靜帝武定元年論，亦可歸其為東魏之跡，故北朝書風只能以整體的前後時段或地域特色分之，而非王朝為界，此乃一證也。
再觀碑陰，雖頂部殘缺不全，卻依然可辨佛之善跏依坐之姿，故推之為彌勒信仰，其下主體面皆千龕千佛，乃千佛之面也。又觀碑座，亦鑿刻精美，四面各刊一幅圖像，每面二神，計山神王、樹神王、風神王、珠神王等八神，正面是珠神王與風神王。中間一佛龕，龕內端坐一佛，側有二脅侍菩薩及眾供養人像；下見托座力士與雙獅；二獅與侍者形象生動；背面是樹神王與山神王。所謂“神王”題材應取自《佛說智慧海藏經卷》，其在佛教中作用是護法，而與天王之分工是，天王守護四方，神王守護本域。通常情況，神王形象鮮見於一般之造像碑，看來此碑來頭不小，造像者力圖在立碑上體現天上人間出世入世之完整內容，可謂罕見之舉。綜觀全碑圖樣，其反映了彼時兩個不同主題，前者是彌勒信仰，即修行者嚮往之淨土境界；後者維摩詰頂禮膜拜，則是人們在世修行之楷模。故此造像碑為佛教史研究提供了不可多得之實證素材，而其優秀之創作手法更給世人留下了寶貴之藝術珍品。辛丑六月崇建撰。

鈐印

佛像肖形印	修綆汲古	別部將軍
辛丑	慎堂	季氏
季崇建印	崇建	崇建印信
季	心賞	大吉祥
愛不釋手	慎堂藏拓	慎堂
慎堂	海上崇建所見所鑒所拓所攷跋之印	
崇建	崇建	
別部將軍	季	

東魏武定元年李道贊等造像碑

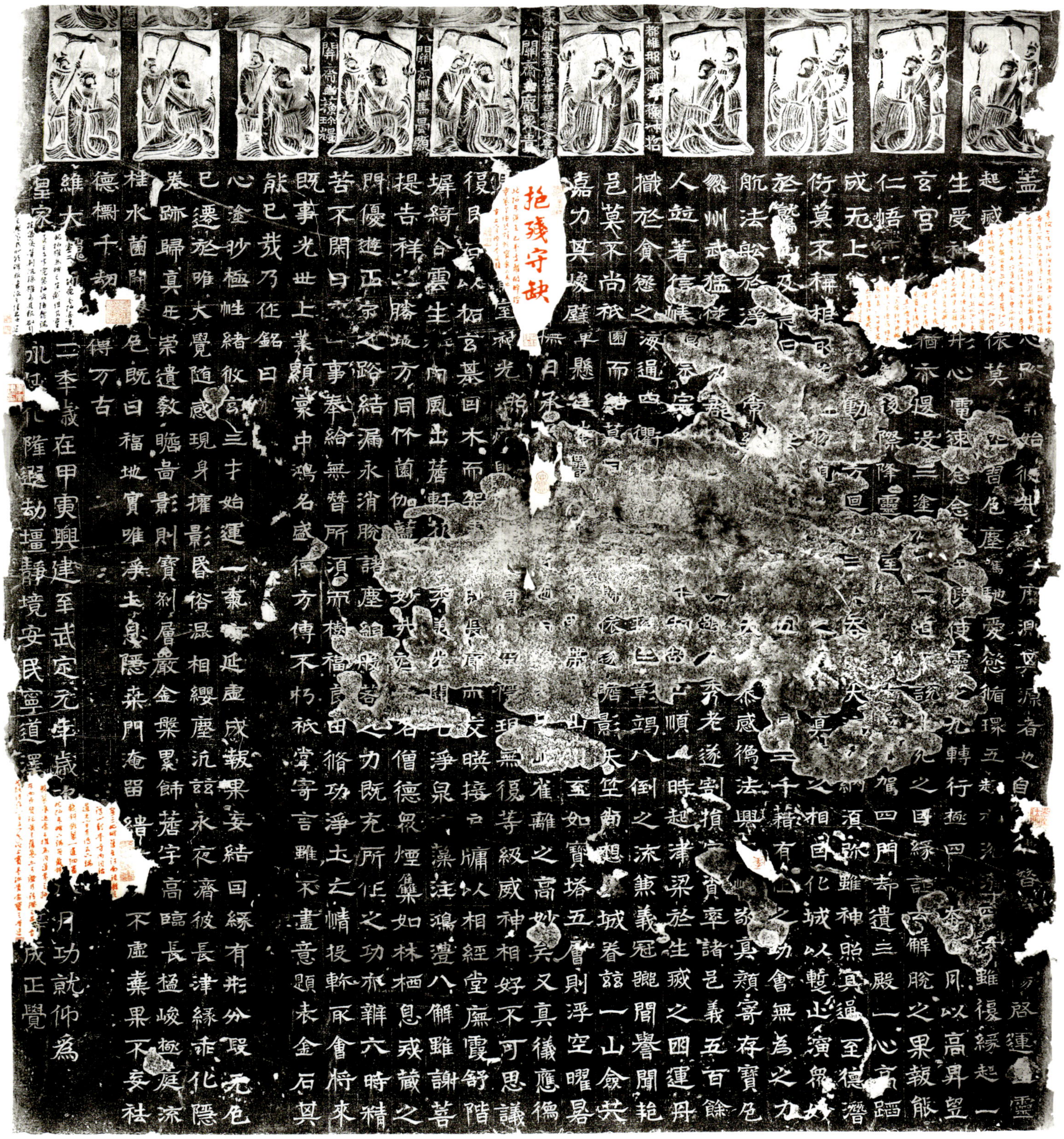

東魏武定元年李道贊等造像碑 清同道光拓本軸 滂上慎堂

113 士繼叔造釋迦牟尼佛石像拓片

Inscriptions from 'Shi Ji Shu' stone figure of Sakyamuni Buddha (rubbing)

東魏武定二年
縱 20 釐米 橫 17.5 釐米

釋文 大魏[1]武定三年歲次乙丑/十月丙午朔十五日庘[2]申清/信佛弟子士繼[3]尗[4]敬造/釋迦石像一軀願居家/眷屬[5]咸同斯福

朱批 1. 大魏，大魏即北魏，後分東西魏，民間仍沿此稱。2. 庘，庚之俗字。3. 继，繼之簡書。4. 尗，即叔。5. 属，屬之簡書。

題 東魏士繼叔造佛石像，崇建題。

案：此發願文鑿於造像之背，雖正面缺失嚴重，卻未損此銘，甚幸。

《跋士繼叔造像拓片》
此拓原物出土于山東諸城地區，今藏諸城博物館，是該地區所出寺院佛造像中為數甚少帶有銘文的作品之一。其形作背屏式，雖損缺嚴重，經初步修復，其基本形態可見也。主尊居中，赤足立仰蓮臺上，兩側各一脇侍菩薩。三者頭部盡毀，甚是可惜。但據可見的佛之頭光與佛、菩薩著裝及其褶襞之紋理刻劃，應可推知，此像做工是十分精緻的。而且在佛與菩薩間隙處淺浮雕兩條飛龍，高翹之身軀及尾部呈騰躍狀，極具舞動之感，由此帶動之整個畫面的活躍氣氛。龍首下傾連於蓮蒂，正所謂口吐蓮花一般。這種蓮與龍的組合是北朝時期出現的一種造像樣式，生動而富有藝術性。此像背刻發願文，今拓之寶之也。慎堂。

鈐印 別部將軍
慎堂藏拓
慎堂
季
慎堂
崇建
別部將軍
慎堂
佛像肖形印
季氏
崇建印信
海上崇建所見所鑒所拓所攷所跋之印

東魏士繼叔造佛石像

學建題

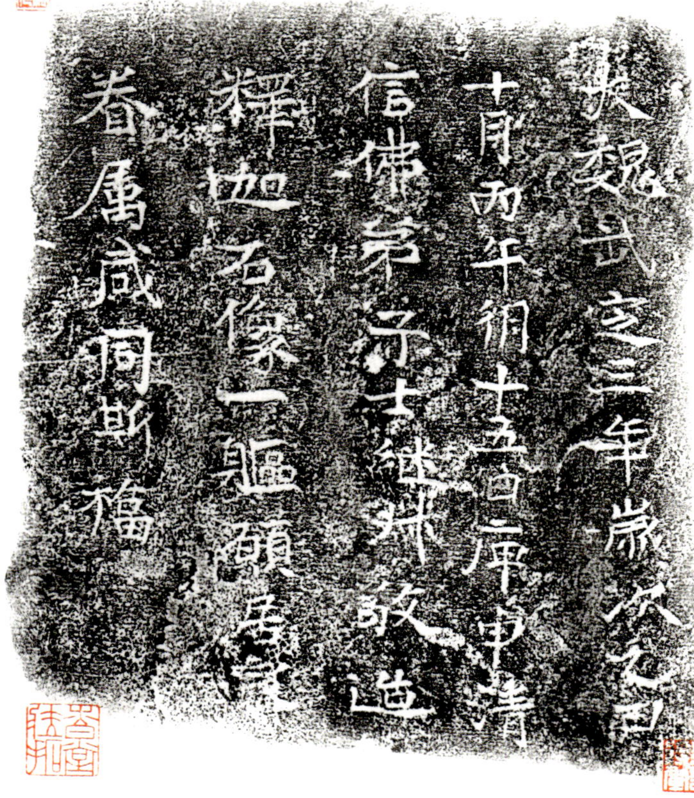

案此發願文鑿於造像之背，碑正面雖多處嚴重剝去，獨此銘甚存

釋文

大魏武定三年歲次乙丑（大魏即元魏，係北魏東西魏民間借此稱）
十月丙午朔十五日庚申清（庚之俗字）
信佛弟子士繼叔敬造（繼之簡書）（即叔）
釋迦石像一軀願居家
眷屬咸同斯福（屬之簡書）

跋士繼叔造像拓本

此拓原物出土於山東諸城地區，今藏諸城博物館，是該地所出寺院佛造像中為數甚少帶有銘文的作品之一。其形制背屏式，雖殘缺嚴重，從殘存其基本形態可見也。主尊居中，當是立於蓮臺上，兩側各一脇侍菩薩，三尊頭部盡毀，甚是可惜。但據可見的佛之頭光與佛菩薩着裝，及其褶襞之紋理刻劃，應可推知此像做工是十分精緻的，而且在佛與菩薩間淺浮雕兩條飛龍，高翹之身軀及尾部呈騰躍狀，極具舞動之感，由此筆勢動態整個畫面的活躍氣氛。龍首之傾連於蓮華，正所謂口吐蓮花一般。這種蓮與龍的組合是此類時期出現的一種造像樣式，生動而富有藝術性。此像背刻發願文，亦漢之寶也。道植書

114 夏氏等造彌勒佛石像拓片

Inscriptions from 'Xia' stone figure of Mile Buddha (rubbing)

東魏武定四年
縱 40 釐米 橫 34 釐米

題一 東魏彌勒佛造像銘文拓片

此拓原物今藏山東諸城博物館內。其通高約四十三釐米，舟形大背光，尖端已殘，佛像之底座亦不存。正面居中浮雕一佛二菩薩，主尊頭作高髮髻，略見劃痕，臉部微微下傾，眉清目秀，唇角內外含有一絲笑意。雙肩圓潤，手作無畏與願之印，大衣垂落，線條流轉而富有層次感，內著僧祇支，赤雙足站於高臺之上。兩旁各一脅侍菩薩，頭戴高花冠，面相清瘦，慈祥端莊，身軀修長，帔帛繞體有飄動之感，站於仰蓮之座，與主尊間隙之處各浮雕一飛龍也。龍首向下，與蓮蒂相銜，似口吐蓮花一般；龍身隨龍尾上翹，呈曲屈S形，飛動之感極強。這種飛龍樣式在北魏至東魏石刻造像上常見，以至成為定式。而在大背光上端中心位置作化佛一尊，雖殘缺不全，但依稀可見其端坐于頗高之仰蓮座上，兩側各分雕二飛天，手捧法盒，呈傾下之勢，整個身軀隨揚起之飄帶舞動，而其上身之高浮雕與下身及飄帶之淺雕的刻法使整個背光顯得十分生動而富有朝氣。再加上下端飛體的呼應，使原本碩大而內容簡略之背光頓現佛國世界之繁麗和精彩。再者，主尊與二菩薩頭後身側細刻之頭光與火焰紋樣，更讓人覺得彼時之藝匠在此不大的空間運用多種雕刻方法，把整個作品佈置得十分巧妙和極具藝術感，是東魏佛造像留存至今不錯作品。再觀其背側文字，鑿刻豐富，背面之大部分為通篇發願文，九行，共捌拾字，曰：“大魏武定四年歲次丙/寅十月庚午朔八日丁/丑清信士佛弟子夏侯/豐珞趙顯明邑義兄弟/廿餘人等敬造彌勒石/像一軀仰為皇家師僧/父母亡過見存君家眷/屬一切眾生願成正覺/有形之類咸同斯福”。背光兩側又追刻施石者姓氏，左上有“像主耿雲馥”，下見“菩薩主蘇黑珍為亡妣”十四字，右下亦見“菩薩主趙終憘”六字，故全部所見百字整也。據銘文可知，明確紀年東魏武定四年即公元五四六年，佛教興盛正當時，又知夏侯豐珞等二十餘人共同合資敬造此像，又乃彌勒信仰，更依發願文“仰為皇家”之句，可知供奉者為官吏之族，因此製造精良非平凡之作也。而見發願文字形端麗，刀法嫺熟，亦可謂銘文中之佳作。凡此種種，不愧彼時之值得賞玩之物。諸城佛像出土並發現時間不長，知者未夥，一來宣傳推廣不力，二來山東諸城地所現佛像雖不勝枚舉，但被（二十世纪）九十年代末該省青州佛像之出土大力宣傳搶盡了風頭，至今亦然。余此次赴諸城考察收穫良多，張健館長慷慨供像傳拓，獲此寶拓實為大幸，故作此長題以為念。崇建記。

題二 此拓乃山東籍拓工供我，墨氣欠佳，但得之不易也。海上崇建又及。

鈐印 海上崇建所見所鑒所拓所玫所跋之印
佛像肖形印
崇建印信
別部將軍
季氏

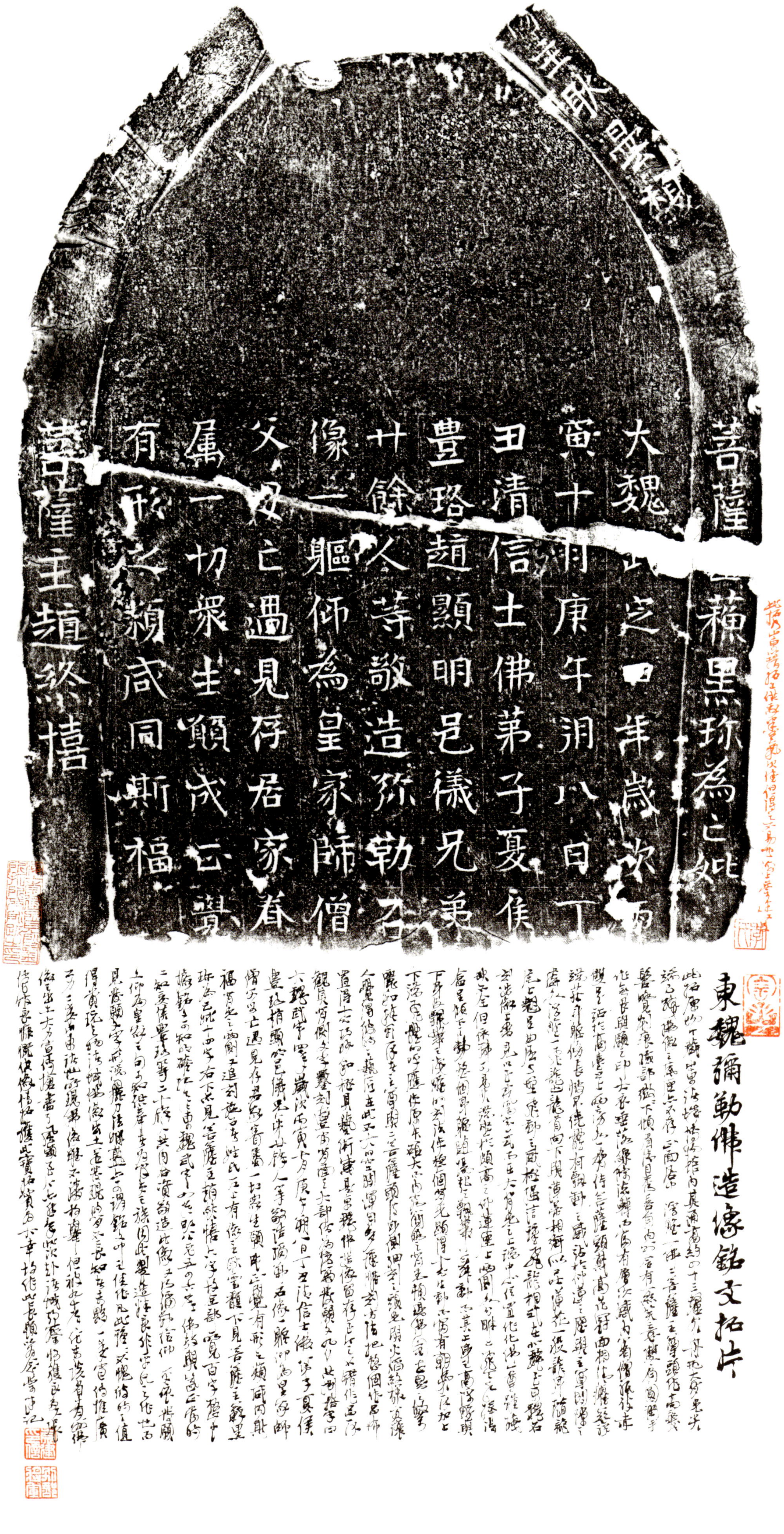
菩薩主穢黑珍為亡妣
大魏武定之四年歲次丙
寅十月庚午朔八日丁
丑清信士佛弟子夏侯
豐珞趙顯明邑儀兄弟
廿餘人等敬造彌勒石
像一軀仰為皇家師僧
父母亡過見存居家眷
屬一切衆生願成正覺
有形之類咸同斯福
菩薩主趙終憘
東魏彌勒佛造像銘文拓片

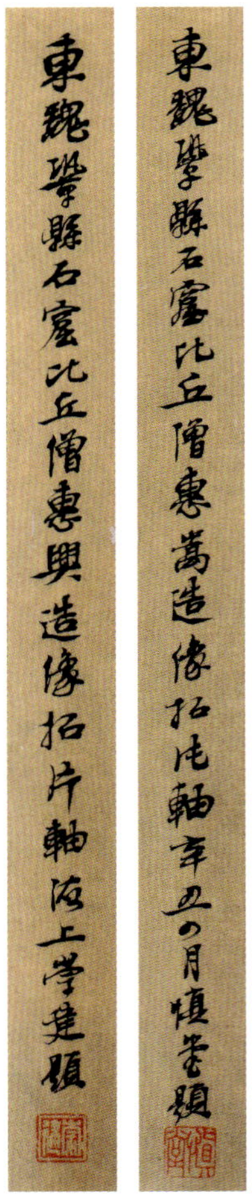

115 鞏縣石窟比丘僧惠嵩惠興像拓片軸對

Stone stele with images of Monk 'Hui Song Hui Xing' from Gong Xian Grottoes (rubbings in two hanging scrolls)

東魏
縱 60 釐米 橫 29 釐米
縱 60 釐米 橫 39 釐米

題簽 東魏鞏縣石窟比丘僧惠嵩像拓片軸，辛丑四月慎堂題。

詩塘 舊拓鞏縣窟比丘像，海上崇建題。

題 東魏比丘僧惠嵩造像
此拓得於上海工美拍賣行私洽，應是民國時舊拓，今歸建業文房。其原石尚存于河南鞏縣石窟第五窟之西壁大佛龕下北側，完好如初。只是經人多次傳拓滲墨，其上變得烏墨光亮，別有一番精神。今春採訪己鐵將軍把門，不得近觀，更不可再拓也，故此拓逾顯珍貴。余三十七年前往觀此窟，竟無人把守，可見今日對文物保護意識倍增矣。海上崇建。

案：鞏縣石窟乃與雲岡石窟、龍門石窟齊名之北魏三大皇家石窟寺。就窟型結構言，鞏縣石窟寺繼承雲岡石窟傳統；而依造像風格歸類，其則緊隨龍門造像之風尚，以漢化的褒衣博帶、秀骨清像為主導。其中多層高浮雕禮佛圖與眾多奇異神王、神獸、樂伎，更如拓片所示之比丘僧供養人像等，皆是其最具特色並有別于雲岡龍門之藝術精髓，值得重視與深入研究之。慎堂崇建。

鈐印 慎堂藏拓
辛丑
崇建印信
季
崇建
別部將軍
慎堂
崇建
季崇建印
一時兴起
慎堂

題簽 東魏鞏縣石窟比丘僧惠興造像拓片軸，海上崇建題。

詩塘 東魏高僧造像拓片，慎堂崇建題。

題 東魏比丘僧惠興造像
原像位在鞏縣石窟第五窟西壁大佛龕下南側，與北側之比丘僧惠嵩造像成對。海上崇建題。

《鞏縣石窟觀想》
辛丑四月，我終於能擠出時間由龍門石窟轉而去往鞏義市，就想看一看留在鞏縣石窟寺內的《帝后禮佛圖》，比之著名的龍門《帝后禮佛圖》，雖步其後塵，卻亦有不少獨特之處。龍門者講究線條運用，那寬袖的垂承、大衣的飄拂以拉長的線條層層鋪展，整個人體的前傾後仰、左轉右折都是通過弧形的線條表達出這些多變的動感；而鞏縣禮佛圖的人物注重層次感，立體感刻畫的線條不求細長，而追圓滑轉折與弧度更為明顯，這在此拓所示之比丘形象刻畫上已可發見。豐富壯實，比例稍顯誇張，趣味性更強，表現出一種輕盈自如之姿，這便是鞏縣石窟的魅力所在。故我酷愛之，而能獲此對比丘僧二拓更是三生有幸也。辛丑四月三十日海上慎堂季崇建寫於寓中。

鈐印 別部將軍
崇建印信
愛不釋手
慎堂
崇建
季
慎堂
崇建
慎堂藏拓
季崇建印
季氏
海上崇建所見所鑒所拓所攷所跋之印

比丘僧惠嵩惠興造像

兩像位在鞏縣石窟第五窟西壁大佛龕下南側。其形態生動有趣，傳拓頻仍，余得之民國舊拓，題之重裝，合成對軸藏之也。

舊拓鞏縣窟比丘像

海上李建題

東魏比丘僧惠萬造像

此拓得於上海工美拍賣行，和洛鷹是民國時舊拓，亦歸建堂。查原石尚存於河南鞏縣石窟第五窟之西壁大佛龕下，北圍完好，以初張是階人多次傳拓，漆墨具上變爲黑光亮，此有一番精神。亦未探訪，已鐵門緊把，門不得近觀，更不可得拓也，故此拓遂顯珍貴。今三十七年後往觀此窟，竟無人把守，可見亡日。識語 僧先 海上李建

窟 鞏縣石窟與雲岡石窟、龍門石窟齊名之北魏三大皇家石窟寺。鞏窟規模據言鞏縣石窟寺建於雲岡石窟後，像形成在龍門造像之前，龍門雲岡之民風特點頗爲鮮明，尚以漢化的褒衣博帶秀骨清像爲主，尊其中多層次浮雕禮佛圖與帝后禮佛，神王神獸等從更以拓片所示之比丘僧供養人像等皆具其審美特色，並有別於雲岡龍門之藝術精髓，值得重現與深入研究之。慎思堂 李建

東魏高僧造像拓片

愼堂李建彤

東魏比丘僧惠興造像

原像位于鞏縣石窟第五窟西壁大佛龕之南側與北側之比丘僧惠萬造像等對 陌上李建題

鞏縣石窟觀想

辛丑四月赤路拓能游出的首由龍門石窟轉而去往鞏義市 就想看一下留在鞏縣石窟寺内的帝后禮佛圖比之著名的龍門帝后禮佛 面雖少其浮雕卻亦有不少細緻之處 龍門者講究線條運用那寬袖的垂下大衣的飄拂以從長的線條層層鋪展整個人體的前傾仰右轉右行都是通過弧型的線條表達出這些多變的動感 而鞏縣禮佛圖的人物注重層次感立體感刻劃的線條不求細長而追圖清轉折與弧度更為明顯 這在此拓所示之比丘形象刻劃已可看見豐滿壯實比作精顯諸張揚時性更強表現出一種輕盈自然之姿 這便鞏縣石窟的魄力所在 故我酷愛之而能獲此比丘僧二拓更是三生有幸也 辛丑四月十五日陌上愼堂李建寫於寓中

116 吉萇命造彌勒佛石像拓片

'Ji Chang Ming' stone figure of Mile Buddha (rubbing)

西魏大統六年

碑陽　縱 48 釐米 橫 33.5 釐米

碑陰　縱 47.5 釐米 橫 54.6 釐米

題一　西魏大統六年吉萇命造像拓片

此拓原石一九八三年春得於陝西臨潼櫟陽鎮，今歸當地文保部門。資料初次發表在《文物》雜誌一九八五年四月刊上。此拓偶見於上海工美拍賣行之古籍善本專場，手競兩口即入囊中，亦算一漏。今重裝題之也。辛丑仲春海上慎堂季崇建於寓中。

題二　細審龕外各二重供養人像，高官帽，若上朝狀，著裝飄柔，如菩薩也。建又題。

題三　造像之兩側皆滿刻供養人與其姓氏，如像主之左是內刻供養人三重，頭戴官帽，著官吏之裝，留長須似為長尊，外側鑿"弟吉海進""弟吉海伹""弟吉法海"姓名，右側亦供養女史三重，邊刻"祖母豆女""母節男足""母任坐"姓名，幾無隙處也。崇建。

題四　碑陰亦作雙龍圖案，與碑陽龕額類。其下框內五人一排供養人像，戴帽持如意，端莊具寧靜之感。慎堂再題。

案：據此碑之陽拓，有觀見一佛二菩薩居於龕內，佛作高髻，髮紋刻畫精細，長眉高鼻，大眼寬頷，表情端詳。著圓領大衣，衣褶紋理流轉舒暢，如水波般順達。半跏坐于高座上，下裳垂遮於座前，襞褶曲折有層次，疊加有序。兩旁各一脅侍菩薩，戴高冠，下裳如燕尾外展，是北魏中晚期之典型特徵。龕額線刻雙龍，龕楣作淨瓶與花卉紋，龕柱刻像主吉萇命及祖父叔輩姓名，龕兩側雙層供養菩薩像，龕下是雌雄護法獅與博山爐，完全北朝佛龕標準形式。慎堂崇建。

《跋西魏吉萇命造像》

此造像上世紀八十年代發現於陝西臨潼櫟陽縣（應為鎮），初知於《文物》雜誌一九八五年四月刊，臨潼縣博物館趙康民之《陝西臨漳的北朝造像碑》言及該地彼時佛事興盛。據《臨潼縣誌》記載，僅臨潼一縣竟有佛家十院並四十二寺，後歷年發掘皆出諸多銅石造佛像。一九七三年紙李通靈寺遺址附近發現窖藏鎏金銅佛像達二百四十餘件，（一九）八四年在武屯邢家村南秦漢櫟陽故城西又發現同類窖藏鎏金銅佛像三百餘件，故佛事之盛、造像風氣之旺，出現像此西魏精美石造像自在情理之中。其特點是佛三尊像鑿刻精緻，人物造型準確，而因衣著紋理的適度藝術誇張使整龕造像變得別有一番性情，此其一也。其二，龕外並整個造像四周不留任何空隙地細刻龍紋、花卉紋、雙獅、供養菩薩及供養男吏女侍，皆是筆筆到家，刀刀見形，雖承漢風，卻有過之無不及也。其三是十一行，行三至六字之發願文，云："大統六年/七月十五日/清信士佛弟/子吉萇命/為忘（亡）父母居/門大小一切眾/生造石像一/區（軀），願彌勒下/生願在初首/常文（聞）正法所/願如是"。《文物》所載趙文誤將"居"釋作"闔"，見於龍門古陽洞北魏延昌元年《劉洛真銘》亦有"見在居門，老者延年，少者益算"。又趙文"所願"之"所"未識，此一併勘誤也。值得一提當其書風，刀劈斧鑿，硬朗生辣，筆筆發力，雖仍見隸變之跡，卻已是北朝碑版書法之典型。辛丑仲春海上慎堂崇建。

鈐印　慎堂藏拓
愛不釋手
別部將軍
慎堂
崇建
季
季
崇建印信
別部將軍
佛像肖形印
崇建
季
慎堂
季
崇建印信

西魏大統六年吉長命造像拓片

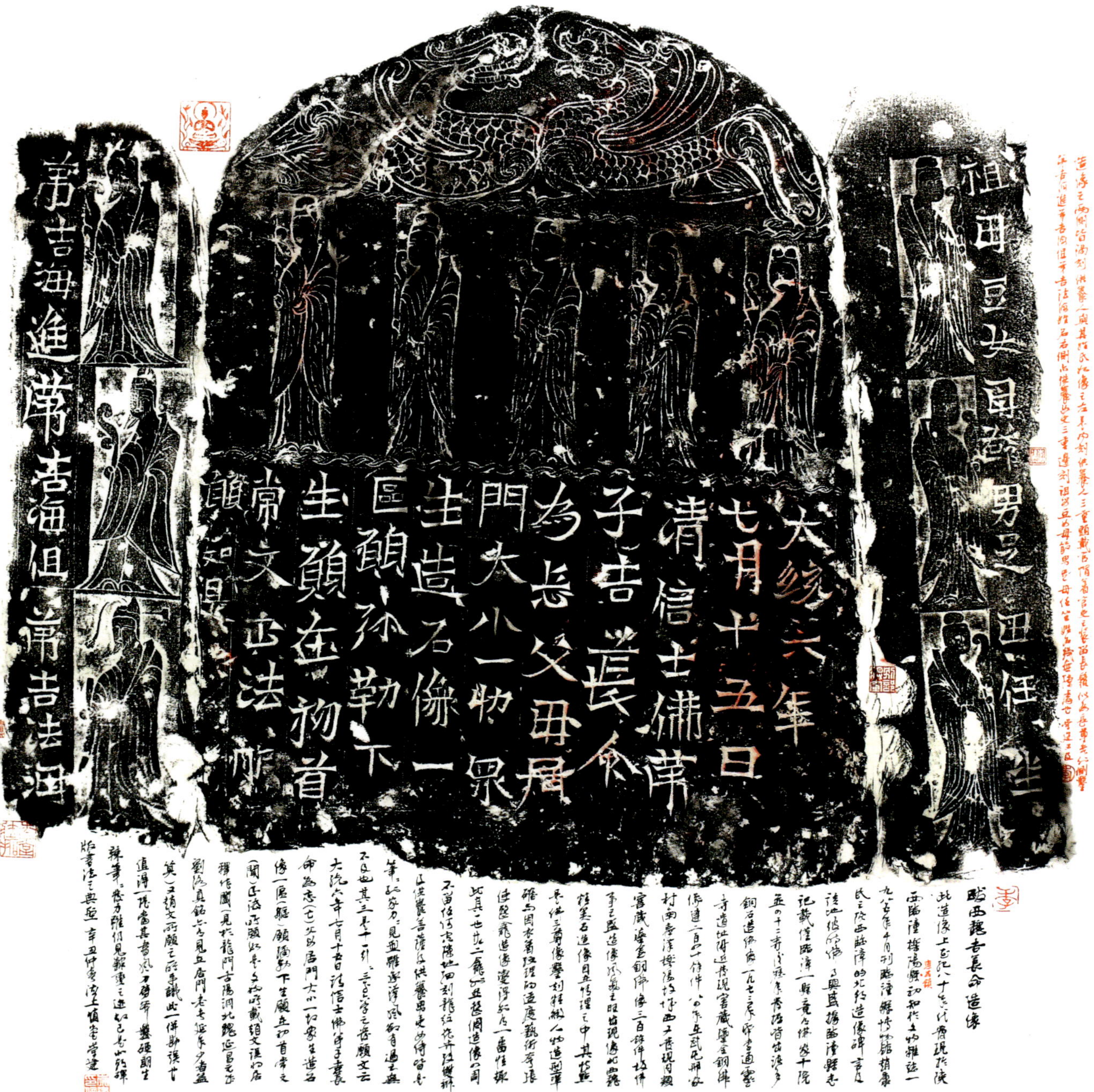

僧濟本造釋迦牟尼佛石造像

北齊天保三年

山東諸城博物館藏

117 僧濟本造釋迦牟尼佛石像拓片

Inscriptions from Monk 'Ji Ben' stone figure of Sakyamuni Buddha (rubbing)

北齊天保三年
縱 50.5 釐米 橫 100 釐米

題 北齊釋迦牟尼佛石像銘文拓片
此拓之原石像今藏山東諸城博物館內。該館所藏北魏至北齊時期佛像雕刻作品近千件塊，完整者不多，帶有長篇銘文者更稀。這固然與歷史上數次大規模滅佛運動有關，值得慶幸的是此釋迦牟尼佛石像主尊部分保存基本完好，且長達二百餘言之發願文亦完整不甚缺損，故被允拓之，並賞之題之，顯得極有意義。己亥年崇建。

《諸城古佛雕之我見》
——己亥年海上慎堂季崇建

己亥之年，二度有幸拜觀山東諸城博物館所藏之北魏至北齊古佛雕近百件，受益不淺。雖多不甚完整，且帶銘文亦不過四五，但其中雕鑿手法、形態特徵、工藝風格以及衣著表達和裝飾態度都具有諸城佛像造作之特色。如上見拓片之北齊天保三年之釋迦牟尼坐佛石雕作品即為典型一例，亦是唯一刻有長篇多達二百餘字發願文之遺存者。其主尊結跏趺端坐於束腰式高臺座上，頭作高髻，螺旋紋細密，俗稱"菠蘿髻"；面龐豐圓，是典型北齊出現之開相；雙眉呈半月線精細地通於鼻樑，眼瞼微開，慈目凝視，唇角內斂含有一絲笑意，充滿著對世間關愛之情愫；寬厚之身軀表現出無盡的朝氣，恍如一位高僧，與膜拜者傾訴著佛國世界之美好。此像鑿刻之美更在於服飾線條的表達，其上身著袒胸之袈裟，內為僧祇支，束結垂於胸前，雙肩陰刻線條多重並垂於腹前之浮雕表達，使整個服裝無論是質感還是舒適度都達到了最完美的體現；加之其垂覆於座前之裙襞，多層次褶紋如一波波水紋流暢地被刻劃出來，實在令人嘆服。盡管此造像除主尊外，其他僅存殘跡，但卻凸現出它的美的存在。而在座下之矩形方台正面刻著長篇發願文，曰："北齊天保三年歲次壬申四朔八朝生善之要有青膠二州沙門都釋子僧濟本以悵德二京光莅兩蕃匪直釐範玄門憂懃僧務而復孝性通靈□心精感每惟三慧興籍因師長五法祛登功由父母拊訓之勞終天肉荅廣報之來唯福是存故磬掇衣食甘荷虛陋敬刊聖容支裨慈育但真儀叵測像艱難裁竊惟目連雕檀不來葉之軌漢感靈夢嗣往代之則於是採石幽山若崇明之精訪手神工如實業之妙憑茲玄澤乞沾尊祐願眾岳頹峰若源傾覆廓清三途雲超六趣或盡兩緣生窮五潤仰津皇家□洽空識功越下遇德倫上骨"，計二百餘言也。這在諸城歷年發現佛像雕刻作品中之稀見，恐亦唯此一件。我在前文談及，在上海博物館司職於雕塑館負責者時，曾對館藏一對石刻觀世音大勢至菩薩像之出產地何如有著莫大的疑惑。因為此對造像至上博前在民國之古董商市肆內傳承後，有好事者因利益所需硬配雙首，雖做工尚好，但終究畫蛇添足，一目了然，是為偽作也。但兩像之雕刻精美實在搶眼，尤其胸前瓔珞與其他佩飾十分典雅而繁麗，又敷彩繪色，只是找不出可資比照之地區風格。（二十世紀）九十年代，盡管青州佛像之出現使中國古佛雕研究產生了一個極大的興奮點，但此上博二像之風格卻依然是個謎。直至某日，在《文物》雜誌發現諸城出土之菩薩石像，比對之下恍然大悟，此二像可能找到歸宿也。此番二度零距離拜觀諸城之佛雕刻，尤其菩薩的服飾裝束有極多之吻合處，完全可以大膽地將上博所藏之二菩薩歸類為諸城系造作。我始終以為青州佛像固然很美，但美到過於艷俗而缺乏回味，美到一清二白而毫無懸念，這懸念的解讀就讓人沒有太多的想象餘地了。而諸城造像有精有拙，讓人產生更多理解與聯想，讓人以各自不同的審美觀去詮釋所見之像。我覺得這正是諸城佛像與青州佛雕的不同之處，亦是諸城佛像讓我喜歡的理由。當然，我找到上博二菩薩石像的基本歸屬地，更加興奮了許多。值得指出的是，青州佛像不僅敷彩繪色，還貼金描金，極盡奢華，更多像是皇家貴族手筆，而且推測應該有外來工匠或工藝的參與滲透。而諸城像基本中國式的傳統風尚，比如佛之裝飾繁而典雅，沒有那些過於奪人眼球之筆，這也是我喜歡諸城佛像的又一個理由。總體而言，新中國成立以來，五十年代河北曲陽修德寺出土的漢白石雕佛像至两千年後其鄰城出現白石佛像，使河北系雕刻佛像完整地呈現在我們眼前，與之可比的便是青州龍興寺佛像雕刻和此諸城佛像形成的青灰石造像系列了，可以說這兩大系列的佛教造像基本代表了中國式佛像雕刻自北魏至北齊隋時期在寺院雕像領域的最高水準。當然還有諸如四川地區的部分南朝造像體系，但卻不是主流。鑒於諸城佛像我還未作系統梳理與研究，又受諸城館張健館長慷慨允我零距離拜觀藏品，並可拍照傳拓研究，我約定與该館共同梳理研究出版諸城博物館所藏諸佛像，現已打出彩樣，殺青指日也。而我能再獲此佛像拓片，讓我之傳拓收藏增添一寶貴資料，實是我之大幸，並可題跋以為後人留下欣賞，更是難得。今逢己亥年除夕，早早伏案而書此長文，亦算是告別己亥迎庚子之一個態度。又，時下武漢發生疫情，人心惶惶，恍如十數年前薩斯來襲。人與自然本當恩愛，卻不料人類諸多不愛自然之舉，故會遭此害也。願眾生如此發願之文，信佛念佛多些善緣，必能化險度厄矣。佛主保佑，雙手合十，阿彌陀佛。己亥年除夕日，海上季崇建寫于建業文房之慎獨齋窗前。

鈐印 季氏
海上崇建所見所鑒所拓所攷所跋之印
佛像肖像印
崇建印信
別部將軍

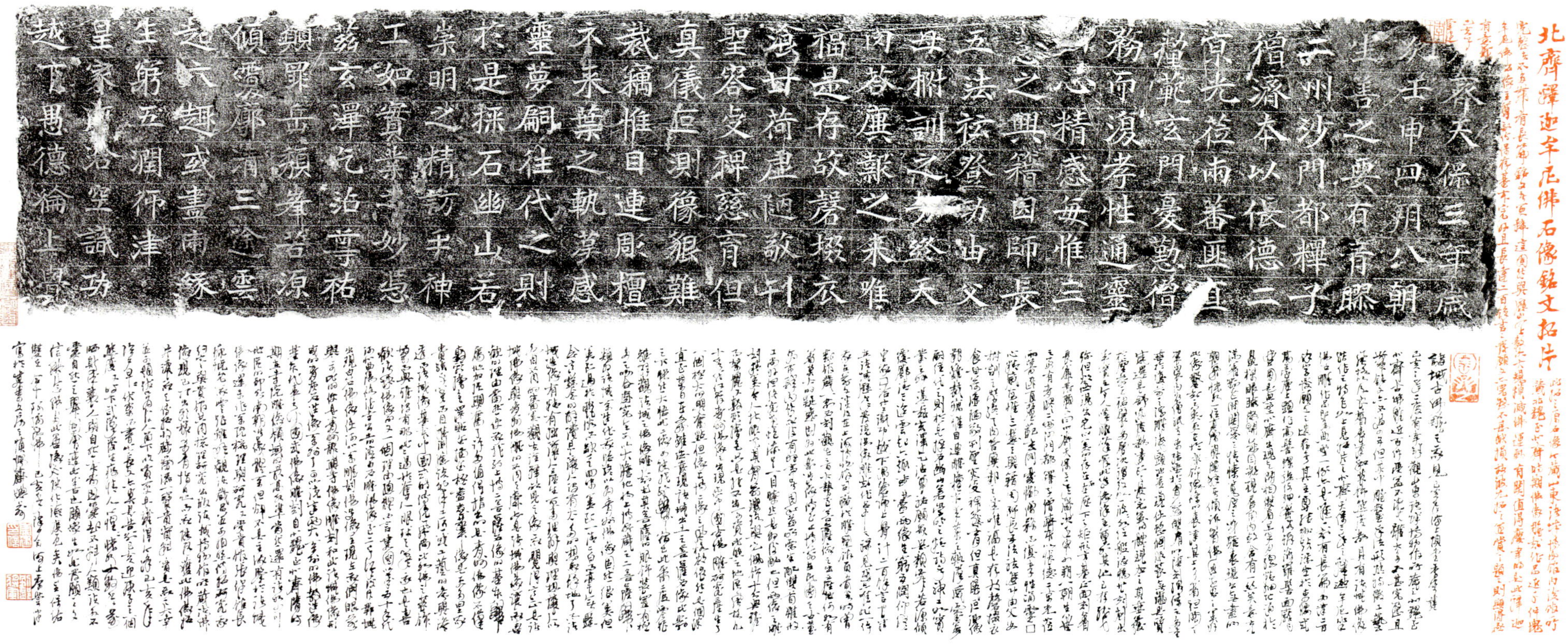
北齊釋迦牟尼佛石像銘文拓片

趙恒保造觀世音菩薩雙身石像

北齊天保四年

建業文房藏

118 趙恒保造觀世音菩薩雙身石像拓片

Inscriptions from 'Zhao Heng Bao' stone figures of Two Guanyin Bodhisattva (rubbing)

北齊天保四年
縱 7 釐米 橫 62 釐米

釋文 天保四年/八月十六日/佛弟子/趙恒保/頭[1]造雙[2]/觀音像一/區上為黃[3]/帝階[4]下□/為七世/□忘[5]今為現/存父母姉[6]/妹兄弟三/（□□□）造/供養/定州中山/盧奴縣[7]

朱批 1. 頭，即願字。2. 雙，雙也，俗字。《說文》見有雙之字頭，漢鏡銘多書此也。3. 黃，即皇別字。4. 階，陛也，別字。5. 忘，即亡也。6. 姉，即姊，《正韻》“姊，姐本字”。7. 盧奴縣，即今河北正定，古屬定州中山。

題一 北齊天保四年趙恒保造觀世音菩薩雙身石像
此拓原物早歲流出海外，上世紀末現於大阪市肆，今歸建業文房。其通高四十一釐米，保存基本完好，有見發願文圖鑿底座三面，共十六行，存五十六字，可知古定州人趙恒保造于北齊天保四年。海上崇建並識。

題二 此為造像底座之正面拓片，上見雙護法獅與博山爐圖案。細審之，獅面刻劃有雄雌之分，頗為發噱。慎堂又題。

《跋曲陽雙身造像》
新中國成立初，河北曲陽修德寺發現北魏至隋初唐漢白玉石造像一批，論其質其量至今難以比擬，加上近些年鄴城所出大批白石造像的重要補充，河北系漢白石佛造像的基本輪廓與發展軌跡已十分清晰地展現在人們面前，成為可與山東系青石佛造像相媲美的中國北朝時期寺院式造像藝術的兩大體系。然曲陽造像出土時損壞嚴重，因技術緣故，請教北京故宮博物院專家助力修復，不料修完未再歸，冀所有精品悉數深藏宮中，歎也。而此類造像有見傳世，大多二十世紀初海外各重要收藏機構已獲之，其中不乏精甚者。私家所藏如麟鳳矣。此北齊天保四年趙恒保造觀世音菩薩雙身石像，今歸敬業文房所藏，萬幸也。其通高四十一釐米，在大背光前高浮雕並立二像。像作低髻，圓臉，鼓腹，站姿與手印皆一致。足踏覆蓮座，座前雕雙護法獅與博山爐。這是一種曲陽地區或整個河北系寺院式造像習見樣式與創作特色，亦是中國式佛教造像獨特的樣式與風格。早期的雙身像源起釋迦多寶並坐像，其事蹟可見於《法華經．見寶塔品第十一》，後逐漸演化成多種樣式的雙身並坐、並立佛或菩薩像，至北齊更多菩薩雙身，此即典型一例。又據銘文，其定州鑿造供養，同類者可比照定州博物館藏品。壬寅仲夏慎堂。

鈐印 崇建手拓
崇建手拓
佛像肖像印
季氏
季崇建印
慎堂
壬寅
慎堂
崇建
佛像肖像印
別部將軍
海上崇建所見所鑒所拓所考所跋之印

趙恒保造觀世音菩薩雙身石像

此拓原物早歲流出海外上世紀末現於大阪市郊之肆 建業文房其通高四十一釐米保存基本完好有見發願文圖鑿底座三面共十六行存五十六字可知古定州人趙恒保造於北齊 天保四年 海上學建並識

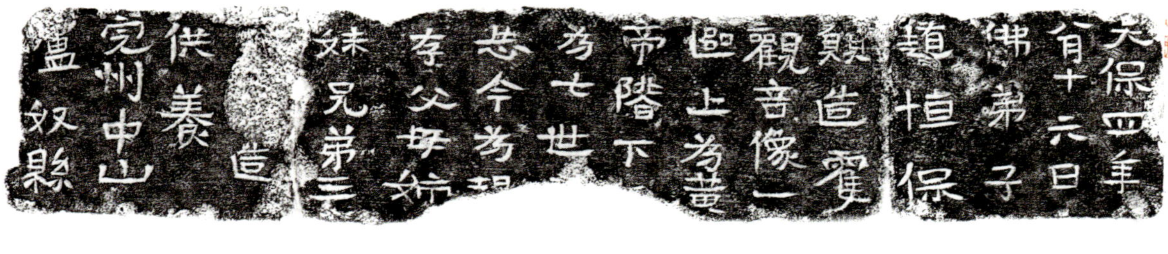

釋文

天保四年
八月十六日
佛弟子
趙恒保
願造雙（即願字）（雙也，俗字，說文見有雙之字頭譌，鏡銘多書此也）
觀音像一
區上為黃（即皇，別字）
帝階下（陛也，別字）
為七世
忘今為現（即亡也）
存父母姉（即姊，正韻姊，姐本字）
妹兄弟三
造
供養
定州中山（即今河北正定古屬定州中山）
盧奴縣

此為造像底座之正面拓片上見雙護法獅與博山爐圖案細審之獅面刻劃有雄雌之分頗為聲嘯傳神 學建題

跋曲陽雙身造像

就中國來說河北曲陽修德寺發現的至隋和唐漢白石佛造像一批論其數量至今難以比擬加上近些年鄴城所出大批白石造像的重要補充河北佛像漢白石佛造像的基本輪廓與發展軌跡已十分清晰地展現在人們面前成為可與山東青石佛造像相媲美的中國北朝時期寺院式造像藝術的兩大體系然曲陽造像出土時損壞嚴重因技術緣故雖然北京故宮博物院專家助力修復不料修完未歸還其所有精品悉數保藏宮中嗚呼也而此類造像有見傳世者大多二十世紀初海外之重要收藏機構已獲之花十不足一輕易未知私家所藏於醉屬矣此北齊天保四年趙恒保造觀世音菩薩雙身石像於己亥年建業文房所藏為幸也其通高四十一釐米在大背光幕高浮雕並立二像二佛低髻圓臉豐姿站姿與後面皆一致足踏覆蓮座二菩薩雙護法獅與博山爐這是一種曲陽地區或整個河北寺院式造像習見樣式與創作特色亦是中國式佛教造像獨特的樣式與風格早期的雙身像源於釋迦多寶並坐像其事蹟可見於法華經見寶塔品第十一後逐漸演化出多種樣式的雙身並坐並立佛或菩薩像至北齊更多菩薩雙身此為典型一例上據銘文其定州盧奴造供養因類者可比照定州博物館藏品 壬寅仲夏補書

119 孟氏造彌勒佛石像拓片

Inscriptions from 'Meng' stone figure of Mile Buddha (rubbing)

北齊天保六年
縱 30 釐米 橫 18 釐米

題一 北齊天保六年孟氏造彌勒佛像殘碑拓片，己亥年臘月十八日慎堂崇建題。

題二 此拓原物今藏山東諸城博物館內，據報告應在二〇一二至二〇一四年間該地區出土，其現狀僅造像碑一邊角也。碑之正面可見一脅侍菩薩像，頭作高冠，面龐頗豐圓，細眯雙眼，微開之嘴唇有一絲笑意，整個表情慈祥、溫和，人世間一切苦厄仿佛於此驟然全息。身上袒露，頸下索帶扎結，帔帛繞肩，圈臂垂下之腿兩側，下著長裙至足，足下已缺損。整個身軀微微前傾，腹部略鼓，是北齊造像出現之典型樣式。這是北魏造像後期漸逐豐滿至唐完全肥壯之過渡形態，亦是中國傳統之人物造型由漢之以扁為美發展至唐之以胖為美軌跡所現。可惜其主尊分離而不知所蹤，如果僅就此殘存部分推測造像碑，應屬大件也。背之發願文存陸拾餘字，刻劃端正，若全碑完整，則逾數百言也。歎歎。崇建又題於海上慎獨齋之窗前。

題三 此拓所見文字共陸拾餘字，是該館出土的佛造像中為數較少的帶銘文的造像作品之一。張健館長知我酷愛佛像研究，允許我拓之並作研究，亦希望我與諸城博物館一道編纂諸城佛造像專著，以讓世人共享古佛雕之美。二〇一九年末，我攜院攝影者孫科、徒弟苡恝並謝公海元連夜趕工，完成了佛像拍攝與傳拓工作，留此拓以為紀念也。海上崇建三題。

《跋諸城所出佛像造像》

我在上博專事佛像研究時已十分關注，惜未見詳盡之報告，亦不見清晰之圖版可作比較，故離開上博始終覺得可惜。因為自上世紀九十年代之青州佛像事實公諸於世後，人們的關注度完全被吸引至山東系佛像雕刻作品上，比之（二十世紀）五十年代河北曲陽修德寺之漢白石雕佛像群有了更多的興奮點，無論形態、衣著、配置乃至著色敷彩與貼金，可以說在中國北魏經東魏、北齊、隋至唐，都再無一處佛造像資料可以找到對應點和關連線，其源於何處、脈絡關係何如始終困擾眾人。我深入青州並周邊地區探訪多處，雖然知道青州佛造像絕非孤證，但卻沒一個較為完整的造像風格可以使我相信青州造像的起因是有依託的。許多專家學者，包括青州博物館內的同仁，都以青州佛像之美捧到了天上，唯有我持保留態度，始終以為青州之美在外觀而非內在非含蓄，如繪畫中的工筆而非寫意也。偶然，我在《文物》雜誌上發現了諸城佛像出土的報導，盡管都是些黑白圖，所現的都是殘存的身體，少有完整之具，但其裝飾的帶件和佛像的形態特徵使我相信諸城佛像有我要找的答案。然離開博物館，要深入研究絕非易事，若無法觸碰文物，零距離研究之，是體會不到寶物呼吸感的。我始終掛念著它。去了視覺當文修學院的院長，我又重燃多年研究佛像雕刻的興趣。我辦起了文物鑒定與修復高級研修班，以佛像雕刻研究為主題，聯繫了諸城博物館張健館長，他供給了我彼地出土的幾乎全部資料，我終於看透諸城佛像之美，終於找到青州佛造作的脈絡關係，更看到了山東系寺院佛像造作的特質所在。我和張館長約定出書研究，我高興地像是第二次進了博物館工作一般。崇建記。

季按：諸城博物館所藏之彼時出土佛像共計貳件帶完整銘文者，殘存之銘文者亦僅肆件，此乃一也。所存內容不多，好在留有紀年天保六年並造像者姓氏，又見供奉為彌勒之像，知如此內容已屬珍貴也。今得以有幸拓之，純賴館長面子給足，恐往後不再有此福緣。故專門拓後重裝並四題之，以為其珍貴。並收入我之傳拓題跋系列作品之中，可與同道永久分享。

鈐印 海上崇建所見所鑒所拓所攷所跋之印
別部將軍
季氏
佛像肖形印
崇建印信

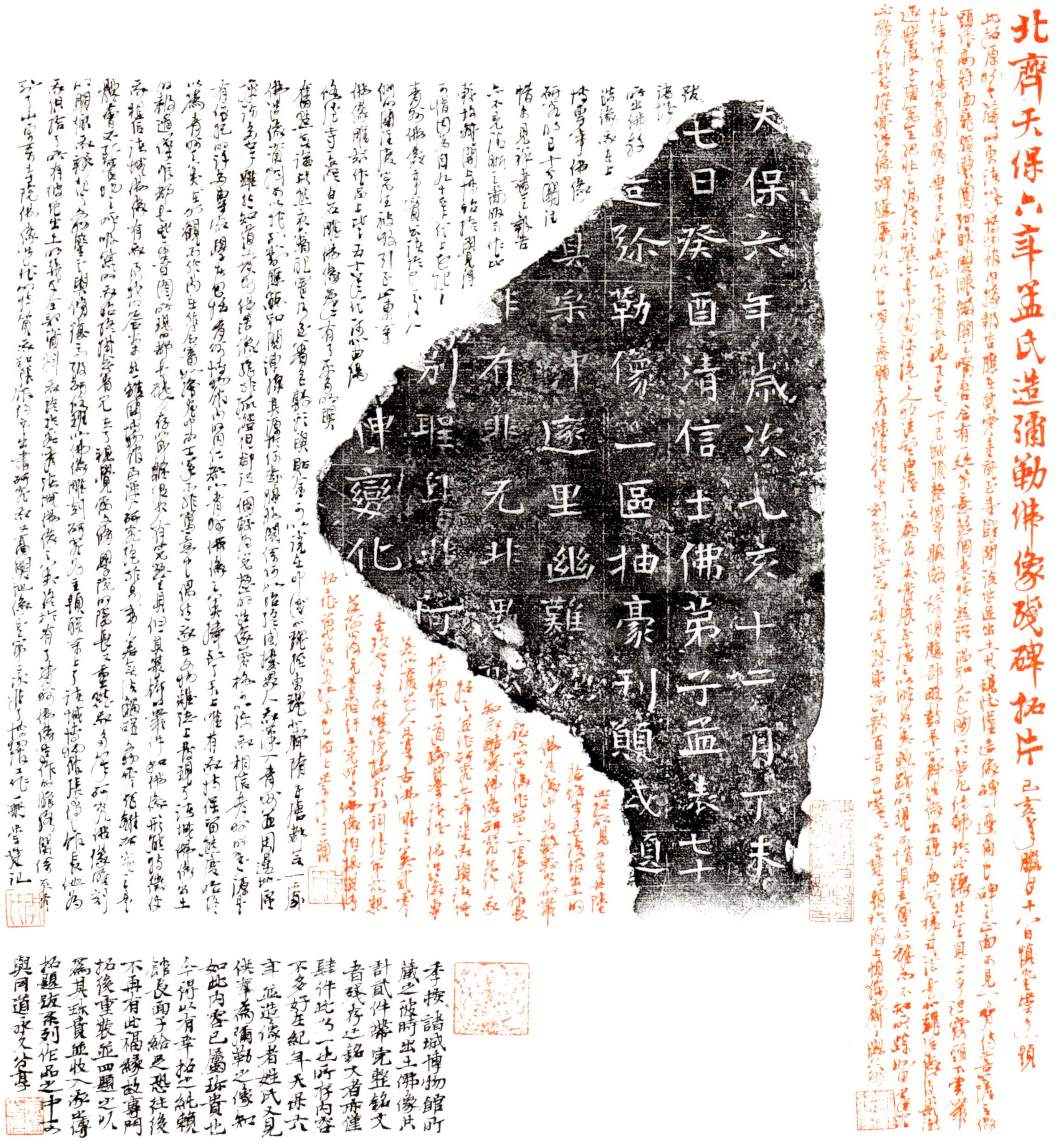
北齊天保六年孟氏造彌勒佛像殘碑拓片
天保六年歲次乙亥十二月丁未
七日癸酉清信士佛弟子孟表七十
造彌勒像一區抽豪刊顯戍遺
具乘中邃里幽難
非有非无非思
別理自非何
伸變化
李按：諸城博物館所藏之彼時出土佛像共計貳件帶完整銘文者殘存北齊者僅肆件此為一也所存內容不多好在紀年天保六年並造像者姓氏又見供養為彌勒之像知如此內容已屬珍貴也今得以有幸拓之純賴館長兩子給之恐往後不再有此福緣故專門拓後重裝並四題之以為其珍貴並收入承傳拓題跋系列作品之中也與同道永久分享

120 法義等造佛像碑拓片

Inscriptions and images from 'Fa Yi' stone stele (rubbing)

北齊河清三年
縱 134 釐米 橫 53 釐米

題一 北齊河清三年法義等造像舊拓

此拓近獲於滬上，應是清末民國初所拓。其高一三四，橫五三釐米，傳原石民國時已流失海外，或在歐洲，待查矣。羅振玉《海外貞珉錄》載《韓山剛造像碑記》並陰正書甲申十月即河清三年，石歸歐洲。今得是拓，細審碑文，可知像主確為韓山剛其人，然造像者乃法義諸人集體為之，羅說誤也，應更正。海上崇建題。

題二 刊石之功

此北齊河清造像之碑，其刻石功夫實在了得，細觀是拓所現其貌，刀法細膩精到，步步為營，一絲不苟，佈局靜中見動，極盡華麗之能，惜未見得真容，早歲流於歐洲，今藏何處，待攷矣。美國亦有一河清三年造像碑，甚美，可是同類否？崇建再題。

題三 皇帝陛下聖德欽明顯光先帝疆靜境安民治聖澤刊
石立碑記頌辭日三界芒芒樓樓四生沉浮苦海漂流
節錄“北齊河清三年法義造像碑銘”，楷中見隸，剛柔兼得也。海上慎堂季崇建臨于辛丑六月。

案：此拓得于偶然。時上海工美拍賣行辛丑春拍古籍文獻專題，內有若干舊拓，因忙於學堂事務沒在意，好在廉亮兄及時提醒囑我一觀，算是捧場而選以一二。初未關注此拓，電話委託前者，未果。突見此可觀賞也，故臨時起意舉牌，幾番爭執，如願得之。有損，經修復如初，重裝，便攷之題之跋之，樂事一樁也。余藏拓有年，近期更嗜此，能覓得舊拓，實是緣分。此北齊河清三年法義造像碑拓本，一九一五年便收錄于金石家羅振玉之《海外貞珉錄》內，並言原石已存於歐洲，故可推知此法義造像碑至晚在清末民國初已出，並流失海外。僅觀拓本之紋飾似可知此碑造作精美，乃北碑中佼佼者也。後北京圖書館藏石刻拓本，亦見得此拓，餘多不見，故此拓已屬稀少之品矣。今偶得，並入藏建業文房，應是好歸處也。又本人依碑文重新定名，原《韓山剛造像碑》為《法義造像碑》，其意義自當不小，亦算多一著錄也。辛丑年六月廿五日疫情又來，居家安心寫此于建業文房之慎獨齋。海上崇建。

《跋北齊法義造像碑》

北齊《法義等造像碑》原稱《韓山剛造像碑》，因碑文首行記碑主韓山剛，故名。羅振玉之《海外貞珉錄》如是稱，北京圖書館藏《中國歷代石刻拓本彙编》著錄此碑拓本，時亦沿用舊稱之，皆誤矣。細審此碑拓，其首行即明言“大齊歲次甲申十月乙卯朔八日壬戌法義等敬造碑主韓山剛”，說明韓氏乃施主非造者也。又發願文內數度題及法義諸人發洪願刊石造像主碑，卻隻字未及韓正剛者，故當更名為《法義造像碑》也。

綜觀是碑全貌，製作頗精緻，僅此拓所見之碑一面，已屬不凡。上段為一佛龕居中，龕內一佛二菩薩，主尊結跏趺端坐，高髮髻，面龐飽滿，身軀魁偉，著寬大袈裟，下裳垂沉呈雲卷之狀，兩旁脅侍菩薩側姿而立，身材修美。重點是龕外之圖案與裝飾極為精美奢華，最上端是蓮花座烘托五節浮圖，兩側對稱一鳳，周圍滿刻蓮花祥雲，猶如飛天飄帶一般，絕無除處；下若三級高臺，側見雙龍為伴，龕楣似宮牆高築，中間與龕之兩側共見五條流蘇，呈華麗之裝飾帶，以示佛國世界之美妙也。然這些圖像的刻鑿方法則採用陰刻細線剔地陽鑿結合，使畫面更具藝術感。

碑之下半段是發願文與施主姓名各半，皆作細線欄格，首行是大齊甲申即河清三年之紀年，後十行乃發願全文，每行最多三十一字，共三百言。另一半則見四段施主姓名，若“都邑主董義族”“左相邑主謝相和”“右相邑主張攜”等計三十八人。又見龕底兩側加刻“邑獅沙門都僧龜”與“僧徽”二僧之名，故全碑見得連“法義”“韓山剛”在內施主共為四十二人，作楷書帶隸意，乃北碑之常見也。慎堂崇建記。

鈐印 佛像肖形印 慎堂
慎堂藏拓 崇建
別部將軍 辛丑
崇建 崇建印信
愛不釋手 別部將軍
季氏 心賞
崇建印信 慎堂
心血來潮 崇建
季氏 修綆汲古
季 慎堂

北齊河清三年法義等造像舊拓

刊石之功

皇帝陛下聖德欽明顯光先帝壇靜境安民治聖澤刊石立碑記頌辭曰三界芒芒樓樓四生沉浮苦海漂流

121 南子胤造佛石像拓片

'Nan Zi Yin' stone figure of Buddha (rubbing)

北齊天統二年
陽面　縱 74 釐米 橫 34 釐米
陰面　縱 74 釐米 橫 52.3 釐米

題一　北齊天統二年南子胤造佛像拓片。此為清際所拓，正背皆全，曾經意齋吳大徵藏，今歸慎堂。季崇建並題。

題二　據此拓現狀可知，原石高近八十釐米，在北朝單體佛造像已屬大件也。其佈局亦頗具特色：上端大背光正面作一佛二菩薩像，面相已顯豐腴，形體亦略壯實，刀法簡潔有拙樸感。下端框內置二佛並坐像，側刻“像主亡父南侍賓”“持妻鄭妙貴”二行十二字，惜其原石未知今在何處矣。海上慎堂崇建又題並識。

題三　此造像背光之陰刻爲發願文曰：“天統二年七月十五日/南子胤為己□□/父造像一區□切/眾生一時成佛”，其下底座鑿以諸同族供養人姓名“妹荷女”“妹佰女”“叔南延儁”“叔南徊海”“妻欽雙陵”“妻吳敬好”“祖南雲悅”等，字體頗草率粗拙，別具一格，但亦顯見隸變之風韻，有摩崖鑿刻之味也。然據銘文又可知，此追福造像製作，並供養日期多有深意，選以七月十五日盂蘭盆節，據大藏經載，此義是以救器裝滿百果供養佛陀與僧侶，以急救入地獄之苦難眾生，漢地則稱為“中元節”，亦作祭祖之時也。慎堂崇建三題。

季按：此造像之正背二拓，初為意齋吳大徵所藏，並兩次鈐以“意齋所得金石”朱文印，故可知此拓乃清拓之本無疑，此其一。其二，凡經意齋所經手之拓，一現市肆必是受眾人追捧，余參拍於上海工美古籍善本小拍專場，未競幾手即入囊中，實是大幸也。然舊拓破損、面貌不佳，經數月修繕完好如初，今題之以與同好共饗。辛丑仲春。

鈐印　慎堂藏拓
意齋所得金石
愛不釋手
別部將軍
季氏
崇建印信
佛像肖形印
季
慎堂
崇建
別部將軍
海上崇建所見所鑒所拓所攷所跋之印
季
慎堂
崇建
意齋所得金石
慎堂藏拓
慎堂

北齊天統二年南子胤造佛像拓片

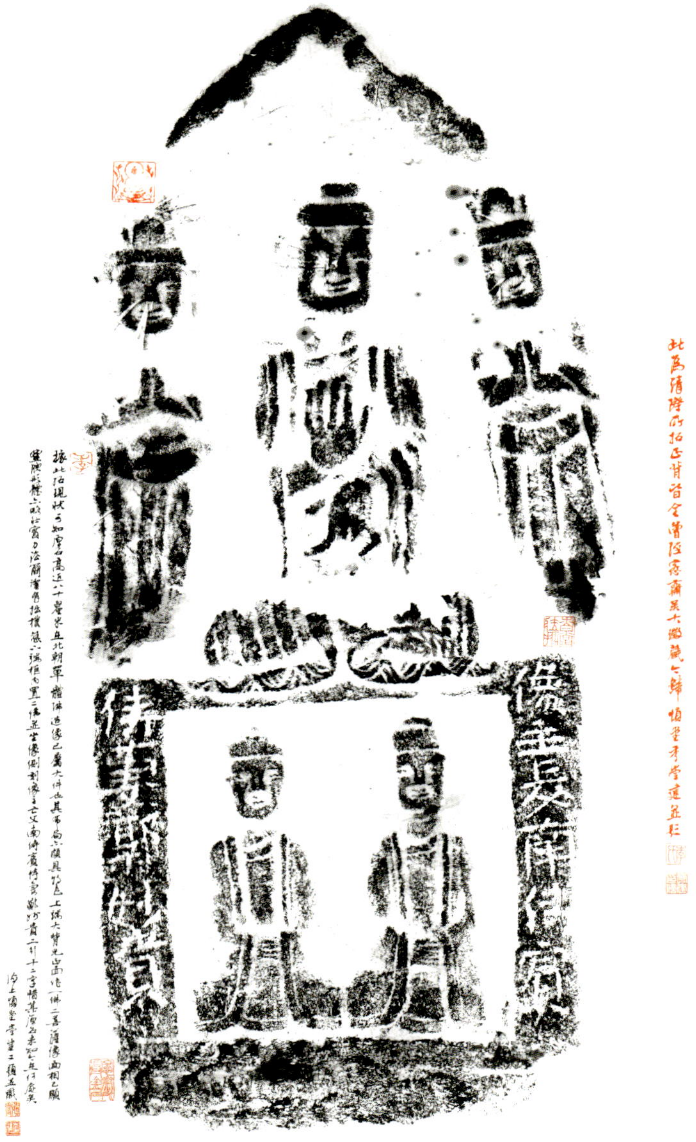

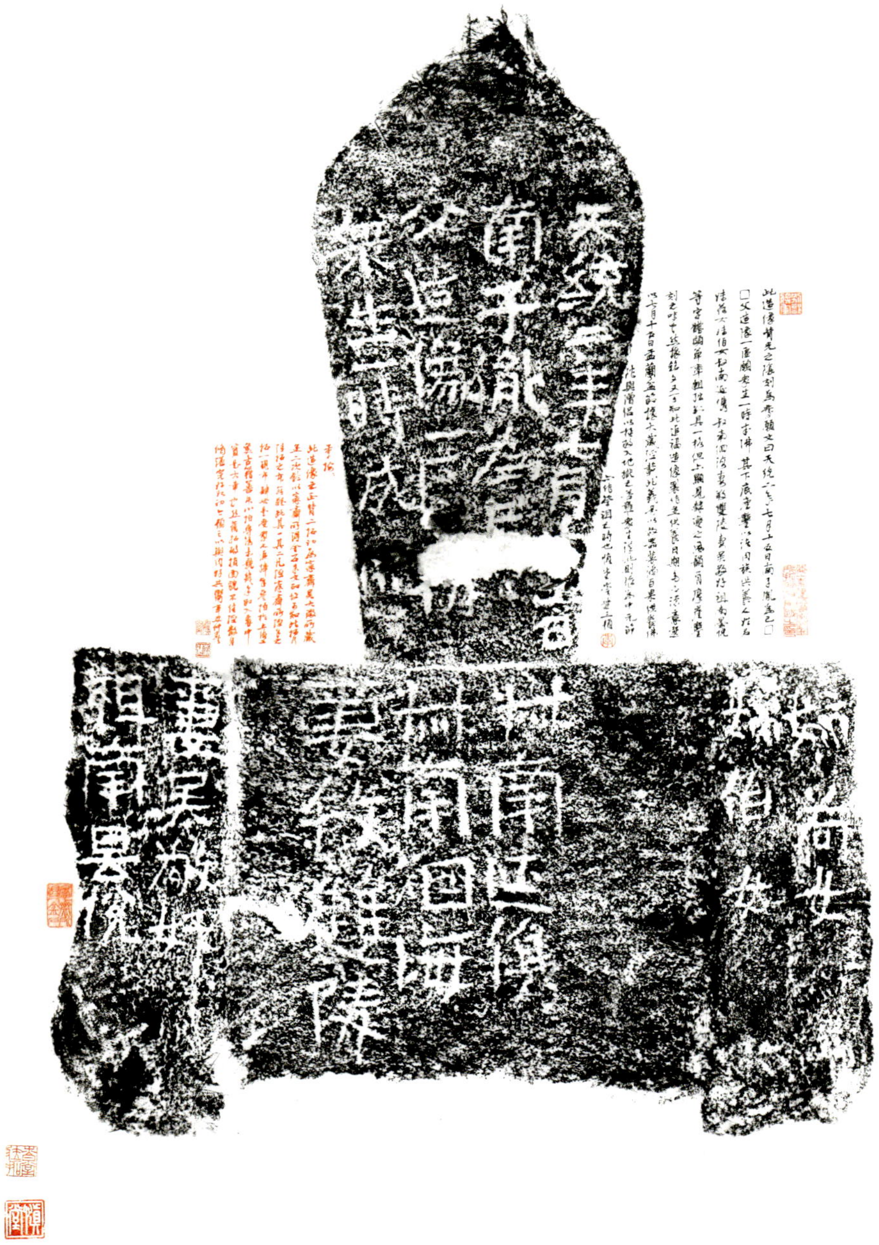

122 馬仕悅等造彌勒佛像碑拓片

Inscriptions from 'Ma Shi Yue' stone stele of Mile Buddha (rubbing)

北齊武平三年

縱 76 釐米 橫 49 釐米

題 北齊武平三年彌勒佛造像碑拓片

此造像碑乃上海博物館珍藏，今展陳於上博中國古代雕塑館內，一九九四年海外徵集回流。其通高九十六釐米，下端殘缺，但主體部分包括碑之正面主龕佛像及碑背之發願文全文內容保存完好，十分重要與難得。尤其紀年武平三年，並見記“當陽”“上蔡”諸地名，可知可考此碑之雕造樹碑確切時間與產地，應可作為存世造像石碑之標準器物也。就書法而言，亦有諸多可欣賞之處：其風格奇特，結體筆劃似隸楷之間，宕逸神雋，優厚精古，是難得一見之品。佛像雕鑿亦如時代氣息，端麗莊嚴，兼備南北融合之風格，彌足珍貴。值得一提是此拓為碑之初拓，今揀得賞之題之。己亥年白露前一日海上崇建並識。

季按：此拓原石今藏上海博物館內，一九九四年左右購於香港荷里活道古董街。其通高九六釐米，下端殘缺，碑正面作尖拱龕狀，中置一佛二弟子二菩薩，主尊高髮髻，面龐方圓，身披袈裟，內著僧祇支，褶襞用雙陰線刻劃。雙手指殘損，手作說法狀；佛結跏趺坐於須彌座上，有蓮花瓣紋頭光。其左右各為一弟子，赤足端立於圓形佛壇上，身披袈裟，雙手皆捧法器撫於胸前，有寶珠狀頭光；二弟子外側各一脅侍菩薩，頭戴高冠，冠旁寶繒垂肩，裸上身，頸飾項圈，帔帛搭肩垂落至體側，下著束帶大裙，裙襞刻劃簡略，赤足立於蓮壇上。其左尊左手上舉持蓮蕾，右手下垂握寶鎖；右尊右手持蓮蕾，左手握帔帛，有蓮瓣形頭光。五尊身後又有一大型蓮瓣狀背光。龕楣上沿左右兩端各雕一飛鳳，龕柱呈蓮花紋樣；龕外兩側皆刻銘文，左為“當陽大像主馬洪哲妻陳阿銀閭家等供養”，右為“當陽像主安東大將軍金紫光祿大夫鎮城大都（缺泐）”等字。碑之左右兩側各有一小佛龕，中置一坐佛。龕楣垂以帷幔及串珠瓔珞，佛龕兩旁及下部刻有供養主姓名，其左側佛龕起有“東面像主殄寇將軍都督馬元遵妻張顧妃”等字，右側刻有“西面像主竇榮歡妻閻慶容息竇景呂孫洪先孫洪璨”等字。此碑額部浮雕雙龍，呈圓拱狀，中有一小型佛龕，正背皆同，其正面龕內置彌勒佛像一軀，頭戴高冠，寶繒垂肩，有寶珠狀頭光。面相頗豐腴，袒胸，身披法衣，下著大裙，裙襬下垂履座，左手捻寶珠，右手殘，作善跏坐姿勢，赤足各踏一蓮，足之立左右各有一供養小像，相對端坐，並手托主尊足下之蓮座。佛龕內座左右各刻一脅侍菩薩，側體面佛而立，這種佈局似不多見。龕外左沿刻“彌勒像主宣威將軍大都督杜禮息子昌息弟奴”等字；右沿刻“妻馬元暉息子光息柱伯息女貴”等字，額下沿又刻“開彌勒光明主馬和仁”“開彌勒光明主杜早”“彌勒光明主馬叔儁”三段文字。額背龕內亦作一佛二菩薩像，主尊端立於覆蓮座上，著通肩大衣，褶襞刻劃簡練，有厚重感，手作施無畏與願印。龕內壁兩側各為一脅侍菩薩，刻法皆與前同。龕外左沿有刻“父殄寇將軍大都督馬承叔母姜波容”等字，右沿刻有“定光像主馬儒願姊華姜姊上華”等字。碑之背部滿刻銘文，分上下兩段，上段為願發文二百六十餘字，曰：“大齊武平三年歲次壬辰二月癸酉廿九辛丑造法雨普潤不潤物如流沾大慈平等必善德而同極是以至信大士焉壤雅馬仕悅率共一百餘人皆是華壤英林名鄉雅儁共契金石之心悉同膠漆之志敬造石像一區雕真相以凝龕登菩薩而立悵寶華落日妙極登亮（缺損）相法界之尊真中真外之妙以（殘泐）業上為先皇今帝共□儀而同休□千輪如等位又願過往逕師先尊父母現今眷屬保壽延齡入門雅吉學究玄墳土臨極位百寶匪窮眾珍難竭光祖榮家福善常集一切含靈悉同此益刊石流文著之莫朽乃作頌曰修哉正覺妙絕匪言應權道樹思跡城園慈雲慧雨潤洽重昏去來無響誰測其源真榮炳就寶相凝玄神光夜照豔彩明燃上暉三曜下固九泉終究不爽福潤長年”。其下段刻為眾供養人姓名。因碑下端殘斷而存字不多，碑文之框外左側又加刻“都唯那輔國將軍南頓太守上蔡縣開國（殘損）都督中梁永防墓馬方進”二十九字。整個造像石碑雕刻精美，並有敷彩漆金之痕跡，其形制較大，是北齊寺院造像碑之典型作例。據銘文可知，此乃彌勒大像，此其一。其二，出資供奉者皆為高官顯爵、同鄉名流，競達百人之眾。其三，稱其為當陽大像，當陽即地名，漢置，屬南郡，後漢因之。《讀史方與紀要·湖廣·安陸府·荊門州》記載：“當陽縣，漢縣，屬南郡，後漢因之。建安十三年，曹操下蘼州，先主將其眾，過襄陽南至當陽，為操所追處也。晉仍屬南郡，宋齊因之，置平州及漳州郡治此，後屬梁。”推想此碑應出自湖北當陽故地，乃南方造像碑之傑作，頗珍貴。尤其值得一提是，其書法宏達寬放，宕逸神秀，遒厚精古，楷隸兼及，別具一格也。記得彼時為新館建置徵集文物，與馬館長過往香港，見有大碑两塊，此即其一，另一碑亦精，然斷於上端，故銘文亦存下段，損缺紀年部分，甚惜。此碑雖斷於下端，但發願文完整保留於中端，大幸矣，可知其紀年是為存世北齊彌勒造像碑之標準器物，今展陳於上海博物館新館之中國古代雕塑館內，另一碑亦然。此二碑是迄今以來上博在海外搶救回流佛像文物中之重要物品，彼時購款僅百萬港幣掛伍，實在是大漏也。初見二碑，雜亂污生，經清洗保養，頓見精美無比，欣然拓之銘文，以做保留。此拓乃初拓，彌足珍貴。由於此碑展陳館內，恐以後亦不會再有拓之可能，故此拓真可視為唯一傳拓了。今揀得重新裱拓賞之題之，是重溫，是回憶，個中三味自知也。仔細一數，此碑初識至今，一晃亦已二十五載，彼時第一時間知曉者皆不在人世，可歎！可歎！此時窗外暴雨如注，余晨起寫此長文以為念。己亥年白露前二日海上崇建於寓中書房。

鈐印 佛像肖形印

海上崇建所見所鑒所拓所攷所跋之印

別部將軍

季氏

崇建印信

北齊武平三年彌勒佛造像碑拓片

123 釋迦牟尼佛造像碑拓片

Stone stele of Sakyamuni Buddha (rubbing)

北齊

縱 61 釐米 橫 51 釐米

題一 北齊釋迦牟尼佛造像拓片

此拓原物今歸上海博物館收藏。其通高六十二點六釐米，正背皆刻，惜頂端殘損，背光未全。正面一鋪五尊像，背有圖案二重：上為佛家諸像，下作雙重比丘、比丘尼、供奉人像禮佛，排列端莊齊整劃一，若禮佛之圖也。整個造像正背內容豐富，人物衆多，姿態各異，即便禮佛之比丘，亦頭部正側有所變化，而富有動感。同類之品存世未見。一九六五年安徽亳縣咸平寺舊址所出北齊河清二年（公元五六三年）上官僧度等佛像石碑嘗有可比擬處，尤主尊之像基本雷同，故二像當是同時期物也。辛丑年七月海上慎堂崇建揀舊拓重裝並題，于建業文房窗前。

題二 三年前曾揀出此拓滿題之，是為慎堂藏拓之初題者也。然今日觀之，已覺過於擁擠而透氣不夠，雖是初題，乃處女之作，有所不舍，卻依全局觀還是截去重裱再題，使其狀態最佳。辛丑白露前一日海上崇建又及。

《跋上博藏佛造像碑》

四十年前，上博初展中國古代雕刻館，乃全國首秀，時在河南南路十六號，原舊上海聞人杜鏞月笙之中匯銀行大廈，（一九）八二年正式迎客。其籌備極費人工，因是老建築，僅舊式電梯，要將過噸刻石由底庫搬至三樓，彼時老館長沈公之喻並馬公承源是下了決心的，僅僅是為了我之提議及讓我獲館藏品一類專題研究並具話語權。之前上博只有金石組（後改稱青銅器研究部），刻石乃小宗，而有專題陳列只是青銅、陶瓷、書畫。上博藏品擁半壁江山，達數十萬件之眾，品類巨多，豈容刻石一屬可以獨門別立乎？只因沈公、馬公厚愛恩賜於我也。

展覽面積不大，僅二百八十平方，展品亦八十八件而已，但品質之高，海內外馳名，“北齊釋迦牟尼石造像碑”便是其中一例。其正背皆刻，內容豐富，因無條件中心陳列，故設計師費先生提議正面觀展，背作傳拓裝框，輔助陳列之，可識其全貌也，故特邀館內拓片高手萬公育仁親自動手。萬公傳拓之技聞名行內，十分講究墨氣，故取來清際舊墨若干，邊拓邊教我，其拓成自然展陳之用，我拓之只可自娛矣。如上所示便是我之拙作，墨之不均，輕重把握不當，毛病固然不少，但留至今日亦算難得。一是離開上博不可再拓，二是此拓留下太多老上博資訊，尤其先賢于我恩惠與教導，盡在這墨裡香間也。海上崇建撰。

季按：此原石正面居中刻一鋪五尊像。主尊髮式高聳，髮紋呈波浪形，面相豐滿圓潤，雙目微閉，高鼻小嘴，嘴角含有一絲笑意，表現出一種慈祥之態。其身穿通肩大衣，袒胸，內衣束帛帶，右掌下垂作與願印，左手殘損，結跏趺端坐於須彌座上。其衣紋與下裳之褶襞成陰刻或淺雕，既靈活又頗具裝飾性。頭後浮雕圓形頭光，上端雖殘，但仍可見化佛三尊。其內側左右各立一弟子形象，皆似年輕僧人形象，雙手抱珠，形態端莊，外側是脅侍菩薩像，頭戴高寶冠，肩搭帔帛，二者皆一手當胸撫蓮蕾，一手搭帔端。弟子菩薩頭後均有圓形線刻火焰紋頭光，赤足站於蓮花座上。造像基座剔地滿刻，有力士托盤，有比丘隨從，有躍馬牛車等，猶如漢畫像圖式。造像之背即如此拓所示，內容更為豐富，人物眾多，以上下兩層描述：上層中間有佛龕，上見釋迦多寶二佛並坐像，龕中是交腳彌勒，周圍並外側刻諸多脅侍人像；下層雙重供養人像，全圖猶如佛國之景，熱烈莊嚴活潑而神聖也，乃世所稀見。海上崇建。

鈐印

心賞	辛丑
佛像肖形印	崇建
崇建手拓	季
別部將軍	慎堂
慎堂藏拓	崇建
愛不釋手	季
季氏	修綆汲古
崇建印信	慎堂

北齊釋迦牟尼佛造像拓片

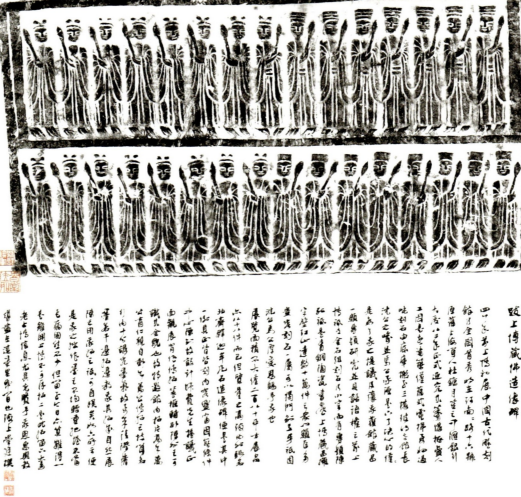

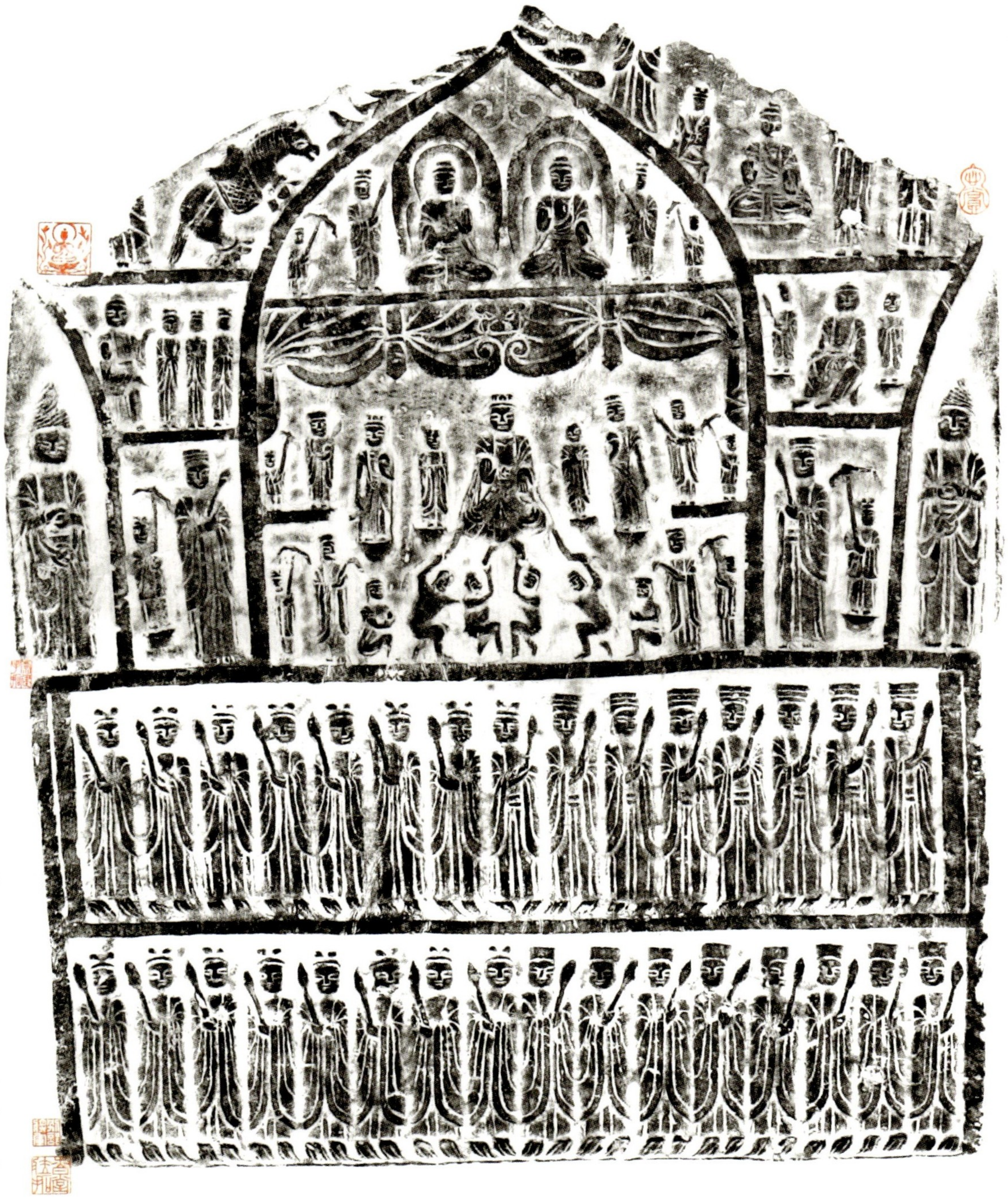

跋上博藏佛造像碑

124 菩薩石像拓片

Stone sculpture of Bodhisattva (rubbing)

北齊

縱 116.5 釐米 橫 55 釐米

題一 諸城佛光

題為山東諸城博物館藏北齊菩薩石造像之拓片，庚子年冬月海上慎堂季崇建書。

題二 石刻佛造像原拓古已有之，然多小型者或局部者，更或殘存著，如此整身拓之恐唯此也。今將諸城博物館青灰石雕之菩薩立像整體拓出，技法之高已難言表，又為初拓，彌足珍貴。慎堂崇建題。

季按：北朝佛造像以北齊時期之造作為最精美，其菩薩像尤其以著裝配飾之繁麗為歷朝所不及，今拓之以全貌，更是顯見其大美也。海上崇建再題于建業文房。

跋一 北齊菩薩石造像初拓本

此拓原像通高近一百貳拾釐米，乃一九八二年春在諸城南郊小山丘上修建體育場時被發現，同出造像包括佛菩薩頭像及殘斷體軀並蓮花座共貳百餘件，其中以北齊時期菩薩造像最為精彩，此尊造像即為典型作例。其雖頭部殘缺，但華麗精美之服飾刻劃足以說明彼時佛教造像藝術已經站在中國雕刻藝術之巔峰，時至今日，依然在中國乃至世界藝術史上占有無可替代之地位。惜出土至今未能正式发表，而能以傳拓之技再現其紋樣細部，更是難作與難得矣。余獲此拓甚幸且喜，特記之並與同好共賞。庚子海上崇建識。

跋二 余在上博二十餘年載，專事佛像研究。館內藏及一對彩繪觀世音與大勢至石造像，解放之初即入藏上博。彼時有好事者，裝首以求其全貌，今一直展陳於上博之中國古代雕塑館內。二者滿身之裝飾極見精美華麗，比對各地資料，未可攷究出其何出處，終成余心中疑惑。（二十世纪）九十年代，偶見《文物》雜誌發表諸城出土菩薩石像報告，盡管幾張黑白不清照片，卻能依稀辨識出館藏菩薩像與諸城像尤其滿身之瓔珞裝飾等極似之處，後因職業變故未能探得究竟。去歲專程拜觀諸城博物館藏菩薩像，似可確知上博像亦應為山東系造像作例，與此拓原像相比，則更具異曲同工之妙也。海上慎堂崇建又記。

鈐印 海上崇建所見所鑒所拓所攷所跋之印

佛像肖形印

季氏

崇建印信

佛像肖形印

別部將軍

季

愛不釋手

崇建

崇建手拓

崇建

慎堂

慎堂

崇建

大吉祥

慎堂

北齊菩薩石造像

此像上世紀八十年代出土於山東諸城地區，今藏諸城博物館內。通高120釐米，雖殘缺首足，然其滿身瓔珞裝飾之美，乃歷朝造像所難及也。

菩薩石像

北齊

山東諸城博物館藏

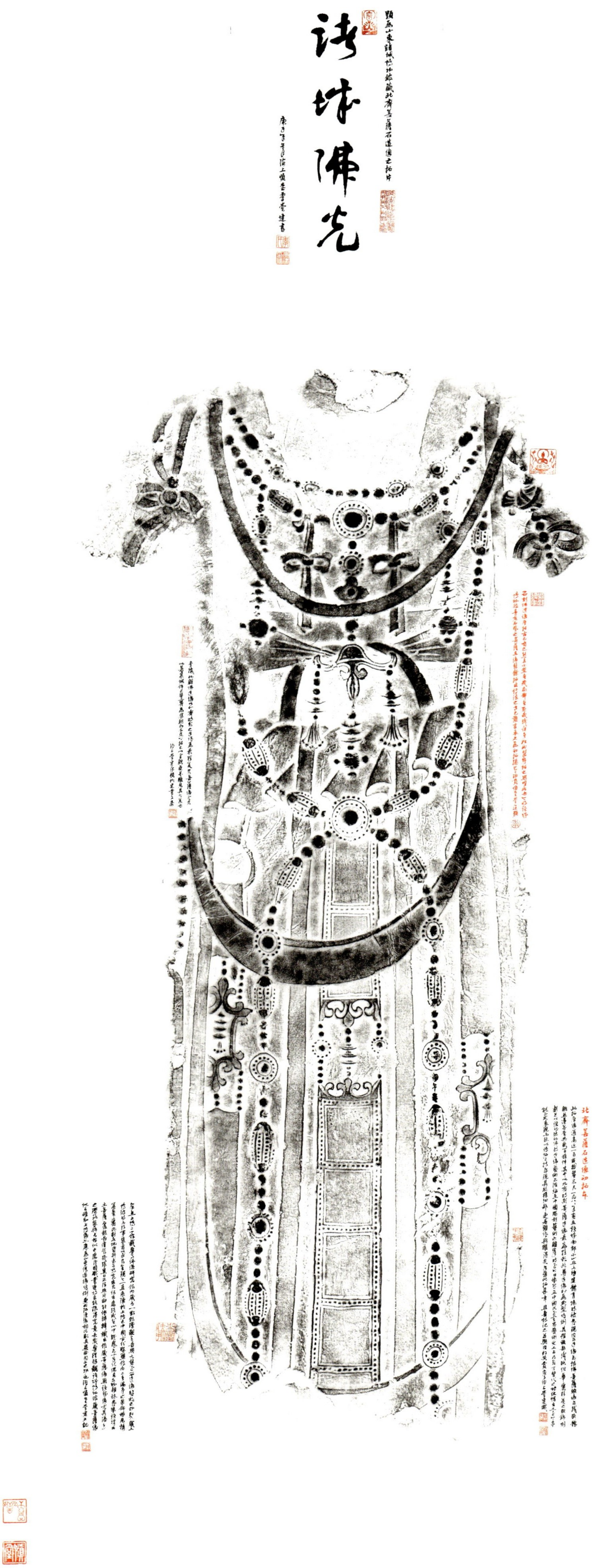

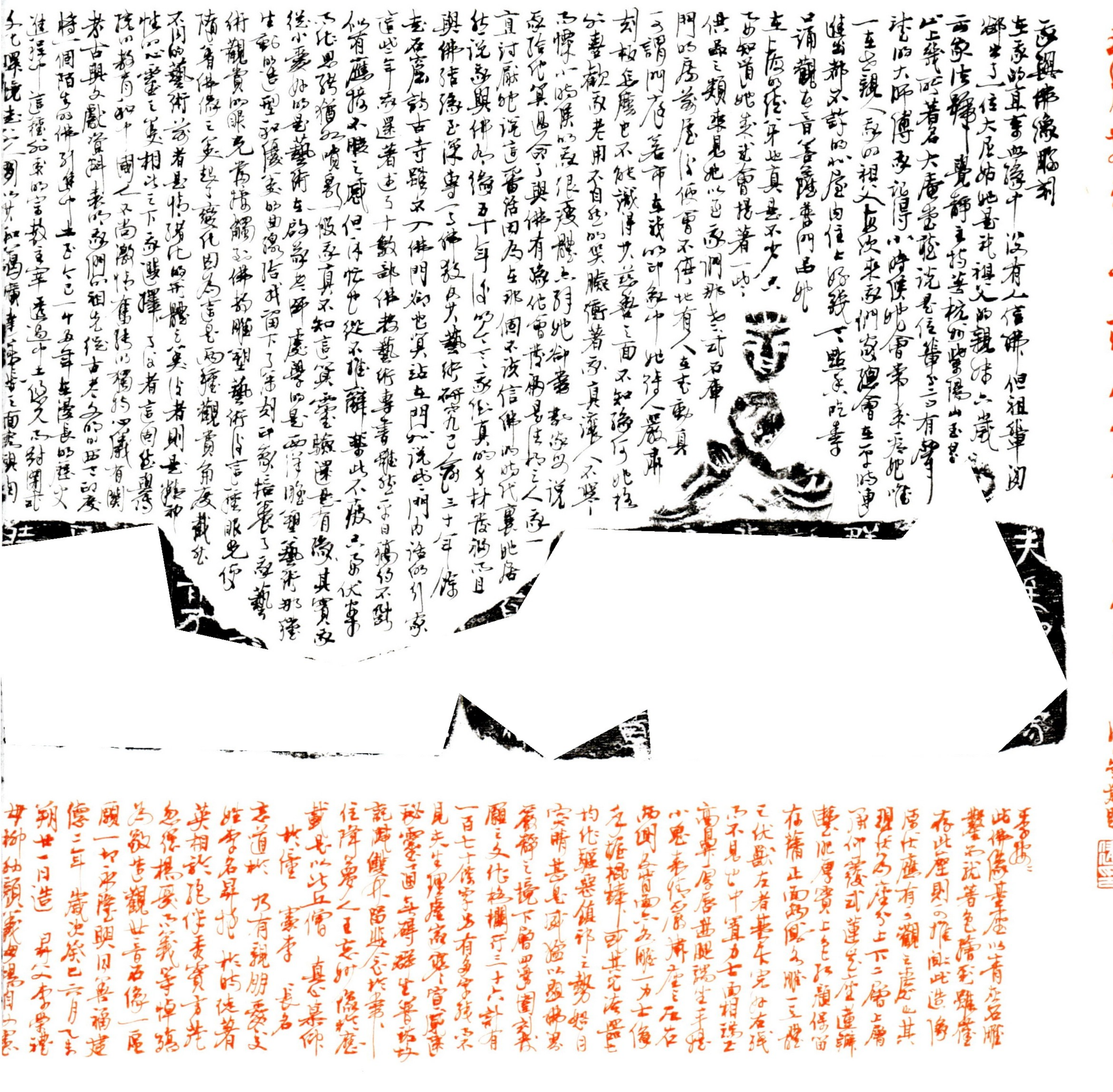
北周建德二年造石佛像基座拓片
戊戌年冬日 煙堂建題

方茂恩從物
要而義芳悼
孫為敬造觀
世音石像一區
願一切眾陰
與同善福
一日造

125 觀世音石像基座拓片

Inscriptions and images from the stone pedestal of Guanyin (rubbing)

北周建德二年

縱 17 釐米 橫 82 釐米

題 北周建德二年造石佛像基座拓片，戊戌年冬日海上崇建題。

季按：此佛像基座以青灰石雕鑿而就，著色繪彩，雖僅存此座，則可推測此造像原狀應有可觀之處也。其現狀為：座分上下二層，上層承仰覆式蓮花座，蓮瓣豐肥厚實，上色，紅顏保留依舊。正面兩側各雕一立體之伏獸，左者基本完好，右殘而不見也。中置力士，面相端正，高鼻厚唇，盤腿端坐，手提小鬼，表情嚴肅。座之左右兩側及背面亦各雕一力士像，手握棍棒或其他法器也，均作驅惡鎮邪之勢，怒目突睛，甚是威猛，以顯佛界嚴靜之境。下層四邊圍刻發願之文，作格欄，行三十六，計有一百七十餘字，另有多字殘而不見：“夫生理虛家/寒宣□感遠/秘靈通無导/群生普祐故託滅雙林留/悲念于常住/降夢人王忘/妙像於歷載/是以此丘僧/□□真心慕仰/□□於僮/□□憲李/□□長名/□□忘道於/□□乃有親/朋愛友姓李名/昇挺□於/時徒著英相/於絕伴秀實/方茂忽徒杨/孌而義等悼/殤為敬造觀/世音石像一區/願一切永隆/俱同善福/建德二年歲次癸/巳六月乙未朔廿/一日造/昇父李崇/禮母柳幼顏/義母楊自女/憲父李□□文/康母□□/橋外先/承忘父李懷/母張思妃。”右所識之發願文牽強讀來，有多字缺損，亦多字筆劃不合規矩，约識也，亦見多個俗別之體，衹可大概矣。其字體楷中帶隸，端中見拙，然刀法頗生辣，力量可見，北碑之風顯見也。據內容可知，此座承上之像應是觀世音菩薩，創作時間為北周建德二年六月二十一日。整個座之通高十六又四，縱十八，橫二十二點五釐米，故可推知此像規格中等，整身之高度亦可估計在四五十釐米間，惜不見真容，憾事也。此拓有邀上博傳拓銘文高手謝公海元至寒舍為之，挖裱工作亦請其一並完成。其多年未見，功力不減當年。回想進上博青銅部，有萬公育成、韋公志明先賢領銜，海元隨後，傳拓之業人才濟濟。老萬、老韋把手交我，得益匪淺，至今歷歷在目也。故上博於我胸間，實乃第一課堂也。余有今日之識，有賴上博諸家諸師引領，若非，则绝無建樹，實在感恩，感恩！時亦歲在六十見多，諸賢達皆不在人世，每每念想，心情悲傷。今作此文亦算是一種紀念，余有生應倍加珍惜也。戊戌年十二月即臘月臨前一日海上崇建寫於嘉里華庭書齋燈下。

《我與佛像雕刻》

在我的直系血緣中沒有人信佛，但祖輩間卻出了一位大尼姑，她是我祖父的親妹，六歲出家，法號“覺靜”，主持著杭州紫陽山、玉皇山上幾所著名大庵堂，聽說是位輩分高、有聲望的大師傅。我記得小時候，她會常來看她唯一在世親人——我的祖父。每次來我們家，總會在平時連進出都不許的北屋內住上好幾天，點香吃素，口誦《觀世音菩薩普門品》。她在上海的徒弟也真是不少，只要知道她來，就會提著一些供品之類來見她，以至我們那老式石庫門的房前屋後便會不停地有人在走動，真可謂門庭若市。在我的印象中，她待人嚴肅刻板，怎麼也不能識得其慈善之面。不知緣何，她格外喜歡我，老用不自然的笑臉衝著我，真讓人不寒而慄。小時候的我很瘦，體亦弱，她卻常對我母說：我給他算過命了，與佛有緣，他會發福，是法相之人。我一直討厭她說這番話，因為在那個不該信佛的時代裡，她居然說我與佛有緣。五十年後的今天，我倒真的身材發福而且與佛結緣至深，專事佛教及其藝術研究已逾三十年餘，走石窟、訪古寺，雖不入佛門，卻也算站在門外說些門內話的行家。這些年我還著述了十數部佛教藝術專書，雖然平日稿約不斷，似有應接不暇之感，但再忙也從不推辭，樂此不疲。只要伏案而

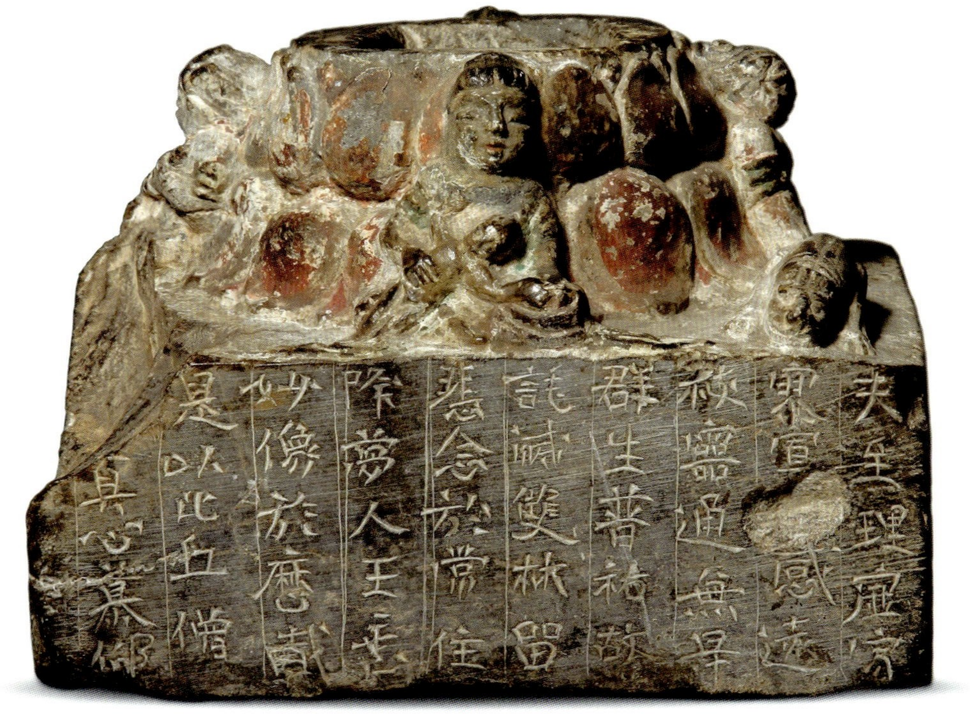

作，思緒猶如噴泉一般，我真不知這算靈驗，還是有緣。其實，我從小愛好的是藝術，在啟蒙老師處學的是西洋雕塑藝術，那種生動的造型和優美的曲線給我留下了深刻印象，培養了我藝術觀賞的眼光。當接觸到佛教雕塑藝術後，這種眼光便隨著佛像之美起了變化。因為這是兩種觀賞角度截然不同的藝術，前者是情緒化的形體之美，後者則是精神性的心靈之美。相比之下我選擇了後者，這固然與傳統的教育和中國人不嘗激情奮張的獨特心理有關。考古與文獻資料表明，我們的祖先從古老文明的西方印度，將一個陌生的佛引進中土，至今已一千多年。在漫長的歷史進程中，這種外來的宗教主宰，透過中土悠久而封閉式文化環境走到人間，以其和藹、曠達、慈悲之面容與胸襟，與眾生共聚一堂，終於成為理想的、親善的、富有人性的和充滿精神美感的造型藝術，它不僅在敦煌、雲岡等地創下了萬世不朽的功績，輝煌了中國的美術史，而且在世界藝術之林中佔據令人矚目的崇高地位，這就是中國式的佛像雕刻。它不只是佛主形象的造作，而且是佛教中所有人物形象塑造的統稱。它是廣義的，包括釋迦、彌勒、阿彌陀、藥師諸佛和菩薩、天王、力士及眾脇侍者的形象雕造與刻劃，因此其內容之豐富、題材之廣泛、形態之生動，是其他造型藝術難以比擬的。至於它的遺存，除石窟寺造像外，古寺老廟內和流於民間的單體佛像雕刻品更是不可勝數也。而且相對於石窟寺造像而言，我則偏愛於那些更多靈活性、隨意性和趣味性的單體佛教造像。因為，石窟寺造像製作規範，注重環境氛圍，且多有官方參與，均為循守清規戒律、創作態度嚴謹之作；而單體佛像雕刻源於民間，成熟于廣大庶民生活環境之中，其創作手法隨意多變，人體面貌自然貼切，從而使那些原來無生命的佛像，煥發出感人至深的情愫。盡管佛像雕刻傳入於一個最紊亂的時代，但它那慈悲喜捨的形象，如純化的甘露潤澤了大眾；它那明澈智慧的神情，撼動了無數膜拜者的心靈。因此，人們把它作為聖潔的偶像進行塑造，更多地賦予一種人性化的自然之美。那種佛陀的妙相莊嚴和菩薩的慈悲自在，都是在現實生活中取得的典型；那種不可言說的深意微笑、洞悉哲理的智慧神情、婉雅俊逸的瀟灑風度，都是源於世俗的理想寫照。因此，佛教的幻想世界和人間的生活情趣緊緊地聯繫在一起，其形象的塑造自然成為深入人心、十分通俗的藝術語言。因此在這些年的研究收藏佛像雕刻作品中，我重心始終歸結於此，而不敢遊離於它，尤其近年的海外市場時會出現一些早年流出境外的單體佛像，我都見之、覓之、藏之，哪怕是殘件乃至局部皆不放過，只要有緣遇見，均獲之而不惜重金也。本拓所見為數年前大阪古董鋪頭覓得，雖僅佛像之座，然其邊刻發願文重要且見紀年，難得也。雖古董店主知我名聲而加價，然設計由太太出面隔年取之，成為一時笑語。今揀得舊拓，重題此長文，以表余覓得此寶心中之快也。話回前文，此倒亦算是我與佛像雕刻有緣分。戊戌年歲末，又逢一八年過之迎一九年始，寫此以為紀念。海上崇建寫于建業文房之獨慎灯下。

鈐印　季崇建印
海上崇建所見所鑒所拓所攷所跋之印
季氏
崇建印信
別部將軍

126 孫惠藏造盧舍那佛石像基座拓片

Inscriptions and images from 'Sun Hui Zang' stone pedestal of Vairocana Buddha (rubbing)

北周建德六年

縱 10.5 釐米 橫 46 釐米

題一 北周建德六年孫惠（藏）造盧舍那佛石像銘文拓片，已亥年崇建題。

題二 此拓原物僅見佛石像之底座，上承之佛像早已不見跡影。據諸城博物館工作人員介紹，早歲在民間徵集，農民挖土而見，僅蓮花座，其三面皆刻發願文，曰“建德六年歲次乙亥二月乙已二十三日清信士佛弟子孫惠藏為見存息阿唱身患得損夫□發願敬造盧舍石像一區寶上為國王帝主有為七世師僧父母居家□屬一切□邢咸同斯福”，共七十三字，缺損三字，可辨一字，知造像者孫氏敬造盧舍之像一尊。盧舍即盧舍那佛，梵文Locanabuddha。據佛典，佛有三身，分別是毗盧遮那佛、釋迦牟尼佛以及盧舍那佛。所謂盧舍那佛即報身佛，是表示證得了絕對真理，獲得佛果而顯示佛智之佛身。而盧舍那三字的本身意思就是智慧廣大、光明普照，譯成漢文即曰“大日如來”，說釋迦牟尼佛在立名時，把他的報身和法身立在同一個名中，表示法、報不二。報身是佛的修行依因果感召而來的報應身，時修行圓滿、大徹大悟之表現。那些阿彌陀佛、藥師佛等都屬於報身佛，盧舍那亦是。又說釋迦牟尼佛原本是蓮花藏世界中盧舍那的化身分身之一，他來到娑婆世界，依照法門修行而成就了盧舍那的報身。存世可知最大亦即最著名的石雕盧舍那大佛，當首推位於洛陽龍門西山南部山腰奉先寺之盧舍那佛，通高壹拾柒點壹肆米，據說是象徵武則天而造，傳至日本，七四〇年聖武天皇發願“朕亦奉造”，即今日可見之奈良東大寺之盧舍那佛。此座上承為何相，終不得而知矣。距今一千五百年以上，還能留存此座並見紀年與造像發願內容，實屬大幸也。今諸城張館允我拓之研究，則更幸。海上崇建記。

季按：此原物僅僅一尊佛像之底座，而且是插入樣式。北魏早先之佛像，尤其形制較小之單體石佛造像，大多佛像下連座而鑿刻，只有體量頗大者才分座。而作此北周造像則沿用大像分鑿組合樣式，乃不多見也。其上有單層覆蓮，蓮瓣翻展略見厚原，實是典型北朝前期樣式。記得前陣赴山東博興地區考察寺院佛像雕刻，經介紹至博興博物館觀賞北朝造像，見有類似佛座若干，亦為分鑿樣式。通常所見佛之蓮花座多作單層覆蓮瓣，與此同，亦有少量雙層覆蓮者。然博興竟見一座雙層式仰蓮，且蓮瓣鑿刻生動，富有動感，恐怕是北朝所見佛之蓮花座之孤證也。山東系單體造像在佛底座上能有如此稀見造作，說明彼時彼地造像是極富創新意識，其嫻熟並不拘一格的製作手法則他地不比也。當然現今市肆亦有偽造者，包括偽鑿發願之文，然此拓所見實是佛座中上品也。崇建又及。

鈐印 別部將軍
海上崇建所見所鑒所拓所攷所跋之印
崇建印信
佛像肖形印
季氏

127 明藏造像題記拓片卷

Inscriptions and images from Monk 'Ming Zang' stone stele of Guanyin (rubbing in scroll)

北周保定五年
畫心　拓片正面　縱 10.5 釐米 橫 46 釐米
　　　拓片側面（一）　縱 20.3 釐米 橫 54 釐米
　　　拓片背面　縱 20 釐米 橫 54 釐米
　　　拓片側面（二）　縱 20 釐米 橫 54.5 釐米

題簽　北周保定五年明藏造像題記拓片卷，崇建題。

引首　極樂世界
歲在辛丑六月，海上慎堂崇建題。

畫心
題一　比丘明藏敬造
集比丘明藏造觀世音造像題記書此，辛丑年六月十六颱風“煙花”到來，海上崇建。

朱批
一　明藏造像題記之正面
二　明藏造像題記之側一
三　明藏造像題記之背面
四　明藏造像題記之側二

案：此拓得於偶然。海上某藏家嗜賞舊拓，尤好金石一路，因近期賞拓者逾眾，故觀拍賣，察行情，見我舉牌志在必得，交流間對我早有耳聞，即願割愛若干舊拓予我，價廉貨佳，此其一也。今專裝池成卷告之，其褒我玩拓最具心得之人也。

拖尾《跋北周比丘明藏造像題記》
刻於北周保定五年之比丘明藏造觀世音石像。原座一九一二年出土，在陝西渭南蒲城縣城隍廟大殿地中發現，今存蒲城碑林。彼時已僅見此方形佛像座，青灰石質，上承蓮花原座，蓮瓣為覆蓮狀，形態飽滿，立體感頗強，是典型的北朝樣式。中見插孔，應是承佛像之用，像已佚，可能與北周時期周武帝滅佛之舉有關。史載北周武帝宇文邕即位之初，循例事佛，但更重視儒學。天和二年即公元五六七年，因寺僧日多，滋生是非，國庫收入驟減，還俗沙門改宗道教的衛元嵩上書請刪寺減僧。此論深合武帝心意，武帝為製造輿論，從天和至建德年間曾七次召集百官及沙門道士等辯論儒釋道三教，甄鸞、道安等先後屢上書駁斥道教，紛紜不息也。天和三年，武帝御大德殿集百僚及沙門道士親講禮記，欲以儒術治天下；建德三年五月始議棄佛，詔僧人道人集京師斥佛教不淨，下詔禁佛道二教，經像悉毀，並令沙門道士還俗，三寶福財散給臣下，寺觀塔廟賜予王公，其他奉祀崇拜禮典所不載者盡除之。又六月，設置通道，觀選佛道名士百二十人，簪著衣冠為通道觀學士，並置官吏統管。建德六年，北周滅北齊，入鄴城，在北齊境內亦推行棄佛之令，沙門慧遠與帝爭論未果，棄佛後，北方寺像幾乎滅絕，僧眾紛紛逃奔江南，這便是史上四大滅佛運動之一。故存世北周期佛像向來稀少，帶有彼時紀年銘者更罕見，今能獲觀此滅佛運動前之保定五年所造觀世音像明確紀年題記實是難得。
是座四面各寬五十四點五，高二十一釐米，四面圍刻銘文並供養人像及其姓名。其正面中刻發願之文，線欄格以框字距，共十二行，行最多六字，計七十言，曰：“大周保定五年歲次乙酉七月辛巳朔廿五日乙已，比丘明藏先發洪願，敬造觀世音石像一區，今雕餝成就，仰願皇祚禮隆及師僧父母，存亡眷屬，法界眾生，有形之軀俱登正覺。”發願文之外端各鑿一供養僧人，頭型寬圓，身壯碩，披袈裟，持蓮枝。旁刻供養人姓名，左為觀世音像主比丘明藏，右為白永郡三藏比丘惠明。座之側背皆供養人姓名近三十人，間隙處有線刻僧人形象，著袈裟，持以蓮枝，均與正面同。若論此題記之字體倒是別具一格也，是為楷書，然篆隸皆及，頗多趣味，拙中見雅，柔中有剛，且字型多帶圓味，自然柔美，是北朝碑版書法由隸變楷體頗為別致一例，值得細品也。
辛丑年六月十六日，遇強颱風居家賞拓而撰。海上慎堂崇建。

鈐印
崇建	慎堂藏拓
季	季
佛像肖形印	季
辛丑	慎堂藏拓
崇建印信	季
別部將軍	慎堂藏拓
慎堂	海上崇建所見所鑒所拓所攷所跋之印
崇建	崇建
季	心賞
慎堂藏拓	崇建

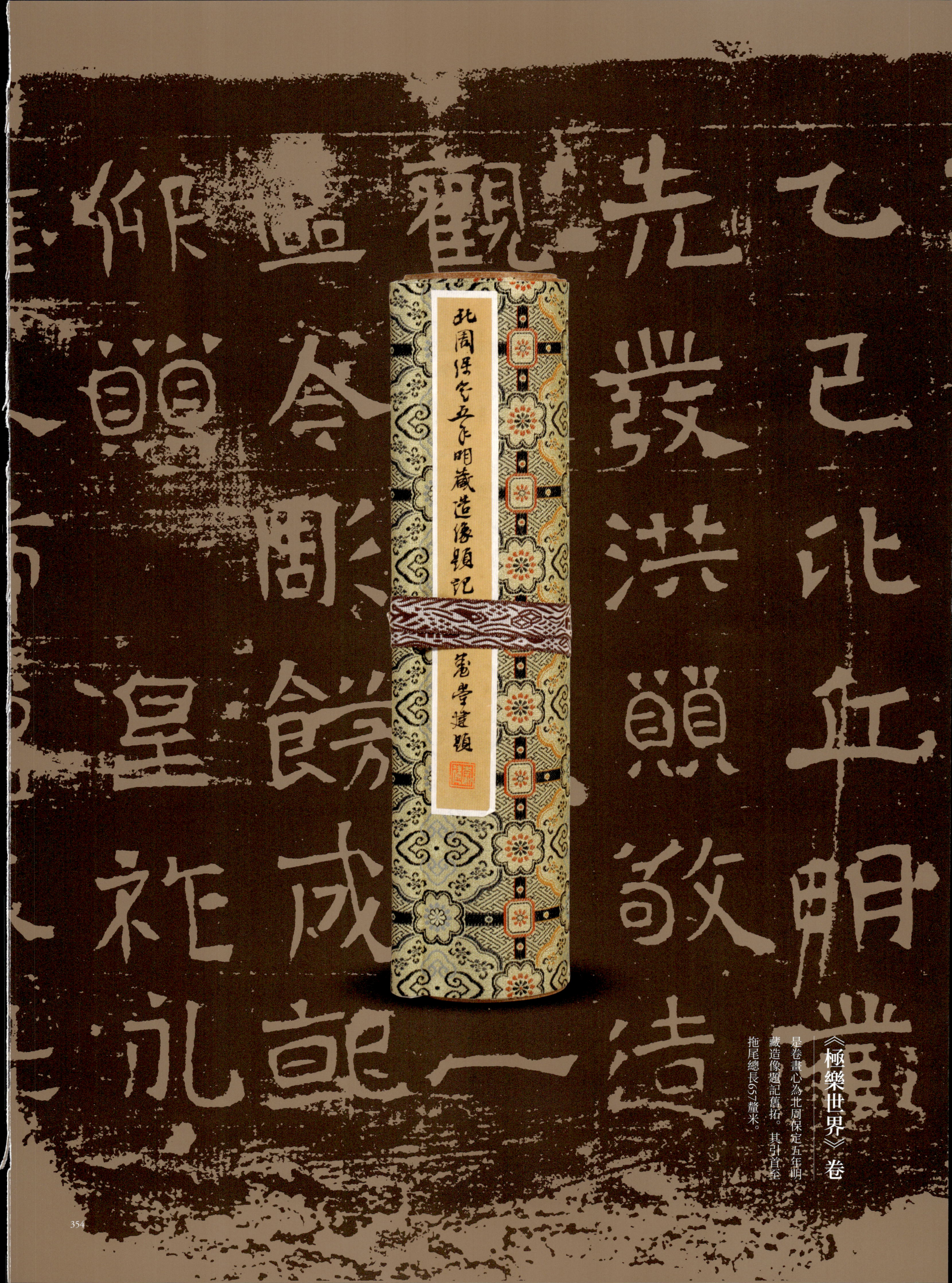

《極樂世界》卷

是卷畫心為北周保定五年明藏造像題記舊拓。其引首至拖尾總長657釐米。

北周建德六年孫惠造盧舍那佛石像銘文拓片
建德六年
歲次乙亥
二月乙巳
廿三日清
信士佛弟
子孫惠藏
為見存息
阿唱身患
得損夫
發願敬造
盧舍石像
一區寶上
為国王帝
主有為七
世師僧父
母居家
屬一切
刑咸同斯
福

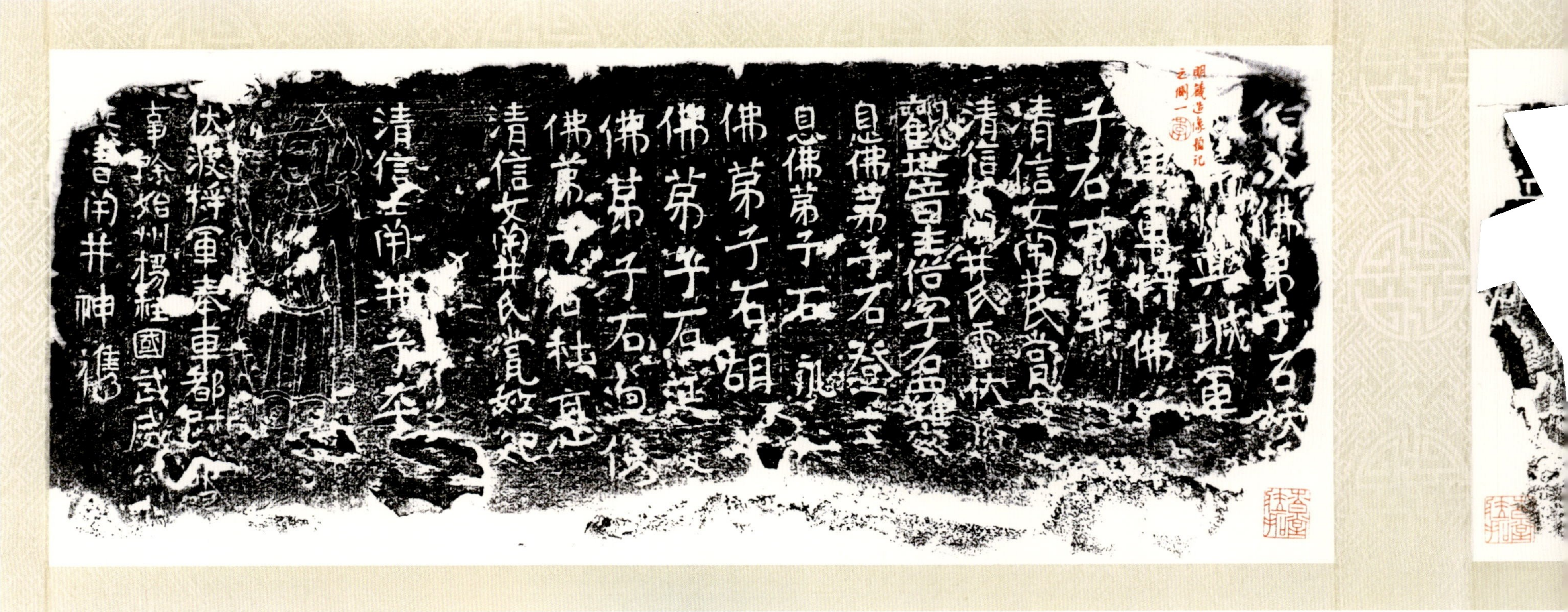

跋北周比丘明藏造像題記

此件北周保定五年之比丘明藏造觀世音石像原座一九二三年出土於陝西渭南蒲城縣城隍廟大殿地下發現後存蒲城碑林彼時已僅見此方形佛像座青灰石質上面蓮花圓座蓮瓣為覆蓮狀形態飽滿豐盈頗具典型的北朝樣式中見插孔應是承佛像之用像已佚可能隨北周時期周武帝滅佛之舉今閱文獻北周武帝宇文邕即位之初循北魏事佛但更重視儒學天和二年即公元五六七年周寺僧日多衍生是非國庫收入驟減還俗沙門改宗道教的衛元嵩上書請删寺減僧此論深合武帝心意武帝為製造輿論從天和至建德年間曾七次召集百官及沙門道士等辯論儒釋道三教先後甄鸞道安等屢上書駁斥道教終於不息也建德二年武帝御大德殿集百僚及沙門道士親講禮記欲以儒術治天下建德三年五月始議禁佛詔僧一道人大集京師斥佛教不淨之詔禁佛道二教經像悉毀并令沙門道士還俗三寶福財散給臣下寺觀塔廟賜予王公其他奉祀崇拜禮典所不載者盡除之又六月詔置通道觀選佛道名士百二十人著衣冠為通道觀學士并置官吏統管建德六年北周滅北齊入鄴城并北齊境內之僧行禁佛之命沙門慧遠與帝爭論未果禁佛後北方寺像幾乎滅絕僧眾紛紛逃奔江南這便是史上的九滅佛運動之一故存世北周時佛像內容稀少常有殘時記年銘者更罕見之能獲觀此滅佛運動前之保定五年所造觀世音像的碑記及題記實是難得

是座四面各寬五十四點五高二十一釐米四面圍刻銘文並供養人像及其姓名其正面中刻發願之文線欄格以框字形共十二行行最多六字計七十言曰大周保定五年歲次乙酉七月辛巳朔廿五日乙巳比丘明藏先發洪願敬造觀世音石像一區上雕飾成就上願皇帝祚隆及師僧父母存亡眷屬法界眾生有形之類俱登正覺　普願文之餘論各鑿一供養僧人頭型寬圓身莊頭戴袈裟持蓮枝旁刻供養人姓名左為觀世音像主比丘明藏右為白水郡三藏比丘惠明座之側背皆供養人共近三十人間隙處有線刻僧人形象著袈裟持以蓮枝均與正面同若論此碑記之字體似是北魏一格也是為楷書兼篆隸者又頗多趣味搨中見雅真中又剛且字型多變圓味自然秀美是北朝碑版書法由隸變楷書體過渡為北碑一派值得細品也

辛丑年六月十六日還海上風雨齋賞拓而撰海上慎齋學廷

觀普爲主比丘明藏
大周保定五年
歲次乙酉七月
辛巳朔廿五日

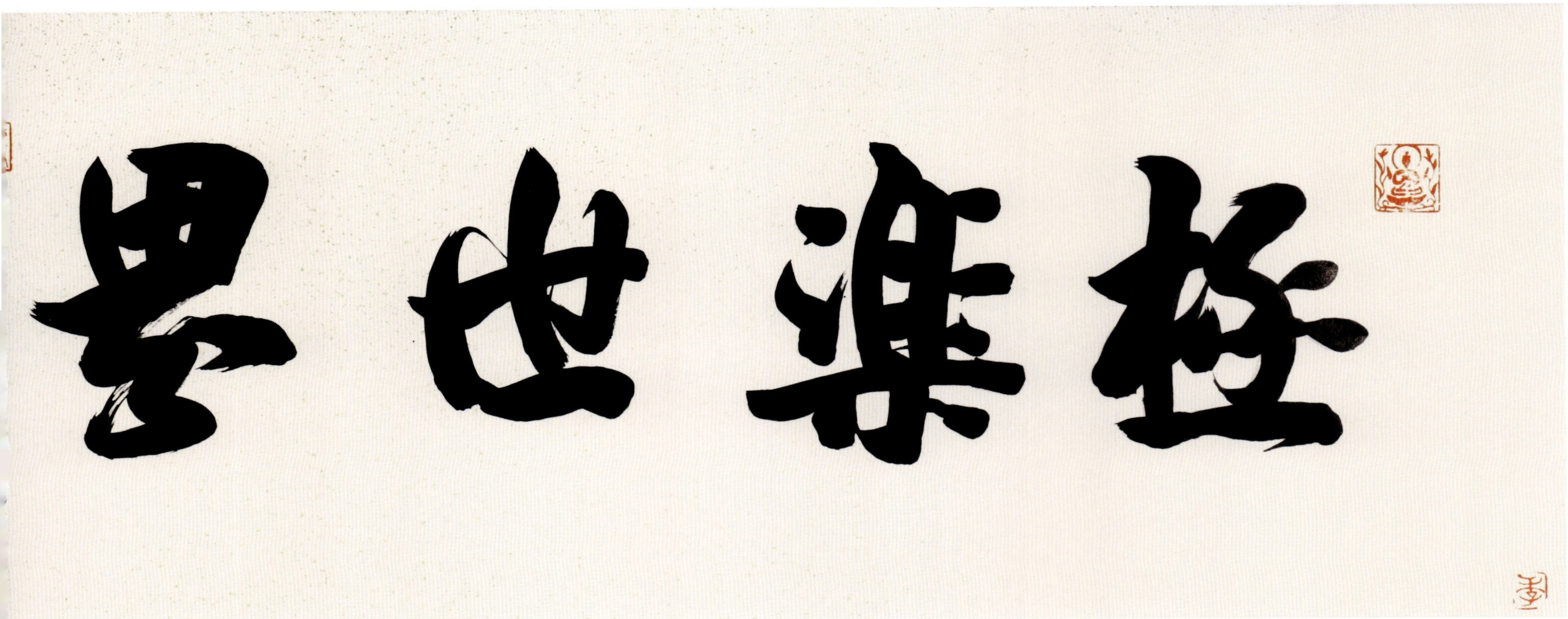
極樂世界

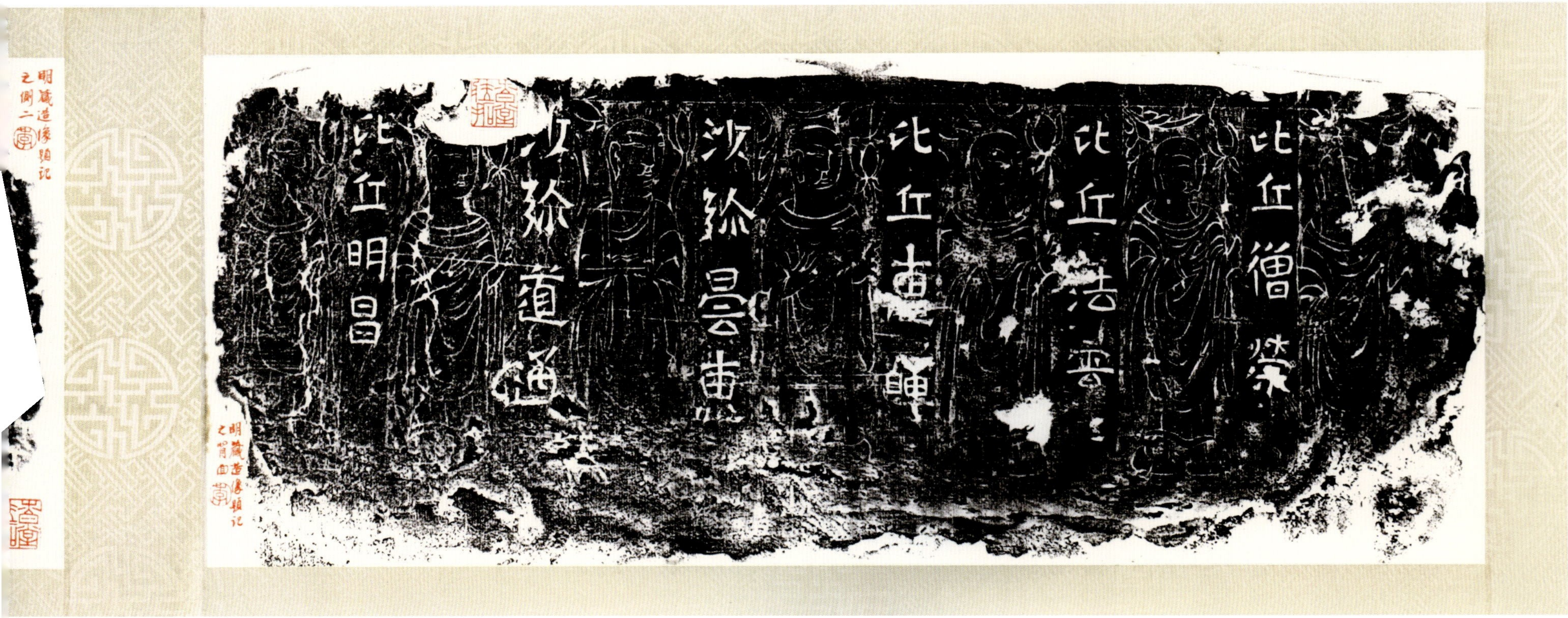

歲在辛丑六月
海上慎堂曹建題
比丘明藏敬造

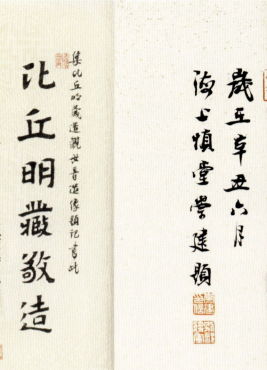

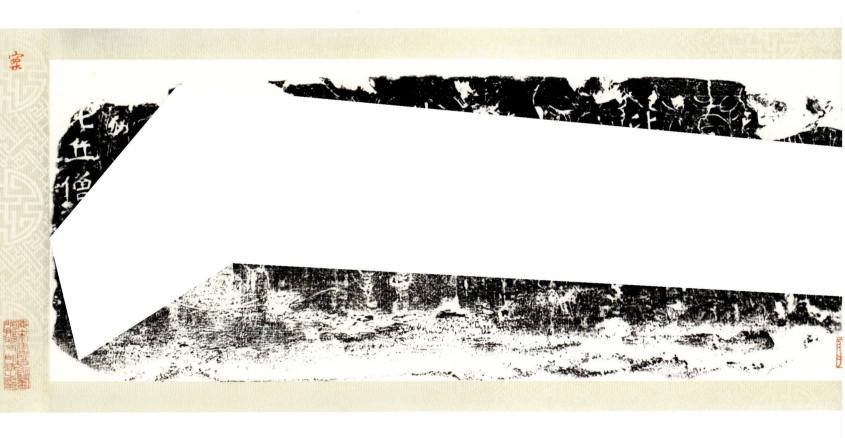

雙身佛石塔

隋末初唐

建業文房藏

128 雙身佛石塔拓片

Pagoda with images of two Buddhas on each side (rubbing)

隋至初唐

右　縱 30 釐米 橫 15 釐米

中　縱 38 釐米 橫 17 釐米

左　縱 30 釐米 橫 16 釐米

題一　雙身佛石塔拓片，己亥年崇建題。

題二　此拓為石塔之左側，龕內刻雙佛善跏依坐，下為素面座。

題三　此拓乃石塔之正面，龕內雙佛拱袖端坐，五官劃法簡潔細緻，神態安詳，著寬袖大衣，衣紋雖寥寥數刀，卻顯得十分自然，結跏趺坐於浮雕之雙壺門座上，下為雙獅烘爐圖案，獅身碩偉，神態莊嚴，以示佛國世界之神秘尊重。

題四　此拓為右側石塔，龕內雙佛並座，形態端莊，皆袈裟斜披，袒露右肩，作說法手印，雙佛之手掌則以內合與外展區分，下為合體壺門座，石塔之背面與同，故不再現。

《佛塔說》

源於西天印度的佛教，最初就沒有雕刻之習慣，據說這是其創始人釋迦牟尼之主張。那麼，佛像之雕刻究竟產生於何時？答案著實令人驚訝：墳墓產生雕像藝術。距今兩千六七百年，釋迦牟尼便開始傳播佛教，引導世人趨向正道，取得信仰者日眾。傳說在他涅槃後，許多弟子與信徒分得遺骨帶回故里，建造墳墓而加以禮拜。由此引出了佛像雕刻藝術。因為在當時，佛教徒將釋迦牟尼的遺骨稱為舍利，又將埋葬舍利的墳墓建成圓球形的高壇，壇基成方形或圓柱形，稱為率塔婆，簡稱為“塔”，這便是塔之由來。對於每個佛教徒來說，供奉舍利的塔最莊嚴，是神聖之地，而將其表面的浮雕裝飾得盡善盡美，自在情理之中。於是，佛像的雕刻藝術活動即從這種裝飾美化舍利塔開始了。然真正揭開佛像雕刻序幕者是犍陀羅式佛像雕刻之產生，因為當時舍利塔表面的浮雕裝飾，僅僅局限於對釋尊生平事蹟之記錄與描述，抑或附飾一些蓮華、唐草圖案，根本不刻釋迦牟尼本尊形象，有的只有象徵性地刻以法輪、台座、佛足跡、菩提樹之類。直至公元前一世紀至公元一世紀半，在當時中印度北部與希臘的交界處，犍陀羅出現了一種由印度傳統藝術吸收希臘及波斯風格而形成之造型藝術，這就是著名之犍陀羅雕刻藝術。這一藝術流派給佛教帶來的最大成就，便是佛像雕刻的豐富多彩。這種仿照希臘神像的雕刻技術，使佛的形象呈現出沉浸、凝思、幽雅之美。及至公元四世紀初，隨著笈多王朝的建立，印度本土化的秣菟羅藝術更注入了新的血液，其在借鑒並融合犍陀羅雕刻風格的基礎上，產生了一種全新的藝術風格和審美情趣，使印度式的佛像雕刻達到了巔峰狀態。由佛涅槃，其舍利被築以石塔供養、祈奉，直至雕刻佛像頂禮膜拜，這種原始佛教嚴禁以人形姿態表現釋尊戒律被打破，除去外來因素之影響外，主要的還是廣大佛教徒為滿足對釋迦牟尼本尊狂熱膜拜之欲望所致。於是，雕刻佛像之創作活動一發而不可收拾，佛教亦終於演化成一個崇拜偶像的宗教。故此，佛教即像教，諸多古籍上如是說，現代的漢語辭典中亦有此專門之注腳。事實正是如此，當佛教傳入中土之第一天起，人們對它第一印象，就是釋尊之形象；而佛教得以在中土普及，靠的也是佛像之傳播與教化。雖然我們無法說清佛教傳入中國的確切時間，但考古與文獻資料表明，中國的佛像雕刻早在公元三世紀左右就開始流行。十六國至北魏，由於帝王階層信奉西來之佛教，尊僧釋經、建寺築塔、開窟造像成為一時風氣。令人興奮的是，那種原本墳墓式之舍利石塔，亦隨著佛像雕刻之東漸，已經變得面目全非。當華夏人認識它並可以去表現它時，這種純宗教式的建築物便不再有神秘感與威嚴感。從改變結構、改變外觀，直至創意雕刻，佛教形象完全演化成一種本土化藝術。首先從造型上和結構上看，它不是建築物，而是供奉對象，它不再是圓拱形頂和方形座式組合，而是上窄下寬，或單體獨立，或由小至大，層層高疊而起之多變形式。它基本以方形為主，每面都若龕式，有龕楣、龕柱，若窟狀之縮形，皆刻作立體或高浮雕、淺浮雕，乃至線刻相結合之多種雕刻形式。從創作風格上與人物題材上看，每面佛龕內主人不再是固式的單體釋尊觀音，而是雙尊、多尊形象，而凡間之侍奉者、供養人亦大膽地置身其中，意寓佛主保佑，與佛同在。傳世之佛像石塔，以單體式而言，以北魏、北齊時期之作品最見特色，大多產生于甘肅、陝西諸地，內容豐富，形式多變，藝術語言通俗，而富有傳統特點。上海博物館為籌建新館並充實中國古代雕刻陳列館，在海外徵得一節佛像石塔節，四面皆刻佛龕狀，其正面作一佛二菩薩像，主尊結跏趺端坐，神態安詳，其衣褶垂獬呈展開波曲狀，脇侍菩薩形體優美、姿態自如，衣著飄垂有風動之感。龕楣作飛天形象，是敦煌壁畫中取得的典型。右面亦作一佛二菩薩像，但龕下刻二動物像：駱駝和牲畜，仿佛使人追憶起在茫茫絲路上伴著駝鈴之聲，帶著牲畜，請回佛主之場景。左面龕內二佛，應是釋迦多寶像，衣著寬舒飄垂，形體秀美，下裳褶紋波曲折疊，錯綜而有層次感，人物坐姿生動，猶如現實之中士大夫形象之真實寫照。龕下一對護法獅，卷毛披遮，誇張而富有美感。背面龕內二菩薩形象，高冠，圓臉，側身跪坐，形體寫實，有較強世俗情調。加之龕下飾以龍紋，更顯出此種佛像雕刻品的生動性、通俗性與創意性。這種四面皆刻如此優美圖像之石塔，實不多見。其人物生動多姿，藝術語言通俗而接地氣，刀法細膩嫻熟，尤其富有世俗情趣。那宛如士大夫的盤膝對坐雙佛，那緩緩而來之駱駝與牲畜，那卷毛長披而不再威武可畏之護法獅子，像是民間舞獅之情節。跪坐之供養菩薩，更覺神情自如，似漢時常見說唱俑像。在這裡，釋眾之人物雖然存在，但其面貌神態則是現實中所取之典型，而附設之圖像更多地體現出傳統之創作特色和世俗之審美情趣。回想（一九）九八年十月，我應山西領導之邀，過往考察民間所藏佛像雕刻品。入晉十天行程兩千公里，無論是上雲岡，下龍門石窟，還是去靈丘、應縣，都能看到一些鮮為人知之品。雖然行程甚偏，我卻堅持要去沁縣南涅水這個點，因為我記得《文物》雜誌一九七九年底三期之文博簡訊欄裡有，曾發一篇題為《山西沁縣南涅水的北魏石刻佛像》之小段報導，據稱有上千件之眾，又云“南涅水出土的石刻造像，和大同雲岡石窟造像相比，具有明顯的特點。它是一

批民間藝術作品，較多地反映了當時下層社會的經濟、文化狀況和人情風俗、生活習慣。其規模佈局、人物造型都比較靈活自由，雕刻線條流暢，尤其在寫實方面，更顯得技術高超，如石塔上的浮雕釋迦牟尼涅槃像，眾僧守屍哭泣，哀感如真；雜技表演、帷幕供佛等浮雕，都反映了當時的社會生活”。如此誘人之內容，豈可擦肩而過。山西沁縣南涅水石刻陳列館距太原數百公里。該館佈局呈圍廊式，房屋簡陋，由於缺乏維修經費，已是破舊不堪，屋內塵土積厚，讓人心寒。負責接待我們的一位長者，正是館長大人。其每天一人守候著這一大批距今一千五百年以上的藝術珍品，卻無怨無悔，還不時遭人搶劫，值得敬佩。我們一行人，只能藉助微弱之陽光觀賞，已覺十分慶倖。那裡最多的是佛像石塔，可謂是佛塔成林，精彩極了。其年代由北魏至隋，以北魏、北齊為主，而且最具典型性，有五節式、七節式、九節式不等。這種重疊式塔型佛像雕刻品是甘肅一帶特產，但山西境內大批出現，以及內容形式如此豐富多彩，實在出乎之意料也。從創作層面上看，此間之石塔式佛像雕刻，技術嫻熟，製作者具有豐富之想象力和驚人的創造力。諸多塔節之刻面都不類同，而且手法變幻無常，或深刻，或高浮雕，人物之形貌往往會突出於塔面，極富立體感。從內容上看，不僅人物眾多，而且充滿著故事情節，讓人百看不厭，百觀不倦。我們瀏覽其間，如同看連環畫一般。我想這絕非一般之民間藝術作品，亦不能僅把它看作是反映下層社會之經濟文化狀況和人情風俗生活習慣之表現形式，而是一種在北朝時期盛行佛教文化大氣候下產生的、有著濃厚地方特色的、極具相當規模之有序創作。盡管這種節節重疊之石塔形式較為單調，但其豐富的內容、生動的情節、極具生活化的人物表現，使之充滿著藝術之魅力。因此從這個意義上講，沁縣石塔就是彼時流行的一種造像碑形式，過去人們可能只把寬扁且豎式的過體石碑看作是造像碑，但沁縣石塔式佛像雕刻品的存在，使我們有理由重新認識這種創作形式之含意，並且應當改變對它之稱法，石塔造像就是佛像造像碑也。二十年過去了，沁縣南涅水石刻再亦未曾謀面，不知今日之沁縣石塔可安好？是否依然故往不變？甚念，甚念！願其再度輝煌，以彰顯我佛像雕刻予世界藝術之林之大國成就。而如右示之雙身佛像石塔，乃我於两千年初，往香港古玩市肆偶得。時逢大陸藝術品市場大興之日，我友逸飛病故，其遺作遂被追捧，港人鄭氏為荷里活道古玩一號人物，於巴黎獲得一批石刻造像。因其把玩商周銅器頗多心得，與佛像雕刻之類並非有緣，故邀往觀，並知我與逸飛先生交情，庋藏佳作若干，言我可將逸飛《水鄉》交換，云云。我應允前往觀像，初見此塔便有失重之感，如此完好，如此精湛，如此不可一遇也，二話不說即以逸飛《周莊黃昏水鄉》一幅，換以北齊至初唐漢白石造像一批。其中計有彌勒佛坐像一尊、菩薩立像一尊、阿難立像一尊、迦葉立像一尊、天王立像二尊、力士立像一尊、旯偏奴立像一尊，以及殘存之大小佛頭若干件，尤其此完美之石塔一件，總計達二十有餘，全部作品皆以漢白玉石雕鑿而成。依石質看，應取材于河北地區，雖其出土地不詳，但從雕刻風格及前述之質地分析，應是該地區所產無疑。而觀其創作風格，應在北齊至初唐時期之物品也。這些作品造型優美，刀法精湛，時代氣息甚濃，且大多妝彩，保留至今，依然鮮豔，是一批近年來難得一見之中國佛刻作品。此塔四面皆刻，塔身為一節，塔頂呈螺旋形，頂部稍殘，四面皆作佛龕狀，上刻淺浮雕龕楣，两側刻龕柱，素面簡潔無紋樣，各面之龕內皆為雙身佛像。這是自北魏以來特有之創作形式，其依據來源於釋迦多寶並坐說法之典故。據佛典，多寶如來是過去東方寶淨世界之教主，他曾發誓願入滅後之全身舍利置於寶塔之中，若諸佛宣談《法華經》時，寶塔必於其前湧現，以作證明。故當釋迦牟尼佛於靈鷲山說完法，師品準備宣講《法華經》之瞬間，忽然有千欄萬龕、千珠萬幡之寶塔慢慢由地下湧出昇起，塔身飄溢芬香，寶鈴隨風作響，場面十分壯觀。於是釋迦牟尼告訴聽經眾人，這寶塔中有如來全身，便是過去東方世界寶淨國土之多寶佛；釋尊還在眾人懇請下，開啟塔門，顯出多寶佛身，同時多寶佛于寶塔中讓出半座，請釋迦牟尼就此入座，釋迦多寶二佛結跏趺並坐，宣說經義。如此動容之佛經內容必受眾信徒传誦與敬仰。在通常情況下，若依經文內容創作人物形象，應是多寶如來本尊像；但從目前所見實物資料看，它始終不像釋迦彌勒諸佛那樣，有單獨形象出現，而是一種釋迦多寶二佛並坐說法樣式。人們亦因此將這種組合形式，習慣地看作是多寶佛唯一形象來塑造和膜拜。可以肯定地講，釋迦多寶二佛並坐佛像，是中國特有藝術形式，早期如北魏時期，除石窟寺泥塑造像外，更多地出現在單體金銅佛造像體系之中，不乏精湛者，其主要產生于河北、山東地區。這固然與二地佛事興盛、傳經內容廣泛有關。而此類單體石刻雙身像，則以（二十世纪）五十年代河北典型之曲陽修德寺所出漢白石雕釋迦多寶雙身像為最優美。更有趣是，還出現雙佛並立、菩薩雙身並立等多種新形式造像作例，大大豐富提高了中原漢式佛像雕刻藝術之觀賞性。如此塔所顯四面皆作雙身造像，實不多見。其正面龕內，雙佛拱袖端坐，五官刻劃簡潔細緻，神態安詳，著寬袖大衣，衣紋雖寥寥數刀，卻顯得十分自然，結跏坐於浮雕之壼門座上，下為雙獅拱爐圖案，左側龕內額雙佛，善跏趺依坐像，下無走壼門，面相之刻劃與前一致，皆袈裟斜披，袒露右肩，作說法手印，雙佛手印則以合內與外展區分，盡管此乃無關緊要之不同，但這恰恰說明彼時藝匠對創作之一絲不苟與無處不在之視覺變化。右側和背面之佛龕雕鑿基本一致，無論面相手姿坐態等都類同，衹是在細微處依然顯現製作者之刻意伏筆。如此之精雕細鑿，實在難得一見，故此石塔珍貴之點多多，然得之全不費功夫，實乃我與佛有緣也。己亥年初八海上崇建記。

鈐印　季崇建印

慎獨齋主

海上崇建所見所鑒所拓所攷所跋之印

季氏

崇建印信

雙身佛石

六拓塔
乙亥年

天王石像

初唐

建業文房藏

129 天王石像拓片
Stone Figure of Heavenly Guardian (rubbing)

初唐
縱 10.5 釐米 橫 7.5 釐米

題一 初唐天王石像
癸卯年伏月廿五辰時，海上慎堂季崇建題耑。

題二 此天王石像與另一同出之天王像，應是一對左右護法天王也。其出土時已未見面貌，左天王像則保存頭部可以參考之。二像鑄刻工藝一致，彼時且敷彩為之。傳拓著水時，紅彩浮現可為證也。與二天王同出有佛、菩薩，並力士諸佛，更有四面雕石塔節，甚是難得，余一一拓之，以為同道共饗耳。癸卯伏月廿六，崇建再題。

案：此尊天王石造像殘高約二十九，最寬處二十一釐米，從其形態上分析應為右護法天王像，頭部已缺失，雖不見其尊容，然身軀之壯實魁偉，姿態之極具張力之表達，依然透出一股咄咄逼人的氣息。天王頸束護巾，肩有披鏄，穿鎧甲，胸佩護鏡，鼓腹扭腰，姿體略顯S狀，左手似作上舉之勢，惜僅存上臂，右臂赤露，握巾帛至下腰，整個身軀纏以帔帛，似有風動之感，使作品更具生命力，這是唐人造像的精明之處。慎堂記。

鈐印 慎堂藏拓
慎堂藏拓
慎堂藏拓
心賞
癸卯
季氏
崇建印信
別部將軍
心血來潮
慎堂
崇建
佛像印
季氏
崇建

初唐天王石像

癸卯年伏日廿五辰時滬上慎堂李崇廷題耑

此天王石像與另一同出之天王像應是一對右為護法天王出土時已未見面貌左天王像則保存頭部可以參照之二像雕刻工藝一致然且氣象為之得紹着紅的紅彩浮現可為證也與二天王同出有佛菩薩力士諸像更有四面勝石幢節甚是難得合一插之以為同道共鑒耳 癸卯伏月廿六崇廷再題

案此尊天王石造像殘高約二十九釐米寬處二十一釐米從其形態上分析應為古護法天王像頭部已缺失雖不見其尊容然身軀之壯實魁偉姿態之極具張力之表達依然透出一股咄咄逼人的氣息天王頭束護巾肩有披膊穿鎧甲胸佩護鏡鼓腹束腰著褲略顯之伐右手似作上舉之勢惜僅存上臂右臂赤露挽巾帛飛于後整個身軀纏以帔帛似有飄動之感使作品更具生命力這是唐人造像的精妙之處慎堂記

護法之神

唐

建業文房藏

130 天王石像拓片

Stone Figure of Heavenly Guardian (rubbing)

唐

縱 15.5 釐米 橫 8.8 釐米

題一 唐代護法之神
癸卯年荷月廿五日海上慎堂崇建於建業文房窗前。

題二 此像為漢白玉石質地，早歲流失海外，二千年後轉售至香港荷裏活道古董鋪，余偶遇即求購，如願歸慎堂。與其同出有天王一對，另者頭、雙腿並左手皆殘，著裝與姿態與此大率相同，如此雙天王石像今已難尋，同類者似未見得。傳為我國西北地區某古塔地宮所出，計二十餘件也，皆回歸故里，甚幸！甚幸！余以傳拓之技一展其貌，並以高科技使之立體呈現，方家可知何以為之否？建又及。

季按：此天王石像乃唐代初期之作，其通高四十一釐米。像作高髮髻，髻紋刻劃具體寫實。面廓方正飽滿，雙眉緊鎖呈S型，眉間起皺，瞪目落睛，高鼻隆起，厚唇凸出，神情威嚴，短頸寬肩，身軀魁偉，頸佩護巾，肩有披髆，著鎧甲，胸前裝護鏡，腰有闊帶，下穿短裙，襞褶刻劃細膩有質感。右手連臂及雙腿皆殘缺，僅見左臂與手，開掌叉腰，整個身體微傾，略顯S狀，生動而富有張力，乃唐時石刻造像之典型作例。

鈐印 慎堂藏拓
慎堂藏拓
慎堂藏拓
癸卯
季氏
崇建印信
別部將軍
心血來潮
慎堂
崇建
季
季氏
崇建

唐代護法之神

癸卯年荷月廿五日海上慎孝學建於建業之居恭書

此像為漢白玉石質也早歲家夫治於二千年前轉售於香港荷里活道古董鋪余偶遇取來睹之頗歸一慎余與其同為有天王一對多有頭與腿並左手皆殘著裝與姿態與此大率相同又此雙天王石像今已難尋同類者似未見得係為我國西北地區某古塔地宮所出計二十餘件也皆回歸故里甚幸甚幸余以偶拓之於一展覽並以之拜持使之主體呈現方寄子知何以為之吾建又及

季陵此天王石像乃唐代初期之作其通高四十一釐米像作高髮髻髻紋刻劃具體寫實面廓方正飽滿雙眉緊鎖呈S型眉弓起皺瞪目落睛高鼻隆起厚唇凸出神情威嚴短頸寬肩身軀魁偉頭佩護巾肩上披鑄着鎧甲胸前裝護鏡腰有闊帶一穿短裙襞褶刻劃細膩有質感右手連臂及雙腿皆殘缺僅見右臂與手開撐上腕整個身體微傾略顯S狀生動而富有張力乃唐時石刻造像之典型作例

力士石像

初唐

建業文房藏

131 力士石像拓片

Stone sculpture of Guardian (rubbing)

初唐

縱 40 釐米 橫 21.5 釐米

題一 唐力士石像拓片

此像通高三十九釐米，漢白石雕刻而成，與其同出一批佛、菩薩、弟子、迦葉、阿難並胡人之像若干，又見石塔一幢，甚是可觀也。今皆藏于建業文房內，其出土地點雖未詳，然其石質並雕工論，應在河北境內無誤也。海上崇建題。

題二 此拓由上海博物館傳拓謝公海元精心製成，其像刀法硬朗高突不平，而能拓裱如此極具觀賞性實屬不易也。今又朱批並作長文以為紀念。崇建又及。

題三 傳拓之技古已有之。清際金石之學勃興，傳拓者日眾，而其所識所鑒所攷所題所跋者亦不在少數，然經自身所見所獲所藏，並所攷所注所題所跋者則不在多數矣。余入上博，見得先賢頗眾，先由馬承源先生引導而入門金石之學，後見秋草先生再教我繪事；再見去疾先生教我唐人寫經之捷經；又見謝稚柳先生推我入書協；又遇萬育成、韋志明先生教我傳拓；又機緣巧合汪公慶正推我籌備敬華，引我入拍行；再逼良為娼般使我重起爐頭下海創業。上海崇源、澳門崇源、香港崇源，遇珍品無數，亦鑒亦藏，後有疾而退，遂成一賞玩之家，閒暇之間揀得舊拓把玩，攷之注之題之跋之，一发而不可收也。又請謝公海元幫我，將近年所獲之金石之品，遴選部分拓之賞之，樂此不疲。右見此拓即其一也。墨書朱批兼之，也算勞作，鍛煉耐心，修養生息，亦可如此消磨時光，眾人所見多有點贊，或曰可展，或曰可售，而我只作玩樂。己亥年初十海上崇建再題於建業文房。

《秀肌肉圖》

此拓所見之力士像，據其石質並雕工視，應在河北不遠處也。其以漢白石雕鑿而就，並敷彩繪色，取以天然礦物質顏料，初觀微見色斑，若著水即顯本色，甚是好看。曾邀某鑒品者觀之，信口贋品，啊呀呀！如此眼力！其實古佛雕之類藝術品，其中一大鑒定要點即是辨色，彼時造像完畢皆著色也，石窟大寺諸尊釋像並法界眷屬如此，寺院單體造像亦如此，民間小像造作更是如此。初視之，僅見痕跡，是因年久而褪却不少，但若著水，則原色必顯也。河北定州曲陽多產上好漢白石，歷朝聞名；又因該地佛事大興，造像之風終年不退卻，技術大進，乃舊時造像刻佛之重鎮也。（二十世纪）五十年代所出一批漢白石造像，至今仍屬首屈一指。後有九十年代山東青州龍興寺遺址所現石刻佛像群之驚人成果。然二處共通點即皆敷彩加色；所不同之處，曲陽系佛像純以天然礦物質料制之，而青州則別有一番技藝，合以不少膠質成分，恐有外來技術之助也，未確，只是推測而已。故鑒古佛雕之真贋，觀色實乃一大要點也。未知此而妄加斷判，實是水準所限。又余向來以為雕塑二字不能混為一談，雕是作（做）減法，塑是加法。若敦煌、麥積山諸泥塑之作為之加法，從無到有，逐一遞加，亦可修改；而龍門雲岡造像乃雕鑿之功，由多至少，無可加，只能減，是為減法；二者相比，自然後者稀奇矣。故造像之功，減法難，加法易。然匠人做減法，亦有補救之技，若雕鑿有誤，亦可若木匠作加固修復，如手缺損，可分別在本體與新拼接處各打小孔，灌入鐵水，鐵水凝固則二處合縫。故在古佛雕上時見鐵質材料嵌入其中，當此也。此批漢白石造像，即有此證，更鐵證其真品無誤也。再觀此像實在有趣，題曰“秀肌肉圖”實不為過。其面部凹凸明顯，眉高翹，瞪目突睛，似有俗話“彈眼落睛”之狀也。面目猙獰，身體健壯，額骨突出，肌肉發達，腰束戰裙，尤其腹部多塊肌肉，無比硬朗，極其顯現出層層塊面，大有秀此為快之感。而裙褶紋理，刻劃富有動感，帔巾纏身而隨風揚起，這種風動之感是入唐以來造像風格之特徵，僅此即可斷其年代大概也。而此風動之感，正好襯托此秀大肌肉者一觸即发之態。在這裡，製作者以明朗有力之刀法，不僅勾勒出護法力士之活脫形象，更顯現出佛國世界之無比神力。關於力士，經典又稱其為金剛像，其形象往往與天王稍有混淆。通常情況下，天王身穿鎧甲，有裝束，恍若一將軍形象，至唐更然；而力士基本裸露上身，戰裙亦簡而披之。前者以著裝內含魁偉示人，而後者力顯全身之肌肉，以震懾世間。在佛像雕刻作品中，對於佛門中人物形象之刻劃，往往會出現神化與美化的矛盾。尤其到了唐代，當世俗的藝術語言滲入到佛教藝術之中，如何使已經神化了的人物重新回到凡間，又不失為他的神聖之容，如何將這些人物形象進行世俗的美化，而又不脫離現實生活，這是擺在製作者面前的難題。然而，智慧的唐代藝術家完美地回答了這個問題，那些被稱為佛國武裝的天王、力士形象，被刻劃得活靈活現，整個造型取以現實中勇猛善戰之將士形貌，作為創作對象，雖然比之北魏時代之造像要寫實些，但亦作了適度的合情合理的誇張，尤其它那威嚴兇狠的神態和表情，被藝術性地刻劃出一種高傲自大、孔武有力之大將風度。因此唐代佛像雕刻的再度繼北朝後而輝煌，其要點就是將原本人性的佛界眾生，換囬到世俗本源，那些具有護法職能的力士像，跟著佛陀一起來到中國，從一開始的誇張大於寫實，到入唐後的寫實多於誇張，更給以現實生活中的真情實感以及秀肌肉般的引人注目，實在是令人佩服。此力士像便是彼時流傳至今難得的典型作例。今覓之藏之拓之賞之實是緣分也。己亥年初十海上崇建記。

鈐印 崇建印信

季氏

季崇建印

海上崇建所見所鑒所拓所攷所跋之印

唐力士石像拓片

132 馮敬造彌勒佛像碑拓片

Inscriptions and images from 'Feng Jing' stone stele of Mile Buddha (rubbing)

唐永徽六年
縱 96.5 釐米 橫 80 釐米

題一 唐永徽六年佛造像石碑拓片，己亥年中秋日海上崇建題。

題二 此拓原石今藏上海博物館，並展陳於新館中國古代雕塑館內。其通高達九十六釐米。雖碑之左上端殘損，但大體依然如原貌，是一塊仿如石窟寺洞龕樣式雕鑿之造像碑。其主龕面積近半居中，龕內供養彌勒主尊，善跏端坐正中，面相豐腴莊嚴，身體碩實有肥厚感。有雙重式蓮瓣頭光，旁置二脅侍菩薩，端莊慈祥，直立而未顯動姿。這似乎不合唐風，然製造者別具匠心地將二者之裸肚凸起，以暗示其身軀富有之動能，妙哉。兩側之小龕各供奉一鋪三尊像，主尊依銘文可知為阿彌陀佛像，各龕頂上有小龕若干，再上一層左、中、右各鑿三龕，龕內皆供奉一鋪三尊阿彌陀佛像，組合形式類同，形體語言亦基本相似，唯左側小龕殘損過半，甚惜甚惜。各龕之下皆刻發願之文，共有八段文字，最可珍貴是碑內左下方之“永徽六年歲次乙卯七月己巳朔十五日癸未李世延母馮敬造彌勒像一鋪”之明確紀年文，其他七處包括主龕下之“周仕方妻馮敬造彌勒像一鋪，上為皇帝皇后七世先亡父母見在眷屬俱同斯福”之主位發願文，亦未明年份，此乃銘文之一要也。其二，銘文所記供奉者姓氏皆清信女及某妻，全然為女性供養。其三，有銘言明上為皇帝皇后，按發願文行文習慣，凡言上為皇帝者大多非尋常人家，應是在位之官吏之家供奉所用格式也，此即典型作例，實存世不可多得，彌足珍貴。其四，是銘文書體中規中矩，且刻格欄，楷法嚴謹端麗，唐風正宗，不論書者或刻者都屬高手。古人造像立碑大多為集資供養，往往善男信女會認定自己所供主尊而立下發願之文在旁，故造像碑銘文大多書風比較隨性草率，但有優秀者，如此碑即可為一也，諸如龍門石窟所留下之龍門二十之品，更可作為書法藝術之典範也。雖然此碑銘文在藝術成就上未能達到如此高度，但與其他造像比當是佼佼者。此拓由馬承源先生贈予我，乃此碑之初拓本，上鈐“上海市文物管理委員會傳拓”之印，印文鐵線，制者吳朴堂先賢，今已不再複見。其分段分塊而拓，裱裝時再拼接而就，亦為一技。由於此碑永久展陳上博屬常設之品，故再要取出拓之實在沒有可能，也許此乃孤品也。今揀得重裝重題，為的是與內道共賞，亦念馬公待我不薄，贈我此寶，鞠躬、鞠躬。特記之。己亥年中秋日海上崇建于建業文房之燈下。

朱批

一 此龕佛像殘損嚴重，其下鑿髮願文，據殘存“□媛□姑造阿□陀像一□為上父母下及己身見此同福”近二十字，可知主尊即阿彌陀佛，旁原置脅侍菩薩，現僅拓見其左者，右大部分已損，並主尊頭起及下半身亦不在，甚惜也。己亥年中秋日海上崇建初題。

二 此主尊為阿彌陀佛像，保存完整，甚幸、甚幸。

三 此脅侍者損半，與右龕同殘也。

四 其下見有發願文云“清信女張敬造阿彌陀像一鋪上為先世父母下及己身見存眷屬俱同此福”共三十字，並見格欄，字體端正秀麗，唐楷之標準也。

五 此乃阿彌陀佛像，其兩旁置脅侍菩薩，一鋪三尊保存基本完好，下鑿發願之文“程君素妻張敬造阿彌陀佛像一鋪”，書體端莊規矩，並劃格成統一大小，整個石碑銘文皆同此嚴謹，足見造此佛像碑之用功。崇建又及。

六 據小龕外側銘文“東孝瑜妻魏敬造像一區”，未知主尊為何，其保存完好。又及。

七 三佛並坐或為化佛形式，其下亦一排。

八 有見施像主姓名“路弘基張世表向”三行共八字。

九 此主尊為阿彌陀佛像，旁見兩脅侍菩薩，形象端莊，刀法嫻熟麗秀也。其下見發願文六行，云“永徽六年歲次乙卯七月己巳朔十五日癸未李世延母馮敬造彌勒像一鋪”共三十字，此乃全碑所鑿發願文中唯見紀年者，頗重要。崇建又及。

十 此龕乃全碑之醒目位置，應是主龕。據銘文可知主尊為彌勒佛像，結跏善坐於多重式須彌座上，旁有二脅侍菩薩，慈眉善目，刀法清晰簡潔，給人寧靜安詳之感。此龕保存基本完好，其龕外下端見存發願之文，七行，界欄鑿刻三十二字，云“周士才妻馮敬造彌勒像一鋪上為皇帝皇后七世先亡父母見在眷屬俱同期福”。歸納全碑發願文，共有七處之多，皆清信女所為，這在存世造像碑中並不多見，且發願文中提到“皇帝皇后”，故可推知此番同屬清信女家府為官吏無疑也。並見一文有永徽六年紀年銘，彌足珍貴。己亥年中秋崇建於慎獨齋窗前。

十一 此龕置一佛二脅侍菩薩，據銘文可知其為阿彌陀佛三尊像也。其下鑿銘文“清信女王及女夫張信敬造阿彌陀像一鋪”。

十二 此龕保存基本完好，無見有殘。又及。

鈐印 海上崇建所見所鑒所拓所攷所跋之印
季氏
崇建印信
佛像肖形印
上海市文物管理委員會傳拓
別部將軍
慎獨齋主
季崇建印
別部將軍
佛像肖形印

唐永徽六年佛造像石碑拓片

133 張氏合邑造彌勒佛像碑拓片

Inscriptions and images from 'Zhang' stone stele of Mile Buddha (rubbing)

唐開元時期
縱 93.6 釐米 橫 80.8 釐米

題 唐開元年張氏合邑造彌勒佛石碑

此拓原石未見著錄，出處不詳，傳為新近出土，乃碑之局部面貌。雙龕並鑿，主龕內一鋪五尊像，主像善跏依坐之彌勒佛，兩旁阿難迦葉弟子及脅侍菩薩各一。因拓工不佳未顯尊容，甚惜。側之副龕亦然，間見五尊像，一佛二弟子二菩薩，是入唐後造像碑之常見樣式。雙龕下分鑿兩段文字，上見發願文十八行，行八字，言“諸張合邑人等可信心弥遠識語非常知財勾炎故能各減家珍敬造石像一區”，其邊緣補記紀年，起首見“開”字，餘下多字缺損，然依造像風格並字跡特徵應可斷為開元之年，其下並副龕下格欄內滿刻供養人姓名，首起“像主張進歡”，又見“施主張遵買”“都維那主張令和、張超世、張晉彰”並眾邑者數十之眾，因碑殘而無可識全矣。辛丑四月海上崇建並識。

按：此拓所見屬雙龕造像樣式，可能是某大型造像碑之中下一段，因拓者未將龕內造像給以全貌展現，故衹能依其人物大致輪廓辨別具唐風也。主龕內之主尊作善跏依坐式，當是彌勒佛特定之姿；身體碩偉，豐胸鼓腹，全然唐時風度。且衣著簡明，褶襞刻畫暢達而不再繁複，有層次而不再過於強調飄動感、沉穩具厚實感，兩旁之弟子與脅侍菩薩亦然。龕之樣式已趨簡括，有趣的是雙龕下之博山爐、比丘形象與護法獅部分各具特色，一是線刻，一為浮雕，人物形象生動，如現實中取得的典型；雙獅皆浮雕於框內，尾部卻翹出框外，且以線刻表示，這種隨意而富有創意的表現手法非唐風莫屬也。又觀其刻銘，字態輕鬆，刀痕已不類北朝碑版，如此堅硬而是順手刻之，似細筆游之，更全然不見隸意，漢味盡去，亦是定其唐碑鐵據也。崇建。

鈐印 慎堂藏拓
別部將軍
海上崇建所見所鑒所拓所攷所跋之印
季氏
崇建印信
慎堂
崇建

唐開元年張氏合邑造彌勒佛像石碑

134 千佛石碑拓片
Thousand-Buddhas stone stele (rubbing)

唐開元時期
縱 224 釐米 橫 141 釐米

題一 唐千佛碑，辛丑仲春海上崇建。

題二 中國古之千佛碑自北魏即已十分流行，入唐亦盛。所謂千佛，極言其多也，未必真是有一千之尊。如上博所藏之北周時期千佛碑，並見此拓所現，皆然也，但氣勢之大，滿目皆是佛主，似數之不盡之感，猶如引入一個佛國世界。民間能得此千佛拓者寥寥，故當寶之。海上慎堂崇建再題。

題三 佛，海上崇建供養。

《千佛帶來的幻想》
去歲，聞上海工美古籍善本專場上拍一批舊拓，即往觀之，其中一通唐千佛碑拓極喜歡，雖殘破不堪，卻見之令人興奮。首先是尺寸較大，縱過二米，橫過一米四十，乃鉅製也。其次，想起我司職上海博物館二十年之藏品中亦有類似千佛之碑，較之更碩，是北周時造作。石碑四面滿刻排列整齊之小型佛龕，正背皆作，二十六行，行十六，龕左右兩側每行見三龕，而龕內千篇一律皆置一佛結跏端坐於須彌座上。其形體雖小，但佛之面貌、衣著褶紋等刻畫一絲不苟，碑之正面上端居中作一大佛龕，內作釋迦牟尼及其眷屬弟子、菩薩、天王諸像，並見兩護法獅；背亦有一龕，中置交腳彌勒菩薩及其弟子、脅侍、菩薩、天王諸像，亦見護法獅一對；碑之左右側中間也有思維菩薩、觀世音菩薩及供養人像等專龕設置。
再觀此拓，所現之眾佛未置佛龕，全碑造像十三行、行十四尊，各有一舟形大背光。佛作高髻，面相飽滿，神情端莊慈祥，雙手合前，結跏端坐，著袒胸寬袖大衣，下裳遮膝，褶襞刻劃簡潔，但仍見層次與質感，雖粗觀千佛一面，細審之，卻見若干佛面稍側略仰，足見製作者別有用心也。在中間數行佛像間隙處還刻有一些供養人姓名，如清信士瞿永清、信士瞿覆北及清信女董煥、清信女馮姬等字，皆楷體端正而具唐風也。
對照上博碑，此碑雖在整體佈局與製作工藝上比前者略微遜色，但氣勢上則表現出有唐一代的大方與豁達之態。
千佛是北魏以來，在石窟寺或寺外單體造像中比較流行的題材，亦即佛經中所謂“賢劫千佛”。“賢劫千佛”是佛教中的術語，說是過去、現在、未來三住劫，各有一千佛出世。其中現在二住劫，名曰“賢劫”。此住劫有二千增減，前八增減中為佛之出世；第九減劫始有佛，是為千佛第一，次為拘拿含牟尼佛、迦葉佛、釋迦牟尼佛等九百九十餘佛，合稱千佛。然而這種嚴格繁瑣的經軌沒有難倒佛教之藝匠，在他們的創作意念中，雕刻千佛之碑，只是為了創造一種氛圍，描寫一種佛國景象，使觀者面對佛碑產生一種精神的幻化。盡管千佛排列整齊，面目卻略顯不同，那種難懂的佛教語言，經過一番藝術加工變得通俗易懂；那種原本無生命的佛造像變得富有情感、富有人性了。看著這千佛之碑，人恍若進入幻想中的佛國世界，其妙處就在於那種端目整齊的千佛，會讓你的視覺產生錯覺；加上每尊佛像都不再是千篇一律的，並且帶著微笑，當人們全身心地注視著它時，一種夢幻般的佛國之景便會油然而生，這也許就是千佛之魅力所在、千佛碑之藝術魅力所在吧。辛丑三月初一吉日海上慎堂季崇建寫于建業文房之慎獨齋窗下。

案：此拓應是千佛碑之陰，未知正側或更精彩，亦未知原石今歸何處，一云恐在陝西藥王山石刻群間，待攷。海上慎堂。

鈐印
心賞
季氏
崇建印信
海上崇建所見所鑒所拓所攷所跋之印
季氏
崇建印信
季
慎堂
慎堂藏拓
愛不釋手
別部將軍
慎堂
崇建
季
慎堂
崇建
季
慎堂

唐千佛碑

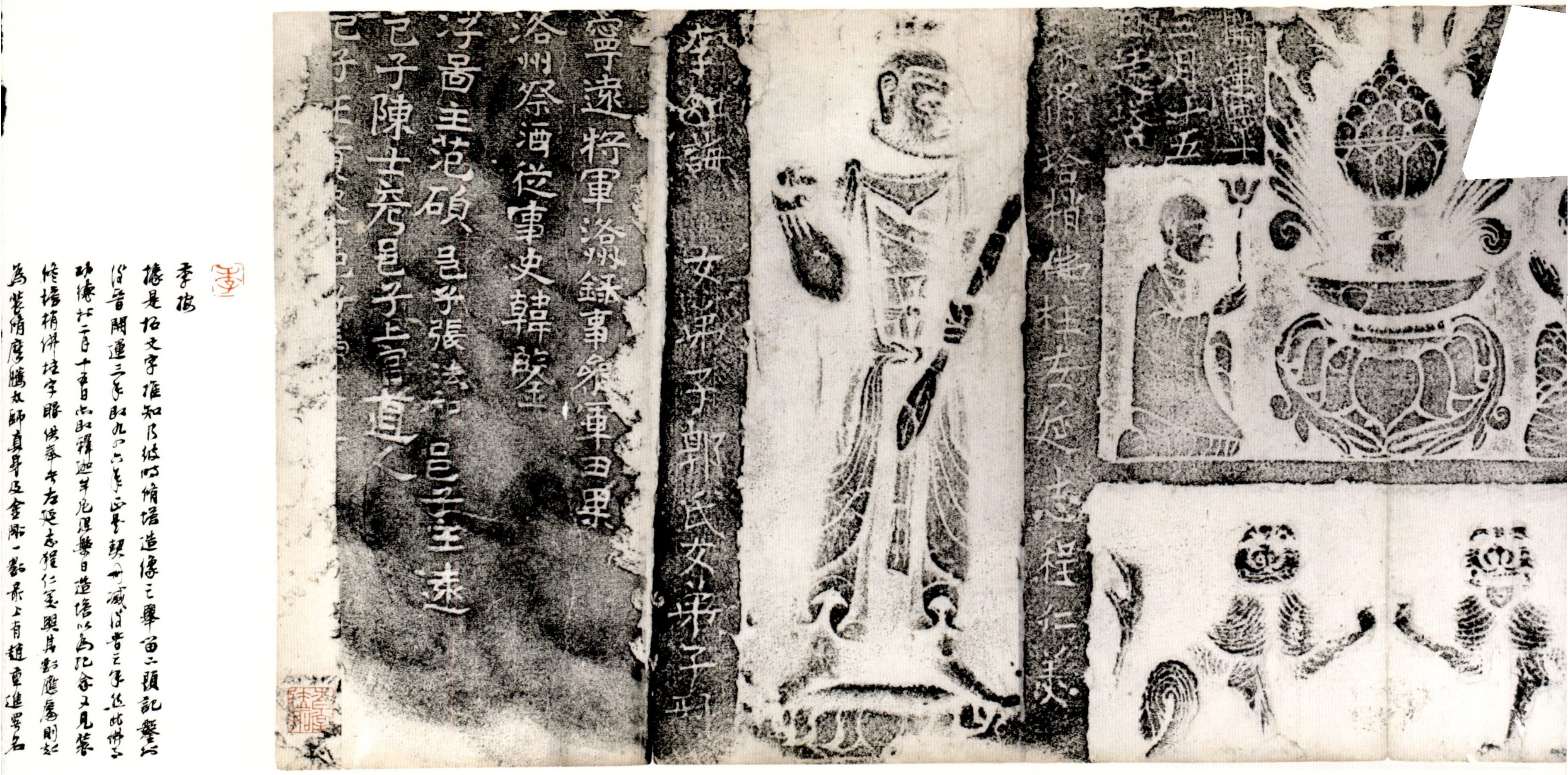

此拓所見即是明證。崇建。

拖尾　《跋後晉趙重進等修塔造像之卷》

上月，聞上海工美有拍古籍文獻專題，其中舊拓若干對我胃口，若龍門二十區之一《安定王元燮造像題記》舊拓、若《北齊法義等造像碑》之舊拓及此拓皆我心儀之物也，故志在必得，未料竟一二手便取入囊中，甚喜。觀龍門二十品之《元燮造像記》固我最愛，即重裝以為手卷，題之跋之，興味足矣。然此《趙重進等修塔造像》舊拓初為經折裝若一冊經文而已，有損傷，思量後改作手卷，如《元燮造像記》拓本卷當是最佳方案。故由丁姓裝裱師傅修繕改裝成此一卷，前有“唐風”二字引首，拓本為心，前作朱題，後見墨按，更舊稱《洛州錄事參軍田果造像》之誤，改謂《趙重進等修塔造像》之名；又言拓片中所示圖像唐風依舊云云，然空間所限，意猶未盡，再作是跋贅言了。

此拓原跡未攷，應在洛陽古地。此亦僅依拓側有前人墨筆二題，今重裝時附於拓片之前。一曰“洛州錄事參軍田果造像河南洛陽”，鈐朱文“少笙”印；一曰“洛州錄事參軍田果造像開運三年三月河南洛陽”，鈐朱文“辛丑”半通印，筆跡基本一致，應一人所題。正巧今年農曆亦為辛丑，以其紙質舊氣程度並拓工觀察，非六十年前亦即公元一九六一年之舉，至晚應是一九〇一年即清光緒二十七年之物也。百年之拓今能歸於慎堂，於它於我皆是緣分，再過一干支，此物當歸何處何人又作何等評判，自不敢思矣，願後來者愛之寶之。辛丑七月崇建。

鈐印		
	慎堂	慎堂
	辛丑	崇建
	心賞	季崇建印
	愛不釋手	慎堂藏拓
	別部將軍	季
	佛像肖形印	崇建
	崇建印信	海上崇建所見所鑒所拓所攷所跋之印
	少笙	心血來潮
	辛丑	崇建
	辛丑	佛像肖形印

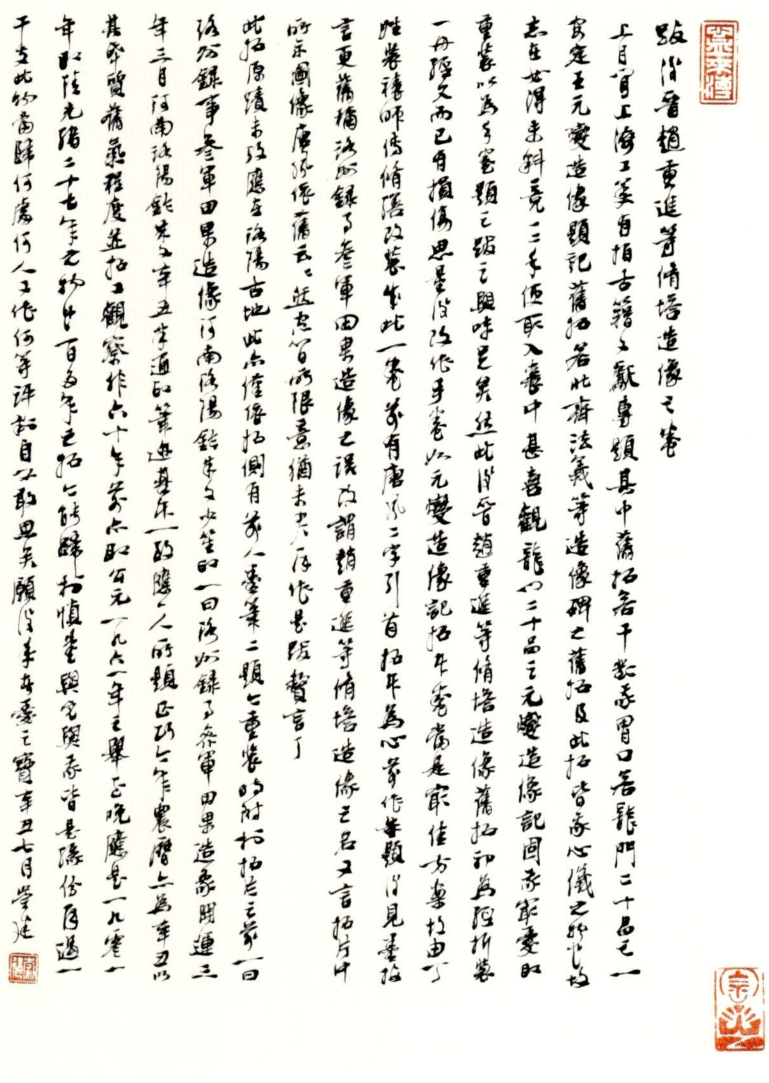

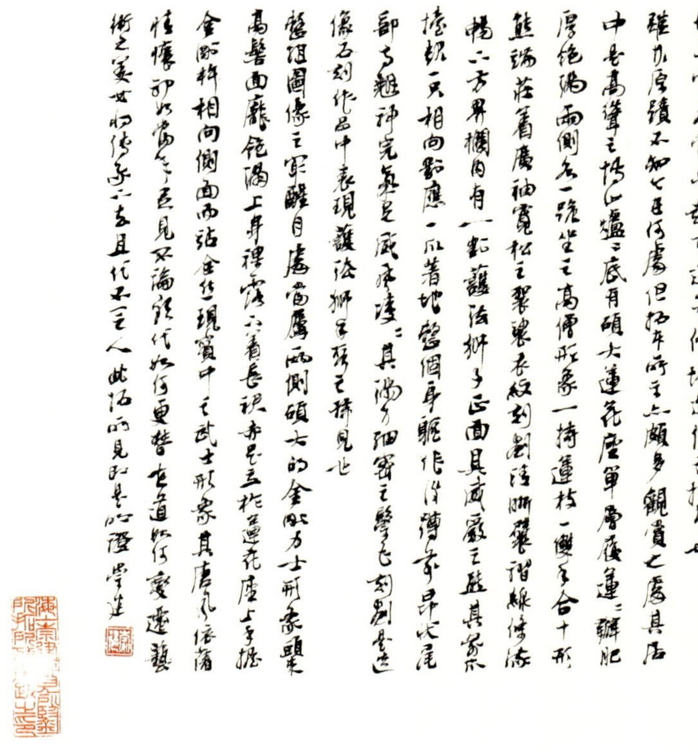

135 趙重進等修塔造像題記拓片卷

Inscriptions of 'Zhao Chong Jin and others' and images on Pagoda (rubbing in scroll)

後晉開運三年

畫心拓片　縱 33 釐米 橫 98 釐米

題簽　後晉開運三年趙重進等修塔造像題記，辛丑七月海上崇建。

引首　唐風

歲在辛丑六月，題後晉趙重進修摩騰大師真身及金剛像舊拓，海上慎堂季崇建于建業文房。

畫心

題一　洛州錄事參軍田果造像，後晉開運三年三月，河南洛陽。

題二　洛州錄事參軍田果造像，開運三年三月，河南洛陽。

題三　後晉開運三年趙重進等修塔造像題記

是拓舊稱《洛州錄事參軍田果造像》，未妥。田果者乃側記諸供養者之一，而在拓本居中上端有"趙重進"者，並見"開運三年二月十五日造塔與裝修摩騰太師真身及金剛一對"之記，故應更為《趙重進等修塔造像》。辛丑六月海上慎堂崇建題。

季按：據是拓文字推知，乃彼時修塔造像之舉留下題記。鑿於後晉開運三年，即九四六年，正是契丹滅後晉之年。然此佛事功德於二月十五日，亦即釋迦牟尼涅槃日，造塔以為紀念。又見"裝修塔梢佛柱"字眼，供養者左延志、程仁美，與其對應處則刻為"裝修摩騰太師真身及金剛一對"，最上有趙重進署名，故其定名當是"趙重進等修塔造像之拓本"也。

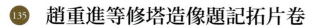

雖其原跡不知今在何處，但拓本所示亦頗多觀賞之處。其居中是高聳之博山爐，爐底有碩大蓮花座，單層覆蓮，蓮瓣肥厚飽滿，兩側各一跪坐之高僧形象，一持蓮枝，一雙手合十，形態端莊，著廣袖寬鬆之袈裟，衣紋刻畫清晰，襞褶線條流暢，下方界格內有一對護法獅子，正面具威嚴之態，其前爪抬起，一隻相向對應，一爪著地。整個身軀作後蹲前昂狀，尾部高翹，神完氣足，威風凌凌，其滿身細密之鬃毛刻劃是造像石刻作品中表現護法獅手段之稀見也。

整組圖像之最醒目處當屬兩側碩大的金剛力士形象，頭束高髻，面龐飽滿，上身裸露，下著長裙，赤足立於蓮花座上。手握金剛杵，相向側面而站，全然現實中之武士形象。其唐風依舊，情懷初如當年，可見不論朝代如何更替，世道如何變遷，藝術之美必將傳承下去，且代不乏人，

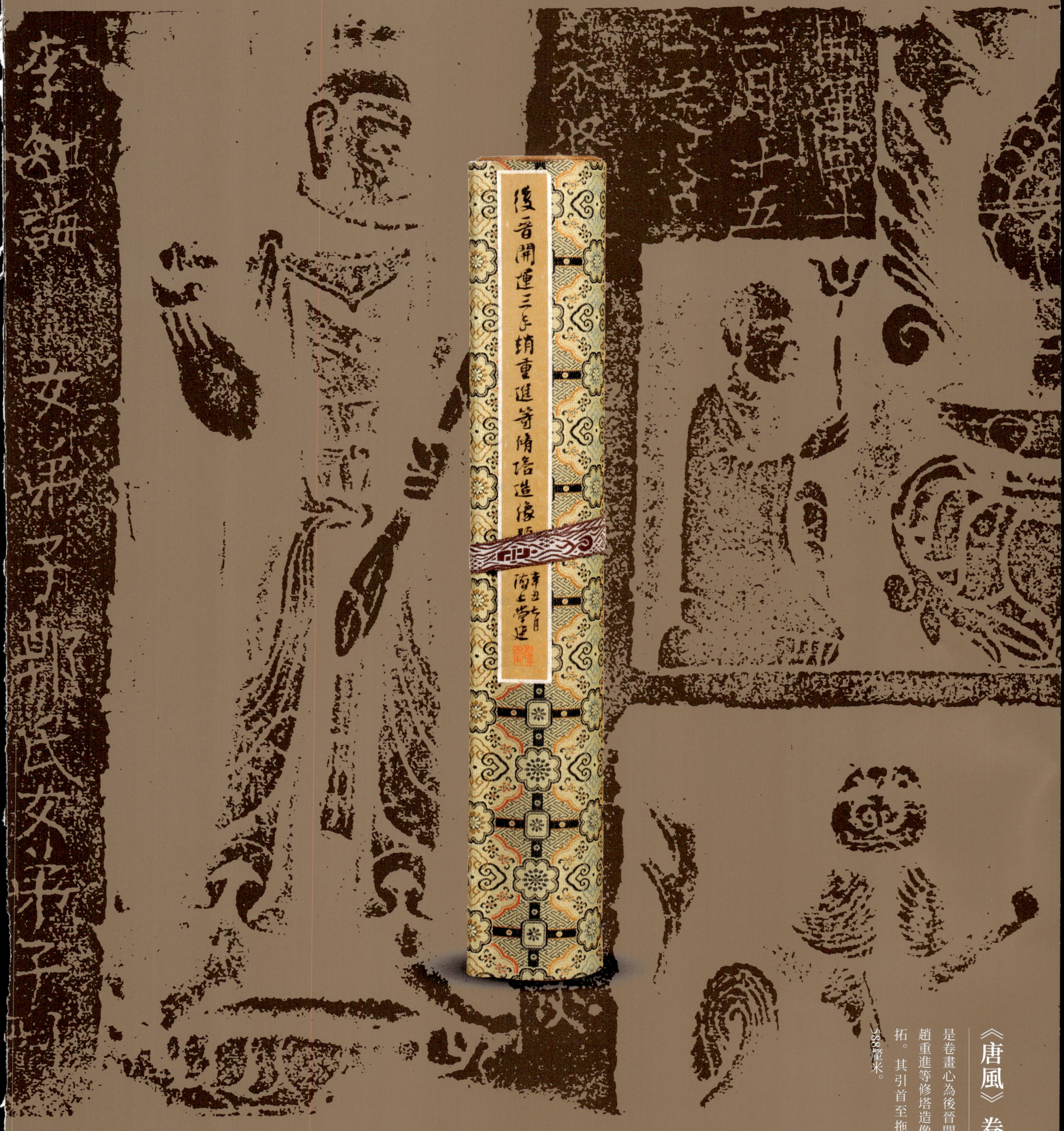

《唐風》卷

是卷畫心為後晉開運三年趙重進等修塔造像題記舊拓。其引首至拖尾總長588釐米。

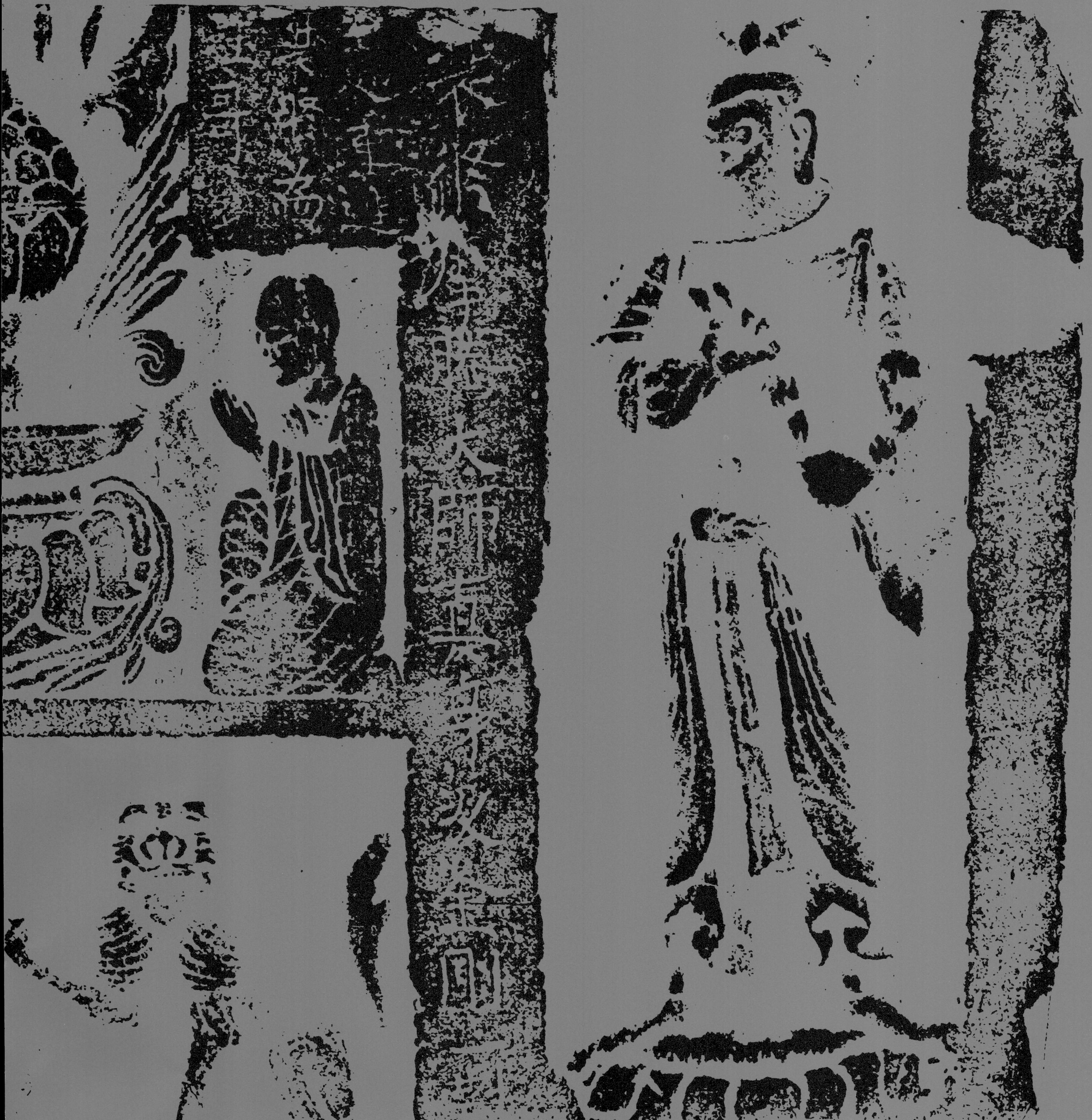

唐風
歲在辛丑六月

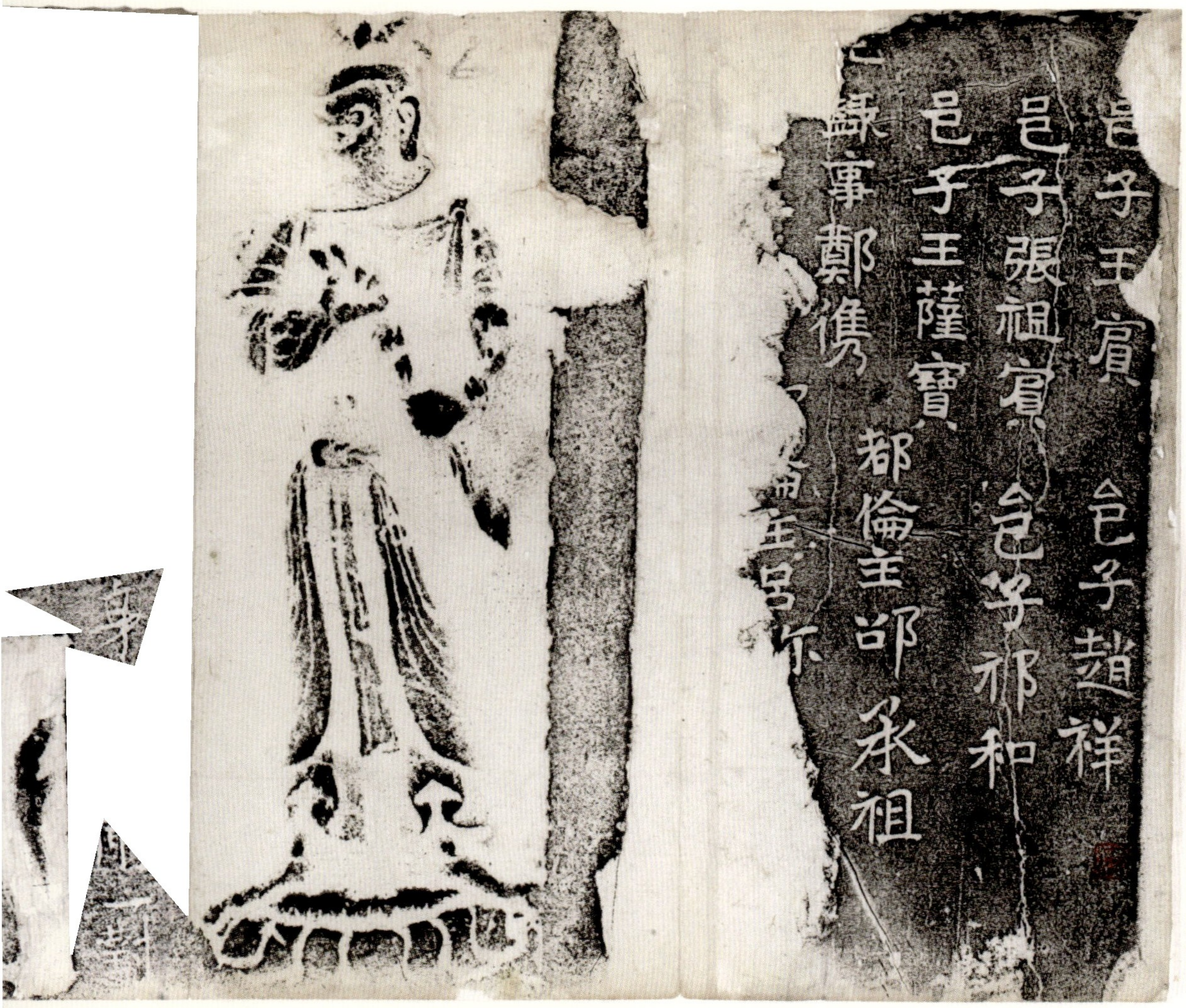

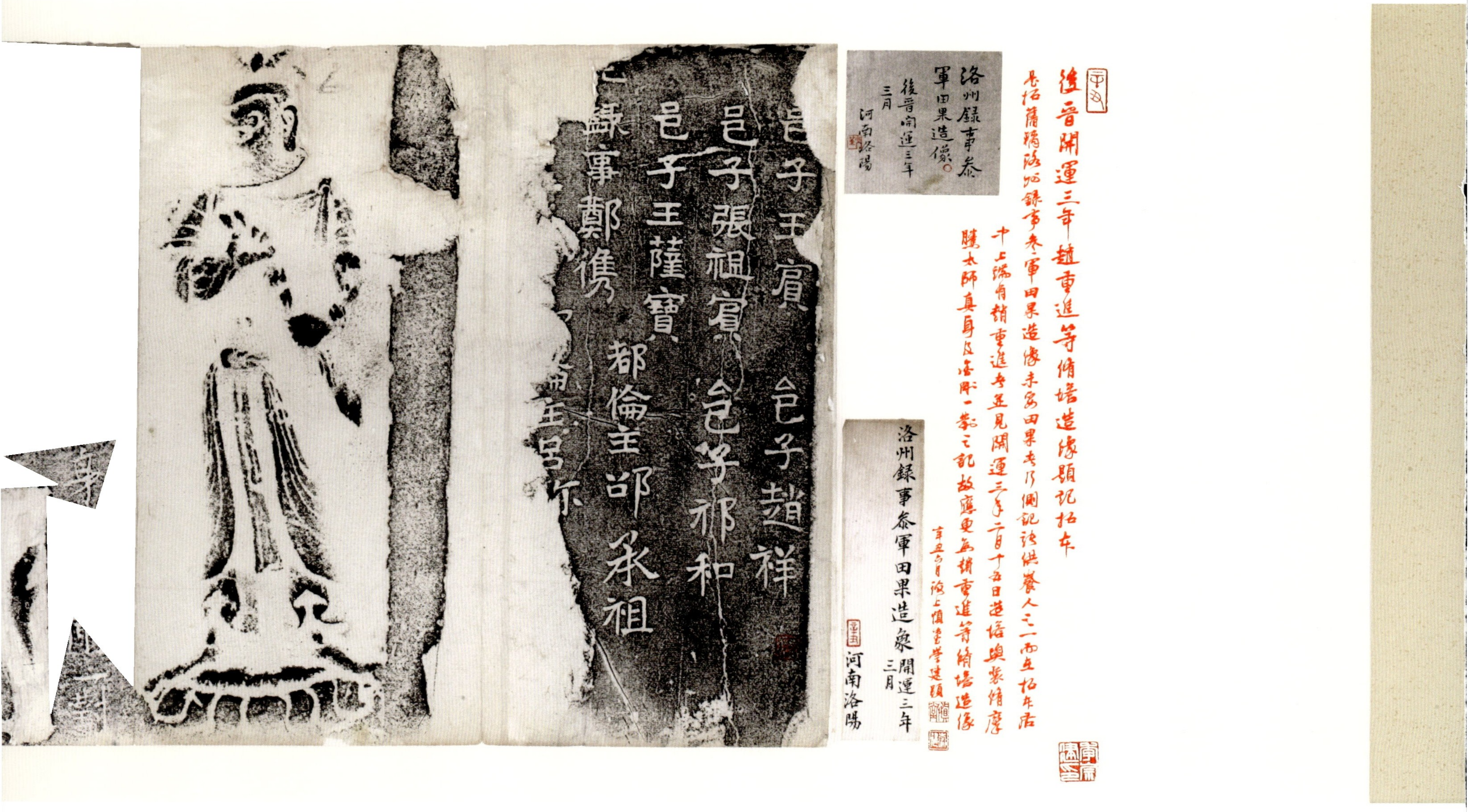

洛州錄事參軍田果造像
後晉開運三年
三月
河南洛陽

洛州錄事參軍田果造象
開運三年
三月
河南洛陽

後晉開運三年趙重進等脩塔造像題記拓本

是拓舊稱洛州錄事參軍田果造像未審田果者乃側記諸供養人之一而在拓本居中上端有趙重進者並見開運三年二月十五日造塔與裝脩摩騰太師真身及舍利一所之記故應更名趙重進等脩塔造像

辛丑六月滬上慎堂學達題

136 響堂山石窟無量義經歌決刻石拓片軸

Inscriptions of the Amitartha Sutra from Xiangtangshan Grottoes (rubbing in hanging scroll)

北齊

縱 131 釐米 橫 111 釐米

詩堂 響堂山墨影

歲在辛丑八月，偶得響堂山無量義經舊拓重裝並題，海上慎堂崇建。

題 響堂山石窟無量義經歌決刻石拓片，辛丑年八月初海上崇建。

案：此拓原跡在北響堂山第八窟（原第三窟區，去歲新編為第八窟），俗稱“刻經洞”之後室前壁右側。內容即中天竺沙門曇摩伽陀耶舍於建元三年傳入中國之無量義經歌決部分。據攷證，此刻石完成于北齊時期，保存至今完好未損，實乃大幸也。其字跡鑿刻堅定有力，間架結構端正規矩，亦楷亦隸，筆劃以柔克剛。通篇精氣神俱佳，是北朝時期出現之特有隸楷書風中佼佼者。今慎堂覓得其舊拓，實屬三生有緣，當寶之。辛丑八月海上季崇建于建業文房窗前。

《響堂山石窟斷想》

如果說龍門石窟造像在北魏時達到登峰的程度，那麼響堂山石窟造像便在北齊時取得造極的成就。它給我最初的印象，是流失海外並在歐美重要博物館展陳東方雕塑藝術中居於顯著位置的、或完整或局部的佛陀形象。上世紀九十年代應英國皇家古董協會之邀，我到倫敦訪問演講，第一次在維多利亞阿勃特博物館見到如此精美的響堂山造像，不論整身還是一個臉部的微笑，都會讓你駐足久仰，流連忘返。那種由表及裡的美，任何人看到它，即使不知道它代表什麼，也會懂得去欣賞它。因為作品的主題與寓意在這裡已經變得不再重要，製作者以其無可挑剔的技藝，將原本深不可測佛國形象刻畫得極富人性，尤其在形體的表達方面不再是前期那種強調肌體的表達和動作的奮張，而是追求整體的和諧，散射著慈祥而平和的光輝。雖然西方人至今都不太懂得東方文明的真正意義，但對於中國佛像雕刻藝術尤其北齊時期響堂山造像作品，哪怕是一個局部殘件，他們都能如此珍愛地展示在高大上的藝術殿堂中，這說明西方人似乎比我們更早看到了中國佛像之美。早在上世紀二十年代，瑞典的喜龍仁就對米開朗基羅的作品與中國佛像雕刻作品做了比較，並在《五至十四世紀的中國雕刻》一書中特別讚美龍門大像：“這是一件完美的藝術品，一種精神性的追求在鼓動著，並且感染給觀者。這樣的作品使我們意識到文藝復興的雕刻雖然把個性的刻畫推得那麼遠，其實那只不過是生命淵澤之上一些浮面的漪淪。”有如此中肯的理論支撐，中國美到極致的佛像雕刻品不被盜去海外才怪。響堂山石窟那些個最美北齊造像幾乎盡失的原因恐怕就在於此吧！有人說，這是國弱所致，差哉！如果作品不美，會有人看上嗎？這就是因為美害了自己，美了別人的緣故。

二〇一三年夏，我因為一件宮廷屏風而探尋當年“古董大鱷”踪跡，與上海博物館文物修復師張珮琛與好友金盼同往賓州大學博物館參觀。所謂“古董大鱷”就是賣給賓大昭陵“二駿馬”的盧芹齋，而宮廷屏風亦經他轉售至美國後又去了歐洲。然而當我們一行踏入賓大博物館展廳的那一刻，卻得到了更多有關響堂山石窟造像的資訊。據陪同我們參觀的原上博同仁，後為賓大博物館研究員的周秀琴博士介紹，一九一〇年冬盧芹齋初到北美開拓古董生意時，做的第一筆生意就是來自響堂山石窟幾乎與人等高的八尊石佛像。由於彼時賓大湊不到足夠資金，只留下其中三尊，其餘五尊今由美國紐約大都會購藏。當年的高登館長酷愛亞洲藝術，懂得考古，更對石刻藝術有著濃厚興趣，現今賓大博物館內除了三尊響堂山石刻立像，還有幾件出自響堂山石窟的佛與菩薩頭像，尤其兩尊脅侍菩薩頭像，顯得格外優雅。那高聳的花冠極具立體感，寬碩的臉龐充滿著富貴氣息，細刻的雙眉流暢舒展，高而挺的鼻樑更具莊嚴之氣，那厚唇小嘴因嘴角微微凹入而帶出一絲笑意，使原本神聖之容變得親和起來。這就是以響堂山石窟造像為代表的北齊特色，實在令人一唱三歎。

可惜的是，今天的響堂山石窟早已沒有昔日精彩與輝煌，看不到那些美的形象，只留下些許美的輪廓與美的幻覺。那些可以觀賞令人心悅，那些可以觸摸令人心跳的實體之美，只能去到歐洲和日本彌補了。如今，偶而在國際拍賣市場上還會出現一件來自響堂山石窟佛像舊藏，那一定會追捧者無數。記得多年前倫敦上拍一件出自響堂山的佛弟子雙手捧盒殘件，那雙手十指刻劃得生動細膩，活靈活現，僅僅一個局部，這種殘缺之美真是讓人愛不釋手。標價四萬英鎊，追至陸拾餘萬才落槌。我也是彼時的競標者，今日想想還是一個漏。

我曾三度參觀響堂山石窟，盡管沒有（看到）北齊時最美那一部分，但是似乎能到達一個產生美的地方亦是一種享受。當然仍有一些可觀之處，比如刻經洞旁留下的諸如“無量義經歌決”之跡，書體之美，鑿刻刀法之精，乃北朝石窟書法佼佼者也。這種亦楷亦隸、以柔克剛之書風令人歎為觀止。居然我有緣能覓其舊拓，實是三生大幸也。

辛丑年八月初八，遇颱風居家斷想並書之，海上慎堂季崇建。

鈐印 佛像肖形印
辛丑
季崇建印
慎獨齋主
愛不釋手
季崇建印
心賞
季氏
崇建印信
季
慎堂
崇建
佛像肖形印
慎堂

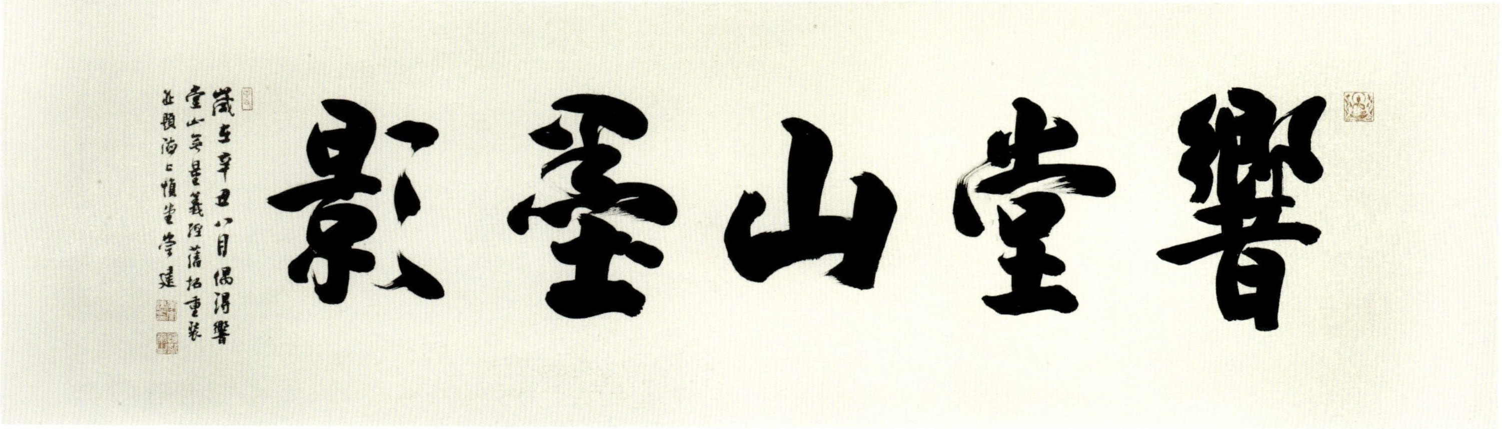
響堂山墨影

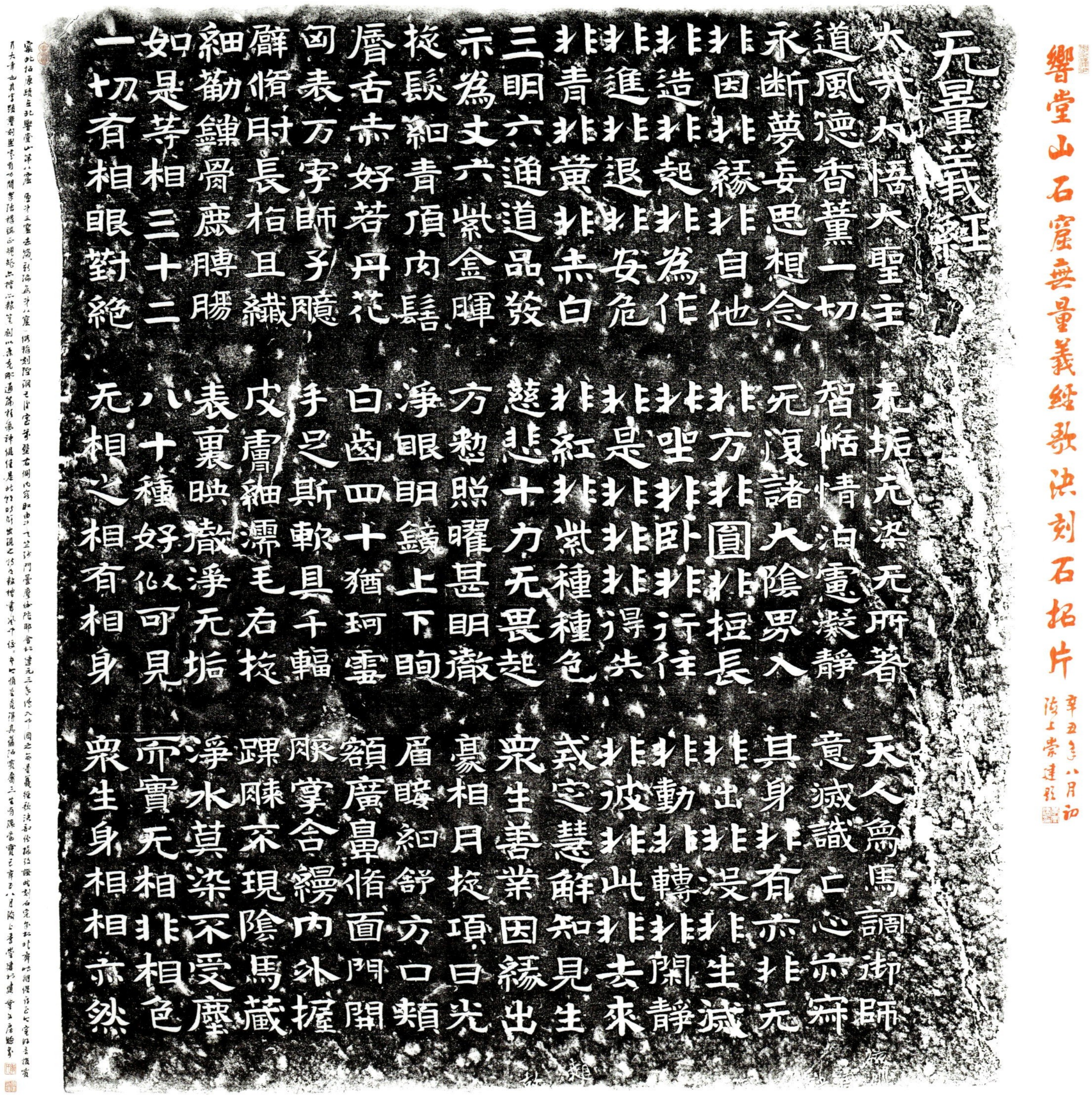
響堂山石窟無量義經歌決刻石拓片
无量義經
大哉大悟大聖主
道風德香薰一切
永斷夢妄思想念
非因非緣非自他
非造非起非爲作
非進非退非安危
非青非黃非赤白
三明六通道品發
示爲丈六紫金暉
旋髮紺青頂肉髻
脣舌赤好若丹花
匈表万字師子臆
臂脩肘長指且纖
細筋鎖骨鹿膊腸
如是等相三十二
一切有相眼對絕
无垢无染无所著
智恬情泊慮凝靜
无復諸大陰界入
非方非圓非短長
非坐非卧非行住
非是非非非得失
非紅非紫種種色
慈悲十力无畏起
方整照曜甚明徹
淨眼明鏡上下眴
白齒四十猶珂雪
手足柔軟具千輻
皮膚細軟毛右旋
表裏映徹淨无垢
八十種好似可見
无相之相有相身
天人象馬調御師
意滅識亡心亦寂
其身非有亦非无
非出非没非生滅
非動非轉非閑靜
非彼非此非去來
戒定慧解知見生
衆生善業因緣出
毫相月旋項日光
眉睫紺舒方口頰
額廣鼻脩面門開
腋掌合縵內外握
踝膝不現陰馬藏
淨水莫染不受塵
而實无相非相色
衆生身相相亦然

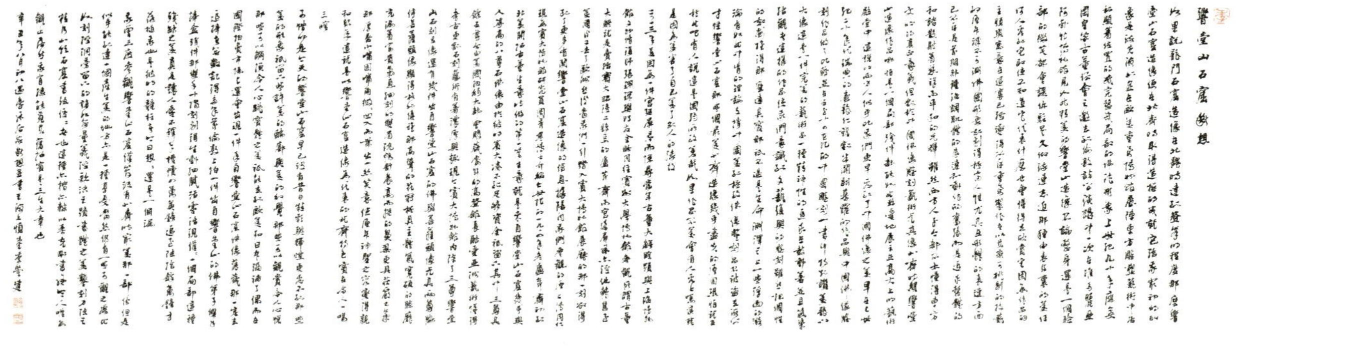

137 響堂山石窟維摩詰經刻石拓片軸

Inscriptions of the Vimalakirti Sutra from Xiangtangshan Grottoes (rubbing in hanging scroll)

北齊
縱 124 釐米 橫 122 釐米

詩堂 響堂寺刻經
辛丑臘月初，覓得響堂山第八窟刻經洞左前廊東壁之唐邕寫《維摩詰經》拓片，北齊隸書絕唱，崇建題。

題一 歲在壬寅初七午時
響堂山石窟《維摩詰經》刻石拓片軸
此拓原跡今在河北北響堂山之第八窟刻經洞左前東壁，傳為唐邕寫《維摩詰經》，北齊時期作品，被譽為北齊隸書之最。余偶得局部舊拓，重裝並題，海上慎堂崇建。

題二 節臨響堂山石窟《維摩詰經》
如來及菩提樹諸妙蓮/華能於十方作佛事者/三道寶階從閻浮提至/忉利天以此寶階諸天/此世界猶持華鬘示一/切眾作是念已入於三/昧現神通力以其右手/斷取妙喜世界置於此/雖入此土而不增減於/是世界亦不迫隘如本/无異尒時釋迦牟尼佛/告諸大眾汝等且觀妙

季按：此經刻原蹟今在河北北響堂山第八洞左前東壁，傳為北齊時唐邕書。北朝時期之石窟刻經大多分佈在河北、山東兩地，響堂山石窟刻經是內容較為豐富、保存相對完整，且極具代表性的那一部分，其書體多為隸書，基本體現了北齊以寫經體隸書為主要書體的特色。
佛教傳入中土，由於皇家的竭力推崇，凡佛事興盛之地皆競相修寺開鑿造像刻經，以求功德圓滿。北魏時開窟造像中心在山西雲岡和河南龍門之地，皆以造像發願方式為主，至北齊則開鑿刻經成為一時風氣，響堂山石窟刻經之蹟便是最具典型性的。就書法而言，它作為佛經傳播的主要載體，自然以其發展的進程來決定彼時寫經書風興味如何，審美如何。雖然自北魏始，書法正處在由隸變楷之轉折期，但相對成熟的隸書依然是鈔經與刻經者的首選；尤其在北齊，隸書寫經成為一時風尚與流行，而留存在響堂山石窟刻經洞裡的經文足以證明它的美的可愛。
余幸獲刻經洞內刻經二拓，一是此《維摩詰經》，二是以前之《無量義經》，雖皆局部之本，卻得之不易矣。傳皆北齊高官唐邕所書，其《維摩詰經》者共四部，隸書刻就，筆鋒犀利，剛勁挺拔，人稱足與王羲之《蘭亭序》並駕齊驅。康有為《廣藝舟雙楫》謂“南北朝之碑無體不備，唐人名家皆從此出，得其本也”。細審之此碑，雖功夫彼深，筆劃精到，交代完備，似點水不漏，但匠氣過重，靈性缺乏，比之《無量義經》刻石則後者優也。其書兼隸筆，然圓腴遒厚，實導唐賢先路，結體平穩，不尚奇險，出鋒雖利，卻未見火氣，又出典雅之味，乃北齊隸楷體之上上品。
余少習隸書，從師蔣鳳儀，初臨《乙瑛》《曹全》，頗多收穫。蔣公教書如練太極之功，其每日以清水提筆於斗方麻粉旛，風雨無阻，露天寫之，一身功夫了得。今日見得響堂山刻經之跡，恍如蔣公教我之景再現，唐邕之筆當學也。歲在壬寅初九午時，海上慎堂季崇建寫于建業文房窗下。

鈐印
愛不釋手
佛像肖形印
王寅
別部將軍
季崇建印
愛不釋手
別部將軍
慎堂
季
季崇建印
慎堂藏拓
王寅
慎堂
崇建
季
季氏
崇建印信
大吉祥
佛像肖形印

響堂寺刹經

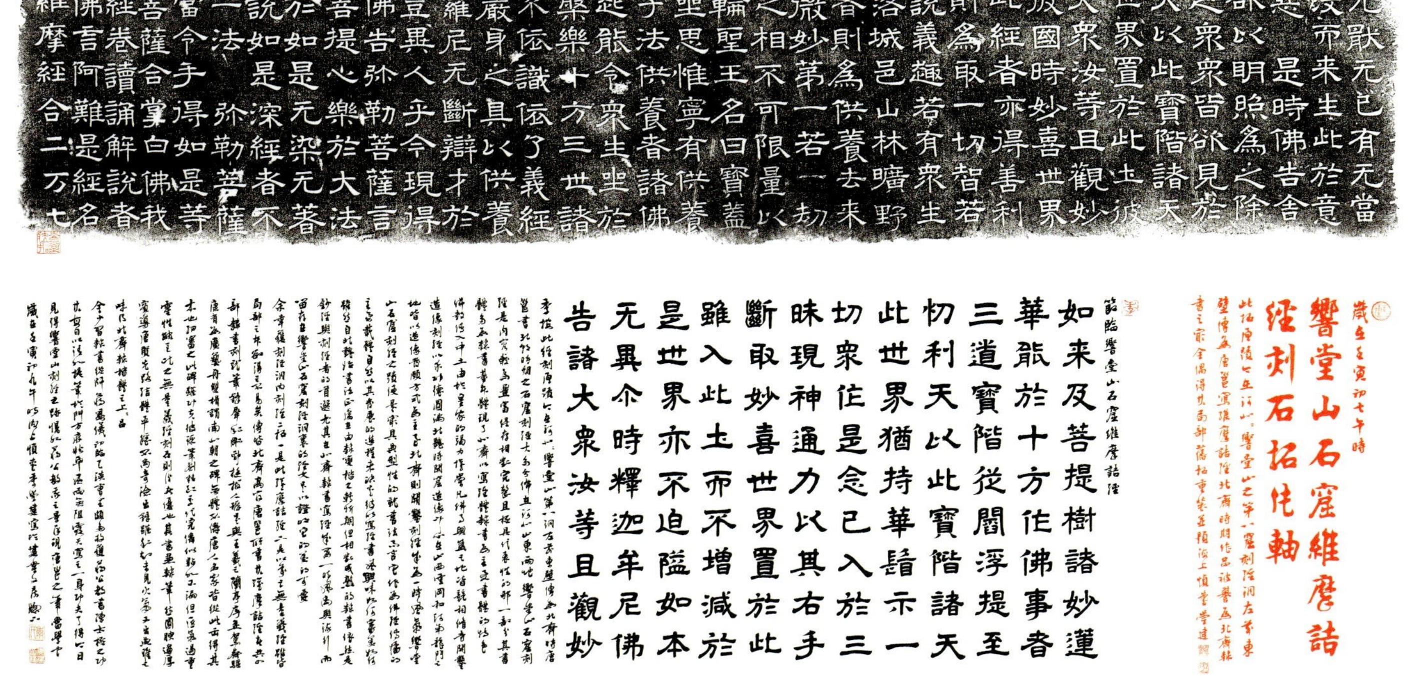
響堂山石窟維摩詰經刻石拓片軸
如來及菩提樹諸妙蓮
華能於十方作佛事者
三道寶階從閻浮提至
忉利天以此寶階諸天
此世界猶持華鬘示一
切衆生是念已入於三
昧現神通力以其右手
斷取妙喜世界置於此
雖入此土而不增減於
是世界亦不迫隘如本
无異尒時釋迦牟尼佛
告諸大衆汝等且觀妙

後記

POSTSCRIPT

在本編行將殺青之際，首先要感謝的是夫人徐蔚及孩子們對我一貫的支持與鼓勵。

感謝上海視覺藝術學院和清華海峽研究院文化科技中心主任黃晨昀先生對本書的鼎力資助。

感謝上海人民美术出版社顧偉、侯培東兩位社長，包晨暉主任對我的鼓舞支持；感謝張燕副主任即本書的責任編輯的極其細緻的審核與校正；感謝雅昌文化集團董事長萬捷先生對本書製作的特別關照；感謝上海雅昌藝術印刷有限公司金燕總和楊琳、卓麗女史對本編的制印過程默默的付出；感謝著名收藏家張曙陽、吴锦琪、劉新惠、元凱甯先生慷慨地將其所藏青銅器、佛造像精品供我傳拓與研究；感謝邱元久、宋佳豪諸君為本編提供極其重要的青銅重器拓片資源；感謝河北省邯鄲市文物局李擁軍局長的大力支持；感謝山東諸城博物原館長張健先生的大力支持；感謝中國國家博物館原館長呂章申先生和美術評論家謝春彥先生為本書作序點評。

更要感謝的是我的工作團隊：感謝吳茵、汪苡恝、王平如和張詩夢諸位為釋文謄寫與校稿方面所做的辛勞，尤以吳茵出力最多；感謝美國賓夕法尼亞大學博物館周秀琴教授為本書的翻譯提出的寶貴意見；感謝設計師裴文武和攝影顧婷的極大付出；感謝上博謝海元與陳亮、董春華諸君超乎尋常的傳拓技藝，不僅給本編增光添彩，而且開創了不少傳統墨拓上高難度的表現形式；感謝丁黎萍為拓片的裝裱工作付出的辛苦；感謝徐國明師傅為作品裝幀設計付出的用心和不厭其煩的改進；亦感謝王海娟女史為作品的保護保管所給予的細心照料。

如果沒有上述諸位對此項編纂工作的熱忱支持和全力付出，恐將一事無成。在此，我深鞠一躬。

慎堂季崇建

二〇二三年十月

宋史

作者簡介

季崇建，一九五五年十月出生，上海市人。中國民主同盟會員。

一九八〇年考入上海博物館，在青銅研究部（原稱金石組）工作二十一年，副研究員職稱。二〇〇四年獲工商管理博士學位。

二〇〇〇年創辦上海敬華藝術品拍賣有限公司，二〇〇二年創辦上海崇源藝術品拍賣有限公司，二〇〇六年創辦崇源國際（澳門）藝術品拍賣有限公司，二〇〇七年創辦香港崇源抱趣藝術品拍賣有限公司。二〇一四年受聘中國國家博物館特邀研究員。二〇一七年任上海視覺藝術學院教授，並受聘上海視覺藝術學院文物保護與修復學院副院長。二〇一八年受聘中國管理科學院研究員。二〇二〇年受聘華東師範大學碩士生導師，二〇二三年受聘華東師範大學美術學院兼職教授和上海視覺藝術學院文化遺產研究院首任院長。

社會兼職

中國管理科學院藝術與金融研究所副所長，深圳文交所首席專家，中國翰園石雕藝術理論研究會理事，中國藝術鑄造專業委員會藝術顧問，中國書法家協會會員，上海市文物博物館學會會員，上海市宗教學會會員，英國特勒姆大學東亞藝術研究會會員，臺灣渡假出版社特邀編審，《中國文物鑒賞全集》總策劃，《中國文化大辭典·藝術篇 》主編，《老古董百科大全》主編，香港《中國文物世界》名譽編輯、特約主筆。

專　著

《中國古代雕刻藝術》、《金銅佛像》、《雕塑》、《金銅佛》、《佛像》、《石窟之美》、《佛像雕刻》、《千年佛雕史》、《中國金銅佛》、《藏傳金銅佛》、《書法》、《中國古代印譜八百年考錄》、《中國閒章藝術集錦》（合作）、《古璽印》、《中國歷代書法墨續大觀十六·無名氏書家》、《中國歷代書法墨續大觀十七·無名氏書家》、《中國歷代書法墨續大觀十八·無名氏書家》、《古銅器》、《民間雅玩雕刻》、《石壺的藝術》、《中國文物之謎》、《季崇建談中國佛像鑒定》、《修綆汲古錄》、《建業文房藏珍》、《建業文房藏珍——高枕無憂》、《重讀中國佛像雕刻史》、《收藏學論》、《中國古代書法品鑒》、《拈花微笑》等53部

獲得榮譽

※ 一九九六年入選英國劍橋傳記中心（IBC）第二十六版世界名人錄

※ 一九九七年入選美國傳記中心（ABI）二十世紀傑出成就五百名人錄

※ 一九九八年入選英國劍橋傳記中心（IBC）第二十七版世界名人錄

※ 一九九八年入選美國傳記中心（ABI）二十世紀文化名人最高成就白金獎

※ 一九九九年入選英國劍橋傳記中心（IBC）第二十八版世界名人錄

※ 二〇〇〇年入選美國著名的《Barons 名人錄》，並列入全球五百名人《The Global 500》排名。所著《金銅佛像》《書法》《雕刻》連續三年（1995—1997）获圖書金鼎獎。

圖書在版編目（CIP）數據

金石長壽：慎堂藏拓註釋與題跋・初編 / 季崇建編著. — 上海：上海人民美術出版社，2023.12

ISBN 978-7-5586-2865-8

Ⅰ. ①金… Ⅱ. ①季… Ⅲ. ①金文—拓片—中國—圖集 Ⅳ. ① K877.32

中國國家版本館 CIP 數據核字（2023）第 242832 號

金石長壽—— 慎堂藏拓註釋與題跋・初編

策　　划：徐　蔚
藝術顧問：黄晨昀
編　　著：季崇建
監　　製：季崇建工作室、包晨暉
責任編輯：張　燕
圖版攝影：顧　婷
文字校對：吳　茵、汪苡恝、王平如、張詩夢
英文翻譯：汪苡恝、季　堃
書籍設計：裴文武
封面及內頁題字：季崇建
統　　籌：吳　茵、王海娟、陸徐雯
出版發行：上海人民美術出版社
社　　址：上海市號景路 159 弄 A 座 7F　201101
印　　刷：上海雅昌藝術印刷有限公司
開　　本：889×1194　1/8
印　　張：50
版　　次：2024 年 1 月第 1 版　第 1 次印刷
書　　號：ISBN 978-7-5586-2865-8
定　　價：1500.00 圓